*Sophie
von Zanardi*

1. Auflage 1998
© 1956 ERMA-Filmproduktionsgesellschaft
Ernst Marischka & Co.
Lizensiert durch Merchandising München KG.
Covergestaltung: Brigitte Bonfield.
© 1998 Burgschmiet Verlag GmbH,
Burgschmietstraße 2-4, 90419 Nürnberg.

Printed in Germany

# Sissi

Ein Sommertag am Starnberger See. Der Himmel hat die königlich-bayrischen Farben angelegt: weiß und blau. Die Berge spiegeln sich auf der ruhigen Wasserfläche, durch die ein Floß gleitet und sanfte Wellen wie einen Fächer hinter sich herzieht. Auf dem Floß stehen vier Fischer und rudern ihren Fang zurück in den kleinen Hafen von Feldafing.

Vorbei am Schloß Possenhofen, in dem jedes Jahr der Herzog Maximilian in Bayern mit seiner Familie den Sommer verbringt.

Prinzessin Sissi, eine grazile Reiterin, in einem leuchtend roten Reitrock, schwarzen Stiefeln und schwarzem Reithut, genießt den Sommer. Auf ihrer Lieblingsstute Gretl galoppiert sie die Hänge am See hinauf und hinunter, springt über Gräben, Heuschober und Büsche. Lacht und juchzt vor Lebensfreude. Sie ist 15 Jahre alt, ein Mädchen, klein, und zart, aber zäh, mit einer Wespentaille und Haaren, die so lang sind, daß sie sich ganz darin einhüllen könnte. Aber Prinzessin Elisabeth Amalie Eugenie in Bayern (so ihr vollständiger Titel) weiß natürlich, daß es sich nicht schickt, mit wallendem Haar herumzulaufen. Jeden Morgen werden dicke Zöpfe geflochten und wie ein Kranz um ihren Kopf festgesteckt, eine Prozedur, die sie ein Leben lang ertragen muß. Das Haarewaschen dauert Stunden, vor einem offenen Kamin muß die Zofe ihre Haare kämmen, bis die trocken sind. Das ist manchmal schmerzhaft, mühselig und zwingt sie, lange ruhig zu sitzen. Und Sissi haßt das ruhige Sitzen.

## 8

*

Während sie an diesem Morgen im Sommer 1853 mit ihrer Stute schon vor dem Frühstück ausreitet, steht ihr Vater, der Herzog Max, mit einer Angel am Bootssteg und wartet, daß ein Fisch anbeißt. Ein Zander oder Saibling, vielleicht ein Hecht. Der Starnberger See ist ein fischreicher See, einem versierten Angler wie Sissis Vater ist ein sicherer Fang gewiß.

Der Herzog trägt eine Joppe und Lederhosen, die schlichte Kleidung bayrischer Bauern. Ein Fremder, der mit einem Schiff am Schloß vorbeiführe, würde niemals erraten, daß es sich bei diesem freundlichen Mann, der den Fischern fröhliche Grüße zuruft, um den Herzog handelt, den Landesvater, einem Mitglied des Hauses Wittelsbach, das seit Jahrhunderten in Bayern regiert. Sissis Vater ist ein Abenteurer, der ferne Länder liebt, eine Bibliothek von 27.000 Büchern besitzt, Heinrich Heine verehrt und dichtet, wenn auch nicht so gut wie Heine.

Das Fischerfloß gleitet vorüber, die jüngeren Kinder des Herzog toben auf der Wiese oberhalb des Sees herum, als der Fisch endlich anbeißt. Ein prächtiges Tier, ein Sechspfünder mindestens.

Der Herzog reißt die Angel hoch, der Fisch zappelt an der Leine, kämpft um seine Freiheit, der Herzog wendet sich um und ruft:

„Oh ja! Ich hab einen! Und was für einen! Kinder, kommt her, ich hab einen!"

Die Kinder kreischen und rennen, kugeln und hopsen den Hang hinunter, drängen sich um den Vater, der stolz die Angel hält, schreien durcheinander.

Der Herzog strahlt. „Das ist ein Bursche, was? Der hat wenigstens zehn Pfund!"

Eine der kleinen Töchter schreit hinüber zum Schloß: „Mami! Der Papi hat einen Fisch gefangen! So groß!"

Die Herzogin Ludovika zeigt sich an einem der Schloßfenster. Sie winkt und lacht. Auch sie ist gutgelaunt, wenn die Familie in Possenhofen ist, dem Sommerschloß, das alle liebevoll „Possi" nennen. Es war die Zeit, als man alle Lieblingsdinge mit Spitznamen belegte. So wurde aus Elisabeth „Sissi" und aus ihrer vier Jahre älteren Schwester Helene einfach „Nene". Und der jüngere Bruder Karl Theodor war einfach der „Gackl".

Die Herzogin weiß, daß ihr Mann sie in München fortwährend betrügt. Das ist auch ein Grund dafür, daß sie so oft Migräne hat. Der Herzog macht sich nichts daraus, seine Kinder auch mit in das Haus seiner Geliebten zu nehmen, natürlich erzählen die Kleinen dann ahnungslos von fremden Häusern und die Herzogin muß so tun, als sei alles in schönster Ordnung. Aber hierher, nach Possenhofen, kommen die anderen Frauen nicht. Hier hat sie die Familie beisammen, hier ist alles so, wie es ihrer Meinung nach sein sollte. Deshalb winkt sie fröhlich zum Ufer hinunter und ruft: „Petri heil!"

Und der Herzog lacht zu ihr hinauf.

Zweifellos eine Idylle, wie sie sich in Heimatfilmen immer wiederholt: Der freundliche Familienvater, die fürsorgende Frau, die erschrickt, als sie sieht, daß der Gackl beim Versuch, die Angel zu halten, ins kalte Seewasser fällt. Die kreischenden Kinder, das Chaos, das eine Großfamilie veranstaltet, der Lärm, der über die Wiesen, den See schallt, durch die Flure des Schlosses, durch die Hallen bis in das Speisezimmer, in dem der Tisch fürs Frühstück gedeckt wird von einem Lakaien, vorschriftsmäßig gekleidet, in weißblauer Uniform, mit weißen Wadenstrümpfen und Spitzen-Jabot unter dem Gehrock aus Brokat. Was er von dieser unbändigen, lärmenden Kinderschar hält, kann man an seinem Gesicht ablesen. Aber es ist nicht das Zeitalter, in dem Hausangestellte sich beschweren dürfen. Schon gar nicht bei Hofe.

Die Kinder stürmen herein, zwei von ihnen, der Gackl und der Max, sind pitschnaß und die Herzogin, die als einzige der Familie auf Formen und Etikette achtet, bittet den Diener, mit den beiden pitschnassen Kindern nach oben zu gehen. „Thomas, bitte", sagt sie, „kleiden Sie die Hoheiten um."

Thomas, der Diener, verbeugt sich ergeben, er nimmt den Jungen die nassen Trachtenhüte vom Kopf, mit spitzen Fingern, während sich die anderen heißhungrig auf die Weißwürste stürzen, die in einer silbernen Schüssel mitten auf dem Tisch stehen.

„Ja", sagt der Herzog gutmütig und blinzelt dem Diener zu, „legen Sie die Hoheiten trocken." Aber er erntet dafür von seiner Gattin nur wieder einen ihrer berühmten vorwurfsvollen Blicke.

Die Herzogin hat unter ihrem Stand geheiratet und vor allem schlechter als ihre Schwestern. Zwei sind jetzt Königinnen und die dritte, Erzherzogin Sophie, ist

Mutter des jungen österreichischen Kaisers Franz
Joseph. Das kann sie nicht vergessen. Das nagt an ihr.
Vor allem, wenn sie ständig daran erinnert wird, daß ihr
Gatte sich gar nichts daraus macht, praktisch ein Mensch
ohne Aufgabe und Amt zu sein. Er ist ohnehin lieber mit
einfachen Leuten, mit dem fahrenden Zirkusvolk, mit
Artisten, Bauern, Gastwirten und Holzknechten zusammen als mit den Mitgliedern der eigenen Familie. Schon
gar nicht kann er die Sippschaft seiner Frau Ludovika
leiden. Besonders das „Sopherl", die Erzherzogin Sophie,
Mutter des österreichischen Kaisers, ist ihm herzlich
zuwider. Obwohl sie Ludovikas Schwester ist. Oder vielleicht gerade deswegen. Und oft macht er, um seine Frau
ein bißchen zu necken, besonders derbe Scherze auf
Kosten ihrer Familie. Wenn die Kinder zuhören, macht
Ludovika gute Miene zum Spiel, aber sobald die beiden
alleine sind, gibt es die üblichen Vorwürfe und gegen-
seitigen Vorhaltungen. Auch das ist so wie in vielen
Familien.

Insgesamt herrscht in Sissis Familie ein fast bürgerlicher Umgang. Solange sie in Possi sind, dürfen die
Kinder sich vergnügen, wie sie wollen, Sissi kann morgens
in aller Frühe mit ihrer Lieblingsstute ausreiten, die
Kinder ohne Aufsicht im See baden, der Herzog auf die
Jagd gehen, allein oder in Begleitung seiner Lieblingstochter Sissi, oder mit dem Jagdaufseher. Alles geschieht
ohne Protokoll und Etikette unter der liebevollen Fürsorge der Mutter, die ganz für ihre Kinder lebt. Sissi liebt
dieses Leben inniglich. Ebenso heftig liebt sie ihre

Geschwister, den Vater etwas mehr als die Mutter, aber das wird sich im Laufe der Jahre ändern. Sie liebt ihre Pferde, ihre Hunde, ihre Vögel, und den kleinen Xaver, das junge Rehkitz, das sie verwaist im Wald aufgelesen und eigenhändig nach Possi getragen hat. Jetzt zieht sie es mit einer Milchflasche auf in einem kleinen Gatter, und Sissi hat eifrig zu tun, die jungen Bernhardinerwelpen, die sich vor Eifersucht verzehren, von dem verschreckten Tier fernzuhalten.

„Wo ist die Nene?" fragt Vater Max, als Thomas mit den beiden pitschnassen Jungen verschwunden ist, und die Eltern im riesigen Speisesaal allein sind.

„Oben in ihrem Zimmer, sie mag keine Weißwürste", antwortet die Mutter Ludovika. Sie will noch etwas hinzufügen, will ihrem Mann, wie so oft, Vorhaltungen machen, aber der fährt ihr über den Mund und sagt: „Gut, dann reichen die Würste." Und legt sich gleich noch ein paar auf den Teller.

Als auch die beiden Mädchen den Tisch verlassen haben, blickt Ludovika sich um und seufzt. „Schau, wie der Tisch aussieht. Schau dir das an. Nicht einer hat das Besteck benutzt! Und warum? Weil Du immer mit den Fingern ißt!"

Der Herzog wischt sich mit der Serviette über die Lippen und sagt gutmütig: „Schau Herzerl, seit 25 Jahren bemühst Du Dich, versuchst mich zu erziehen..."

„Ja, Max, weil ich darauf achte, daß unser Haus durch Dich nicht ganz versauert! Ich muß an die

Zukunft denken! Wir haben fünf Töchter!" *

„... Helene ist heiratsfähig... Und welche Leute besuchen uns?"

Gerade, als sie ansetzen will zu einem langen Monolog, kommt der Diener Thomas wieder herein und kündigt einen Gast an:

„Herr Johann Petzmacher ist da."

Der Herzog lacht, schiebt seinen Stuhl erwartungs-voll zurück. Ludovika seufzt noch etwas gequälter. Der Johann Petzmacher. Auch wieder so einer von den Saufkumpanen ihres Mannes, einer von diesen bürger-lichen Wichtigtuern, die den Herzog nur ausnutzen, seine Position. Die kein guter Umgang sind für eine Wittelsbacher Familie. Ihr Mann braucht immer jemanden, mit dem er saufen, lachen, jagen kann. Nie denkt er daran, daß er für seine Kinder einen standes-gemäßen Umgang pflegen sollte. Er denkt nicht an die Zukunft der Kinder. Es ist ihm völlig gleich, mit wem sie sich einmal verheiraten werden, seinetwegen können es durchaus auch Bürgerliche sein. „Die Hauptsache", sagt er immer, „ist doch, daß man sich liebt."

Seine Frau sieht das anders. Sie träumt von einer „guten Partie" für ihre Töchter. Sie hat durchaus gesell-schaftliche Ambitionen. Max hingegen hat eine Schwäche für liberale Gedanken, er verachtet Uni-formen und alles Militärische.

*Helene, geb. 1834, Elisabeth, geb. 1837, Marie, geb. 1841, Mathilde, geb. 1843, Sophie, geb. 1847*

Ludovika aber kann nicht vergessen, daß ihre Schwester Sophie die wichtigste Frau im großen österreichisch-ungarischen Kaiserreich ist.

Eine mächtige Frau, die von Wien aus die Geschicke großer Völker wie die der Ungarn und der Italiener führt, der Slowenen und Tschechen.

Sie dagegen hat einen Mann ohne Ehrgeiz geheiratet, ohne aristokratische Gesinnung, einen Mann, der auf der Rückseite seines Münchner Palais in der Ludwigstraße eine Zirkusarena hat bauen lassen!

Kein Wunder, daß sie dauernd von Migräne geplagt wird.

Jetzt muß sie mitanschauen, wie der Johann Petzmacher, ein Gastwirtssohn aus Wien, von ihrem Mann kumpelhaft begrüßt wird.

Sie selber nimmt schnell die Serviette und betupft sich damit die Lippen, als der Gastwirt ihr fröhlich die Hand zum Gruß reichen will. So weit geht die Verbrüderung mit dem Volk bei ihr denn doch nicht, daß sie ihnen auch noch die Hand reicht!

Der Herzog läßt Wein auftischen. Bald wird er seine Zither herausholen und mit dem Johann Petzmacher Lieder singen, zweifelhafte Lieder, deren Texte Ludovika lieber nicht genau versteht..., aber vorher muß sie sich noch anhören, was er an Neuigkeiten aus der Kaiserstadt Wien mitbringt. Dieser Mann aber nennt ihre Schwester, die Kaiserliche Hoheit, Erzherzogin Sophie, einfach „das Sopherl!". So respektlos redet das Volk von der Mutter des Kaisers! Es ist nicht auszuhalten. Aber die Aussicht, eine Nachricht aus Wien zu erhalten, hält sie dann doch noch am Tisch:

„Jetzt will ja die Sopherl...", plappert der Johann Petzmacher, und korrigiert sich gleich, „Verzeihung - ihre kaiserliche Frau Schwester - den Franzl - Pardon..." Er verheddert sich dauernd unter den strengen Augen der Ludovika. „Das heißt, sie will unseren Kaiser Franz verheiraten."

Sofort herrscht Stille im Speisesaal von Schloß Possenhofen. Der Lärm der Kinder weit weg. Die Fenster geöffnet, aber man hört nicht einmal einen Vogel singen. Die Augen der Herzogin hängen an den Lippen des Gastwirtssohn und sie fragt mit kaum verhüllter, geradezu bebender Neugier: „Und weiß man schon..., erzählt man sich auch, mit wem er verheiratet werden soll?"

Der Thomas, der Diener, kommt in diesem Augenblick mit dem Wein, den der Herzog bestellt hat. Ein höchst unangebrachter Augenblick. Ludovika hält den Atem an, aber der Gastwirtssohn, der das Weinetikett studiert hat, sagt nur: „Ah, ein Neunundvierziger."

Aber dann schaut Johann Petzmacher die Herzogin an und sagt: „Nein, das erzählt man sich noch nicht, wen der Franz - Verzeihung - unser Kaiser Franz - heiraten soll."

Der Herzog lacht, doch bemerkt er die Aufregung seiner Frau nicht, er bemerkt so etwas nie. Das ferne Wien kümmert ihn nicht.

Er hat heute einen Fisch gefangen, frische Weißwürste gegessen und jetzt ist auch noch ein Freund da, mit dem er einen guten Rotwein trinken kann.

Gutmütig sagt er, während er das Glas hebt und seiner Frau zuprostet: „Laßt uns auf deine Sopherl trinken. Ich kann sie zwar nicht leiden, aber wenn sie mir einen Anlaß zum Trinken gibt, dann ist sie mir recht!" Er trinkt. Die Gläser klingen. Er wischt sich über die Lippen. Er lacht. „Und auf die Zukünftige, die Braut vom Franzl, die zukünftige Kaiserin von Österreich dazu!"

In diesem Augenblick hört man einen hellen Jodler durch die offenen Fenster, dann das Schnauben eines Pferdes und die helle Stimme von Sissi, die ihre Stute antreibt.

Der Herzog springt auf. „Das ist doch die Sissi! Das müssen's anschauen, wie das Teufelsmädel reiten kann!" Er läuft hinaus, um sie zu begrüßen, die Herzogin und der Johann Petzmacher hinterher.


Prinzessin Sissi, im Damensitz, auf ihrer Lieblingsstute, im leuchtend roten Reitkostüm, springt über Hecken und Gräben, und der Vater, der das von oben, von der Schloßterrasse mitansieht, schlägt sich vor Vergnügen auf die Schenkel. „Ist sie nicht ein Prachtmädel?" ruft er seiner Frau zu, und dann, zu Sissi: „Spring über die Rosen!"

Ludovika, die immerzu Angst um ihre Kinder hat, obwohl sie versucht, es nicht zu zeigen, packt ihren Mann, trommelt mit den Fäusten gegen seine Brust und ruft: „Nein! Hör auf, Max!"

Aber der hält sie lachend fest und schreit: „Über die Rosen! Sissi! Du schaffst das!"

Und die Sissi versucht es, natürlich, schon um ihrem geliebten Papa zu gefallen, um ihm zu zeigen, daß sie seine wahre Tochter ist, daß sie seine Eigenschaften geerbt hat, daß sie wie er gegen Verbote ist, gegen die Konvention. Und für alles Natürliche. Für die Natur überhaupt. Genau wie der Vater.

Die Stute springt über die Rosen, der Vater applaudiert, die Herzogin faßt sich an ihr Herz, der Johann Petzmacher merkt sich alles, um es später in Wien, im Kaffeehaus, weiterzutratschen, was er erlebt hat.

Sissi springt vom Pferd, so grazil und anmutig, wie es in einem enggeschnürten Reitkleid mit weitem bauschigen Rock überhaupt möglich ist, und gibt dem Pferdepfleger Mittermair die Stute.

„Ist die Gretl gut gesprungen?" fragt der Pfleger.

Sissi lacht. „Fabelhaft! Die hätten Sie sehen sollen! Wie ein Reh auf der Flucht! Aber dafür bekommt sie heute auch eine Handvoll Hafer mehr!"

Der Pferdepfleger, der wahrscheinlich in Sissi genauso vernarrt ist wie alle am Hof, lacht. „Aber natürlich, das hat die Gretl sich verdient."

Es ist die Zeit, in der gerade das Telegrafieren erfunden wurde. Von einer Poststation zur anderen konnten Nachrichten durchgetickert werden, aber wenn Briefe bei Hofe geschrieben wurden, politische Post gleichermaßen, so dauerte es noch sehr lange, bis man sich dieser neuen Nachrichtenübermittlung anvertraute. Höfische Depeschen waren immer privat, sehr privat, und durften nicht in falsche Hände gelangen. Sie wurden mit Kurieren geschickt, mit Boten, die entweder eine Kutsche nahmen, oder zu Pferde kamen.

Manche Kuriere fuhren auch in Schiffen die Flüsse hinunter und überquerten die Seen. Fürst von Thurn und Taxis verdiente seit dem 17. Jahrhundert viel Geld mit dem Postwesen, das er erfunden hatte, und dessen Rechte vererbt wurden, so daß das Vermögen der Thurn und Taxis immer größer wurde, von Generation zu Generation. Doch die Depeschen, die eine Erzherzogin von Österreich ihrer Schwester Ludovika von Wien nach Schloß Possenhofen schickte, wurden immer noch von einem privaten Kurier überbracht. Einem Rittmeister in den meisten Fällen, der fürstlich empfangen und bewirtet wurde, bevor man ihn - meist gleich mit der brieflichen Antwort - wieder ziehen ließ.

An diesem Tag erhält Herzogin Ludovika Post von ihrer Schwester Sophie.

Ein viermal versiegelter Brief, den die Kammerzofe schon in den Händen gedreht, daran geschnuppert und ihn gegen das Licht gehalten hat. Natürlich birst sie vor Neugier. Irgend etwas Wichtiges hat die Herzogin ihrer Schwester bestimmt mitzuteilen, wenn sie einen so hochrangigen Kurier sendet.

Die Herzogin Ludovika schickt ihre Kammerzofe nicht aus dem Zimmer, während sie liest. Zuerst vergißt sie es einfach, und dann ist sie froh, jemanden zu haben, dem sie die Botschaft sofort mitteilen kann. Noch während ihre Augen über den Brief fliegen, ruft sie: „Das ist ja wunderbar! Die Nene soll sofort zu mir kommen! Sofort!" Sie läßt den Brief sinken und strahlt die Kammerzofe an. Sie ist so glücklich wie lange nicht.

Prinzessin Helene, Sissis neunzehnjährige Schwester, ist schön, schöner als Sissi, die schlechte Zähne hat und keine Manieren, hängende Schultern und einen viel zu burschikosen Gang. Alles an Sissi ist ein bißchen ungehobelt, während alles an Helene voller Feinheit und angelernter Grazie ist. Die Herzogin Ludovika hatte schon vor langer Zeit beschlossen, Helene gut zu verheiraten. Sie wußte, daß so etwas nur gelingen kann, wenn Helene die allerbeste Erziehung bekommt. Sie sollte lernen, das höfische Protokoll zu beherrschen wie eine zweite Natur. Sie sollte viele Sprachen sprechen, gewandt im Umgang sein, sollte alle modischen Tänze können, über Literatur und Kunst Bescheid wissen, in den Wissenschaften unterrichtet werden. Sie sollte schöne Kleider tragen und elegant frisiert sein.

Die Herzogin schaut ihre Tochter an, als sie in diesem schlichten aber schönen Sommerkleid in ihr Zimmer tritt, einen leichten Knicks andeutet, den Kopf senkt, ihren schönen Nacken zeigt und sagt:

„Du hast mich rufen lassen, Mama?"

So lieb und demütig sagt sie es, wie Sissi es vielleicht in ihrem ganzen Leben nicht zustande bringen würde. Ja, die Helene ist die Tochter nach Ludovikas Geschmack, während Sissi die Tochter im Sinne ihres Vaters ist.

Ludovika nimmt die Tochter an der Hand, ganz zärtlich, schaut sie an und sagt, flüsternd, geheimnisvoll: „Nene, ich hab einen Brief von deiner Tante Sophie aus Wien bekommen! Aber sprich mit niemandem darüber!"

Helene lächelt. Sie nickt, sie wird immer gehorchen, egal, was die Mutter von ihr erwartet. Sie liebt ihre Mutter, sie weiß, daß ihre Mutter nur das Beste für sie im Sinn hat. „Und was schreibt die Tante?" fragt sie höflich.

„Sie schreibt..." Die Herzogin zieht ihre Tochter in den Erker, auf das Sofa, flüstert, weil auch in diesem Schloß die Wände wahrscheinlich Ohren haben, nicht so wie in der Hofburg in Wien, wo Klatsch und Tratsch regieren, wo eine Intrige die andere ablöst - aber Dienstboten sind nun einmal neugierig, und am liebsten erzählen sie sich in ihren Dienstbotenräumen Geschichten von der Herrschaft. Liebesgeschichten noch am allerliebsten, möglichst mit viel Herz und Schmerz. Und davon wird es genug geben im Leben der Ludovika. Und der Nene. Und der Sissi. Hat es schon gegeben und es werden noch viele kommen.

Die Ludovika zieht ihre Tochter ganz nah heran, streicht ihr zärtlich über die Wange und flüstert: „Die Tante Sophie schreibt von dir!"

„Von mir?" fragt Nene verwirrt. So gut kennt sie die Tante nicht. Sie haben sich im Laufe ihres Lebens vielleicht fünf, sechs Mal gesehen, bei öffentlichen Anlässen. Sie mußte einen Hofknicks vor der Erzherzogin machen, so tief, daß sie ihr nicht einmal richtig ins

Gesicht schauen konnte. Das ist alles, was sie noch weiß. Das strenge Gesicht, das strenge Kleid, das strenge Protokoll. Die dunklen und kalten, endlosen Gänge in der Hofburg, die Pracht in den Ballsälen, den Empfangsräumen, die Musik. Sie erinnert sich an manches, aber nur bruchstückhaft.

Die Ludovika streicht den Brief auf ihrem Schoß glatt. Ihre Augen leuchten. Alles an ihr leuchtet. Sie fühlt sich fast am Ziel, am Ziel ihrer Träume und Wünsche. All die Mühsal, das Nachdenken, das Sich-Kümmern um Nenes Erziehung hat sich nun doch gelohnt: „Die Nachricht ist nur für uns beide!" flüstert sie verschwörerisch. Steht noch einmal auf, prüft, ob die Tür geschlossen ist, geht zu der verwirrten Nene zurück, zieht sie an sich, küßt sie wieder und wieder. „Ich beschwöre Dich, sprich zu niemandem ein Wort! Vor allem red nicht mit Papa darüber! Darum hat mich deine Tante Sophie ausdrücklich gebeten! Hörst Du? Hörst Du, Nene?"

„Natürlich, Mama, höre ich Dich. Du machst es sehr spannend. Was schreibt sie denn noch?"

Nenes Mutter holt tief Luft. „Daß sie uns am 17. August in Ischl erwartet. Und..." Sie zögert, greift sich ans Herz, legt den Kopf zurück, steht auf, schließt die Fenster, sieht, daß sich unten die Sissi mit ihrem Vater zur Jagd fertigmacht, winkt einmal flüchtig, wendet sich vom Fenster ab und schaut ihre Tochter an...

„Mein Kind."

„Ja, Mama?" sagt Nene.

„Du wirst Kaiserin von Österreich!"

Helene ist stumm. Mit großen Augen, atemlos, blickt sie ihre Mutter an.

Kaiserin von Österreich!

Etwas Größeres kann man nicht werden. Ist überhaupt undenkbar. Das große Kaiserreich, das Riesenreich.

Unter all den heiratswilligen, schönen Prinzessinnen, Fürstinnen und Herzoginnen hat er ausgerechnet sie gewählt! Die neunzehnjährige Helene. Und sie sitzt hier, die Hühner gackern vorm Schloß, Sissi balgt sich mit den Hunden, der Vater läuft pfeifend durch die Flure, die Kinder schreien wie auf einem wilden Jahrmarkt - während dort, im fernen Wien, die wirkliche Gesellschaft sich trifft. Wie es die Etikette verlangt. Alle Damen nach stundenlanger Morgentoilette makellos, in kleinen eleganten Schuhen, umgeben von Hofdamen der obersten Gesellschaft, mit denen man sich auf französisch unterhält, der Sprache der Diplomatie und des Adels! Jedenfalls spricht sie fließend französisch, dafür hat ihre Mutter, die Ludovika gesorgt. Aber sonst?

„Mama! Er kennt mich doch gar nicht! Ich habe damals, in Innsbruck, doch keine zehn Worte mit ihm gewechselt! Wieso wählt er gerade mich?"

„Die Tante Sophie hat es so beschlossen, mein Kind. Und was die Tante Sophie beschließt, das wird geschehen."

Nene braucht lange, bevor sie sich fangen, ihr Glück ganz fassen kann. Sie ist wie die Mutter, denkt wie die Mutter. Sie wird den Kaiser Franz schon lieben, wenn sie erst einmal seine Frau ist, wenn sie ihn erst einmal kennengelernt hat. Die Liebe kommt von selbst, wenn alles andere stimmt.

Sie passen so gut zusammen, der Franz und sie. Beide schlank und groß. Beide jung..., gutaussehend..., von befreundeten Familien, sogar miteinander verwandt.

Sie soll mit ihrer Mutter nach Ischl fahren! Von München aus mit der Kutsche ein langer Weg, über Rosenheim, Salzburg, den Wolfgangsee, oder nein, erst den Fuschl-See, dann Bad Goisern, dann Ischl. Die Sommerresidenz der österreichischen Kaiser. Mitten in den Bergen. Das kleine Schloß. Ein ganz intimes Treffen wird es werden. Zwei Tage wird die Reise dauern.

Der Kaiser Franz Joseph feiert dort seinen Geburtstag und gibt einen Ball, für wenige, auserwählte Gäste. Und während dieses Balles soll die Verlobung bekanntgegeben werden. „Natürlich", sagt die Ludovika flüsternd vor Aufregung, „muß der Kaiser Franz Dich erst sehen, muß Dich anschauen, mit dir reden, muß sehen, ob er Dich mag, ob Du ihm gefällst. Aber deine Tante Sophie ist ganz sicher, daß alles so geht, wie sie es sich vorstellt. Der Kaiser tut alles, was seine Mama möchte. Das war immer so. Sie hat ihn vollkommen in der Hand. Und außerdem bekommt er eine wunderbare Frau. Die beste. Du bist so wunderschön, Nene, wenn Du Dich jetzt sehen könntest, mit diesem flammenden Gesicht. Und wie deine Augen strahlen, ach Nene..." Die beiden Frauen fallen sich in die Arme.

Bis Nene sich gefaßt hat, die ganze Situation verstanden hat. „Und der Papa darf nicht mitkommen?"

„Ausdrücklich nein", sagt die Ludovika. „Du weißt, die beiden mögen sich nicht so gerne. Und meine Schwester will alles vermeiden, was Probleme machen könnte an so einem wichtigen Tag."

„Natürlich", murmelt Helene. Sie denkt nach. „Aber wird es nicht auffallen? Ich meine, wird Papa nicht mißtrauisch werden? Wir sind noch nie allein, nur wir beide, nach Ischl gefahren, ich war überhaupt erst ein einziges Mal in Ischl, und das ist Jahre her."

Natürlich, Helene hat recht. Es wird auffallen, wenn die beiden Frauen auf einmal mit Koffern voller großer Garderobe die Kutsche besteigen, um einen Ball in Ischl zu feiern. Weil sie so etwas noch nie gemacht haben. Wann hatte Sophie ihre Verwandtschaft zum letzten Mal zu einem Fest eingeladen? Man kann sich kaum noch danran erinnern, solange ist das her.

„Ja", sagt Nenes Mutter nach langem Nachdenken. „Vielleicht hast Du recht. Vielleicht ist es besser, wir nehmen noch jemanden mit, damit es nicht so auffällig ist. Wir müssen jemanden mitnehmen."

Sie schauen sich an. Zwei Frauen, die eine Verschwörung planen. Wen können sie mitnehmen? Einen der kleinen Brüder?

Ach nein, da müßte man auch eine Gouvernante für ihn mitnehmen, und wie schrecklich, wenn er sich dort am streng protokollierten Hofe so benimmt wie hier in Possi.

„Die Sissi", sagt die Herzogin schließlich, mit einem kleinen Seufzer. Auch die Sissi benimmt sich ja nicht gerade untadelig, aber das wird man schon hinkriegen. Während des Balles soll sie auf ihrem Zimmer bleiben, den Nachmittag mit der Tante Sophie und dem jungen Kaiser wird man schon irgendwie gestalten. Ja, das muß gehen. Das fällt am wenigsten auf. So könnte der Plan leicht gelingen.

Sie schauen sich an. Die Mutter lächelt. „Die Sissi kommt mit."


Zur gleichen Zeit findet in Schloß Schönbrunn in Wien das tägliche Hofzeremoniell statt. Die Militärkapelle spielt, während die Erzherzogin Sophie von Österreich ihren Sohn, den jungen Kaiser, in ihren privaten Gemächern empfängt.

Sie hat um diese Audienz gebeten, sie wird begleitet von ihren Hofdamen, er von seinen Adjutanten.

Die Erzherzogin sieht wunderbar elegant aus, unnahbar, wie es das Zeremoniell vorschreibt. Sie trägt ein graues Taftkleid, das mit schwarzer, spanischer Spitze verziert ist, eine vielreihige Perlenkette um den Hals geschlungen, in der Hand einen Fächer, der wohl nicht nur dazu dient, die stickige Sommerluft in diesem Palast erträglicher zu machen, sondern auch ein Mittel ist, um Nervosität und Gereiztheit zu verbergen. Mit dem Fächer kann man spielen, ohne einen nervösen Eindruck zu machen. Wenn man mit dem Fächer in die Handfläche schlägt, bedeutet das, man ist ungehalten und verliert dennoch nicht die Contenance.

Die Erzherzogin versteht sich sehr gut auf dieses Spiel mit dem Fächer. Sie versteht sich auf alle höfischen Spiele gut...

Der junge Kaiser, schlank und groß, in blauer Uniform, der Degen am weißen Gürtel. Wie immer, wenn er seine Mutter begrüßt (mit einem Handkuß selbstverständlich, ein Kuß auf die Wange wäre vulgär, viel zu intim), nimmt Kaiser Franz den Gürtel ab und übergibt ihn seinem Adjutanten. Man küßt die Mutter nicht mit einem umgeschnallten Degen. Auch das ist Etikette.

Er senkt flüchtig den Kopf, als allgemeiner Gruß an die Hofdamen, die hinter der Erzherzogin Aufstellung genommen haben.

„Sie haben mich rufen lassen, Mama?" Am österreichischen Hofe siezt man sich. Auch daran wird die junge Helene sich gewöhnen müssen, in München war das nicht üblich. Der Herzog Max, ihr Vater, hätte laut gelacht, wenn seine Kinder ihn gesiezt hätten. Aber dem Herzog Max gehört ja auch nicht ein riesiges Reich, welches es gegen Neider, Eroberer und liberale Strömungen zu verteidigen gilt.

1848, als die revolutionären Ideen zum ersten Mal Europa überschwemmten, spürten die regierenden Herrscherhäuser den kalten Wind, der ihnen plötzlich entgegenwehte, und sie sahen in den Gesichtern ihrer Untertanen nicht mehr nur die Achtung, die Demut, die Begeisterung, die Loyalität, sondern oft auch Haß, Wut, Verbitterung. Und Aufbegehren...

„Du hast doch einen Augenblick Zeit für mich?"
fragt die Erzherzogin. Sie führt ihn zum Sofa. Ein
Rokokosofa, golden verziert, mit rotem Brokat bezogen. Kaiserlich ist die Einrichtung ihres Salons.
Prachtvoll die hohen Fenster, die bauschigen Taftgardinen,
und dennoch wirkt alles seltsam kalt und unpersönlich.
Ein Museum ist dieses Schloß Schönbrunn mit seinen
tausend Zimmern, schon während der Regentschaft von
Kaiser Franz. Und es wird ein Museum bleiben, kalt und
ohne wirkliches Leben, bis die Monarchie zusammen-
bricht. Eines fernen Tages...

„Für Sie habe ich doch immer Zeit, Mama." Der
junge Kaiser nimmt neben seiner Mutter Platz, und die
bittet ihre Hofdamen, sie allein zu lassen. Auch die
Begleiter des jungen Kaisers ziehen sich zurück.

„Abtreten" heißt das in der Sprache des Militärs.

Jetzt, da sie alleine sind, werden ihre Stimmen etwas
weicher, etwas persönlicher. Die Erzherzogin liebt ihren
Sohn, das Lächeln, mit dem sie ihn betrachtet, beweist es.

Der junge Kaiser ist aufgewachsen mit dem Respekt
vor seiner Mutter. Ob das Liebe ist, weiß er nicht. Darüber
denkt er nicht nach, seine Erziehung war nicht von Liebe
geprägt, sondern von dem Gedanken, daß er eines Tages
als Kaiser von Österreich eine Pflicht zu erfüllen habe.

„Du weißt, lieber Franz, daß ich Dich bis jetzt immer
zu deinem Wohl durchs Leben geführt habe."

Der Sohn verbeugt sich höflich, nickt. Er ahnt, daß
etwas folgen wird. Etwas Wichtiges. Ein Gespräch unter
vier Augen.

Nicht oft geschieht es, daß er mit seiner Mutter ganz allein in einem Raum ist. Das hat etwas zu bedeuten.

Seine Mutter spricht weiter.

„Ich habe selbst auf den Thron verzichtet, ich habe Österreich einen Kaiser wiedergegeben - nun will ich diesem Kaiser auch eine würdige Gattin in die Arme führen..."

Der junge Kaiser setzt sich gerade, noch gerader. Er atmet tief durch, die Augen fest auf das Gesicht seiner Mutter gerichtet. Seine Mutter macht ein entschlossenes Gesicht.

Hinter der Fassade der Freundlichkeit, der Zärtlichkeit, erblickt er ihren unbeugsamen Willen, ihren unwiderruflichen Entschluß. Er wird blaß. „Ich soll heiraten, Mama?" fragt er.

„Ja, Franz. Fast in jedem Land gibt es heiratswillige Prinzessinnen." Und fast in jedem Land, könnte sie hinzufügen, ist das beliebteste Gesellschaftsspiel das Raten und Rätseln, wer wohl die beste Partie des Abendlandes machen wird. Wem der junge Kaiser die Hand reichen wird. Welches Land auf diese Weise herausgehoben wird, mächtig wird...

„Viele Mächte", fährt seine Mutter fort, „haben schon die Fühler bei mir ausgestreckt..."

- Heiraten wurden zu dieser Zeit arrangiert, Heiraten waren diplomatische Schachzüge, die nichts mit Liebe und Leidenschaft zu tun hatten. Deshalb wurden die Beteiligten, Braut und Bräutigam, auch gar nicht erst gefragt... -

Kaiser Franz räuspert sich. Eine steile Falte hat sich auf seiner Stirn gebildet. Er ist mit dem Verlauf dieses Gesprächs ganz und gar nicht zufrieden. Er würde es am liebsten unterbinden. Am liebsten abbrechen.

Aber er muß höflich sein. Seiner Mutter Respekt zollen. So schreibt es seine Erziehung vor. Deshalb sagt er, leise nur, damit sie seinen Widerstand nicht gleich spürt: „Aber Mama, ich wüßte gar nicht..., wen ich heiraten soll."

Sophie lächelt. Sie legt ihre geschmückten Finger auf die Hand des Sohnes, als wollte sie ihn trösten, streicheln, berühren. So wie sie ihn vielleicht früher getröstet hat, wenn er als Kind verunsichert war, erschrocken.

„Deshalb, mein lieber Franz, hab ich ja auch die Wahl für Dich getroffen. Es ist eine diplomatische Wahl, eine kluge Wahl, glaube ich. Wir verletzen kein Land, und bevorzugen keines. Niemand kann dir gram sein..."

Sie will weitersprechen, aber den jungen Kaiser hält es nicht länger auf seinem Platz. Er atmet tief durch. Er gibt seiner Stimme Kraft und Entschlossenheit. Er spricht jetzt nicht mehr wie ein Sohn zu seiner Mutter, sondern wie ein junger Kaiser, der wohl weiß, daß er in allem das letzte Wort hat.

„Liebe Mama", sagt er eindringlich und klar, voller Entschlossenheit, „ich war Ihnen bis jetzt für jeden Rat und für jede Initiative dankbar - aber glauben Sie nicht, daß ich in diesem einen, einzigen Punkt meine Wahl selber treffen sollte? Daß ich mir die Frau, mit der ich mein Leben teilen möchte, nicht selber aussuchen sollte?"

Wenn seine Mutter verletzt ist durch die Schärfe in seiner Stimme, so zeigt sie es nicht.

Sie ist sanft. Sie gibt nach. Sie ist eine gute Diplomatin, die immer weiß, wie weit sie gehen kann. Auf diese Weise hat sie bislang alles erreicht. Sie hat ihren Mann dazu gebracht, abzudanken und dessen Bruder überredet, die Regierungsgeschäfte ihrem Sohn, dem jungen Franz Joseph, zu übertragen. Sie hat bisher alles geschafft, was sie wollte. Sie wird auch diese Hürde nehmen. Mit Sanftheit, Nachdruck, zärtlichem Zureden, ein bißchen Beleidigtsein... wird es schon gehen. Sie lächelt.

„Gewiß, mein Sohn", sagt sie, „dabei kannst Du Dich ganz auf mich verlassen. Ich habe die Wahl in deinem Sinne getroffen, da bin ich ganz sicher.

Das Mädchen, das deine Frau - und damit auch Kaiserin von Österreich werden soll - hat alle Vorzüge, die Du dir nur wünschen kannst.

Sie ist jung, sie ist reizend anzuschauen, sie ist gebildet, kommt aus einem katholischen Hause..."

„Sie hat nur einen Nachteil", unterbricht Franz Joseph sie, „ich kenne sie nicht."

„Aber Du kennst sie wohl, Franz! Du hast sie in Innsbruck gesehen und lange mit ihr gesprochen! Es ist deine Cousine Helene. Die Tochter von Tante Ludovika, meiner Schwester. Sie ist jetzt neunzehn und bildschön! Es gibt wirklich nur einen einzigen dunklen Punkt in dieser Sache..."

Der junge Kaiser schöpft schon Hoffnung, aber die Erzherzogin lacht. „Das ist ihr Vater, der Herzog Max in

Bayern. Du weißt, ich ertrage ihn kaum. Er ist so... ungehobelt. Er hat keinen Schliff, weißt Du. Aber wir müssen ihn leider in Kauf nehmen."

Der junge Kaiser lehnt sich zurück. Er schaut an die Decke, auf das golden ausgemalte Stuckwerk, und er versucht, sich an Innsbruck zu erinnern. An das Treffen mit seiner Cousine.

Er denkt keinen Augenblick darüber nach, daß er mit Helene eine so enge Verwandte heiraten würde. Die Wittelsbacher und die Habsburger heirateten oft untereinander, aber niemand nahm Anstoß daran. Herrscher waren Herrscher und ihre Entscheidungen wurden von niemandem hinterfragt.

An Helene erinnert der junge Kaiser sich nicht. Merkwürdig, aber diesen Herzog Max, den Vater, hat er in guter Erinnerung. Ein fröhlicher Mensch. Ein amüsanter Erzähler. Ein Mann, der in der Welt herumgekommen ist. Er hat Arabien bereist, Spanien, England. Ja, eine besondere Vorliebe hat der Herzog Max für alles Englische. Die Reiterei und die Jagd, zwei seiner großen Leidenschaften, sind ja beide mit dem englischen Wesen eng verbunden. Der Herzog Max besaß Eigenschaften, auf die der junge Kaiser in seiner Umgebung nie gestoßen ist: Natürlichkeit, Charme, Spontaneität und Phantasie.

„Merkwürdig", sagt er, den Blick wieder auf seine Mutter richtend, „von allen Verwandten aus München ist es ausgerechnet der Onkel Max, der mir am besten in Erinnerung geblieben ist."

„Du hast ihn doch nicht etwa gemocht?" fragt die Erzherzogin.

Der junge Kaiser nickt. „Oh, ich glaube doch. Ja, ich habe ihn gemocht, den Onkel Max, mehr als alle anderen."

Als die Unterredung zwischen Mutter und Sohn beendet ist, läßt der junge Kaiser den Minister eintreten. Der Minister trägt unter dem Arm eine wertvolle Ledermappe mit dem eingeprägten kaiserlichen Wappen.

Er geht zum Schreibtisch, an dem der junge Kaiser sich niedergelassen hat, schlägt die Mappe auf.

Der Kaiser wirft einen flüchtigen Blick auf das Dokument, das der Minister ihm da unterbreitet.

„Was bringen Sie mir da, Exzellenz?" fragt er freundlich.

Vielleicht, weil er nicht die Absicht hat, das alles durchzulesen, bevor er es unterschreibt.

Diesmal aber stutzt er, schaut auf.

Der Minister räuspert sich, erwidert nicht den Blick seines Herrschers, sondern deutet mit der Hand, die in schneeweißen Handschuhen steckt, auf jene Stelle auf dem Dokument, das für seine Unterschrift, Stempel und Siegel, vorgesehen ist.

„Es sind", sagt der Minister, „die Todesurteile von acht Prager Rebellen."

Franz Joseph überfliegt das Papier, schaut auf. „Was sind das für Leute?"

„Gymnasiasten, Hochschüler, Künstler."

Kaiser Franz Joseph zögert. Er legt den Federhalter, den er schon in der Hand hält, wieder hin.

Der Minister, der Orden und Schärpe trägt, und in der Hand das dreieckige Barett hält, mit weißen gestutzten Straußenfedern gesäumt, beobachtet den jungen Kaiser. Er spürt den Widerstand, das Zögern. Das gefällt ihm nicht. Er braucht eine schnelle Entscheidung, die sofortige Unterschrift.

„Sind denn ihre Verbrechen so schwer, daß eine so strenge Strafe - der Tod - gerechtfertigt ist?" fragt Franz Joseph erschrocken. Es ist auch Hilflosigkeit in dieser Frage, der Appell an den Minister, ihm diese Entscheidung abzunehmen, sie zu mildern. Er will kein fürchterlicher Kaiser sein. Er will nicht gefürchtet werden von seinen Untertanen. Er möchte ihre Liebe. Aber kann man die Liebe eines Volkes erringen, wenn man junge Rebellen aufhängen läßt?

Der Minister räuspert sich. „Jawohl, Majestät. Rebellion wirft ihnen die Anklage vor, Aufwieglung zum Widerstand, sogar Majestätsbeleidigung." Der Minister meint, das müsse genügen. Aber der junge Kaiser unterschreibt noch immer nicht. Seine Hand streckt sich nicht nach der Feder aus. Statt dessen schaut er den Minister an und möchte ihn mit einem leichten Kopfnicken hinausschicken. „Danke, Exzellenz. Ich werde die Akten studieren."

Der Minister erschrickt. Was soll das? Der junge Kaiser unterschreibt doch sonst immer blind, was man ihm vorlegt. Wieso wirkt er so gereizt? Was ist geschehen?

Worüber haben er und seine Mutter gesprochen? Was hat ihn so erregt? Weshalb ist er wütend?

„Majestät", beginnt der Minister noch einmal, „ich muß um sofortige Unterschrift bitten. Die Urteile sollen bereits morgen früh vollstreckt werden."

„Aber ich kann doch nicht in wenigen Minuten über das Leben von acht jungen Menschen entscheiden...!" ruft der junge Kaiser, jetzt sichtlich ungehalten.

Der Minister aber will sich nicht einschüchtern lassen. Er hat den Auftrag, mit den unterschriebenen Todesurteilen zurückzukommen. Er will und wird diesen Auftrag ausführen.

„Majestät", sagt er barsch, „diese Urteile wurden vom allerhöchsten Kriegsgericht gefällt." Mit anderen Worten: Da haben Leute gearbeitet, die ihr Handwerk verstehen. Die sich niemals irren. Die gründlich vorbereitet waren.

Du, kleiner Kaiser, tust doch nur, was wir wollen...

Der junge Kaiser spürt den Druck, den der Minister ausübt, und ahnt vielleicht auch etwas von der Verachtung, die diese Bürokraten, die gelernten Diplomaten einem jungen Kaiser entgegenbringen, der lediglich durch seine Geburt und durch nichts sonst als Herrscher legitimiert ist. Im Laufe der Jahrtausende saßen schon Schwachsinnige als Herrscher auf dem Thron. Sie unterschrieben immer nur die Dokumente, die andere ihnen hinhielten, manchmal mußte sogar bei der Unterschrift noch die Hand geführt werden...

Ob der Minister an so etwas denkt?

Der junge Kaiser steht auf, schlägt laut und entschlossen die Mappe zu.

„Ich werde die Akte studieren."

Das heißt, er unterschreibt nicht? Der Minister springt auf. Die Orden auf seiner Brust zittern. Sein Doppelkinn auch. Er zieht jetzt seine letzte Trumpfkarte. Die hat immer gestochen.

„Auch Ihre Kaiserliche Hoheit..., Ihre Mutter..., die Erzherzogin Sophie, ist der Ansicht, daß diese Todesurteile gerechtfertigt sind und sofort vollstreckt werden..."

Der junge Kaiser unterbricht ihn mit einer knappen Handbewegung. Er ist jetzt ein Herrscher, ein Monarch, ein Staatsmann. Er war nie mehr Staatsmann, als in diesem Augenblick, da er zum ersten Mal seinem Minister, vor allen Dingen aber seiner Mutter widerspricht.

„Ich glaube", sagt er, „ich habe mich klar ausgedrückt."

Der Minister senkt den Kopf. Er ist geschlagen.

Der junge Kaiser hat wieder einen Etappensieg errungen. Auch gegen seine Mutter. Das muß ihm gefallen. Bei nächster Gelegenheit wird er das wieder versuchen.

In Possenhofen weiß immer noch niemand von den großen Plänen. Nur Prinzessin Helene und ihre Mutter. Helene braucht natürlich ein Kleid für den Ball. Der Geburtstag des Kaisers!

Sicher werden wichtige und berühmte Leute zu Gast sein, auch wenn Tante Sophie geschrieben hat, daß alles in kleinem Kreise stattfinden soll. Aber ein Kaiserball im kleinen Kreis! Das wird hundertmal mehr sein als irgendein Ball, den Helene je besuchen durfte.

Man bestellt die Putzmacherin, die Schneiderin, die Friseuse. Neue Schuhe müssen angepaßt werden, die Seide passend eingefärbt zum Kleid, champagnerfarben. Der Ausschnitt soll Helenes schönen Hals hervorheben, ihre geraden Schultern, ein enges Mieder wird ihren Busen betonen. Helene ist schön. Nur ihre Taille ist nicht so dünn und biegsam wie die ihrer Schwester Sissi. Aber Sissi ist auch erst fünfzehn, und hat den Körper einer Akrobatin.

Während Helene mit ihrer Mutter im Schloß Pläne macht und Listen anfertigt mit der Garderobe, die unbedingt auf die Reise nach Ischl mitgenommen werden muß, streift Sissi mit ihrem Vater durch den Wald.

Er hat seine Jagdflinte dabei, und den Dackel, einen gut ausgebildeten Jagdhund, der brav apportiert.

Sissi genießt die Tage, die sie mit ihrem Vater verbringen kann. So oft ist der Herzog nicht bei seinen Kindern, auch nicht in Possenhofen. Selbst in München, im Palais, sieht man ihn nicht oft. Die Kinder haben immerzu Sehnsucht nach dem Elternteil, der selten daheim ist. Der Vater geht auf Reisen, übernachtet bei seinen Liebschaften, hat irgendwelche Gespräche zu führen, irgendwo in Bayern.

Aber wenn er daheim ist, dann hat auch er seinen Spaß mit den Kindern.

Sissi ist die einzige, die ihn auf die Jagd begleitet, früher ist die Helene auch manchmal mitgekommen, aber jetzt, da sie eine junge „Dame" ist und verheiratet werden soll, interessiert sie das Ganze nicht mehr sonderlich.

Sissi aber strahlt und staunt über alles, was der Vater ihr zeigt. Was er ihr erklärt über das Wild, über die Vögel, den Wald.

„Und merk dir eines, mein Kind", sagt der Herzog, als er seine Tochter an sich zieht, „wenn Du einmal im Leben Kummer hast, oder Sorgen, dann mach es wie ich: Dann geh, so wie jetzt, mit offenen Augen durch den Wald. Und in jedem Baum, in jeder Blume und in jedem Tier wird dir die Allmacht Gottes zum Bewußtsein kommen und dir Trost und Kraft geben."

Sissi schmiegt sich an ihren Vater und sagt leise: „Ja, ich weiß, Papa."

„Und wieso weiß so ein junges Ding das schon alles?"

Sissi gibt darauf keine Antwort, sie denkt, der Vater ahnt es ja. Alle wußten es damals, daß Sissi sich verliebt hatte, himmelhoch jauchzend, unsterblich verliebt in den jungen Graf Richard, Sproß eines unwichtigen Landadels, ohnehin keine Partie für eine Wittelsbacherin. Außerdem war sie zu jung, sie war eben vierzehn, als die erste große Liebe wie im Sturm ihr Herz nahm, ein Kind, diese erste Liebe konnte man abtun als backfischhafte Schwärmerei.

Der siebzehnjährige Graf Richard, das war nicht zu übersehen, erwiderte Sissis leidenschaftliche Zuneigung. Die beiden waren in Possenhofen unzertrennlich. Sissi war morgens mit dem ersten Hahnenschrei aus dem Bett, auf dem Pferd, und galoppierte an der Seite des jungen Graf Richard durch die Seeauen. Dem Spuk mußte rasch ein Ende gemacht werden. Diskret. Sissi war zu jung, als daß man mit ihr Gespräche über die Liebe, über Sinn und Gefahren solcher Schwärmerei führen könnte. Man mußte über ihren Kopf hinweg entscheiden.

Die Herzogin beriet sich mit dem Herzog, flüsternd, hinter verschlossenen Türen, und eines Tages, als die ahnungslose Sissi auf ihren Freund wartete, der sie zu einem Ausritt begleiten sollte, war er nicht da. Er kam einfach nicht. Es kam auch kein Bote, um eine Nachricht zu bringen, kein Pfleger, um Bescheid zu sagen. Es zeigte sich ganz einfach niemand. Alle Fenster von Possenhofen waren verschlossen, und ihr lieber Pferdepfleger schüttelte immer nur bekümmert den Kopf und murmelte: „Ich weiß nichts, gnädiges Fräulein, ich weiß gar nichts."

Eine Woche später erst erzählte man Sissi, der junge Graf Richard sei ins Ausland geschickt worden. Eine Maßnahme, die man nur in seinem Sinne getroffen habe. Seine Familie habe diese Idee gehabt, alles sei sehr freundschaftlich zugegangen, man habe verstanden, daß der junge Graf ohne Aufhebens und große Abschiedsszene gehen sollte, mit der Kutsche vor Morgengrauen sei er abgereist. Sissi lag auf ihrem Bett und schluchzte, weinte sich die Augen aus.

Monate später kam der junge Graf zurück, todkrank. Er hatte sich ein Fieber geholt und starb nur wenig später.

Sissi glaubte, ihr Herz müßte vor Trauer zerspringen. Sie konnte mit diesem Verlust nicht fertig werden, wie sollte sie auch. Sie war so jung, Richard ihre erste große Liebe. Nicht nur, daß diese Liebe zerstört war, Sissi hatte auch ihre erste Begegnung mit dem Tod gemacht. Sie hatte den ersten menschlichen Verlust erfahren. Wie das ist, wenn ein Mensch, an dem man mit jeder Faser des Herzens gehangen hat, ganz plötzlich nicht mehr da ist. Nicht mehr lebt. Tot und kalt. Unter der Erde.

Sie war gerade fünfzehn geworden, als man den jungen Grafen beerdigte. Nachts schrieb sie Verse voller Trauer in ihr Poesiealbum.

Hier in der geliebten Natur dachte Sissi an diese große Trauer, die sie betäubt hatte, mit langen Ritten, mit Spaziergängen im Wald, mit den Hunden. Die Stunden, die sie einfach nur im Gras gelegen hatte, den Blick auf die vorbeiziehenden Wolken, auf die fernen Gipfel der Berge. Bei schönem Wetter, besonders bei Föhn, ist von Possenhofen aus die ganze Alpenkette zu sehen, wie sie hinter dem Südufer des Sees, hinter dem Murnauer Moor, allmählich ansteigt. Sissi findet Trost beim Anblick der Natur, ihrer vollendeten Schönheit.

Sie schmiegt sich an ihren Vater und flüstert: „Ich hab so Herzklopfen."

Ahnt sie, daß ihr Schicksal schon beschlossen ist?

Der Herzog legt die Finger auf seine Lippen. „Leise", flüstert er, „leise."

Und Sissi, flüsternd: „Ich bin ja schon still."

Am 15. August fährt die Kutsche vor dem Schloß
Possenhofen vor, um die Königlichen Hoheiten nach
Ischl zu fahren. Diener laden die großen Gepäckstücke
ein, im ganzen Haus herrschen Aufregung und Durcheinander.

Sissi sucht noch den Ring, den Karl Ludwig, der jüngere Bruder des Kaisers, ihr beim letzten Treffen
geschenkt hatte.

Helene läuft herum und küßt jeden, der ihr begegnet.
Sie war nie schöner als an diesem Tag, der für sie der Aufbruch in ein neues Leben sein soll.

Der Tag beginnt mit einem klaren blauen Himmel
über dem See. Die leichten Nebelschleier lichten sich,
sobald die Sonne über den Horizont steigt.

Alle, Diener und Verwandte, bilden ein Spalier und
winken, als sich die Kutsche, ein Berliner Wagen, in
Bewegung setzt.

Sissi kann kaum fassen, daß sie mitkommen darf auf
diese herrliche Sommerreise.

Ein unerwartetes Geschenk! Ein Abenteuer! Eine
Abwechslung! Sie küßt ihre Hunde zum Abschied, dem
Pferd hat sie noch eine Extraration Hafer gebracht,
ihrem treuen Pferdepfleger übergab sie die Sorge um das
Rehkitz Xaverl, das immer noch mit der Flasche ge-
füttert werden muß.

Als die Kutsche schon rollt, springt sie auf den Wagen,
natürlich fällt sie ihrer Schwester auf das schön gebügelte
Kleid, natürlich schimpft die Mutter, aber alles ist nicht
so schlimm. Es gibt Wichtigeres als ein paar Falten!

*

Die Herzogin in der offenen Kutsche hält den Kopf sehr gerade, und in ihren Augen Stolz und Triumph. Ihre Tochter Helene wird Kaiserin von Österreich. Und sie, die Herzogin, ist endlich nicht mehr nur eine unbedeutende Wittelsbacher Herzogin, sondern die Mutter einer Kaiserin!

Kann man sich im Leben mehr wünschen?

Der Herzog Max ist erleichtert, daß seine Frau ihn für eine Weile allein läßt. So kann er mit seinen Kumpanen trinken, kann auf die Jagd gehen, lesen solange er will, in seiner Hausjoppe herumwandern, ohne daß sie ihm ständig Vorhaltungen macht. Er ist vollkommen zufrieden. Dem jungen Kaiser trägt er Grüße auf, und auch die Sophie soll man natürlich grüßen, wenn nicht gerade von Herzen, denn es weiß sowieso jeder, daß er seine Schwägerin, die mit dem Adlerblick und den schmalen Lippen, nicht ausstehen kann.

Ludovika verspricht ihrem Mann, zu telegrafieren, sobald man Ischl erreicht hat. Die glückliche Ankunft soll sofort über diese modernen Apparate, die es jetzt an fast jeder Poststation gibt, übermittelt werden. Das verspricht sie ihm, aber mehr sagt sie nicht. Kein Wort über die großen Pläne. Kein Wort über das, was kommen wird.

Wenn es sein muß, kann auch Ludovika schweigen. Sonst hat immer nur ihr Mann Geheimnisse, seine Liebschaften, seine Reiseabenteuer. Jetzt, endlich, hat auch sie ein Geheimnis. Und was für eins! Ein Geheimnis, das eines Tages, wenn es gelüftet ist, in die Weltgeschichte eingehen wird!

Ischl, der kaiserliche Kurort hundert Kilometer östlich von Salzburg gelegen, hat sich schon für den Geburtstag des jungen Kaisers herausgeputzt. Alle Straßen sind gefegt, überall sind Blumen gepflanzt, Fahnen flattern im Wind und hinter der Kurpromenade, gegenüber der Kaiservilla, wird emsig an der Aufstellung des großen Feuerwerks gearbeitet, mit dem man um Mitternacht den jungen Kaiser ehren will.

Das Wetter meint es gut. Auch in Ischl ist es strahlend schön, als die Kutsche in das Städtchen einfährt.

Ludovika hat Migräne. Die gewittrige Schwüle bekommt ihr nicht. Mehrfach wurden unplanmäßig Pausen eingelegt, die Pferde ausgeschirrt und getränkt. Die Damen konnten sich im Gasthaus unter schattigen Kastanien ein wenig erfrischen. Helene immer um ihre Mutter besorgt, liebevoll und fürsorglich, während Sissi dem Kutscher bei den Pferden half und sich nicht darum scherte, daß ihr Kleid schmutzig wurde.

Die Erzherzogin Sophie hat schon vor einer Woche ihre Zimmerflucht in der Kaiservilla von Ischl bezogen. Von hier aus wird sie den Ball organisieren, ordnet die Gästebetreuung an, denn jeder muß nach seinem Titel und dem Protokoll standesgemäß in umliegenden Hotels untergebracht werden, versorgt mit Diener und Zofe. Für die Kutschen der anreisenden Gäste muß genug Platz sein, Stallungen für die Pferde, Quartiere für die Kutscher und Gesellen. Und erst das Festessen und der anschließende Ball.

Für hundert Menschen frisches Gemüse, fangfrischen Fisch, halbgefrorenes Eis und gekühlter Wein und Champagner zum Essen und später mußte immer noch genügend vorhanden sein, für die erhitzten Tänzer beim Ball. Aber diese Dinge konnte die Erzherzogin gut dem Personal überlassen.

Was sie jedoch auf alle Fälle persönlich kontrollieren und überwachen mußte, waren die Maßnahmen, die für die Sicherheit des Kaisers getroffen wurden.

Schon einmal war ein Attentat auf den Kaiser verübt worden. Nur mit knapper Not war er im Jahr 1849 in Ungarn dem Tod entkommen. Und er hatte die Sympathien des leidenschaftlichen und aufrührerischen ungarischen Volkes dadurch gewonnen, daß er seinen Attentäter nicht zum Tode verurteilen ließ. Die Begnadigung war ein großer staatsmännischer Schachzug gewesen, der aber auch ein großes Herz verlangte.

Ein ähnliches Attentat jedoch konnte sich jeden Augenblick wiederholen. Es wimmelte nur so von Menschen mit revolutionären Ideen. Man konnte nicht vorsichtig genug sein. Die Erzherzogin machte sich immerfort Sorgen und ließ deshalb den Generalmajor Böckl zu sich rufen.

Der junge Böckl, unerfahren im Umgang mit Kaiserlichen Hoheiten, denn er war gerade erst zum Major befördert worden, aber dafür um so eifriger, dienert und katzbuckelt vor der Erzherzogin, die ihn streng und unerbittlich mustert.

„Deshalb ist während des Aufenthalts Seiner Majestät in Ischl strengste Kontrolle aller Personen geboten!", sagt sie. „Verstehen Sie mich?"

„Jawohl, Kaiserliche Hoheit. Ich verstehe." Böckl verbeugt sich so tief, daß er fast mit der Nase gegen seinen Säbel stößt.

„Ein zweites Attentat auf meinen Sohn muß unter allen Umständen verhindert werden."

„Unter allen Umständen, jawohl." Wieder ein Diener. „Kaiserliche Hoheit, ich weiß, welche unermeßliche Verantwortung auf meinen Schultern lastet, aber Kaiserliche Hoheit können sich ganz auf mich verlassen." Er richtet sich auf, pumpt den Brustkorb voll Luft und trompetet stolz: „Die Überwachung eines Monarchen ist meine Spezialität!"

Die Erzherzogin reagiert verblüfft. „Ja, haben Sie das denn schon mal gemacht?" Wann, denkt sie, sollte das gewesen sein?

Der Böckl errötet, verheddert sich ein wenig. Er ist zu weit gegangen in seinem Elan, zu weit voraus galoppiert, jetzt muß er ein bißchen zurück. „Theoretisch, Kaiserliche Hoheit, ich meine, theoretisch ist es meine Spezialität."

Der Generalmajor Böckl trommelt in der Kaserne seine Leute zusammen. Er ist jetzt die wichtigste Person am Platz. Auf ihm lastet die Verantwortung für das Wohl und Wehe des Kaisers! Von ihm hängt es ab, ob der Kaiser seinen Geburtstag in guter Erinnerung behalten wird! Er wird dafür sorgen und sollte er persönlich einen jeden seiner Untergebenen zusammenstauchen müssen. An den Haaren wird er sie zu ihrer Dienststelle schleifen, wenn es sein muß. Tag und Nacht wird er auf den Beinen sein und sie alle kontrollieren, überwachen, registrieren...

Er hält die Rede seines Lebens. Die ihm unterstellten Offiziere stehen stramm und salutieren, während Böckl spricht:

„Und deshalb sind alle Straßen, Stege, Steige, Wege, Brücken und Flüsse und so weiter, die nach Ischl führen, strengstens zu bewachen! Verstanden, meine Herren?"

„Jawohl!"

„Und wenn einer verdächtig ist oder renitent - sofort in Eisen legen!"

„Jawohl!" schallt es wie aus einer Kehle zurück.

Der Generalmajor gerät immer mehr in Fahrt, seine Stimme wird lauter und höher, reißt ihn fort in seiner Leidenschaft: „Besser einen Rebellen mehr verhaften als einen zuwenig! Lieber einen mehr verhaften als einen zuwenig! Habt ihr das verstanden?"

„Jawohl, Herr Generalmajor."

Der Böckl läßt abtreten. Die Hacken knallen zusammen, die Säbel klirren gegen die Sporen. Die Schuhe gewichst, die Helme poliert, seine Truppe macht einen guten, ja einen fantastischen Eindruck.

Der Böckl wischt sich, als niemand hinschaut, die Stirn. Vielleicht, wenn er alles gut macht, wird er am

Ende mit einem Orden belohnt oder gar befördert.

Nicht auszudenken, wenn er zu seiner Frau zurück-
käme, nach 48 Stunden unermüdlichen Einsatzes für
die Monarchie und sagen könnte: „Du Gretel, schau
mal, was ich hier hab." Und ihr den Stern zeigen, oben
an den Epauletten...

Der Kaiser Franz Joseph ist immer noch nicht angekommen. Im Hotel sitzt Helene, umgeben von Zofen
und einer übernervösen Mutter, vor dem Schminktisch
und probiert den passenden Schmuck zu ihrem Abendkleid.

Auch Sissi sucht ihr Täschchen, das sie abends zum
Ball tragen will. Und ein Täschchen braucht sie, um die
Billetts der jungen Herren hineinzutun, die sich für
einen Tanz vormerken.

Sissis Herumkramen macht die Mutter noch nervöser.
Sie zerrt Kleider, Wäsche, Strümpfe aus den Gepäck-
kisten und wirft alles neben sich auf den Boden. In
kürzester Zeit verwandelt sich der wunderschöne Salon,
in dem sich alle nur auf Zehenspitzen bewegen, in das
Kinderzimmer eines unartigen Backfisches.

„Aber Sissi!" ruft die Mutter verzweifelt. „Was
machst Du denn da? Um fünf müssen wir bei der Tante
Sophie zum Tee sein!"

„Ich such doch nur mein Täschchen." Sissi ist in dem
Berg von Kleidungsstücken kaum noch zu sehen.

Helene lächelt. Sie steht über den Dingen. Was Sissi
tut, ist ihr im Augenblick ganz gleichgültig. Sie betrachtet

sich im Spiegel und denkt: So wird mich gleich Franz Joseph sehen. Was wird er denken? Ob er sich sofort in mich verliebt?

„Um fünf bei der Tante zum Tee?" ruft Sissi. „Das wußte ich ja gar nicht! Fein! Was soll ich da anziehen?"

„Aber Du bist doch gar nicht eingeladen!" ruft die Mutter.

Einen Augenblick herrscht Stille. Helene wagt nicht, ihre kleine Schwester anzuschauen. Wird Sissi wütend sein? Eifersüchtig auf die große Schwester, die mit der Mutter des Kaisers Tee trinken darf?

Aber Sissi lacht nur. „Ich bin nicht eingeladen? Fein, dann geh ich fischen."

Sie greift einen Angelstock, aber die Hofdame schiebt sie sanft in ihr Zimmer und schließt ab. Von innen trommelt eine wütende Sissi gegen die Tür. Wenn sie etwas haßt, ist es, eingesperrt zu werden. Die anderen vergnügen sich und sie wird einfach weggesperrt!

Ludovika seufzt. Sie geht zu ihrer großen Tochter und schaut sie im Spiegel an.

Helene streichelt die Hand der Mutter. „Reg Dich nicht auf, Mama. Sissi ist halt noch ein Kind."

„Will Angeln gehen an so einem Tag! Was müssen die Leute von uns denken!"

Doch derweil klettert Sissi unbemerkt mit ihrem Angelstock durch das Fenster ins Freie und läuft zum Fluß.

Franz Joseph sitzt in seiner Kutsche aus dunklem polierten Mahagoni, die von vier Schimmeln gezogen wird. Der Generalmajor Böckl hat ihn an der Stadtgrenze abgeholt und sitzt nun oben neben dem Kutscher auf dem Kutschbock. Franz Joseph wird von seinem persönlichen Adjutanten, Graf Grünne, begleitet.

Es geht einen steinigen Weg am Fuß des Schrattberges entlang, vorn eine Brücke, die über die Traun führt, ein kristallklarer, reißender Fluß mit weißen taubeneigroßen Kieselsteinen. In diesem Fluß steht Sissi in ihrem dunkelroten Lodenkostüm und angelt. Eine der Leidenschaften, die sie vom Vater geerbt hat. Auch der Angelstock, aus feinstem Rohr, ist ein Geschenk des Vaters. Den ledernen Rucksack hat sie oben auf dem Weg liegengelassen und, wie es ihre Art ist, einfach vergessen. Da liegt er nun, und die Pferde der kaiserlichen Kutsche scheuen, als sie den Rucksack auf der Straße bemerken. Sie wiehern, steigen in die Höhe. Nur mit Mühe kann der Kutscher sie bändigen.

„Was ist denn los?" ruft Franz Joseph, der dadurch in seiner Unterredung mit Graf Grünne gestört wird.

„Da liegt ein Rucksack, Kaiserliche Hoheit", ruft Böckl. Er ist alarmiert. Sein Herz rast. Ist das eine Attrappe? Eine Bombe? Lauern hier irgendwo wilde Gesellen, Revoluzzer, Terroristen?

Er schaut sich mißtrauisch um.

Der junge Kaiser hegt keinen Argwohn. Er ist nur ärgerlich, daß die Fahrt unterbrochen wurde.

„Ja, dann nehmen Sie den Rucksack doch weg!" ruft er.

Im gleichen Augenblick wirft die Sissi unten am Fluß schwungvoll die Angel aus und der Köder fliegt in weitem Bogen durch die Luft und verhakt sich in der blauen Uniformjacke des Kaisers. Für einen Moment ist der Kaiser verblüfft, ungehalten. Er schaut hinunter zum Fluß. Und sieht die Sissi - ein junges Mädchen mit wespenschlanker Taille, die auf den runden Steinen mitten im Flußbett steht und erschrocken zu ihm aufschaut. Den Angelstock hat sie immer noch in der Hand.

„Was ist denn das? Wer fischt da unten?" ruft Franz Joseph.

Sissi springt ans Ufer, schürzt ihre Röcke und läuft so schnell sie kann die Uferböschung hinauf. Der Kaiser versucht, sich von dem lästigen Haken zu befreien, die Angelschnur zu zerreißen.

„Oh bitte, Majestät!" ruft Sissi flehend. „Nicht abreißen, bitte! Ich komme doch schon!"

Sie läuft so schnell sie kann. Sie hat eine süße mädchenhafte Stimme, ihr Gesicht ist vor Aufregung und Scham leicht gerötet. Aber dennoch macht sie nicht den Eindruck, als sei ihr alles ganz fürchterlich peinlich. Sie kramt in ihrem Täschchen nach dem Messer, einem Klappmesser, natürlich auch ein Geschenk des Vaters. Mit dem Messer löst man den Fisch von der Angel. Ein guter Angler hat immer ein Messer dabei, auch um den Fisch schnell von seinen Qualen zu erlösen.

Sie läßt das Messer aufschnappen. „Warten Sie", sagt sie, während sie auf den Kaiser zuläuft, „ich habe ein Messer."

Böckl ist einem Herzinfarkt nahe .

Da läßt der junge Kaiser, dessen Leben ihm anvertraut ist, ein junges Ding mit dem Messer dicht an seinem Hals herumfuhrwerken!

Und er hat keine Angst! Und ist nicht einmal wütend!

Auch Graf Grünne lacht nur amüsiert.

Ja, was sind das für Menschen, die Kaiserlichen Hoheiten, die so etwas zulassen!

Böckl will Sissi zurückreißen, aber der Franz Joseph scheint zu ahnen, wer dieses Mädchen ist. Er hat Sissi gefragt, woher sie kommt. Sie spricht keinen österreichischen Dialekt, weder den Wiener Dialekt, noch den aus dem Salzkammergut.

„Ich komm aus Bayern", hat sie auf seine Frage erwidert. Und da ahnte er, wen er vor sich hat…

Tante Sophie hatte die Verwandten aus Bayern eingeladen. Natürlich Tante Ludovika, Helene.

Aber das, das ist doch nicht Helene? Dieses junge Ding, ein Backfisch, eben noch ein Kind, das kann doch nicht die Helene sein, von der seine Mutter geschwärmt hat?

Sie ist vielleicht die Hofdame, eine Zofe.

Franz Joseph kennt den Geschmack seiner Mutter. Er weiß, daß sie eine junge, gut erzogene Dame aus angesehenem Hause ausgesucht hat. Eine, die mit einem Stickrahmen oder in Tüll herumläuft, aber ganz bestimmt nicht ein Mädchen, das mit einer Angelschnur und einem alten speckigen Rucksack herumläuft!

Der junge Kaiser ist begeistert.

Plötzlich ist er froh, nach Ischl gereist zu sein. Er kann seine Augen nicht von diesem bezaubernden Wesen lösen. Alles an ihr, die ganze Erscheinung, das Lachen, die blitzenden Augen, die schönen jungen Lippen, scheinen ihm so reizvoll, so unwiderstehlich.

Es ist Liebe auf den ersten Blick.

Ein Coup de foudre, wie die Franzosen sagen. Natürlich spricht Franz Joseph perfekt französisch, die Umgangssprache bei Hofe.

Franz Joseph schaut die junge Sissi an und spürt sein Herz stärker und stärker klopfen.

„Also, ich muß sagen", beginnt Franz Joseph schmunzelnd, „Sie sind die erste schöne Überraschung, die ich in Ischl erlebe."

Sissi knickt artig, senkt den Kopf, der ganz rot ist. „Das freut mich, Majestät."

Graf Grünne und der Kutscher wechseln einen stummen Blick.

Ahnen sie, was sich anbahnt? Sind sie vielleicht die ersten, die wissen, daß dieser erste Blick zwischen einem jungen Mädchen und einem jungen Leutnant das Kaiserreich in große Aufregung stürzen wird?

„Wenn sie ein bisserl Zeit hätte", sagt der junge Kaiser, „könnte Sie mich ein Stückerl begleiten..."

Er weiß, daß dieses keine Frage, sondern eine Aufforderung ist. Der Kaiser fragt nicht, bittet nicht. Der Kaiser hat Wünsche, und diesen Wünschen würde nie jemand zu widersprechen wagen. Schon gar nicht eine kleine Herzogin aus Bayern.

„Oh ja!" ruft Sissi beglückt, „ich hab Zeit!"

Welch eine Überraschung, welch ein Abenteuer! Erst wollten die Mutter und die große Schwester sie nicht zum Tee bei der Tante mitnehmen und nun erlebt sie etwas viel Spannenderes! Eine Kutschfahrt mit dem Kaiser!

Wer hätte gedacht, daß er so fesch aussieht? So leuchtende Augen hat? Daß man sich so gut mit ihm unterhalten kann?

Auch der junge Kaiser geht gern auf die Pirsch. Er lädt sie ein, für den Nachmittag, weil sonst alles verplant ist.

Er wird staunen, was sie alles vom Weidwerk versteht!

Und ihre Mutter wird Augen machen, wenn sie davon berichtet! Und erst Helene! - Sissi ist ja nicht eingeweiht in die Pläne ihrer Mutter. Sie weiß nichts davon, daß Franz Joseph noch am Abend seine Verlobung mit Helene bekannt geben soll.

Sie ist ja noch ein Kind.

Sie wurde nur mitgenommen nach Ischl, damit der Vater nicht stutzig wird.

Die kaiserliche Kutsche kommt die Auffahrt zur Kaiservilla hinauf. Man hört das Klappern der Hufe auf dem Kopfsteinpflaster, das „Hüh" und „Hott" des Kutschers.

Tante Sophie, Helene und Ludovika sitzen an der offenen Balkontür beim Tee und besprechen wichtige Einzelheiten. Helene sieht reizend aus, benimmt sich sehr artig, hält mit zierlichen Fingern die Teetasse und pariert höflich, bescheiden und klug.

Tante Sophies Blicke ruhen voller Wohlgefallen auf dem jungen Mädchen. Ja, so hat sie sich die junge Kaiserin von Österreich vorgestellt. Ihre eigene Nichte, eine Wittelsbacherin, wird es sein. Damit niemand beleidigt ist und niemand bevorzugt wird. Franz Joseph muß begeistert sein, wenn er sieht, wie schön, wie klug und gebildet sie ist.

Ludovika hat gute Arbeit geleistet. Tante Sophie merkt schon in diesem ersten Gespräch, daß Helene auf die Aufgabe einer Kaiserin vorbereitet wurde. Daß sie weiß, was Pflicht und Verantwortung für ein Volk bedeutet, daß sie bereit ist, die Pflichten auf sich zu nehmen. Denn eine Ehe mit dem Kaiser von Österreich bedeutet ja keineswegs nur Glück und Liebelei! Der Alltag wird hart sein, aber Helene ist sich dessen längst bewußt.

Niemand hat das heimliche Verschwinden der kleinen Prinzessin bemerkt. Sissi ist im Augenblick nicht wichtig, alles dreht sich um Helene. Also wundert sich die Hofdame auch nicht, als sie Stunden später das Zimmer von Sissi aufschließt und diese auf dem Bett findet, offenbar ganz vergnügt. „Ich hab so schön geträumt", sagt sie, als die Hofdame sie dafür lobt, daß sie so still war.

Sissi, dieser Wildfang, der sonst Zeter und Mordio geschrieen hätte angesichts einer derartigen Behandlung! Während ihre Schwester Helene mit ihrer Mutter und den wichtigen Leuten des Landes feiert. - Auch der Erzherzog Franz Karl ist gekommen, um den 23. Geburtstag seines Sohnes zu feiern. Er ist taub und fast blind, ein tatteriger alter Mann, der aber in seiner Uniform immer noch passabel aussieht. Wenn man nur nicht so laut schreien müßte, um sich verständlich zu machen. Sophie, seine Gattin, wünschte, die Ärzte hätten schon etwas erfunden, das nicht so gräßlich wie ein langes Hörrohr ist. Aber damals war die Zeit dafür noch nicht reif..., also mußte in der Gegenwart von Erzherzog Franz Karl immer laut gesprochen, ja, geschrien werden. Auch ein Grund, warum man ihn nie in geheime Pläne einweihen konnte, in Familienintrigen und Machenschaften bei Hofe, auf die Sophie sich so gut verstand...

Prinzessin Sissi liegt auf ihrem Bett und träumt von dem schönen jungen Franz Joseph. Wie er ausgeschaut hat! So nobel! Und wie er sie angelächelt hat: wie ein junger Leutnant, nicht wie ein Kaiser. Und wie sie miteinander haben reden können - ohne Zwang und ohne Protokoll. Und er hat nichts lächerlich gefunden, was sie gesagt hat. Im Gegenteil: Ihr scheint, ihm habe die gemeinsame Kutschfahrt gefallen. Manchmal hat er sogar laut gelacht. Und am Schluß hat er sie eingeladen, ihn auf die Pirsch zu begleiten, am frühen Abend. Sie werden sich wiedersehen!

Noch ein Geheimnis, von dem niemand etwas wissen darf!

Wieder muß Sissi sich heimlich davonstehlen.

Und Franz Joseph, begleitet vom Förster, vom Jagdaufseher, vom Adjutanten, vom Büchsenspanner, von
einer ganzen Meute Jagdhunde, muß sich irgendwann
davonstehlen, um allein zum Rendezvous mit diesem
Mädchen zu gehen, dessen Namen er nicht einmal kennt.
Diese Heimlichkeiten sind genau nach dem
Geschmack der romantischen Sissi. So muß die Liebe
sein! Magisch und unergründlich.

Auf der Pirsch täuscht Sissi einen Hustenanfall vor,
um dem stolzen Zwölfender, der dem Kaiser vor die
Büchse läuft, eine Chance zur Flucht zu geben. Einen
Augenblick fürchtet sie, er könnte böse sein.

„Wie kann das einer Jägerin passieren?" fragt er
ungehalten.

„Ich weiß auch nicht", flüstert Sissi, voller Angst, der
kaiserliche Unmut würde jetzt über sie kommen.

„Ich denke, Sie gehen immer mit Ihrem Papa auf die
Pirsch?"

„Jawohl."

„Und? Schießt er die Tiere nicht, der Papa?"

„Doch", sagt Sissi kleinlaut, „aber ich schaue sie mir
lieber an."

Der junge Kaiser stellt noch viele Fragen nach dem
Papa. Er erfährt, daß Sissis Vater einmal eine Zither bis
nach Ägypten mitgenommen hat, um sie oben auf der
Cheopspyramide zu spielen. Wundert es den jungen
Kaiser nicht, daß ein Mann, ein bürgerlicher vielleicht,
so viel Geld hat, um bis nach Ägypten zu reisen?

Und soviel Zeit? Vielleicht ist er ja ein Künstler...

„Und wie heißt Sie eigentlich? Hat Sie keinen Namen?" fragt der Kaiser.

Sissi lacht. „Zu Hause nennt man mich die Liesel von Possenhofen."

Da, es ist gesagt. Sie hält die Luft an. Ahnt er nun endlich, wen er vor sich hat?

Aber nein. Er kommt gar nicht auf die Idee. Das Mädchen im Dirndl da vor ihm, auf dem Baumstumpf, mit der Zither im Schoß, der geflochtene Zopf wie eine Krone um ihren Kopf und hinter ihnen das mächtige Dachsteinmassiv, die schneebedeckten Spitzen färben sich schon im Abendrot. Wer sich in einer solchen Stunde nicht verliebt, hat kein Herz!

Aber der junge Kaiser darf sich nicht verlieben. Er muß sich heute abend verloben. Doch daran will er jetzt noch nicht denken.

„Erzählen Sie doch ein bißchen von sich."

„Ich? Von mir? Da gibt es nicht viel zu erzählen", sagt Sissi. „Meine Lieblingsbeschäftigung ist das Reiten."

„Ja?" ruft der junge Kaiser begeistert. „Meine auch!"

„Und meine Lieblingsblumen sind rote Rosen."

„Meine auch!" Sie schauen sich an, als hätten sie es geahnt. Da fügt die Sissi fast schelmisch hinzu : „Und meine Lieblingsmehlspeise ist der Apfelstrudel."

„Was!" ruft Franz Joseph. „Meine auch!"

„Aber das gibt es doch gar nicht." Dabei wissen sie genau, daß es so etwas gibt. In der Liebe gibt es alles.

Aber verlieben darf Franz Joseph sich nicht. Er ist

schon versprochen und dennoch: Der Gedanke, ein anderer Mann könnte diese Liesel von Possenhofen zur Frau nehmen, ist für ihn unerträglich.

„Ich habe nicht gewußt", sagt Franz Joseph und schaut ihr tief in die Augen, „daß einmal der Tag kommt, an dem ich, ein Kaiser, jemanden beneiden werde."

„Und wen?"

„Den Mann, der Sie zur Frau bekommt."

„Aber ich denke doch nicht ans Heiraten!" Sissi lacht. Der Gedanke ist wirklich abwegig.

Nur der junge Kaiser lacht nicht. „Ich muß leider daran denken."

Erschrocken, mit einem kleinen Stich im Herzen, sagt Sissi: „Ach, Majestät sind verlobt?"

„Noch nicht."

„Nur verliebt?" Auch das wäre eigentlich schon zu viel für Sissi, deren Herz gerade entflammt ist.

„Auch nicht verliebt. Ich soll mich nur heute abend verloben."

„Aber wie kann man sich denn mit jemandem verloben, den man gar nicht liebt?"

Franz Joseph atmet tief durch, schaut Sissi an und denkt: So müßte sie aussehen. Solche Lippen müßte sie haben, solche Augen, solches Haar. Und dann sagt er laut: „In unseren Kreisen kommt es häufig vor, daß man jemanden heiratet, den man nicht liebt. Staatsinteresse. Dynastische Gründe."

„Ja, ist sie denn nicht schön, Ihre Braut?"

Der Kaiser nickt. „Doch", sagt er, „sie ist schön.

Aber Sie sind schöner. Viel schöner! Und ich glaube, Sie haben mehr Herz."

Sissi errötet. Sie senkt den Kopf.

Der junge Kaiser schaut sie an und überlegt: Wenn sie die Liesel von Possenhofen ist, dann müßte sie doch die Helene eigentlich kennen. Die Prinzessin Helene aus dem Schloß Possenhofen...

Also sagt er es ihr. „Heute abend soll ich mit der Prinzessin Helene von Possenhofen verlobt werden."

Sissi erstarrt. Sie ist wie gelähmt. Kann nicht sprechen, nicht denken, ihn nicht anschauen.

„Was?" flüstert sie. „Die Nene? Sie sollen sich mit der Nene verloben?"

Das kann nicht sein! Das ist doch unmöglich. Sie hat doch eben..., aber wie kann denn..., ihre Mutter hat nie etwas gesagt..., die Helene hat geschwiegen..., niemand hat ihr etwas erzählt..., das kann nicht wahr sein...

Doch Franz Joseph nickt. Seine Stimme ist bedrückt.

„Aber es ist wahr", sagt er.

Sissi stürzt Hals über Kopf davon. Sie weiß nicht, wie sie vor Franz Joseph ihre Gefühle verbergen soll. Am besten, er sieht sie nie wieder, dann weiß er nicht, daß sie sich schon in ihn verliebt hat, dann wird er nie erfahren, daß die kleine Liesel von Possenhofen eine Prinzessin ist und die Schwester seiner Braut, dann war das alles nur eine kleine Episode, von der Sissi träumen kann, die aber festverschlossen in ihrem Herzen bleibt.

Franz Joseph kann nicht verstehen, was das Mädel so bestürzt hat. Er hebt ihre Zither auf, die sie liegengelassen hat, und geht langsam den Weg zurück.

Nicht einmal einen Hirschen hat er geschossen.

Sissi will sich zurück in ihr Zimmer schleichen, aber die Mutter und die Schwester sind im Vorraum. Ungesehen kommt sie nicht vorbei.

Helene sagt zur Mutter: „Wollen wir es der Sissi nicht endlich sagen?"

Sissi zuckt zusammen, wendet sich ab.

„Natürlich", sagt die Mutter, „jetzt soll sie es auch wissen."

Beide gehen zu Sissi und Helene fängt aufgeregt an, zu erzählen.

„Ich werde heute abend mit dem Kaiser Franz Joseph verlobt!"

Sie wartet darauf, daß Sissi ihr um den Hals fällt, sie abbusselt, wie es sonst ihre Art ist, daß Sissi strahlt, lacht, mit ihr durch den Salon tanzt oder irgend etwas Verrücktes macht. Aber Sissi kann nichts sagen. In ihren Augen glänzen Tränen. Sie hebt die Arme, hilflos, läßt sie wieder fallen.

„Nun?" fragt die Mutter. „Was sagst Du dazu?"

Sissi kämpft mit den Tränen, schluckt, sagt mit letzter Kraft: „Ich freue mich, daß Du so glücklich bist, Nene." Sie will schnell in ihr Zimmer, will sich verstecken, im Bett verkriechen, die Decke über dem Kopf, nichts sehen, nichts hören, nichts denken.

Aber die Mutter hat gespürt, daß etwas nicht in Ordnung ist. Sie nimmt Sissi in den Arm. „Du bist ja ganz verstört, mein Kind! Was hast Du denn?"

„Nichts, liebe Mutter, danke", flüstert Sissi. Sie kann die Tränen kaum zurückhalten, wenn sie noch länger da stehen muß, wird sie ohnmächtig.

„Bist Du am Ende ärgerlich, weil Du nicht mit auf den Ball darfst?" fragt Helene.

„Ach was, der dumme Ball", flüstert Sissi, „der ist mir ganz egal." Sie denkt, Helene geht heute abend auf den Ball, tanzt mit dem Franz Joseph, schaut ihm in die Augen. Er faßt ihre Taille, alle blicken auf das Paar. Helene ist so schön. Aber Franz Joseph hat gesagt, ich bin schöner, viel schöner. Oh, lieber Gott, hilf mir.

„Da habe ich eine wundervolle Nachricht für Dich", sagt ihre Mutter. „Der Fürst Khevenhueller ist unerwartet gekommen, und jetzt fehlt eine Tischdame. Und da hat die Tante Sophie Dich für heute abend zum Souper eingeladen!"

Beide schauen auf Sissi. Jetzt endlich wird sie wieder strahlen, wird ihnen um den Hals fallen, wird jubeln.

Aber Sissi sagt mit leiser Stimme. „Nein, Mama, danke. Ich will da nicht hingehen. Ich will zu Hause bleiben."

Die Mutter versteht nicht, schaut das Mädel an, hebt ihr Kinn hoch, zwingt Sissi, ihr in die Augen zu schauen. Was verbirgt sie? Welchen Kummer trägt sie mit sich herum?

Oder sind das nur Backfisch-Allüren? Will sich das Mädel nur wichtig machen? Weil das Helenes großer Tag ist?

„Zu Hause bleiben kannst Du nicht, Sissi. Stell dir vor, wie beleidigt Tante Sophie wäre, wenn Du diese Einladung nicht annehmen würdest!"

„Das ist mir gleich", flüstert Sissi, „ich geh nicht hin."

„Bitte, Sissi, ärgere Dich nicht." Die Ludovika beschwört ihre Tochter. Auf einmal fürchtet sie, es könne doch Probleme und Mißstimmungen geben. Dabei arbeitet sie seit Tagen an nichts anderem als der Vermeidung von Mißverständnissen und Problemen. „Jede andere Prinzessin wäre glücklich, an so einem Souper teilnehmen zu können!" sagt sie eindringlich.

Helene betrachtet verständnislos diesen Auftritt ihrer kleinen Schwester. „Was hat sie denn?" fragt sie.

„Keine Ahnung", sagt ihre Mutter nun auch gereizt. „Aber sie wird schon mitgehen. Das fehlt noch, Tante Sophie so zu beleidigen."

Helene nickt. Ihre Mutter hat natürlich Recht. Sissi ist ein launenhaftes Ding. War immer schon launenhaft, wollte immer ihren eigenen Kopf durchsetzen. Hat sich nie darum gekümmert, was ihre Pflichten sind. Wollte immer nur tun, was ihr Spaß macht.

„Und noch dazu an diesem Abend", sagt die Ludovika mit Nachdruck, „der vielleicht über das Schicksal unseres Hauses entscheidet."

Die beiden Frauen sehen sich an.

Währenddessen schlüpft Sissi in ihr Zimmer. Endlich kann sie den Tränen freien Lauf lassen. Niemand sieht sie, niemand hört sie.

Aber es ist auch keiner da, der sie tröstet.

Wenn wenigstens der Papa käme.

Aber der Papa, Herzog Max, vergnügt sich mit Kumpanen auf der Kegelbahn und denkt nicht daran, sein Strohwitwerleben aufzugeben für eine dumme Reise nach Ischl.

Weit und breit kein Mensch, der die unglückliche Sissi trösten kann.

Und da kommt schon die Hofdame herein und legt ein blaßblaues, mit Tüll und Spitze verziertes Kleid über den Stuhl und sagt: „Darin werden Sie heute abend bezaubernd aussehen."

„Ich will aber nicht!" ruft Sissi verzweifelt und vergräbt ihr Gesicht in den Kissen.

Warum nur ist die Liebe so kompliziert? Warum hat der liebe Gott, zu dem sie jeden Abend betet, es zugelassen, daß man ihr den besten Freund, Graf Richard, wegnahm und ihn todkrank zurückbrachte?
Und nun erlebt sie zum zweiten Mal das Glück der Liebe und auch diesmal wird es ihr gleich wieder genommen.

Wie soll sie das ertragen?

Und dann noch auf einen Ball gehen?

Lächeln, tanzen, reden und zuhören, als wenn nichts wäre?

Und was, überhaupt, wird der Kaiser sagen, wenn er Sissi wiedersieht?

Wenn er auf einmal erfährt, daß sie eine Prinzessin ist? Und noch dazu die Schwester von Helene?

Was für ein Unglück!

Zur gleichen Zeit findet in der Kaiservilla eine ganz andere Unterredung statt.

Die Erzherzogin Sophie hat ihren Sohn zu sich bestellt, um ihm zu sagen, wie empört sie über sein Verhalten ist.

Auch diesmal ist keine Hofdame anwesend, kein Adjutant. Mutter und Sohn können offen miteinander reden.

Der Erzherzog Franz Karl hat sich mit seiner Pfeife zurückgezogen, froh, daß er die Damen nicht unterhalten muß. Eine schwierige Aufgabe für einen alten Mann, der nicht richtig hören kann und sich für die Themen der Damenwelt nicht interessiert.

Die Erzherzogin aber möchte von ihrem Sohn eine Erklärung für sein Verhalten. „Der Kaiser von Österreich steigt wegen eines wildfremden Mädchens aus dem Wagen und geht wie ein verliebter Student durch die Straßen!"

Franz Joseph lächelt. Ja, genauso ist es gewesen. Genauso hat er sich in der Gegenwart dieses Mädchens gefühlt: wie ein verliebter Student. Manchmal wünscht er nichts sehnlicher, als so ein einfacher Student zu sein und ein wildfremdes Mädchen verführen zu können, ohne daß alle auf ihn schauen. Oder daß gleich eine Staatsaffäre daraus gemacht wird.

„Noch dazu an einem Tag, an dem die zukünftige Braut auf ihn wartet!" Sophie kann ihre Empörung kaum zügeln. Sie hat immer geglaubt, ihre Erziehung sei lückenlos. Sie hat darauf vertraut, ihr Sohn würde immer blind alles tun, was sie empfiehlt. Aber jetzt lacht er und tut, als sei alles nur ein Scherz! Der Kaiser von Österreich und Regent eines großen Volkes macht solche Scherze nicht!

„Es tut mir leid, Mama", sagt Franz Joseph lächelnd, mit einer leichten höflichen Verbeugung, „daß Sie sich über diesen Vorfall so sehr echauffieren. Nichts betrübt mich mehr, als Ihnen Ärger zu bereiten."

Die Erzherzogin mustert ihren Sohn eindringlich. Meint er das ernst? Oder will er sie nur besänftigen, gnädig stimmen?

Er lächelt so anders, versonnen und in Gedanken. Verbirgt er etwas? Steckt doch mehr hinter diesem kleinen Ausflug mit dieser Unbekannten?

„Bitte", sagt Franz Joseph, und küßt die Hand seiner Mutter, „verzeihen Sie mir."

Sie betrachtet seinen Kopf, seinen Rücken, bemerkt zufrieden die Demut, die in dieser Geste liegt, und lächelt besänftigt.

„Also schön, dann wollen wir nicht mehr über diesen Vorfall sprechen. Vorhin hast Du Nene begrüßt und ihre Mutter. Wie gefällt sie dir?"

„Ich finde sie sehr hübsch", sagt Franz Joseph. Er läßt die Hand seiner Mutter los, weicht einen Schritt zurück.

„Hübsch?" sagt seine Mutter. „Mehr nicht? Ich finde sie reizend! Überaus reizend!"

Franz Joseph schweigt.

Auch die Ludovika spricht mit ihrer Tochter Helene. Vor ein paar Stunden hat der junge Kaiser sie begrüßt.

Ein förmlicher kleiner Akt, der im Salon der Erzherzogin Sophie stattfand, unter den Augen von Hofdamen, Gräfinnen und dem Erzherzog Franz Karl (dem das Ganze jedoch recht gleichgültig war).

Helene versank in einen tiefen Hofknicks.

Kaiser Franz Joseph nahm ihre Hand, deutete, wie üblich, einen Kuß an und sah sie dann aufmerksam an. Helene errötete, lächelte und versuchte, ihre große Verlegenheit zu überspielen, aber ihre Augen strahlten. Ihr ganzer Körper zeigte den Willen und die Bereitschaft, diesem schönen Mann in der Galauniform zu gefallen.

Und sie gefiel ihm. Der junge Kaiser lächelte, sagte: „Willkommen, liebe Helene" und ließ ihre Hand wieder los.

Helene erhob sich aus der tiefen Verbeugung, richtete ihre Kleider und warf einen ängstlichen Blick auf die Mama, die neben ihr mit einem vor Anspannung ganz starren Lächeln stand.

Für die Erzherzogin Sophie ist das alles selbstverständlich. Sie ist so aufgewachsen, sie hat ihre Kinder so erzogen: Das Leben ist ein Protokoll, dem wir zu folgen haben. Es gibt Regeln und diese Regeln sind von anderen gemacht. Wir haben nicht das Recht, diese Regeln zu hinterfragen.

Wenn der Kaiser von Österreich eine Frau erwählt, dann ist das ein Staatsakt, dann ist das Teil seiner Pflicht. Er heiratet, um seinem Volk eine Kaiserin zu geben und

mit der Hochzeit Gelegenheit zu großen Freudenkund-
gebungen, er heiratet, um seinem Volk kleine Prinzen
und Prinzessinnen zu schenken, um die Dynastie zu
erhalten. Lang lebe das Kaiserreich.

Das alles weiß Helene.

In diesem Augenblick ist sie Teil der Geschichte. Ihr
Name, den vorher kein Historiker kannte und für den
sich niemand interessierte, wird plötzlich wichtig.

Prinzessin Helene in Bayern. Wer ist das? Warum
gerade sie? Was will Erzherzogin Sophie mit dieser Heirat erreichen? Gibt es dynastische Hintergründe?
Militärische Ziele? Für welche verbündeten Staaten ist
das eine gute, für welche eine schlechte Nachricht?

Das Schloß summt und surrt von Gerüchten, aber noch
ist nichts entschieden, noch weiß man nichts Genaues.

Am Nachmittag soll der junge Kaiser die Kutsche
verlassen haben und mit einem fremden Mädchen, dessen Namen niemand kennt, spazierengegangen sein. Er
hat gegen das Protokoll verstoßen, gegen jede Sicher-
heitsvorschrift, gegen jede Vernunft.

Aber von dem Spaziergang sei er erfrischt, erheitert
zurückgekehrt, wispert man. Er hat noch den Geruch
von Wiesenblumen in der Nase, sieht noch das Blau des
Himmels, fühlt die seidige Alpenluft.

Da tritt er in die Salons, die geschwängert sind mit
dem Geruch von Pudern und süßen Parfums, er sieht
nur Gold und Taft, nur Schnörkel und Bordüren. Das ist
seine eigentliche Welt. Die Welt des Pomps und Prunks,
in der er eine gute Figur machen muß.

Andere in seinem Alter, mit 23 Jahren, führen ein freies, abenteuerliches Leben als Studenten, als junge Landadlige, als Kaufleute. Können auf Straßen spazieren, wann immer es ihnen gefällt, Mädchen zum Tanz einladen, in Wirtschaften mit Kumpanen zechen und lachen. Er kann das alles nicht. Er hat das nie gedurft. Er durfte nur auf Bällen tanzen, die eigens für ihn arrangiert waren. Die weiblichen Besucher sorgsam ausgewählt. Kaiser Franz Joseph gilt als der beste Tänzer von ganz Wien.

Auch mit Frauen kennt er sich aus. Die Erzherzogin hat ihm immer junge Damen zugeführt, adelige natürlich, mit denen er sich vergnügen sollte. Niemals ist er bis jetzt einer Frau begegnet, die ihm einen Korb gegeben hätte. Was Liebeskummer ist, weiß er nicht.

Mit Helene wird es anders sein. Sie soll seine Braut werden, seine Frau. Sie soll die Mutter seiner Kinder werden. Er müßte sie sich genau anschauen. Er müßte sich mit ihr auf den Balkon oder in das Fauteuil da in der Ecke zurückziehen und ein wenig mit ihr plaudern. Er weiß ja gar nichts von ihr. Er kennt nur ihren Namen, er weiß, daß sie seine Cousine ist und fließend Englisch und Französisch spricht. Seine Mutter hat ihm das alles schon erzählt. Er sieht, daß sie schön ist. Eine schlanke Figur, ein ebenmäßiges Gesicht, ein freundliches, vielleicht etwas kaltes Lächeln. Das wird er später seiner Mutter sagen. „Mir scheint, sie ist etwas kalt."

Aber das, was er als Kälte empfindet, ist nur der angespannten Situation zuzuschreiben. Helene fühlt sich wie ein Ausstellungsstück. Sie hat nur ein paar Minuten Zeit, um einen guten Eindruck zu machen. Diese Minuten muß sie nutzen. Aber wie kann man das erreichen, ohne künstlich und verkrampft zu wirken? Unter so viel zynischen, neidischen, aufmerksamen Blicken? Wie soll das möglich sein?

Der junge Kaiser läßt Helene stehen und spricht mit seiner Mutter. Er hat keine Zeit, er ist zur Jagd verabredet, er will seine Jäger nicht warten lassen. Als wenn das noch wichtig wäre, jetzt, wo er sich um seine junge Braut kümmern müßte! Wen interessiert das, ob die Jäger vergeblich auf ihn warten?

Seine Mutter schaut ihn an, fassungslos, als er sagt: „Mama, ich bin zur Pirsch verabredet. Ich möchte die Herren ungern warten lassen."

„Aber willst Du nicht die Helene ein bißchen unterhalten? Möchtest Du sie nicht näher kennenlernen? Dies ist eine so wunderbare Gelegenheit, Franz Joseph."

„Mama", sagt Franz Joseph, und küßt wieder artig ihre Hand, „ich denke, es wird abends beim Souper und beim Dinner noch genug Gelegenheit geben, sie näher kennenzulernen."

Und seine Mutter, die nicht daran gewöhnt ist, daß Franz Joseph ihre Pläne durchkreuzt, kann nur die Augenbrauen hochziehen, und mit einem leichten Seufzer sagen: „Wie Du meinst."

Helene und ihre Mutter sind allein. Ihre Mutter strahlt. Sie faßt Helenes Hände. „Na? Mein Kind? Wie gefällt er dir?"

Helene, die ihrer Mutter nicht zeigen möchte, wie sehr sie sich in den schmucken jungen Kaiser verliebt hat, zögert, lächelt leise. „Oh, er ist sehr, sehr nett."

Die Ludovika schaut sie an. „Nett?" Sie springt auf, breitet die Arme aus, legt den Kopf zurück, strahlt, als wäre sie selbst die junge Prinzessin, die für einen Kaiser schwärmt: „Ich finde ihn reizend!"

Sie schaut die Tochter an. Die Tochter lacht. Beide fallen sich in die Arme.

Die Ludovika ist jetzt endgültig sicher, daß diese Heirat nicht nur gut ist für das Haus Wittelsbach, sondern auch für ihre Tochter. Sie wird ihrer Tochter den Weg in eine glückliche Zukunft ebnen, soviel ist gewiß.

Sissi steht in ihrem Zimmer und läßt sich von der Zofe für das Souper und den Ball ankleiden. Ein türkisfarbenes, mädchenhaft schönes Kleid mit winzigen Puffärmeln und über und über mit Rüschen besetzt, darunter weit schwingende Reifröcke, die ihre Wespentaille noch betonen. Eine Friseuse beschäftigt sich mit ihren Haaren. Diese langen Haare, die bis zum Po reichen, dicke, schwere, braune Haare, die man schlecht bändigen kann.

Sissi haßt es, wenn sich andere Leute an ihren Haaren zu schaffen machen, aber allein wird sie mit der ganzen Pracht auch nicht fertig. Es müssen Strähnen gebürstet, Zöpfe geflochten und an den Kopf gelegt werden, zu

Schaukeln in den Nacken gebunden. Blüten werden ein-
gearbeitet. Ein kleines Diadem, ein mit Brillanten
besetzter Pfeil, den ihre Mutter aus der Schmucksscha-
tulle beisteuert.

Amors Pfeil?

Daß Sissi an diesem Fest teilnimmt, war nicht vorgesehen. Es irritiert die Ludovika etwas, aber sie möchte
auch, daß Sissi ein bißchen fröhlicher ist, nachdem sie am
Nachmittag einen derart unglücklichen Eindruck
machte. Still wie eine Statue steht Sissi da und läßt sich
für den Ball ankleiden.

Die Ludovika kann sich jetzt nicht um das kleine
schmollende Mädchen kümmern. Sie hat etwas Wichtigeres zu tun. Sie übt sich darin, Kaiserinmutter zu sein.
Alles ist wichtig. Jede Haarschleife, die Helene im Haar
trägt, die Strümpfe, der Sitz der Schühchen, der Ausschnitt, das Rouge, und ob die Augenbrauen den richtigen Bogen haben.

Sissi steht nebenan, nur durch eine Wand von ihrer
Mutter und ihrer Schwester getrennt und kämpft mit
den Tränen. So schnell können Träume zerrinnen!

Warum ist die Welt so gnadenlos? Warum hat man ihr
nicht erlaubt, noch ein bißchen weiter zu träumen?

Sie wollte den Franz Joseph doch gar nicht für sich!
Sie wollte ihn nur weiter anhimmeln können, ohne
schlechtes Gewissen.

Sie denkt doch nicht ans Heiraten, an den Ernst des
Lebens!

Aber es war ein so wunderschönes Spiel da oben auf dem Berg. Das junge Mädchen, das sich für eine aus dem Volk ausgab, und der Kaiser, der endlich einmal er selbst sein konnte, ohne Zuschauer, ohne Protokoll.

War das nicht wunderbar?

Sie haben sich in die Augen geschaut, haben sich Dinge erzählt über sich selbst, festgestellt, daß sie die gleichen Lieblingsblumen haben (rote Rosen), die gleiche Leidenschaft für die Reiterei. Und sogar die Mehlspeise... Er war so süß, der Kaiser, so lieb...

Diese kleine komische Begebenheit rührt Sissi jetzt zu Tränen. Sie kämpft mit dem Schluchzen. Ihre Augen füllen sich mit Tränen, sie wird schrecklich aussehen am Abend, mit geschwollenen Lidern, aufgequollenem Gesicht. Aber macht nichts. Sie will ja auch nicht schön sein. Und überhaupt will sie ja gar nicht auf diesen Ball.

In Sissis Vorstellung war die Liebe immer ganz zufällig, ganz leicht gewesen wie der Wind. Amor, irgendwo auf einer Wolke, hat einen kleinen Pfeil abgeschossen, auf ein Mädchen, das unten am Fluß geangelt hat, und auf einen jungen Mann in einer Kutsche, die gerade über die Flußbrücke rollte. So einfach. Sie war hochgelaufen. Der Angelhaken hatte sich in seiner Uniform verfangen, sie wollte die Angel lösen, die beiden schauten sich an und dachten: Jetzt ist's passiert.

Und von da an alles nur noch rosa Wolken und Lächeln.

Noch steht Sissi in ihrem Zimmer, die Zofen wuseln um sie herum, und sie ist verliebt, aber nicht glücklich. Im Gegenteil.

Sie ist so unglücklich, daß es ihr die Luft abschnürt. Der Magen tut ihr weh.

Immer, wenn sie Unglück kommen spürt, hat sie Magenschmerzen, dann kann sie nichts essen, dann stochert sie nur auf dem Teller herum, bis er wieder abgeräumt wird.

Ihr wird übel, wenn sie an das Souper denkt. Das lange Sitzen in dem enggeschnürten Korsett. Das Parlieren mit einem Grafen, von dem sie vorher noch nie gehört hat.

Der Franz Joseph wird da sein, sein Blick wird auf ihr ruhen, und sie weiß nicht, was er denkt. Sie hat ihn belogen. Sie hat ihm nicht gesagt, daß sie die Prinzessin Sissi ist. Die Schwester der Frau, mit der er heute abend verlobt werden soll...

Sissi kann nicht daran denken. Ihr tut das Herz weh, sie will den Gedanken nicht zu Ende denken.

Ihre Schwester! Nene, die geliebte Nene, nimmt ihr den Mann weg!

Aber nein, es ist andersherum.

Sie hat das Herz des jungen Kaisers gestohlen, den Nene nun heiraten soll.

Ihre Schwester wird einen Mann heiraten ohne Herz, denn sein Herz hat sie, Sissi, schon.

Oder nicht? Oder war das alles nur ein Spiel? Da oben auf dem Berg? Geht der junge Kaiser vielleicht öfters mit Mädchen aus dem Dorf einfach so spazieren und macht ihnen Avancen? Weiß das Helene? Müßte sie es nicht wissen? Müßte Sissi ihr nicht sagen, was am Nachmittag passiert ist?

Aber sie kann es nicht. Sie kann nicht sprechen. Ihre Lippen sind wie zugeschnürt. Ihre Augen voller Tränen.

Die Zofe tritt einen Schritt zurück, betrachtet Sissi und schlägt die Hände zusammen: „Nei, Königliche Hoheit, schauen so schön aus!"

Nicht einmal jetzt lächelt Sissi.

Als sie ihrer Mutter und ihrer Schwester durch die endlosen Flure bis zum Ballsaal folgt, fühlt sie sich wie ein Mensch, der von der Todeszelle zum Henker geführt wird. Ihre Füße schleifen über den Boden, die Schultern hängen, ihr Kopf ist gesenkt.

Ihre Schwester Nene jedoch geht neben der Mutter, ihre Schühchen berühren kaum den Boden, so leicht fühlt sie sich, fast schwebt sie, der Kopf aufgerichtet, die Schultern gerade, die Augen hell und strahlend.

Verstohlen nimmt die Ludovika ihre Finger und drückt sie.

„Noch ein paar Stunden", flüstert sie, „dann erfährt es die Welt. Mein Gott, Kind, bin ich glücklich!"

Der junge Kaiser indessen hat nur wenig Zeit, Gedanken an die Liebe zu verschwenden, an das Mädchen, das ihm den Kopf verdreht hat. Stündlich kommen die Kuriere aus Wien mit neuen Depeschen.

Auf der Krim droht ein Krieg, ein Machtkampf zwischen dem Osmanischen Reich und dem Russischen Reich mit seinen Verbündeten England und Frankreich. Und es ist nur eine Frage der Zeit, wann der österreichische Kaiser in diesen Zwist mithineingezogen wird.

Während er seine Galauniform anlegt - bestehend aus roter Hose, weißer Uniformjacke, rot-weiß-roter Schärpe und Orden, einem goldenen Gürtel und dem Säbel, der nur als Dekoration zu festlichen Anlässen getragen wird - läßt er sich Bericht erstatten.

Zar Nikolaus I., Herrscher über das Russische Reich, habe der Türkei ein Ultimatum gestellt. Sie sollte seine Schutzherrschaft über die orthodoxen Christen anerkennen, die im zerbröckelnden Osmanischen Reich leben.

Zar Nikolaus - für den der Schutz der orthodoxen Christen nur ein Vorwand sei, um seinen Einfluß in die Türkei auszudehnen - müsse aber befürchten, daß Frankreich seine Pläne durchkreuzt.

Napoleon III. brauche dringend einen außenpolitischen Prestigeerfolg, um die nationalen Unruhen zu unterdrücken. Er wolle ein Schutzrecht für die Heiligen Städte in Palästina erreichen. Auch er habe also einen religiösen Vorwand gesucht. Auch England werbe im Volk um Verständnis für einen Krieg gegen Rußland.

Es habe den Anschein, als sei der Konflikt mit friedlichen Mitteln nicht mehr zu lösen.

Und der junge Kaiser stand mit seinen Ländern genau zwischen den Fronten.

Der Zar erwartete dringend eine Nachricht aus Wien. Aber Franz Joseph zögert noch.

Zwischen dem österreichischen Kaiser und dem Russischen Zaren gibt es eine historische Freundschaft. Diese Freundschaft, einem Pakt vergleichbar, besagt, im Frieden, aber besonders in Kriegszeiten zusammenzuhalten.

Kaiser Franz Joseph möchte nicht in einen Krieg hineingezogen werden, bei dem er nichts gewinnen kann.

Aber seine militärischen Berater erklären ihm, er werde wahrscheinlich schon ziemlich bald von Zar Nikolaus dazu aufgefordert, seine Freundschaft unter Beweis zu stellen. Und das würde heißen: die Armee zu mobilisieren, Corps zu bilden und mit Generälen über Kriegstaktiken zu verhandeln. Etwas, das dem jungen, dreiundzwanzigjährigen Mann zutiefst zuwider ist.

Vielleicht ist er in der Schar der Gäste, die sich in Bad Ischl eingefunden haben, der einzige, der an diesem Abend ernsthafte Geschäfte zu erledigen hat.

Die Fürsten anderer Herrscherhäuser sind wie jeden Sommer nach Bad Ischl gekommen, um die heilenden Sitzbäder zu nehmen, Sol-Bäder, wie man damals sagte. Das ist ein Privileg der adligen Schicht, hier ist man unter sich, vergnügt sich fernab der politischen Machtzentren und tut gleichzeitig etwas für die Gesundheit.

Diese Leute nannte man die Salz-Fürsten. Ihnen gehörten die wertvollen Solen und Salzstollen, sie bauten mit eigenen Mitteln die Kurhäuser - die natürlich nur Adligen offenstanden -, organisierten Bälle und Konzerte, Dichterlesungen und Sommerfeste am Ufer der Traun.

Der Hofballdirektor Johann Strauß bezog eine Villa in Ischl und komponierte Walzer, immer wieder Walzer. Die Gesellschaft berauschte sich an diesem Tanz, bei dem die Herren die Taille der Dame umfassen dürfen, mit ihrem Knie das Knie der Dame berühren, sich in die Augen schauen, sie drehen, herumwirbeln, bis es beiden ganz schwindlig ist, und man sich ein wenig aneinander festhalten kann...

Manche aus der alten Gesellschaft rümpfen die Nase und sprechen von lockeren Sitten, die in der Hofgesellschaft um sich greifen. Aber die jungen Grafen und Prinzen, die Herzoginnen und Prinzessinnen lieben diesen Tanz mehr als jeden anderen. Johann Strauß ist ein gefeierter Künstler und bald ein reicher Mann.

Unten im Ballsaal der Kaiservilla probt schon das Orchester den Geburtstagswalzer für den jungen Kaiser, die Violinen werden gestimmt, die Bratschen, das Clavicord.

Nebenan, wo das Souper stattfinden soll, wird ein großer runder Tisch, an dem die engste Familie Platz nehmen soll, üppig mit roten Rosen dekoriert, den Lieblingsblumen von Franz Joseph - und Sissi.

Das Silber wird poliert, die Kristallgläser noch einmal prüfend gegen das Licht gehalten, die Kerzen in den böhmischen Lüstern entzündet.

Und ringsum, in ihren Sommerresidenzen, bereiten sich die Gäste auf das große Fest vor. Der Geburtstag des Kaisers, gefeiert in Ischl - das ist die Gala, von der man den ganzen Sommer zehren wird. Das große gesellschaftliche Ereignis. Ein paar Baronessen und Freifrauen gibt es , die jetzt verzweifelt in ihrem Boudoir sitzen und sich vor Enttäuschung die Augen ausweinen. Sie haben bis zum letzten Augenblick auf ein Billett gewartet, eine Einladung zum Geburtstag des Kaisers. Aber es hat nicht geklappt. Entweder sind ihre persönlichen Beziehungen nicht gut genug oder ihre Familie ist bei Hofe nicht angesehen, Intrigen und persönliche Ressentiments regieren hier wie überall. Die Menschen mit ihren Schwächen, ihrer Eitelkeit, ihrer Bösartigkeit, ihrem Neid, Mißgunst, Egoismus, Leidenschaft, sie spielen alle ihr Spiel. Und je näher sie dem Zentrum der Macht sind, desto mehr Wirkung haben ihre Spielchen. Der junge Kaiser weiß das.

Darum umgibt er sich mit Beratern, die er lange geprüft hat, die sein Vertrauen besitzen. Leute, die schon auf der Militärakademie seine Lehrer waren.

Aber er ist ja selbst erst 23 Jahre alt. Wie kann er wissen, wem er wirklich vertrauen darf? Und wie kann er verhindern, daß um ihn herum Ränke und Pläne geschmiedet werden? Daß Leute verletzt und beleidigt werden, an denen ihm etwas liegt, und andere, denen er mißtraut, immer mehr Einfluß gewinnen?

Eigentlich ist er nur eine Marionette im Spiel der Minister, der hohen Beamten. Sie können Nachrichten von ihm fernhalten, sie können Botschaften so interpretieren, wie es ihrem Geschmack entspricht.

Er, der Kaiser, erfährt immer nur das, was er wissen soll. Er hat keine Möglichkeit, sich selbst, ganz persönlich, Informationen zu beschaffen. Alles, was man ihm erzählt, ist gefiltert, ausgewählt, aufbereitet. Er müßte schon in Wien alleine und inkognito durch die Gassen gehen, mit dem einfachen Volk reden, müßte mit Kaufleuten sprechen, mit Ärzten, Studenten, Wissenschaftlern, Künstlern, um zu wissen, was wirklich in Österreich geschieht. Und in Ungarn. Und Böhmen.

Aber das ist unmöglich, das Protokoll verbietet ihm, sich einfach unter das Volk zu mischen. Und ohnehin ist es viel zu gefährlich, seine Sicherheitsberater würden es niemals erlauben.

Und schließlich: Was würde es ändern?

Er ist ausgeliefert. Nicht nur seinen Beratern. Auch seiner eigenen Mutter, die für ihn Pläne macht. Die über ihn bestimmen will. Sogar in der Liebe. Er muß an diesem Abend seine Cousine Helene zu Tisch führen, muß mit ihr plaudern und muß später zusehen, wie seine Verlobung mit Prinzessin Helene in Bayern verkündet wird. Mit Nene soll er sich zeigen, um Mitternacht, auf dem Balkon der Kaiservilla, wenn das große Feuerwerk gestartet wird.

Er schnallt den Säbel um und nickt seinem Adjutanten zu.

„Wie spät ist es?"

„Noch drei Minuten, Seine Majestät", sagt der Adjutant, „dann müssen Sie im Empfangssalon bereit sein."

Der junge Kaiser nickt.

Er beschließt, für diesen Abend Zar Nikolaus, die Unruhe seiner Generäle und die Angst seines Volkes, das fürchtet, zu den Waffen gerufen zu werden, zu vergessen.

Er will sogar versuchen, dieses junge Mädchen zu vergessen.

Wie heißt sie noch?

Ach ja: die Liesel von Possenhofen.

Dieses süße Mädel mit dem bezaubernden Lachen, mit der entzückendsten Natürlichkeit, die er je kennenlernen durfte.

Er wird versuchen, Liesel von Possenhofen zu vergessen, weil die Staatsraison es so will. Und das Protokoll. Und die Pläne seiner Frau Mama, der Erzherzogin Sophie.

Er nickt seinem Adjutanten zu. Die Lakaien in Galauniform mit sandfarbener hochgeknöpfter Livree, goldenen Knöpfen, Spitzenhemd und weißen Kniestrümpfen, reißen die Türen auf. Eine nach der anderen.

Kaiser Franz Joseph, hoch aufgerichtet, schön, ernst, betritt den Salon, in dem seine Mutter mit ihren Hofdamen bereits wartet.

Er begrüßt seine Mutter, die er an diesem Tag schon dreimal begrüßt hat, ein weiteres Mal mit einem korrekten Handkuß. Erzherzogin Sophie lächelt. Sie sieht strahlend aus in ihrem schwarzen Kleid mit kostbarer Brillantenstickerei. Sie hat ihren edelsten Schmuck angelegt. Ein Diadem im Haar, lange Ohrgehänge von unschätzbarem Wert.

Sie lächelt ihrem Sohn zu, ganz die stolze Mutter, die einen fabelhaften Sohn präsentieren kann. Und eine Mutter, die das Recht hat, ihrem Sohn sogar die Braut auszusuchen.

Erzherzog Franz Karl hat sich nur mit Mühe überreden lassen, seine Lieblingspfeife für die Dauer des Defilee aus der Hand zu legen. Aber stehen wollte er nicht, wenn all die Herren und Damen der Gesellschaft dem jungen Kaiser ihre Aufwartung machen. Das ist zuviel der Ehre für diese Leute, an denen ihm nicht viel liegt.

Das ist Sache seiner Gattin. Sie steht ein paar Schritte hinter ihrem Sohn, wie es das Protokoll verlangt, und begrüßt die Gäste, aber erst, nachdem sie den Kaiser begrüßt haben. Die Damen selbstverständlich mit einem tiefen Hofknicks, in den sie so versinken, daß die Rüschen ihres Kleides wie Schaumkronen um sie herum sind.

Die Herren schlagen die Hacken zusammen und legen die Hand an den Degen.

Es ist immer dasselbe Ritual:

Der Zeremonienmeister an der offenen, zweiflügeligen Tür klopft mit dem silbernen, kordelgeschmückten

Zeremonienstab auf den Boden und ruft laut den Namen der Person in den Saal, die als nächstes dem Kaiser ihre Aufwartung machen wird:

„Seine Durchlaucht, Feldmarschall Fürst Radetzky!"

Der Fürst, ein betagter Herr, der sich jedoch sehr aufrecht hält, geht mit kraftvollen Schritten auf den Kaiser zu, salutiert.

Der junge Kaiser lächelt. „Ich freue mich, Fürst Radetzky, daß Sie die anstrengende Reise nicht gescheut haben, mich in Ischl zu besuchen."

Der Fürst erwidert: „Es ist eine hohe Ehre und Auszeichnung für mich, den Geburtstag Eurer Majestät hier mitfeiern zu dürfen."

Fürst Radetzky ist dem jungen Kaiser von den Heerführern der liebste. Denn er hat, trotz all der Kämpfe und militärischen Siege, die er für Österreich erfochten hat, immer etwas Volksnahes behalten. Er hat seine Soldaten nicht sinnlos geopfert. Er hat das Leben geliebt, auch außerhalb von Kasernenhöfen und Feldlagern.

Ein paar Jahre zuvor hat er die abtrünnigen, italienischen Provinzen wieder dem österreichischen Großreich einverleibt. Ein derart wichtiger Mensch muß natürlich eingeladen werden.

Immerhin hat Johann Strauß für ihn sogar einen Walzer komponiert - den Radetzky-Marsch, einen Gassenhauer, den zwischen Wien und Budapest jeder pfeifen konnte.

Der Fürst wendet sich an die Erzherzogin und wird auch von ihr mit einem warmen Lächeln begrüßt, als der

Zeremonienmeister bereits wieder auf den Boden klopft und ruft:

„Ihre Majestät, die Königin von Preußen!"

Königin Elise ist eine Schwester der Erzherzogin Sophie. Eine strenge, etwa fünfzigjährige Dame, die in Begleitung zweier adliger Damen des preußischen Hofes aus Berlin angereist ist. Eine weite und anstrengende Reise in einer Kutsche auf holprigem Pflaster durch Brandenburg, Sachsen Anhalt, Bayern, Österreich. Man sieht ihr die Beschwerden der Reise noch ein wenig an.

Aber wie alle anderen, fällt auch sie in einen tiefen Hofknicks. Das Protokoll verlangt nun einmal, daß vor dem Kaiser alle in die Knie gehen, auch eine Frau, die seine Tante und selbst Königin eines wichtigen Landes ist.

„Ich freue mich herzlich über Ihren Besuch", sagt Franz Joseph, „willkommen, liebe Tante."

„Ich freue mich ebenfalls, lieber Franz, Dir meine Glückwünsche zu Deinem Geburtstag zu übermitteln."

Franz Joseph reicht ihr die Hand, ein Zeichen, daß sie sich erheben darf. Er lächelt und blickt dem nächsten Gast entgegen, den der Zeremonienmeister meldet:

„Ihre Majestät, die Königin von Sachsen!"

Auch Marie von Sachsen Altenburg ist eine Schwester der Erzherzogin Sophie. In der K.u.K.-Monarchie ist jeder Ball, jedes große Fest eine Demonstration der Familienbande, der Familiendiplomatie. Ehen wurden so raffiniert geschlossen, daß fast überall ein Mitglied der Wittelsbacher oder Habsburger regierte, von Neapel bis Andalusien, von Preußen bis nach Budapest...

Die Tante versinkt ebenfalls in einen tiefen Hof-knicks. Das Ritual wird sich noch sechzigmal oder öfter wiederholen. So viele Gäste die Mutter des jungen Kaisers geladen hat, so oft werden Damen auf die Knie fallen und Herren mit militärischer Akkuratesse salutieren.

Der Kaiser lächelt, wie er auch während des Defilees immerzu lächeln wird. Ein ewiges Lächeln, Willkommenheißen und Weitergehen.

„Willkommen, liebe Tante", sagt Franz Joseph lächelnd, „ich freue mich wirklich herzlich über Deinen Besuch."

Und seine Tante Marie antwortet: „Ich freue mich ebenfalls, lieber Franz, Dir meine Glückwünsche zu Deinem Geburtstag persönlich zu überbringen."

Wie langweilig, wenn alle dasselbe sagen. Aber so sieht es nun einmal das Protokoll vor.

Und schon ruft der Zeremonienmeister: „Ihre Königliche Hoheit, Herzogin Ludovika in Bayern!"

Und der Kaiser richtet sein Augenmerk wieder auf das zweiflügelige Portal, durch das nun Ludovika über das blanke Parkett auf den jungen Kaiser zugeht, und der Zeremonienmeister ruft:

„Ihre Königliche Hoheit, Prinzessin Helene in Bayern!"

Und der junge Kaiser schaut auf Helene, deren Gesicht vor Aufregung ganz rosig ist. Sie hat Angst, ihre Stirn könnte glänzen von der Aufregung, aber diese Angst braucht sie nicht zu haben, alles ist abgepudert und sorgfältig geschminkt.

Sie versinkt in den Hofknicks, doch neben ihr...

„Ihre Königliche Hoheit, Prinzessin Elisabeth in Bayern!" - neben ihr versinkt ein anderes junges Mädchen in einen tiefen Hofknicks, und beugt den Kopf so tief, daß er nichts sieht als Haare, Zöpfe und den mit brillantenbesetzten Pfeil des Liebesgottes Amor über ihrer linken Schläfe. Auf der Schwelle zum Empfangssalon war Sissi einen Augenblick stehengeblieben. So, als würden ihre Beine sie keinen Meter weitertragen, als wäre dort, wo der junge Kaiser steht, das Schafott, zu dem man sie führen wird.

Das Gesicht ganz bleich, die Augen aufgerissen, der Gesichtsausdruck eine Mischung aus Panik und Stolz, Scheu, und gleichzeitig trotzig, so hat sie dagestanden, und der junge Kaiser, der gerade Helene begrüßen wollte, immerhin seine zukünftige Braut, war ebenfalls wie versteinert.

Die Liesel von Possenhofen!

Das Mädel, mit dem er wenige Stunden zuvor auf dem Berg gescherzt hatte!

Der er fast eine Liebeserklärung gemacht hat.

Und die dann, als er ihr von seiner bevorstehenden Verlobung mit Prinzessin Helene erzählte, Hals über Kopf davongestürzt war..., über Stock und Stein, so daß er ihr gar nicht folgen konnte.

Sissi geht unter den Augen des jungen Kaisers noch einen Schritt, und dann noch einen. Sie trippelt vorwärts wie eine Marionette. Sie denkt nichts und fühlt nichts in diesem Augenblick, sie versinkt in den Hofknicks, senkt den Kopf und erwartet den Dolchstoß.

Irgend etwas muß jetzt ihr Herz durchbohren. Etwas muß passieren. Wenigstens muß sich der Boden unter ihr auftun und sie verschlingen. Das wäre noch gnädig.

Der junge Kaiser ist für eine Weile stumm. Er ist länger stumm, als das Protokoll vorschreibt. Sein Blick verweilt länger auf ihr, als schicklich ist.

Helene hat er nur einen kurzen Blick geschenkt, obschon sie ihn so anhimmelt, ihr Lächeln so zauberhaft ist, das Strahlen ihrer Augen so einladend..., er schaut einfach nicht hin.

Er begrüßt sie, und seine Blicke ruhen auf Sissi.

Er sagt: „Willkommen, liebe Helene", und schaut dabei Sissi an.

Aber die bemerkt es nicht. Sie blickt auf ihr Kleid, auf die Rüschen, auf irgend etwas. In ihrem Kopf ist nur ein Rauschen. Sonst nichts.

„Willkommen, Nene", sagt der Kaiser und geht zu Sissi. Er streckt ihr die Hand hin. „Willkommen, Sissi."

Er wartet.

Sie rührt sich nicht.

Endlich schaut sie auf.

Die beiden blicken sich in die Augen, erkennen einander. Jeder im Saal merkt es. Alle halten die Luft an. Etwas ist passiert. Ein Engel ist durch den Saal gestreift.

Die Ludovika, verwirrt, weil sie nicht wahrhaben will, was sie eben gesehen hat, kommt zu ihm und sagt: „Aber ihr kennt euch doch!"

Sissi, immer noch stumm.

Der Kaiser ebenfalls.

Natürlich, denkt er, kennen wir uns. Er denkt an die Alm, er denkt an diesen merkwürdigen Augenblick, als die Kutsche über die Brücke fuhr und dieses junge Mädel da unten im Fluß, diese süße Anglerin...

„Aus Innsbruck!" sagt Tante Ludovika, und das ist fast, als wäre der Zauber zerbrochen. Als habe sie mit diesem einen Wort „Innsbruck" den Bann zerstört. Die beiden wieder in die Realität zurückgeholt.

Sissi erhebt sich.

Der Kaiser bemerkt auf einmal wieder die anderen Menschen um sich herum. Er sieht den Blick seiner Mutter. Sie lächelt, aber es ist ein unterkühltes Lächeln.

Sein Vater hingegen hat nichts bemerkt, wie üblich.

In Innsbruck, natürlich, haben sie sich kennengelernt. Damals war Sissi noch ein Kind, jetzt ist sie immer noch fast ein Kind, aber eben nur fast. Tante Sophie hat „liebes Kind" zu ihr gesagt bei der Begrüßung.

Sie ist fünfzehneinhalb Jahre und von einer grazilen, mädchenhaften Schönheit, die ihm ins Herz schneidet.

Er weiß, er liebt dieses Kind, sein Herz tut weh, wenn er sie anschaut. Er weiß, er will sie haben. Keinen Augenblick mehr denkt er an Helene, an die Verwicklungen, an seine Mutter, an die Peinlichkeiten. Er blickt in Sissis süßes Gesicht und weiß, was er will. Daran ändert auch seine Mutter nichts, als sie sagt: „Du führst Nene zu Tisch!"

„Natürlich, Mama", sagt er ernst, reicht Nene seinen Arm und sie geht an seiner Seite, mit starrem Lächeln,

während die Türen zum Speisezimmer aufgestoßen
werden.

Tausend Kerzen spiegeln sich in den Kristallüstern,
den Gläsern, dem Silber. Überall der betörende Duft
roter Rosen.

Sissi wird von Karl Ludwig, dem jüngeren Bruder
des Kaisers, zu Tisch geführt. Sie sitzt auf der anderen
Seite der großen runden Tafel, dem Kaiser genau gegenüber. Sie kann nicht hören, was er spricht, aber sie sieht,
daß seine Augen immerzu auf sie gerichtet sind.

Sissi sieht nur ihn. Sie weiß nicht, was er denkt, was
er fühlt.

„Willkommen, Liesel von Possenhofen", hat er
gesagt.

War das eine Botschaft? Oder wollte er damit sagen,
daß er zornig auf sie ist? Dafür, daß sie ihn belogen hat?

Aber es war ja keine richtige Lüge, sie hat nur nicht
die ganze Wahrheit gesagt.

Natürlich war das nicht richtig. Sie wußte ja schließlich immer, wen sie vor sich hatte.

Ob er ihr böse ist?

Er schaut immerzu zu ihr herüber. Helene sagt etwas,
vorsichtig, freundlich, sie will schließlich nicht als Plapper-
maul gelten, will ihn nicht nervös machen, wenn er vielleicht wichtige Staatsgeschäfte im Kopf hat und sich
deshalb nicht auf sie konzentriert.

Karl Ludwig ist begeistert, daß Sissi seine Tischdame
ist. Er hat ihr damals, in Innsbruck, als sie beide noch
Kinder waren, einen Ring geschenkt, einen Freund-

schaftsring, den Sissi in Possenhofen irgendwo verlegt hatte. Einen ganzen Tag hat sie den Ring gesucht, um Karl Ludwig eine Freude zu machen, wenn er sie wiedertraf, um ihm zu zeigen: Schau her, ich hab's nicht vergessen. Wir haben in Innsbruck eine schöne Zeit gehabt, oder?

Karl Ludwig sieht den Ring an ihrem Finger und freut sich. Er weiß nicht, daß der Ring für Sissi keine Bedeutung mehr hat. Seit sie Franz Joseph gesehen hat, seit sie mit ihm gesprochen hat, mit ihm auf der Pirsch war, ist alles anders. Sie hört gar nicht zu, wenn Karl Ludwig zu ihr spricht. Ihr Gesicht ist eine Maske. Sie kann nicht einmal lächeln. Es würde ihr das Herz zerreißen, wenn sie irgendeine Bewegung machen müßte.

Die Lakaien stellen die Teller vor sie hin und räumen sie wieder ab, und Sissi berührt nichts, nimmt nicht einmal, wie sich's gehört hätte, Messer und Gabel in die Hand, sitzt einfach vor dem schön angerichteten Teller und wartet, bis er wieder abgetragen wird.

Franz Joseph, von der anderen Seite der Tafel, sieht es. Aber er kann nicht fragen, kann nichts zu ihr sagen.

Wenn überhaupt, können sie sich nur mit Blicken verständigen.

Einer Hofdame, die einen Augenblick hinter ihrem Stuhl verweilt, flüstert sie zu: „Mir ist so bang, daß ich gar nichts essen kann." Sie versucht, sich an die Hofdame zu klammern, aber die Hofdame, mit sanftem Nachdruck, macht Sissi klar, daß sie sich nicht wie ein dummes kleines Mädchen benehmen darf. So verlangt es das Protokoll.

Zum erstenmal sitzt Sissi mit dem jungen Kaiser am Tisch, und schon schnürt es ihr den Magen zu. Und das wird so bleiben.

„Darf ich mich in deine Tanzkarte eintragen?" fragt Karl Ludwig.

Sissi hat nicht zugehört, er muß seine Bitte wiederholen.

Sie nickt. „Aber natürlich", sagt sie mit einer Stimme, die ohne Fröhlichkeit ist, fast ohne Leben.

„Wieviele Tänze schenkst Du mir?" fragt Karl Ludwig. Er hört nicht auf zu fragen, sie zu belästigen. Er will sie einfach nicht in Ruhe lassen. Er versteht nichts, gar nichts. Er ist zu jung. Sissi jedoch ist auf einmal erwachsen geworden.

„Soviele Du willst", sagt Sissi.

„Auch den Kotillon?"

Das ist der Tanz, bei dem der Herr der Dame den Hof macht. Der Tanz, den man immer mit demjenigen tanzt, der einem der Liebste ist. Wenn der Kotillon getanzt wird, nehmen all die Damen, die rings an den Wänden des Ballsaales sitzen, ihr Lorgnon in die Hand und schauen ganz genau hin. Bahnt sich da vielleicht etwas an zwischen Tänzer und Tänzerin? Deshalb ist der Kotillon so wichtig.

Aber Sissi ist er nicht wichtig.

Sie weiß, daß Franz Joseph den Kotillon mit ihrer Schwester tanzen wird, mit Nene, sie weiß, daß dies die Entscheidung ist. Das öffentliche Bekenntnis. Sie weiß, daß es nur noch ein paar Stunden dauert, bis die

Verlobung zwischen Nene und Franz Joseph öffentlich bekannt gegeben wird.

Sie wird sterben in dem Augenblick.

Aber nein, das ist ungerecht. Nene ist ihre Schwester. Sie liebt ihre Schwester doch. Sie wünscht, daß ihre Schwester glücklich ist. Ihre Schwester darf nie, niemals wissen, was am Nachmittag geschehen ist, dort oben auf der Alm.

Das muß ihr Geheimnis bleiben. Sie wird das Geheimnis mit ins Grab nehmen, auch wenn sie uralt werden sollte, niemand soll etwas davon erfahren, niemand.

Sie will Nenes Glück nicht im Wege stehen. Sie darf es nicht. Wie käme sie auch dazu? Sie ist erst fünfzehn Jahre alt. Und sie will ja gar nicht heiraten. Sie will ja gar nicht weg von Possi. Von ihrer Lieblingsstute. Sie muß an Xaver denken, das kleine Rehkitz, an ihre Hunde, und schon kommen ihr die Tränen. Oh nein, sie will nichts anderes sein als die Sissi von Possenhofen. Bei dem Gedanken an die Wiener Hofburg, dieses düstere Schloß mit 1.400 Zimmern, läuft ihr ein Schauer über den Rücken, sie weiß, es muß schrecklich sein, dort zu leben. Dort haben die Wände Ohren. Dort schaut einer, was der andere tut. Und tuschelt, und spitzelt, und intrigiert. Dort ist man niemals allein.

Dort wird alles reglementiert. Oh, sie kann sich ein solches Leben nicht vorstellen, niemals, sie würde eingehen wie eine Pflanze ohne Licht.

Aber Nene wird das genießen. Nene wird eine wunderbare Kaiserin von Österreich sein. Sissi weiß das.

Franz Joseph hat Glück, wenn er eine wie Nene bekommt.

Sie darf nicht an sich selber denken.

Was ist schon ihr kleines Herz? Was zählt das schon, wenn es für immer zerspringt?

Sie wird natürlich den Kotillon mit Karl Ludwig tanzen, falls sie dann überhaupt noch lebt, und sie wird nicht hinschauen, wie die Nene und Franz Joseph...

Hat Karl Ludwig wieder etwas gesagt? Sie hat nicht zugehört. Wie peinlich. Sie wird ganz rot.

„Was hast Du gefragt?"

„Welche deine Lieblingsblumen sind. Das muß ich doch wissen für den Kotillon."

„Ach so, meine Lieblingsblumen."

Und wieder muß sie an den Nachmittag denken. Rote Rosen sind auch die Lieblingsblumen des Kaisers. Das weiß sie jetzt. Deshalb ist die Tafel mit roten Rosen bedeckt.

„Wegen des Kotillon-Bouquets", sagt Karl Ludwig neben ihr.

Sie atmet tief durch. Sie muß sich zusammennehmen. Sie versucht ein kleines Lächeln. „Ach so, ja, rote Rosen."

Karl Ludwig strahlt. „Rote Rosen", wiederholt er, ahnungslos.

Franz Joseph bedient sich von der silbernen Platte, die der Lakai ihm reicht. Der Lakai trägt selbstverständlich Handschuhe.

Helene, seine Tischdame, hat noch niemals ein Souper so genossen wie dieses: Sie an der Seite des jungen Kaisers, und alle Augen auf sie gerichtet! Jeder schaut sie an, und sie lächelt, ihre Lippen glänzen, ihre Haut leuchtet, sie weiß, daß sie nie schöner war als heute abend.

Ihre Handschuhe aus weißem Satin reichen bis über die Ellenbogen. Sie trägt, wie es Sitte ist, den Schmuck über den Handschuhen. Denn man zeigt, was man hat.

Franz Joseph ist vielleicht der einzige in der Runde, der keine Augen für Helene hat. Er schaut immer nur Sissi an, quer über den großen runden Tisch, über die Kerzenlichter und das Arrangement aus Hunderten roter Rosen.

„Also, ich muß sagen", beginnt er, nach einer langen Pause, „ich hätte Sissi überhaupt nicht wiedererkannt."

Helene lächelt, sie schaut jetzt auch zu Sissi hin.

Sissis Herz wird ganz schwer, ihr Kopf glüht. Sie sieht, daß die beiden sie beobachten, sie sieht, daß der Kaiser spricht, aber sie weiß nicht, was er sagt. Sie kann sich nicht auf das Geplapper ihres Cousins konzentrieren, wo sie doch versuchen muß, die Worte von den Lippen Franz Josephs zu lesen.

„In Innsbruck", sagt Franz Joseph, der den Lakaien mit einem kleinen Kopfnicken entläßt, „war sie ja noch ein Kind, ein unscheinbares Kind. Und jetzt ist sie das..."

Helene schaut ihn an.

Er sucht nach Worten. „... das zauberhafteste Mädchen, das ich je gesehen hab."

Helene, einen Augenblick erschrocken, verbirgt ihr Gesicht hinter der Serviette, tupft sich den Mund. Sie ist nicht eifersüchtig, natürlich nicht. Sissi ist ihre kleine Schwester. Aber warum redet er immer über Sissi? Warum spricht er über nichts anderes? Stellt ihr keine Fragen, will so überhaupt gar nichts über sie, Helene wissen, die in wenigen Stunden seine Braut sein soll? Ihr Herz klopft immer stärker und sie spürt, daß ein Unglück, das sie nicht mehr aufhalten kann und das irgendwie immer da war, als Drohung, die ganze Zeit, seit sie Ischl erreicht haben, näherkommt. Immer ein Stückchen näher.

Sie muß sich räuspern, weil sie sonst womöglich keinen Ton herausgebracht hätte. „Ja, das stimmt", flüstert sie.

Jetzt endlich schaut der junge Kaiser zu ihr hin. Er spürt vielleicht, daß er sie verletzt hat. Das tut ihm leid. Er wollte ihr nicht wehtun, es gibt keinen Grund, Helene wehzutun. Sie ist lieb und artig, und bemüht sich sehr. Sie ist schön, gebildet, alles, was verlangt wird.

Ist es ihre Schuld, daß er sich an diesem Nachmittag in ein anderes Mädchen verliebt hat? In ihre Schwester?

Nein, ihre Schuld ist es nicht.

„Verzeihung, liebe Nene", er legt seine Hand auf ihren Arm, er bittet sie mit seinen Augen um Vergebung, „nicht böse sein."

Helene ist tapfer. Oder verzweifelt. Sie glaubt in diesem Augenblick vielleicht immer noch, daß sie das Unglück aufhalten kann, daß sie in ihrer Aufregung, in der ganzen Anspannung dieser Situation, sich auch nur etwas einbildet, etwas wie ein unaufhaltsam herannahendes Unglück. Sie sieht Gespenster. Hat sie früher auch schon Gespenster gesehen? Sie war immer ein so vernünftiges Kind. Immer hat sie geradeaus gedacht. Nie Zweifel aufkommen lassen, sich nie in Sentimentalitäten verstrickt. Sie war wie ihre Mutter. Nicht wie ihr Vater. Keine Schwärmerin so wie Sissi. Gefühlsduseleien hat sie sich nie erlaubt. Sie muß sich jetzt zusammennehmen. Es geht um Alles oder Nichts. Franz Joseph muß erkennen, daß sie eine großmütige Person ist. Nicht eifersüchtig, nicht kleinlich.

„Aber wieso denn?" lacht sie. „Warum sollte ich böse sein?"

„Nun, weil es nicht sehr galant ist, seiner Tischdame von einer anderen Dame vorzuschwärmen."

Tischdame hat er gesagt. Das ist weniger als nichts. Er hat nicht erwähnt, daß sie mehr sein sollte als nur eine Gesellschaft für ein Souper...

Nicht daran denken. Nicht die bösen Geister in den Kopf lassen! Kein Mißtrauen zeigen. Keinen Argwohn.

„Aber Sissi ist doch meine Schwester!" sagt Helene mit einem kleinen tapferen Lachen. „Auch ich finde sie reizend - sie wird von Tag zu Tag hübscher."

Oh je, jetzt hat sie dem Franz Joseph wieder eine Gelegenheit gegeben, Sissi einen langen Blick zuzuwerfen, hat ihn geradezu aufgefordert, sich von ihr weg einer anderen zuzuwenden.

Aber was hätte sie sagen sollen?

Sissi ist doch wirklich noch ein Kind. Und ihre

Schwester. Und es ist ja wahr: Sissi sieht an diesem
Abend ganz besonders reizend aus. Etwas ist mit ihr
passiert..., schon am Nachmittag... Sissi wirkt verstört,
und gerade das macht sie so anziehend.

Sissi trägt, wie es ihrem Alter geziemt, keinen
Schmuck außer Amors Pfeil im Haar. Ihr Schmuck ist
ihre Jugend, das Haar, so kunstvoll geflochten. Kein
Ohrgehänge, keine Halskette.

Sie sieht wirklich bezaubernd aus, frisch und auf-
blühend wie eine Knospe, eine rote Rose.

Franz Joseph seufzt, aber so, daß Helene nicht
bemerkt, wie sehr ihm das Herz dabei überquillt.

„Ja", sagt er, „sie ist wirklich reizend."

Da kommt - als hätte Helene ihn herbeigebetet - endlich der Lakai und bietet neue Speisen an. Der Kaiser
muß sich von Sissi abwenden. Helene atmet tief durch.


Nach dem Souper setzen sich die Schwestern in eine
Ecke des Tanzsaales, auf goldene Rokokomöbel, bewegen ihre Fächer, trinken Kamillentee und schauen den
jungen Leuten beim Tanzen zu.

Franz Joseph tanzt nicht. Helene ist im Boudoir ver-
schwunden, um ihr Make-up zu kontrollieren. Und ihre
Sicherheit wiederzufinden. Ihre Beine zittern, und sie
sieht im Spiegel, wie blaß sie unter dem ganzen Puder ist.
Hat das Strahlen ihrer Augen schon nachgelassen?
Warum zittern ihre Finger?

Sie zerrt die Handschuhe von den Händen, läßt kaltes
Wasser aus der Porzellankanne in die Schüssel, taucht die

Hände hinein, hält sie gegen den Hals, den glühend heißen Hals. Was ist mit ihr los? Fieber?

Hat sie sich vielleicht auf der Kutschfahrt erkältet?

Hat sie sich bei irgend jemandem angesteckt in diesem Gasthaus, in dem sie übernachten mußten, alle in einem Zimmer, Helene, Sissi und die Mutter? Das macht das Reisen so ermüdend, daß man immer mit Unpässlichkeiten rechnen muß.

Helene lehnt an der Wand, die Augen geschlossen. Sie würde jetzt gerne mit der Mutter reden, würde sie fragen wollen, was das alles zu bedeuten hat.

Franz Joseph hat sich ihr gegenüber so kühl benommen. Freundlich zwar, aber distanziert. Wie man zu einer Cousine spricht, die man alle paar Jahre einmal trifft und dann wieder aus den Augen verliert.

Nichts wollte er von ihr wissen, gar nichts. Und auch sie hat nichts zu fragen gewagt.

Dabei hätte sie so gerne etwas aus Wien gehört. Von den neuen Nachrichten über das Theater, über den Bau der Oper, der seit langem geplant ist. Sie hat sich so lange auf dieses Gespräch vorbereitet. Sie hätte Franz Joseph in Erstaunen versetzen können mit ihrem Wissen über die Habsburger, über Venedig, Schönbrunn, über Architekten und Bildhauer. Wenn er nur einmal etwas gefragt hätte, wenn er sich nur einmal wirklich für seine Tischdame interessiert hätte!

Aber nichts von alledem. Sie haben nebeneinander gesessen, oberflächliches Zeug geplaudert und er hat die ganze Zeit über den Tisch zu Sissi hinübergestarrt.

Die ganze Zeit. Sie wundert sich, daß offenbar niemand außer ihr es bemerkt hat.

Ob die Mutter es gesehen hat? Was meint die Mutter wohl dazu?

Als Helene sich endlich wieder gesammelt hat und in den Tanzsaal zurückkehrt, suchen ihre Augen nach der Mutter. Sie ist die einzige, die die Pläne kennt, die eingeweiht ist in die große Sache. Helene muß jetzt mit ihr reden, sofort!

Aber die Ludovika sitzt immer noch mit ihren Schwestern Therese und Anna Maria beisammen. Sie kann nur einen Blick der Mutter erhaschen. Die Mutter gibt ihr ein Zeichen, ruhig zu sein.

Natürlich, sie ist ja ruhig.

Sie lächelt und wendet sich an Fürst Radetzky, der gerade den Raum durchquert. Dann wird sie eben mit dem Fürsten über Venedig reden. Damit wenigstens einer erfährt, was sie sich alles in letzter Zeit angelesen hat.

Elise, Königin von Preußen, schaut ihrer Schwester Ludovika in die Augen. Ihr Blick ist streng, gierig vielleicht, neugierig. Aber da ist noch mehr. Sie hat eine Ahnung, daß etwas Großes für diesen Abend geplant ist. Und sie ist wütend, daß man sie nicht eingeweiht hat.

„Also, Nene ist die zukünftige Kaiserin von Österreich?" fragt sie, ganz leichthin und wedelt mit ihrem Fächer, schaut sich um, tut ein bißchen gleichgültig, obschon sie überhaupt nicht gleichgültig ist.

Die Ludovika, ihre Schwester, lacht. „Aber wie kommst Du darauf?" fragt sie scheinheilig. Soviel ist klar: Sie wird auch ihre Schwester nicht einweihen, bevor alles unter Dach und Fach ist. Man weiß nie. Es kann immer etwas Unvorhergesehenes passieren, und in der Tat hat Franz Joseph nicht den Eindruck vermittelt, als sei er hingerissen gewesen von seiner Tischdame. Im Gegenteil, er hat sie fast nicht beachtet.

Wann immer die Ludovika Gelegenheit hatte, zu dem jungen Paar hinüberzuschauen - verstohlen natürlich - saß ihre Tochter Helene mit gesenktem Kopf da, während Franz Joseph den Blickkontakt mit Sissi suchte!

Ihr schwirrt der Kopf. Was hat er nur immer mit dieser Sissi? denkt sie. Mit diesem Kind?

Die beiden Schwestern, die Königin von Sachsen und die Königin von Preußen, wechseln einen Blick über Ludovikas Kopf hinweg. Sie sind sich beide einig: Etwas wird heute passieren.

„Jedenfalls", sagt Marie spitz, „finde ich es sehr merkwürdig, daß Du deine Pläne sogar vor deinen Schwestern geheimhältst."

Und Elise nickt bekräftigend.

Ludovika schaut sie an. Beide. Fächelt sich Luft zu. Sieht, daß Helene immer noch mit dem alten Fürst Radetzky spricht und einen unglücklichen Eindruck macht unter der lächelnden Maske.

„Aber was soll ich denn geheimhalten?" sagt sie amüsiert. „Es ist nichts, wir feiern den Geburtstag unseres Neffen. Den Geburtstag des Kaisers von Österreich. Das ist alles."

Die Schwestern schauen sich wortlos an.

Währenddessen ist die Erzherzogin Sophie auf der Suche nach ihrem Mann. Immer verschwindet er in irgendwelchen Räumen, versucht, sich dem Gespräch zu entziehen, seinen Pflichten. Jawohl, denn es gehört auch zu den Pflichten einer Kaiserlichen Hoheit, sich um seine Gäste zu kümmern. Wieso plaudert er nicht ein bißchen mit der Königin von Preußen? Oder ihrer anderen Schwester, der Königin von Sachsen?

Sie weiß genau, welche Spannung in der Luft liegt, wie geflüstert und getratscht wird. Wie die Hofdamen ihre Köpfe zusammenstecken, Gräfinnen miteinander tuscheln, Baronessen sich die Augen aus dem Kopf drehen, um zu sehen, was vor sich geht. Warum macht der Kaiser einen so merkwürdig abwesenden Eindruck? Warum tanzt er nicht?

Warum fordert er immer noch nicht Helene zum Tanz auf, seine Tischdame? Ist das nicht wirklich unhöflich?

Sophie will mit ihrem Mann sprechen. Sie muß ihn einweihen, jetzt ist es Zeit, Fakten zu schaffen.

Die Verlobung ihres Sohnes mit der Tochter ihrer Schwester. Ein gelungener Schachzug. Eine gute Partie, für beide Seiten. Sie muß ihrem Gatten davon berichten, damit er nicht mitten in diese Geschichte platzt mit einer unpassenden Bemerkung. Immerzu macht ihr Mann unpassende Bemerkungen, ruft „Bravo", als wären sie im Zirkus, versteht die Dinge falsch. Ganz unmöglich, mit ihm eine richtig gepflegte Konversation bei Tisch zu führen. Die arme Ludovika hat das während des Soupers aushalten müssen. Keinen Satz hat er richtig verstanden. Wenn es nicht so ärgerlich wäre, müßte man lachen. Aber dann würde man ihn nicht mehr ernst nehmen, den Vater des Kaisers. Und das darf niemals passieren, niemals.

„Da bist ja!" Sie hat ihren Mann gefunden. Ganz allein sitzt er in einem Salon, mit einem Kamillentee.

Die Erzherzogin weiß nicht, daß der persönliche Diener ihres Mannes in den Tee immer einen Cognac gießt. Eigentlich trinkt der Erzherzog den Kamillentee nur, damit er Cognac trinken kann. Den Cognac hat der Arzt ihm verboten, und die Erzherzogin bekäme einen Herzinfarkt, wenn sie wüßte, wieviele Cognacs ihr Gatte schon heimlich durch die Kehle laufen ließ.

Hastig trinkt der Erzherzog den Tee aus und stellt die Tasse weg, bevor seine Frau daran riechen kann und Verdacht schöpft. Er lächelt und lehnt sich zurück, die Hände über dem Bauch mit der rot-weiß-roten Schärpe verschränkt. Seine Brust glänzt und glitzert von all den Orden, die er an diesem Abend anlegen mußte.

Sophie beugt sich vor, und bedeutet ihrem Mann, etwas näher heranzurücken. Sie kann nicht immer schreien, wenn sie mit ihrem Mann spricht, dann hört es gleich der ganze Hof, dann weiß es gleich jeder. Eigentlich müßte sie die Türen schließen, aber auch das ist unhöflich gegenüber den Gästen. Sie macht ein bedeutungsvolles Gesicht und winkt ihn noch näher heran.

„Was ist denn, meine Liebe?" fragt der Erzherzog gutmütig. „Bist Du zufrieden mit dem Abend?"

„Er hat ja noch gar nicht richtig begonnen." Die Erzherzogin spricht in sein rechtes Ohr. Auf dem rechten Ohr hört er noch ein bißchen besser als auf dem linken. „Damit Du im Bilde bist - Franz Joseph wird sich heute noch mit Nene verloben."

Franz Karl schaut seine Frau verständnislos an. „Was? Sprich doch lauter!"

Sie seufzt, verdreht die Augen. Wie lästig es ist, mit einem Mann verheiratet zu sein, dessen Ohren nicht funktionieren.

„Ich kann doch nicht schreien! Franz Joseph wird sich heute noch mit Nene verloben."

Jetzt, endlich, hat er verstanden. Erleichtert sinkt Sophie in ihrem Stuhl etwas zusammen.

Franz Karl lacht. „Ah! Bravo! Haben sie sich verliebt ineinander, die zwei?"

„Das nicht", sagt Sophie gleichmütig, „aber das wird schon noch kommen."

„Bravo! Aber warum verloben sie sich dann heute schon?"

Sophie seufzt. „Mein Lieber, wir haben uns doch auch verlobt, ohne daß wir verliebt waren ineinander."

„Ja", sagt Franz Karl, und in seiner Stimme schwingt etwas von der Enttäuschung und der Bitterkeit eines Lebens mit, das immer von anderen bestimmt war. Ein

Leben, das er nie wirklich selbst in der Hand hatte, seit seiner Geburt nicht, als man ihn der Mutter wegnahm und in die Obhut irgendwelcher Ammen und Gouvernanten gab. Dann mit neun schon in die Militärakademie, ein kleiner Junge, der Heimweh nach seinen Eltern hatte, seiner Kinderstube, mußte plötzlich in einem Schlafsaal auf einer schmalen, nackten Pritsche schlafen, vor dem Morgengrauen aufstehen, salutieren und Schießen üben, war den Launen und Boshaftigkeiten irgendwelcher Militärs ausgesetzt, irgendwelcher Leute, die ihren Lebensfrust an den jungen Kadetten ausließen. So wurde er gedrillt für seine Aufgabe, einmal Kaiser zu werden, falls sein Bruder Ferdinand dieses Amt nicht übernehmen konnte. Aber Ferdinand wurde dann doch Kaiser, ein schwacher und schlechter Kaiser. Ohne Frage war Ferdinand ein guter Mensch, ein liebenswürdiger Mann, aber als Herrscher schwach und entscheidungsunfähig. Er hatte den Beinamen „der Gütige", aber gütige Herrscher waren Anfang des 19. Jahrhunderts nicht gefragt.

Er litt unter Nervenkrisen und Sprachstörungen, und seine Abdankung war eine Frage der Zeit.

Die Erzherzogin Sophie, Ehefrau von Franz Karl, hätte nun Kaiserin werden können, wenn ihr Mann den Thron der österreichisch-ungarischen Monarchie erstiegen hätte.

Aber die Erzherzogin, die die glücklichste Person am Wiener Hofe war, wußte, daß ihr Mann ebensowenig das Zeug zu einem großen Kaiser in schweren Zeiten hatte wie dessen Bruder. Sie überredete ihren Mann, auf den Kaiserthron zu verzichten und dafür ihren Sohn Franz Joseph zu krönen, ihren ältesten Sohn, den sie als Erbprinzen hat erziehen lassen. Sie braucht viel Geschick, Takt und Überredungskunst, sie muß die Fäden diplomatisch ziehen, um zu erreichen, daß ihr Schwager Kaiser Ferdinand endlich, am 2. Dezember 1848, abdankt, ihr Mann verzichtet und dafür ihr Sohn Franz Joseph zum Kaiser proklamiert wird.

Das ist für Sophie die Entschädigung für eine Ehe, die sie nur mit äußerster Disziplin ertragen hat. Eine Ehe, die auch sie nicht wollte, genauso wenig wie Franz Karl. Aber damals wurde man nicht gefragt, immer bestimmten andere. Bei ihrer Hochzeit war es der Kongreß gewesen, der die Ehe befohlen hatte. Daran muß Franz Karl jetzt denken und an das Unglück, als das beide diese Ehe betrachten, auch wenn sie nie darüber ein Wort verloren haben. So etwas tat man nicht. Sophie und Franz Karl haben in ihrer Ehe drei Kinder gezeugt, Franz Joseph, Karl Ludwig und Ludwig Viktor. Mehr konnte die Welt von Sophie nicht erwarten. Seit der Geburt ihres dritten Kindes haben die beiden das Schlafzimmer nicht mehr geteilt, und die Mahlzeiten nur, wenn es unumgänglich war. Nach außen hin aber gelten sie immer noch als ein perfektes Paar.

Aber was bedeutet das schon?

Jetzt, am Vorabend des Geburtstages ihres ältesten Sohnes, sitzen sie beieinander, und es ist typisch für ihre Ehe, daß Sophie nichts von den heimlichen

Cognac-Exzessen ihres Mannes weiß, und er nichts von ihren Heiratsplänen für den Sohn. Sie leben aneinander vorbei. Aber manchmal kommt eine Situation, in der Schulterschluß wieder gefordert wird, aus Staatsraison. Und dieser Augenblick ist nach Ansicht von Sophie jetzt gekommen.

„Bei uns", sagt Franz Karl milde, wenn auch ein bißchen melancholisch, „hat der Kongreß bestimmt, daß wir heiraten sollen."

Sie schauen sich an. Jeder mag sich seinen Teil denken.

Schließlich seufzt Sophie und sagt dann energisch: „Ja, und heute bestimme ich."

Franz Karl lächelt. Er greift nach seiner Pfeife, automatisch auch nach der Teetasse, aber die ist leer. Seine Blicke suchen den Diener. Er macht eine kleine Geste, der Diener versteht. Er wird einen neuen Cognac bringen. Der Erzherzog wird ihn trinken, verdünnt mit Kamillentee, und vielleicht so ganz für sich allein auf das Wohl seines Sohnes trinken. Vielleicht wird er ihn bemitleiden. Vielleicht wird es ihn sogar übermannen, ein paar persönliche Worte mit seinem Sohn zu wechseln. Vielleicht.

Sophie erhebt sich, endlich. Der Kellner kommt direkt mit einem Tablett. Der Erzherzog lächelt. „Und bring mir auch eine Zigarre." Die braucht er jetzt.

Im Ballsaal tanzt Sissi mit todtraurigem Gesicht eine Polonaise nach der anderen. Dreht sich, nickt, hebt die Arme, schaut ihren Tänzer an, ohne zu lächeln, dreht sich wieder, gibt einem anderen Tänzer den Arm, weicht drei Schritte nach links, vier nach rechts, eine Drehung, ein neuer Arm, ein neuer Tänzer, ein anderes Gesicht. Aber all das interessiert sie nicht.

Gleich wird Nene ihre Verlobung bekannt geben. Gleich ist das Träumen vorbei. Das Schicksal ist nicht gnädig, war ihr nie gnädig.

Hat sie ja doch immer gewußt, daß sie unglücklich sein würde. Immer hat sie gewußt, daß ihr Leben voller Tränen sein muß. Seit Graf Richard schwer krank aus dem Ausland zurückkam und sich zum Sterben legte, hat sie es gewußt. Wie kann sie fröhlich sein, wenn um sie herum nichts so ist, wie sie es sich wünscht?

Sie muß an Possi denken. Sie muß sich zwingen, an ihren geliebten Papa zu denken. Was er jetzt wohl treibt? Er wird es sich gut gehen lassen, bestimmt, dafür hat er ein Talent. Wenn sie alles von ihm geerbt hat - wieso nicht das Talent zum Glücklichsein?

Der Papa läßt nichts wirklich an sich heran. So jedenfalls scheint es. Er hat immer gute Laune, ist immer herzlich und fröhlich zu seinen Kindern, macht nie den Eindruck eines Menschen, der sich Sorgen macht, der mit dem Schicksal hadert. Warum geht es ihr nicht auch so?

Der Tanzsaal ist groß. Am Rande die Lakaien mit silbernen Tabletts, auf denen Champagnergläser stehen. In den Ecken die Tische und Sessel für die älteren Gäste, die nur noch zuschauen. Sie erquicken sich am Anblick der schönen Jugend, der lächelnden, fröhlichen Jugend. Wenn sie nur lächeln könnte. Wenn ihr das alles nur nicht so schwer fiele!

Wieder nimmt Karl Ludwig ihren Arm und strahlt sie an. Sie versucht, zu lächeln, sie versucht es wirklich, aber die Tränen schnüren ihr den Hals zu. Gleich kommt der Kotillon und beim Kotillon wird Franz Joseph seine Verlobung mit Nene bekannt geben!

Wenn sie nur an etwas anderes denken könnte!

„Du bist schön, liebe Cousine", schwärmt Karl Ludwig. „Es ist eine Freude, mit dir zu tanzen."

Sie möchte ihm danken für das Kompliment, aber ihre Lippen sind zu trocken, sie bekommt kaum Luft, es ist ihr, als müsse sie ihr Kleid aufreißen, um befreit atmen zu können.

Vielleicht wird sie ja ohnmächtig. Rechtzeitig zum Kotillon. Das wäre das beste. Das wäre gnädig vom lieben Gott, wenn es einen Gott gibt, und wenn er es gut mit ihr meint, dann müßte er sie jetzt gleich ohnmächtig werden lassen.

„Lach doch einmal, Sissi", bettelt Karl Ludwig.

„Ich kann nicht", flüstert Sissi, den Tränen nahe, „bitte, sei nicht böse. Ich kann nicht mehr weiter tanzen."

„Aber warum nicht?" Karl Ludwig versteht nicht.

„Ich fühl mich nicht wohl. Bitte."

Das muß Karl Ludwig akzeptieren. Den jungen Herren hat man erklärt, daß die Mädchen sich oft nicht wohl fühlen und daß man als Kavalier auf so etwas Rücksicht nehmen muß. Wie leicht werden sie ohnmächtig, wie leicht wird ihnen schwindlig. So ist es eben. Das schwache Geschlecht.

Er lacht. „Gut, dann gehen wir in den Garten. Die frische Luft wird dir gut tun."

Aber Sissi will nicht. Sie möchte allein sein. Sie will niemanden bei sich haben, sie möchte sich verkriechen, in ihrem Zimmer, unter irgendeinem Busch, auf einer Parkbank. Irgendwo, wo man sie nicht beobachten kann.

„Bitte, Karl Ludwig, laß mich allein, ja?"

Sie sagt das sehr fest entschlossen, sie schaut ihn dabei an.

Was soll er tun? Sie meint es ernst. Er muß sie gehen lassen. Wie einen dummen Bub läßt sie ihn mitten auf der Tanzfläche stehen und flüchtet ins Nebenzimmer.

Hoffentlich, denkt Karl Ludwig, hat das niemand gesehen, die Leute würden ja denken, ich hätte Sissi verärgert. Er schaut sich um. Niemand hat sie beobachtet, nur sein großer Bruder. Franz Joseph, auf der gegenüberliegenden Seite, blickt zu ihm hin, und verfolgt, wie Sissi flüchtet, an den Tanzenden vorbei, durch die Tür in den kleinen blauen Salon. Franz Joseph folgt ihr.

Sissi sitzt im blauen Salon und ringt um Fassung. Sie braucht Luft, aber sie wagt nicht, an all den neugierigen Blicken vorbei in den Garten zu gehen. Die Türen zum Garten sind ganz am anderen Ende der Festsäle. Sie weiß, sie würde das nicht schaffen. Aber hier ist es still.

Nur gedämpft hört man die Musik der Kapelle, die jetzt einen Walzer spielt.

Wie gerne sie Walzer getanzt hat!

Nie wieder wird sie gerne Walzer tanzen. Nie wieder wird sie etwas wirklich gerne tun, was mit Bällen und Empfängen zu tun hat. Es ist gräßlich. Man wird beobachtet, alle schauen aufeinander und sind so beschäftigt damit, daß ein richtiges Gespräch gar nicht möglich ist. Alle sind unnatürlich, eingeschnürt in ihre Korsetts und steifen Kragen, benehmen sich wie Holz-figuren. Es ist eigentlich lächerlich. Alles ist lächerlich.

Wenn sie nur lachen könnte.

Gleich wird ihre Schwester Nene mit Franz Joseph verlobt sein und sie muß so tun, als freue sie sich für ihre Schwester. Als teile sie ihr Glück. Auch wenn es ihr die Luft abschnürt...

Jemand ist ins Zimmer getreten. Ein kleiner Luftzug hat es ihr angedeutet, sie hat Schritte gehört auf dem Parkett.

Sie spürt die Nähe eines Menschen, aber sie wendet sich nicht um, sie schaut nicht auf. Sie will mit niemandem sprechen. Er soll wieder gehen, wer immer es ist!

„Was ist denn, Sissi?"

Es ist Franz Joseph! Seine Stimme!

Sie hebt den Kopf, schaut sich um.

Da steht er, in der Tür und kommt näher. Seine Augen sind warm und voller Unruhe, voller Besorgnis, daß es ihr nicht gutgehen könnte. Er braucht jetzt eine Erklärung. Er muß mit ihr sprechen.

„Warum bist Du heute nachmittag weggelaufen?"
fragt er.

Er setzt sich zu ihr, sehr nah. Fast näher, als es
schicklich ist. Sie sitzen auf dem gleichen Sofa. Ihre Knie
könnten sich berühren, ihre Hände. Aber Sissi hält die
Hände krampfhaft im Schoß, umklammert das kleine
Satintäschchen, das an ihrem Handgelenk baumelt.

Sie schaut ihn an. Ihr ist so elend! Sieht er nicht,
wie sie leidet! Wie krank sie ist? Wie traurig? Wie verzweifelt?

„Ist da noch eine Erklärung notwendig?" flüstert sie.

Mein Gott, denkt Franz Joseph, die Augen! Ich
kann nicht in diese Augen schauen, ohne daß mir das
Herz aufgeht. Ich kann das Leben nicht ertragen, wenn
ich diese Augen nicht immer anschauen kann. Wie süß
sie ist!

Er rückt noch etwas näher an sie heran. Sissi hält sich
sehr gerade. Sie wird nicht gegen die Etikette verstoßen,
nicht jetzt. Sie wird keinen Fehler machen, sich zu nichts
hinreißen lassen.

Wie gerne würde sie ihm einfach um den Hals fallen!
Heiße Tränen vergießen, ihm sagen: Ich liebe dich doch!
Wie kannst du eine andere heiraten, wo wir doch wissen,
was heute nachmittag war?

Aber sie wird es nicht tun. Sie sitzt aufrecht, den
Kopf gerade, und hält ihr Täschchen ganz fest.

„Ich glaube ...", sagt Franz Joseph, der sich ihr in
diesem Augenblick sehr überlegen fühlt, der weiß, daß
er jetzt die Dinge in die Hand nehmen muß. Er muß ihr

die Angst nehmen, die Unsicherheit. Er muß sie beschützen. Ja, das vor allen Dingen. Er muß sie beruhigen und dieses kleine Mädchenherz zur Ruhe bringen.

„Ich glaube, das Schicksal wollte es anders mit uns, als unsere Mütter beschlossen haben."

Was meint er? Sissi blickt ihn an. Sie weigert sich, zu verstehen. Sie weigert sich, zu denken. Sie kann nicht denken, wenn er so nah neben ihr sitzt. Ihr Herz schlägt zum Zerspringen. Er lächelt so lieb. Ach, wenn dieser Augenblick nicht vorbeiginge!

„Es kann doch kein Zufall sein", sagt Franz Joseph, „daß wir uns heute begegnet sind, fern von allem höfischen Zwang." Er lächelt zuversichtlich. „Ja, ich glaube, es ist alles in Ordnung."

Sissi runzelt die Stirn. Will er sie für dumm verkaufen?

„Was ist in Ordnung?"

„Schau, Mama wollte doch, daß ich mich mit einer Tochter von Tante Ludovika verlobe." Auf einmal ist ein fast jungenhafter, spitzbübischer Zug um seinen Mund. Sissi schaut ihn fasziniert an. Sie beginnt zu begreifen, was er plant...

Aber das geht nicht! Nein, nein, das darf nicht sein. Franz Joseph aber spricht ungerührt weiter.

„Ich habe meiner Mutter noch nie einen Wunsch so gern erfüllt wie diesen."

Jetzt nimmt er tatsächlich ihre Hand. Er zwingt sie, ihm ins Gesicht zu schauen. Er wartet. Er macht eine Pause, eine lange, bedeutungsvolle Pause.

Was will er sagen?

„Sissi, ich liebe Dich."

Oh nein, denkt sie, nein, nein!

Die arme Nene. Ich liebe meine Schwester doch. Das darf nicht sein. Nein, nein, lieber Gott, warum tust du mir das an?

„Sissi", sagt Franz Joseph, „schau mich an. Willst Du meine Frau werden?"

Was hat er gesagt? Hat er das gesagt? Wirklich?

Hat er ihr eben einen Heiratsantrag gemacht? War das ernst gemeint? Sie kann doch nicht seine Frau werden! Wieso sollte sie seine Frau werden, sie ist ja noch nicht einmal sechzehn, fast noch ein Kind!? Vorgestern, als sie von Possenhofen abgereist sind, war sie noch ein Kind! Und jetzt soll sie die Frau des Kaisers werden? Warum macht er solche Scherze mit ihr?

Warum stürzt er sie in solche Verwirrung?

Warum läßt er sie nicht los?

„Nein!" ruft Sissi erschrocken, fast verzweifelt, den Tränen nahe. „Nie! Nie!"

„Und warum nicht?"

Versteht er das nicht von selbst? Muß sie das noch erklären?

Aber sie muß. Er wartet auf eine Antwort. Ganz ruhig sitzt er da, als gäbe es auf der Welt nichts als sie und ihn. Keinen Zar Nikolaus, keinen Napoleon, keine Unruhen auf der Krim, keine Unruhen in Venetien, keine Staatsgeschäfte, ungehaltene Minister, gereizte Generäle. Nur Sissi und Franz Joseph in einem blauen Salon in der

Kaiservilla von Bad Ischl an einem 17. August im Jahre 1853.

Ein heißer Tag, abends hatten sich Wolken über dem Loersberg gebildet und über dem Totengebirge war ein Gewitter losgegangen, aber es war nicht weitergezogen bis nach Ischl. In Ischl ist die Luft immer noch stickig, das entfernte Gewitter hat keine Kühlung gebracht.

Alle Fenster der Kaiservilla sind geöffnet, die Fliegen und Mücken kommen herein, verbrennen sich ihre Flügel an den Flammen der Kerzen. Manchmal bläst ein leichter Luftzug die Kerzen aus. Wenn die Musik für einen Augenblick aussetzt, hört man aus der Ferne Hundegebell, wenn man ganz genau hinhört, oder marschierende Soldatenstiefel, die um das Schloß patrouillieren.

Welch ein Augenblick.

Im Nebenzimmer sitzen Ludovika und ihre Schwester Sophie zusammen, und Ludovika fragt besorgt: „Findest Du nicht, liebe Schwester, daß Franz Joseph sich herzlich wenig um Helene kümmert? Er hat noch nicht einen Tanz mit ihr getanzt."

Sophie hat es wohl gesehen, aber sie mißt dem keine Bedeutung bei. „Franz Joseph tanzt immer erst den Kotillon", sagt sie. „Und den tanzt er natürlich mit Helene. Ich werde dafür sorgen."

„Alle haben zu Helene hingeschaut", sagt Ludovika. „Es ist, als ahnten sie etwas."

„Natürlich", sagt Sophie. „Und sie haben ja auch Recht. So wie es geplant ist, wird es auch geschehen."

Aber das Schicksal, wie Franz Joseph es richtig gesagt hat, hat etwas anderes mit den Menschen vor. Helene weiß nicht, daß Franz Joseph in diesem Augenblick, keine hundert Schritte von ihrem Platz entfernt, ihrer kleinen Schwester Sissi einen Heiratsantrag macht. Oder ahnt sie es vielleicht? Ist dieses heitere Gesicht, das sie zur Schau stellt, vielleicht gar nicht echt? Ist sie in Wirklichkeit gar nicht heiter und wohlgemut? Hat sie ebenfalls Angst? Schnürt ihr diese Angst die Kehle ebenso zu wie der kleinen Schwester?

Natürlich hat sie bemerkt, daß Franz Joseph keine Anstalten macht, sie zum Tanz aufzufordern. Er hat sie, wie es die Etikette verlangt - immerhin war sie seine Tischdame - um den Kotillon gebeten. Aber er hat sie nicht einmal nach ihren Lieblingsblumen gefragt. Es war ihr, als habe er ihre Antwort gar nicht richtig abgewartet, als sei es ihm egal, was sie antworten würde. Natürlich wußte er, daß sie diese Aufforderung zum Tanz nicht ablehnen würde! Niemand schlägt dem Kaiser einen Tanz aus. Schon gar nicht sie, Prinzessin Helene in Bayern, die sich doch nichts Sehnlicheres wünscht als Kaiserin von Österreich zu werden!

Sissi und Franz Joseph sitzen jetzt schon eine ganze Weile nebeneinander. Im Tanzsaal wird es unruhig, man schaut sich nach dem Kaiser um. Immer sind alle Augen auf den Kaiser gerichtet. Warum ist er so lange fort? Halten Geschäfte, wichtige politische Depeschen ihn von der Tanzfläche fern? Aber man hatte doch das Gefühl, daß dies ein privater, ein sehr privater Abend sein sollte..., was also ist geschehen?

Helene, die man ebenso beobachtet hat, sitzt dort drüben, maskenhaft das Lächeln, eine schöne junge Frau, die mit einem Fächer aus Straußenfedern spielt, als gäbe es nichts auf der Welt, das sie betrüben könnte. Gut macht sie das . Eine hervorragende Schauspielerin. Niemand würde denken, daß Helene sich in diesem Augenblick Sorgen macht. Aber wo ist Franz Joseph?

Er sitzt im blauen Salon neben Sissi, hält ihre Hand und fragt sie, warum sie nicht seine Frau werden will.

„Warum nicht, Sissi? Bitte, sag es mir."

„Weil..., weil ich Nenes Glück nicht im Weg stehen will", flüstert Sissi. „Weil ich ihr den Mann nicht stehlen werde. Nie würde ich das tun! Nie!"

„Aber Sissi, sei doch vernünftig. Erstens stiehlst Du Nene nicht den Mann, denn ich bin nicht ihr Mann, und zweitens stehst Du ihrem Glück nicht im Wege, denn ich weiß gar nicht, ob es ein Glück ist, mit mir verheiratet zu sein.

Gewiß, ich bin Kaiser von Österreich, Herr eines mächtigen Landes, aber überall lauern Gefahren. Die Rebellen in Mailand, der Aufruhr in Ungarn. Und dann..., ich nehme meine Pflichten als Kaiser sehr ernst, Sissi. Ich werde nie viel Zeit für meine Frau haben. Aber dennoch wäre ich so glücklich, Sissi, eine Frau wie Dich an meiner Seite zu haben! Erinnerst Du Dich noch, was ich heute nachmittag gesagt habe?"

Natürlich erinnert sie sich. Wort für Wort kennt sie. Man könnte sie nachts aus dem Schlaf reißen und sie würde es hersagen, Wort für Wort, so wie er es ihr auf der Alm gesagt hat:

„So müßte sie aussehen - solche Augen müßte sie haben - so einen Mund."

Das ist zu viel, mehr erträgt Sissi nicht. Sie will aufspringen, aber er hält sie fest.

„Bitte", flüstert Sissi, „sprich nicht weiter, sonst vergesse ich jede Etikette und lauf davon..."

„Und was wäre", fragt Franz Joseph, der nicht aufgeben will, „wenn Nene nicht wäre?"

„Aber sie ist da und ich liebe Nene und ich würde es nicht übers Herz bringen, ihr weh zu tun. Und sie liebt Dich. Sie hat es mir selbst gesagt!"

Beide haben es nicht gehört: Die Erzherzogin Sophie ist ins Zimmer gekommen.

Hat sie etwas von dem Gespräch mitgehört?

Wie lange steht sie schon da?

Beide schauen sie an. Franz Joseph zeigt keine besondere Unsicherheit. Er ahnt, daß es seiner Mutter nicht gefallen kann, wie er da mit seiner Cousine so eng nebeneinander sitzt, während er sich doch um Helene kümmern sollte. Aber es ist ihm gleich, was seine Mutter in diesem Augenblick denkt, hier geht es nicht um Österreich, sondern um sein persönliches, privates Glück. Das wird er ihr erklären, sobald sich eine Gelegenheit bietet. Sein Entschluß steht fest.

Seine Stimme ist ruhig, bestimmt, beinahe ohne Konzilianz, beinahe ohne den Respekt, den er sonst immer anklingen läßt, wenn er mit seiner Mutter spricht.

„Ja, Mama?"

„Ich hätte gerne ein paar Worte mit dir gesprochen." Ein strenger, fast mißbilligender Blick zu Sissi.

Sissi möchte aufstehen und gehen, aber da hat Franz Joseph schon die Initiative ergriffen. Er erhebt sich, neigt den Kopf und sagt, sehr distanziert: „Selbstverständlich, Mama."

Er wendet sich noch einmal an Sissi, lächelt und sagt halblaut: „Verzeih, Sissi."

Sie reagiert nicht.


Es geht Ungeheures vor an diesem Abend in Ischl, das spüren alle. Eine Unruhe herrscht in allen Sälen, Blicke gehen hin und her, die Erzherzogin Sophie, sonst die Ruhe und Kühnheit selbst, wirkt aufgescheucht und nervös, auch wenn sie das geschickt zu verbergen sucht.

Der Erzherzog Franz Karl wird nicht belästigt. Wenn man ihn fragte, müßte man ja schreien! Und das wäre äußerst peinlich.

Aber natürlich pirscht man sich vor zur Königin von Preußen, der Schwester der Ludovika, die mit ihren zwei wunderschönen Töchtern angereist ist, und fragt flüsternd: „Was hat das zu bedeuten? Warum sollte Ludovika ihre Töchter mitbringen?"

Natürlich, hätten sie selber Töchter, wären diese vielleicht auch mitgekommen. Ein bißchen neiden sie es der Ludovika schon, daß sie so viele Kinder in die Welt gesetzt hat: Ludwig, Helene, Karl Theodor, Elisabeth, Marie, Mathilde, Sophie und Max Emanuel. Ein Stall voller Kinder. Zwei davon sind heute dabei, zwei außerordentlich schöne Töchter. Helene im heiratsfähigen Alter, als Tischdame von Kaiser Franz Joseph. Das hat doch etwas zu bedeuten! Und dieses Strahlen von Ludovika! Dieser Triumph in ihrem Gesicht! So leuchtend hat man sie lange nicht gesehen! Eine stolze Mutter, in der Tat. Und wie sie immer den Kopf mit Sophie zusammensteckt, wie die beiden vertraut sind miteinander. Das war früher auch nicht so. Die beiden Schwestern können sich gut erinnern, daß es oft genug Reibereien und Dissonanzen zwischen Sophie und Ludovika gegeben hat. Und wie verächtlich hat man herabgeschaut auf die Ludovika, als sie diesen Wittelsbacher heiratete, diesen Max. Nicht einmal König ist er.

Aber warum macht dieses junge süße Kind, die Sissi, den ganzen Abend ein so todtrauriges Gesicht?

Und wieso antwortet Franz Joseph nie, wenn man ihn fragt? Wo ist er mit seinen Gedanken?

Was haben die beiden, die Erzherzogin Sophie und ihr Sohn, jetzt da in diesem Salon miteinander zu tuscheln?

Man kann sie sehen, durch die offenen Türen. Der junge Kaiser, imposant in seiner weiß-roten Galauniform, die Manschetten des Jacketts aus echt goldenen

Bordüren. Aufrecht und stolz steht er da vor seiner Mutter, die lebhaft auf ihn einredet, mit dem Fächer in die Handfläche klopft, ein schlechtes Zeichen. Das tut sie immer, wenn sie ärgerlich ist oder wenn etwas nicht nach ihrem Willen verläuft.

Wenn man nur hören könnte, was sie reden!

Wie gerne würde man sich etwas näher an den Salon heranpirschen, aber das ist gegen die Etikette. Man ist zwar neugierig, man ist von brennender Ungeduld, aber zeigen darf man es nicht. Statt dessen tanzt man weiter die Polonaise, trinkt Tee aus hauchfeinen Täßchen, den kleinen Finger abgespreizt, tupft sich mit einem spitzen Tuch die Lippen und Wangen, und redet irgend etwas daher. Und die Kapelle spielt wieder einen Walzer und draußen, vor den Fenstern der Kaiservilla, drängen sich die Ischler Bürger, lassen den jungen Kaiser hochleben und warten darauf, daß er sich ihnen endlich zeigt. Der Balkon liegt noch im Dunkeln. Hinter den hohen Postieren schimmert das Kerzenlicht der Kristalleuchter. Man sieht Schatten, die sich bewegen, die sich im Tanz drehen. Man sieht Silhouetten, tanzende Lichter.

Hoch lebe der Kaiser!

Wann zeigt er sich endlich?

Auf der anderen Seite der Tür werden die letzten Vorbereitungen für das Feuerwerk getroffen. Es soll das schönste Feuerwerk werden, das Österreich je gesehen hat. Die Feuerwerkskörper sind extra aus China herangebracht worden. Sie haben eine Reise um die halbe Welt hinter sich. In den Gassen der Altstadt flanieren die Bürger in ihren schönsten Trachten, essen Schmalzgebackenes frisch aus dem siedenden Öltopf, trinken Grünen Veltliner und Grauburgunder, der aus Fässern gezapft wird, drehen sich zum Polkarhythmus auf den hölzernen Tanzflächen, die überall auf den Plätzen aufgebaut sind. Rufen: „Vivat!" und „Hoch lebe unser Kaiser".

Manche singen Lieder auf die Liebe, sitzen auf der steinernen Brücke über dem Fluß, küssen sich und schwören sich ewige Treue. Die Kaufleute spazieren in schwarzem Tuch, die Gattin am Arm, durch die Gassen und zeigen ihren Wohlstand. An der goldenen Kette baumelt eine schwere französische Uhr, die Gattin trägt eine Kette aus Granatsteinen, die Tochter hat ein neues Mieder und der Sohn frische weiße Kniestrümpfe. Es ist der Vorabend von Kaisers Geburtstag. Ganz Ischl ist in Festlaune. Die Luft ist weich und sanft. Sterne glitzern über der festlichen Stadt, als wollten sie einen Wettstreit beginnen.

Da draußen, in den Gassen, am Ufer des Flusses, in den weitläufigen Parks um die Kaiservilla, weiß niemand, was drinnen vor sich geht.

Ein junges, fünfzehnjähriges Mädchen sitzt wie benommen allein im blauen Salon, die zitternden Hände im Schoß.

Nebenan stehen sich die Erzherzogin und der junge Kaiser gegenüber, und die Erzherzogin Sophie fragt: „Mein lieber Franz, es wäre nun an der Zeit, deine Verlobung bekannt zu geben. Und ich wollte

Dich fragen, ob Du Dich entschlossen hast?"

Franz Joseph schaut seiner Mutter in die Augen, richtet sich noch etwas gerader und sagt laut und ernst: „Ja, Mama, ich habe mich entschlossen."

Der Erzherzogin, die zuletzt von Zweifeln und Unsicherheit geplagt war, ihr Sohn sei vielleicht doch nicht mit Helene einverstanden oder er werde sich womöglich Bedenkzeit ausbitten und es könne sie noch endlose Überredung kosten, ihn endlich dazu zu bringen, ja zu sagen - (sie zweifelt nicht einen Augenblick daran, daß ihr Sohn letztendlich doch das tun wird, was sie für richtig hält), atmet erleichtert auf.

Lächelnd sagt sie: „Ach, mein Junge, das freut mich. Das ist wirklich gut. Dann kann ich also die Verlobung bekannt geben?"

Sie geht etwas näher an ihren Sohn heran, der immer noch so merkwürdig streng und aufgerichtet dasteht, wie zum Appell bei einem Militärgericht. Sehr merkwürdig. Aber sie will das nicht wahrhaben. Sie lächelt, scheucht eine Fliege von dem pour le merite- Orden an seiner Brust und sagt: „Es ist ja ohnehin kein Geheimnis mehr. Was glaubst Du, wie man schon tuschelt und redet! Jeder ahnt, daß Du Dich heute mit Nene verloben wirst!"

Dies ist der Augenblick, er kommt so unscheinbar daher. Noch lächelt die Erzherzogin. Der Kaiser nicht. Aber seine Augen sind strahlend. Und gleichzeitig hart wie Stahl. Sein Kinn vorgestreckt, die ganze Haltung spricht Trotz aus, und Standhaftigkeit.

„Mama", sagt er ruhig, „ich habe mich nicht für Nene entschieden."

Das versteht seine Mutter nicht. Sie weicht einen Schritt zurück, als könne sie ihren Sohn aus größerer Entfernung besser mustern. Könne sie seine Miene, den Ausdruck seiner Haltung leichter interpretieren. Was hat er eben gesagt? Er wird Nene nicht heiraten? Aber darum ist es doch die ganze Zeit gegangen? Worüber reden wir hier eigentlich? Doch über nichts anderes als die Verlobung von Franz Joseph und Helene!

„Ich verstehe nicht", sagt seine Mutter stirnrunzelnd.

„Mama, ich habe mich für Sissi entschieden."

Nein, das kann nicht sein.

Die Erzherzogin macht eine unbewußte Bewegung, sie faßt sich an die Kehle, wie jemand, der Angst hat, zu ersticken. Oder ohnmächtig zu werden.

Was hat er gesagt? Die Sissi? Aber die ist doch noch ein Kind! Ein ungezogenes, ungebildetes Kind!

„Für Sissi hast Du Dich entschieden?" fragt Sophie. „Weißt Du denn, was Du da sagst? Meinst Du das ernst?"

„Ganz ernst, Mama."

„Aber Franz! Du kannst doch nicht diesen Fratz heiraten! Ein Mädel, kaum sechzehn - schlecht erzogen..."

Franz Joseph tut etwas, was gegen die Etikette ist. Er unterbricht seine Mutter. Früher hätte er das nicht gewagt. Aber jetzt geht es um sein Glück. Jetzt läßt er sich von seiner Mutter nichts vorschreiben. Er ist so wild entschlossen, das zu tun, was er für richtig hält, daß er seine Mutter nicht einmal ausreden läßt.

„Sissi wird eine Kaiserin werden, Mama, wie sie die Welt noch nie gesehen hat", sagt er laut. Er sagt es, als wolle er das Schicksal zwingen, diesem Wunsch zu gehorchen. Seine Sissi, seine Frau soll eine Kaiserin werden, von der die Welt noch in hundert Jahren spricht!

Wenn er, Franz Joseph, und Sissi, und die Kinder, die sie, so Gott will, hoffentlich haben werden, auch schon unter der Erde liegen, soll man immer noch von Sissi reden. Er ist davon überzeugt. Nie war er sicherer in seinem Leben.

Er schaut seine Mutter an, herausfordernd, stark. Ein Mann, der weiß, daß ihm jeder Wunsch erfüllt werden muß, dem Kaiser von Österreich schlägt man nichts aus. Niemand hat das Recht, ihm einen Wunsch zu verweigern. Nicht einmal seine Mutter.

Bis zu diesem Augenblick hat es eine derartige Machtprobe nicht gegeben. Bislang hat Franz Joseph sich den Wünschen seiner Mutter immer gebeugt. Hat nicht gewagt, sich zu widersetzen.

Außerdem weiß er ja, was er an seiner Mutter hat. Sie ist klug, gebildet, sie hat einen fabelhaften politischen Verstand, sie hat diplomatisches Geschick, einen großen Ehrgeiz, und sie möchte immer nur das beste für ihn. Das war sicher. Bis zu diesem Augenblick. Möglich, daß seine Mutter immer noch denkt, Helene wäre das beste für ihn.

Aber in diesem Punkt irrt sie. Er, Franz Joseph, weiß es besser. Er will Sissi.

„Ja!" sagt Sophie bitter, voller Zorn. „Sissi wird eine Kaiserin, wie die Welt sie noch nie gesehen hat. Aber im schlechten Sinne!"

„Im besten Sinne, Mama."

Schon wieder wagt ihr Sohn, zu widersprechen. Immer noch steht er in dieser aufgerichteten, trotzigen Haltung vor ihr. Zeigt kein bißchen Demut vor seiner Mutter. Keinen Zoll gibt er nach, keinen Zentimeter.

„Mama", sagt er, „Sissi ist die Anmut selbst. Ihr Charme ist von einer Herzlichkeit, wie ich ihn noch nicht erlebt habe. Sissi ist ein Schatz und ich werde mir diesen Schatz von niemandem nehmen lassen. Mein Entschluß steht fest: Ich heirate Sissi."

„Franz! Bedenke, was Du sagst!"

„Sissi, Mama, oder keine. Und ich bitte Sie, liebe Mama, in meinem Namen bei Tante Ludovika um die Hand von Sissi anzuhalten."

„Weißt Du", flüstert seine Mutter, „was Du da von mir verlangst?"

„Bei Onkel Max", sagt Franz Joseph ungerührt, „werde ich das selbst tun. Es wird mir ein Vergnügen sein. Ich freue mich, ihn wieder einmal zu sehen."

Die Erzherzogin Sophie mußte in ihrem Leben schon viele herbe Niederlagen einstecken. Aber diese ist eine der schwersten. Und sie hat nicht einmal Zeit, mit dieser Niederlage fertig zu werden, sie zu verarbeiten, in aller Stille.

Was ihr Sohn da von ihr verlangt, ist zuviel. Eigentlich unverzeihlich. Er nimmt keine Rücksicht auf ihre

Gefühle. Er interessiert sich nicht für ihre Pläne, für die Gründe, die sie bewogen haben, Prinzessin Helene als seine Frau auszusuchen. Nichts interessiert ihn außer diesem ungezogenen Balg, das ihm den Kopf verdreht hat. Es ist wirklich eine Ungeheuerlichkeit. Abscheulich. Sie mag das alles gar nicht zu Ende denken. Dieses Kind in Wien! In der Hofburg! Immer an ihrer Seite. Wand an Wand wird sie mit diesem Fratz leben müssen. Diesem Kind Manieren beibringen. Oh Gott.

„Du stellst mich also vor vollendete Tatsachen?" Ein letzter Versuch. Sie fleht fast, schaut ihrem Sohn in die Augen, versucht, ihn zu hypnotisieren, ihn in letzter Minute noch zur Umkehr zu bewegen. Merkt er denn nicht, was er seiner Mutter antut?

Er merkt es nicht. Er deutet nur eine knappe, äußerst knappe Vergebung an. „Leider muß ich nicht nur Sie, Mama, sondern auch Sissi vor eine unvollendete Tatsache stellen, da ich weiß, daß sie im Augenblick mit dieser Heirat nicht einverstanden ist. Das hat viele Gründe, über die ich jetzt mit Ihnen, Mama, nicht reden möchte."

„Franz!"

Er nimmt ihre Hand. Er küßt ihre Hand. Das ist das äußerste, was er tun kann, um Haltung zu bewahren, und diese Situation gleichzeitig zu entschärfen.

Nebenan im Saal gibt es viele Leute, die zu ihnen hinüberstarren. Die vielleicht den verwunderten, ärgerlichen Gesichtsausdruck der Erzherzogin erkennen, und seine unbeugsame Haltung. Es ist das erste Mal, das Mutter und Sohn einander gegenüberstehen.

„Es tut mir leid, Mama", murmelt der junge Kaiser, „daß wir zum ersten Mal nicht einer Meinung sind." Er verbeugt sich und verläßt den Raum.

Seine Mutter blickt ihm nach. Ja, mein Sohn, mir auch, denkt sie. Es tut mir schmerzlich leid. Hoffentlich weißt du, was du da tust.


Indessen ist Karl Ludwig auf der Suche nach dem Tanzmeister, der für den Kotillon die Blumenbouquets verteilt.

Die Herren bedienen sich aus einem großen Korb, mit dem der Tanzmeister herumgeht.

Karl Ludwig drängt sich vor und ruft: „Für mich bitte rote Rosen!"

„Pardon, Kaiserliche Hoheit, aber rote Rosen sind nicht mehr da. Die hat Seine Majestät alle für sich reserviert."

Karl Ludwig verzieht das Gesicht. Wieder einmal sein Bruder! Immer hat er die erste Wahl. Immer muß alles nach seiner Nase tanzen. Daran wird er sich nie gewöhnen. Denn es wird sich nicht ändern. Was auch immer Karl Ludwig in seinem Leben erreichen kann, welchen Dienstgrad bei der Armee er annimmt, welchen Ministerposten er bekommen könnte, in welches Herrscherhaus er einheiratet: Besser als Franz Joseph wird er niemals dastehen. Franz Joseph mit seiner gott-ähnlichen Macht. Jeder Wunsch muß ihm erfüllt werden.

Er kennt es gar nicht, daß ihm etwas abgeschlagen wird. Seit er Kaiser ist, geht das nun schon so, vier Jahre lang wird ihm jeder Wunsch von den Augen, den Lippen abgelesen. Da, wo er geht, bildet sich automatisch eine Gasse, beugen sich die Knie, werden die Hacken zusammengeschlagen, tönt ihm ein orchestriertes „Vivat! Vivat!" entgegen.

Und das alles nur, weil er der Erstgeborene ist. Hat das etwa mit Talent zu tun? Mit Begabung?

Nein, es ist der reine Zufall. Das reine Glück. Sonst gar nichts.

Wütend wendet er sich ab. Er hätte Sissi so gerne diese roten Rosen überreicht als Aufforderung zum Kotillon. Er ist wirklich richtig ärgerlich.

Ein Freund, Graf Klevenhueller, tritt ihm in den Weg, lacht. „Was machst Du denn für ein Gesicht?"

„Ach nichts. Ich ärgere mich nur ein bißchen. Ich brauche rote Rosen, aber es gibt keine mehr."

„Wozu brauchst Du denn rote Rosen?" fragt sein Freund amüsiert.

„Für Sissi." Er schaut seinen Freund an. Er lacht. „Sie ist reizend, findest Du nicht?"

Graf Klevenhueller zögert einen Augenblick. Er hat gute Augen. Er hört viel, er weiß viel. Er kann Dinge zusammenreimen. Außerdem hat er, beim Flanieren durch die Festräume des Schlosses, Franz Joseph und Sissi in dieser vertrauten Innigkeit nebeneinander gesehen. Sie saßen im blauen Salon, der Kaiser redete auf sie ein, ihr Gesicht war gerötet, der Kopf gesenkt...

„Was denkst Du?" fragt Karl Ludwig, als sein Freund immer noch schweigt.

„Ich denke, Du hast recht", sagt der junge Graf, „die Prinzessin Sissi ist wirklich reizend. Aber nicht für Dich, Freund."

„So, und warum nicht?"

Der Graf nimmt Karl Ludwig beiseite, führt ihn etwas weg von den neugierigen Ohren. „Man soll einem Kaiser nicht ins Gehege kommen", wispert er.

Karl Ludwig bleibt stehen, starrt seinen Freund fassungslos an. „Ich verstehe nicht. Was willst Du damit sagen?"

„Nichts, gar nichts will ich damit sagen." Er zögert. Er blinzelt ihm zu. „Bloß, daß ich schärfere Augen hab als Du."

Sissi geht herum wie in Trance. Sie stößt gegen Leute, murmelt: „Oh, Verzeihung", wirft beinah ein Tablett mit Champagnergläsern um, das ein Diener herumträgt. Es ist ihr peinlich. Sie bekommt einen roten Kopf. Sie flüchtet ins nächste Zimmer, aber da steht ihre Mutter im Gespräch mit Helene.

Helene lächelt. Sie sieht so schön aus.

Die Ahnungslose, denkt Sissi und könnte weinen vor lauter Verzweiflung. Sie will sich umdrehen, irgendwo anders hinlaufen, immer weiter, einfach weiter, nur nicht stehenbleiben, nicht denken, aber da ruft auch schon die Mutter nach ihr: „Sissi! Komm doch einmal her."

Helene schaut so freundlich zu ihr hin. Es schneidet ihr ins Herz. Wenn Helene wüßte, was sie weiß. Wenn Helene gehört hätte, was Franz Joseph da eben zu ihr gesagt hat.

Oh, das Unglück wird seinen Lauf nehmen und niemand kann es aufhalten. Sie hat es gewußt, seit sie Franz Joseph begegnet ist, da unten am Fluß. Immer wieder ruft sie sich diese Bilder in Erinnerung. Warum nur ist sie Angeln gewesen? Warum nur hat sie diese dumme Angelschnur so weit geworfen? Und warum ist der Kaiser ausgerechnet in dem Augenblick über die Brücke gefahren? Warum hat das Pferd gescheut? Ach ja, der Rucksack. Aber warum hat sie den Rucksack mitten auf dem Weg liegen lassen? Sie weiß es nicht.

Dort hat alles seinen Anfang genommen und ist nun nicht mehr aufzuhalten.

Und Helene ist hier, weil sie denkt, sie wird Franz Josephs Braut. Weil sie denkt, alles ist gut. Gleich wird der Kaiser ihr sagen, daß er sie liebt, daß er sie zur Braut will.

Aber nein, nein!

Lüge.

Oh, ihr Lieben, ich möchte sterben vor Scham.

„Sissi", sagt die Mutter erschrocken, „was ist denn mit dir? Du siehst so traurig aus."

„Es ist nichts, Mama. Ich möchte nur heim."

„Heim? Jetzt? Mitten im Fest möchtest Du gehen? Aber Sissi, weißt Du nicht, daß Du die Erzherzogin Sophie damit sehr beleidigen würdest?"

„Das ist mir egal, Mama, ich möchte nach Hause."

„Aber Sissi." Helene umarmt sie. „Das geht doch wirklich nicht."

Die beiden schauen sich an. Zwei Schwestern. Ich hab sie so lieb, denkt Sissi. Ich will ihr nicht wehtun. Nie darf sie wissen, was passiert ist. Franz Joseph hat mir gesagt, daß er mich liebt! Niemals wird sie das erfahren. Nein, nie. Eher sterbe ich, denkt Sissi. Ich liebe Helene doch. Ich will ihr nicht wehtun.

„Nachher wird doch gleich die Verlobung bekannt gegeben", sagt Helene, „meine Verlobung, Du weißt schon."

„Ja", sagt Sissi tonlos, „ich weiß." Die Knie sind ihr weich. Die Füße schmerzen, die Arme hängen schwer wie Blei an ihrem Körper.

Ihre Mutter sagt aufmunternd: „Wem hast Du denn den Kotillon versprochen?"

Hat sie jemandem den Kotillon versprochen?

„Ich erinnere mich nicht", flüstert Sissi. „Ich will nicht tanzen. Ich will heim."

Ein trotziges Kind, denkt Ludovika. Hin und hergerissen zwischen der Trauer, die sie bei Sissi fühlt, und der Ungeduld vor dem großen Augenblick, sagt sie:

„Nimm Dich ein bißchen zusammen, Sissi."

Und Helene denkt: Verwöhnt. Sie ist einfach von Papa zu sehr verwöhnt worden. Verwöhnt und verwildert. Sie weiß eben nicht, was Disziplin ist. Daß man manchmal auch einfach seine Pflicht erfüllen muß. Und wenn es sich nur darum handelt, den

Kotillon mit jemandem zu tanzen, dem man den Tanz auch versprochen hat.

„Also?" fragt die Mutter mit sanftem Nachdruck, „wem hast Du den Kotillon versprochen?"

„Dem Karl Ludwig", sagt Sissi mit kleiner Stimme, der Kopf gesenkt, die Augen traurig.

„Na also! Dann gehst Du jetzt und suchst ihn! Denn gleich wird der Kotillon beginnen. Wir kommen auch in einer Sekunde nach."

Sissi macht einen Knicks vor ihrer Mama, wie sie es gelernt hat und läuft davon, durch alle Räume.

Schaut, und schaut auch wieder nicht.

Sie sucht Karl Ludwig und sucht ihn auch wieder nicht. Wenn sie ihn nicht findet, wenn er vielleicht auch vergessen hat, daß sie den Kotillon zusammen tanzen wollten - um so besser.

In der Tür des grünen Salons stößt sie fast mit der Erzherzogin Sophie zusammen.

Sissi knickst, verlegen, das Gesicht glüht. „Oh, Verzeihung."

„Wen suchst Du denn?"

„Ich suche Karl Ludwig, Tante. Ich habe versprochen, den Kotillon mit ihm zu tanzen."

Die Tante schlägt mit dem geschlossenen Fächer in die Handfläche. Wenn Sissi die Tante Sophie besser kennen würde, wüßte sie, daß das ein schlechtes Zeichen ist. Ein sehr schlechtes Zeichen.

Sissi steht vor ihrer Tante, wartet.

Die Tante sagt: „Daß ist jetzt gleichgültig." Sie streckt

die Hand mit dem Fächer aus. „Komm her." Sie weicht selber ein bißchen tiefer zurück in den Raum.

Aus den benachbarten Sälen schaut man schon wieder. Oh, wie sie das haßt, daß man immer unter Beobachtung ist. Wie man sich immer kontrollieren muß. Jede Handbewegung, jedes Augenbrauenheben. Immer alles kontrollieren. Nur dieses Kind da vor ihr, die tut, was ihr Spaß macht. Verdreht ihrem Sohn den Kopf, ohne sich etwas dabei zu denken, wahrscheinlich. Verdreht dem Kaiser von Österreich den Kopf und nun hat sie das Theater.

„Laß Dich anschauen."

Sissi knickst, kommt näher.

„Na ja", sagt die Erzherzogin abfällig, „groß bist Du ja gerade nicht." Sie will nicht freundlich zu diesem Kind sein. Sie ist nicht verliebt in Sissi, und wird es sicherlich nie sein. Sie kann an Sissi nur das sehen, was ihr nicht gefällt. Und fast alles gefällt ihr nicht. Natürlich ist sie jung. Aber ist das allein schon eine Tugend? Ein Wert? Wie konnte es nur passieren, daß dieser Fratz ihrem Sohn den Kopf verdreht hat! Was ist da nur passiert? Wann ist es passiert? Wer hat nicht genug aufgepaßt?

Die Ludovika hätte Sissi nicht mitbringen dürfen nach Ischl.

Nun gut, sie hätte Sissi auch nicht zu diesem Ball einladen sollen, das stimmt. Aber es gab einen überzähligen Herren. Und außerdem wollte sie nett sein.

Dachte, die kleine Sissi freut sich vielleicht. Der erste Ball. Das freut doch jedes Mädchen. Konnte sie denn ahnen, daß so etwas dabei herauskommt? Eine solche Katastrophe?

Sissi lächelt, sie findet das irgendwie komisch, daß die Tante ihr vorhält, sie wäre so klein. Dabei ist sie auf den Zentimeter so groß wie ihre Tante!

„Das liegt ja in der Familie, das weißt Du. Mama ist auch nicht größer."

Sie lacht. „Und Du ja auch nicht."

Die Erzherzogin vergißt eine Sekunde lang zu atmen. Was traut sich dieses Kind! Widerworte! Unverschämte! Despektierliche! Ihre Stimme ist wie Eis, als die Erzherzogin sagt: „Vor allen Dingen möchte ich Dich bitten, mich nicht mit Du anzureden."

Sissi starrt sie an. Was sagt die Tante Sophie da? Nicht du sagen? Aber sie haben doch immer du gesagt!

„Aber Du bist doch meine Tante!"

Sophie seufzt. Dieses Kind wird sie noch rasend machen in seiner Borniertheit und Dummheit, das weiß sie jetzt schon.

„Franz Joseph", sagt sie, „ist mein Sohn, und er sagt dennoch 'Sie' zu mir."

Sissi denkt, nun gut. Wenn die Tante es möchte. Von mir aus. Ich kann auch Sie zur ihr sagen. Sie ist mir ohnehin nicht besonders sympathisch. Ich hätte ohnehin nicht den Wunsch, ihr um den Hals zu fallen - selbst wenn das erlaubt wäre, würde ich es nicht tun. Nie im Leben. Wie streng sie schaut! Wie abweisend sie aussieht in diesem schwarzen Kleid. Da nützen auch die ganzen Brillanten nichts. Trägt an so einem Tag ein schwarzes Kleid! Wie eine spanische Inquisition!

Sissi knickst. „Bitte, Tante, wie Sie wünschen. Es ist nur so ungewohnt", sie kichert, „wenn ich Sie zu Ihnen sage, Tante."

Dieses Kichern ist wirklich unerträglich. So backfischhaft, so kindisch, unerwachsen. Wie kann Franz Joseph nur annehmen, das aus so einem Kind je eine Kaiserin wird? Wie soll sie das anstellen? Wieviel Zeit wird man ihr geben, um aus ihr eine Kaiserin zu machen?

„Du wirst Dich an manches gewöhnen müssen", sagt die Erzherzogin eisig. „Am österreichischen Hof herrscht ein strenges Zeremoniell. Das spanische Hofzeremoniell, das unter allen Umständen gewahrt werden muß. Hast Du verstanden?"

Sissi schaut sie an. Ein kleines, hilfloses Lächeln spielt um ihren Mund. Warum redet die Tante so lange mit ihr? Warum erzählt sie ihr das alles? Natürlich weiß Sissi, was das spanische Hofzeremoniell ist. Ihre Mutter, die so eifrig alle Herrscherhäuser und Stammbäume studiert, und die verschiedenen Hofzeremonielle gegeneinander vergleicht, hat ihr alles erklärt. Aber es hat sie nie interessiert, niemals. Helene hat immer zugehört, wenn es um solche Themen gegangen ist, aber sie hat lieber ihren Jagdrock angezogen und ist mit dem Vater auf die Pirsch gegangen. Hofzeremoniell. Sie versucht, an etwas anderes zu denken. An ihre Tiere, den kleinen Xaver. Wie es dem jetzt wohl geht? Ob er wohl Sehnsucht hat nach ihr?

„Das ist mein Wunsch, und auch der Wunsch des Kaisers", sagt Tante Sophie.

Sissi erschrickt. Hat sie etwas verpaßt, nicht richtig zugehört?

„Wie viele Sprachen sprichst Du?" fragt Tante Sophie.

„Englisch und Französisch."

„Das ist nicht genug! Ungarisch, Kroatisch und Böhmisch müßtest Du sprechen!"

Sissi lächelt verständnislos. „Aber wozu?"

Oh mein Gott, denkt die Erzherzogin. Dieses Kind ist wirklich dumm. Versteht sie denn gar nichts?

Muß ich alles aussprechen? Muß ich denn alles selbst sagen?

„Weil Franz Joseph mir gesagt hat, daß er Dich liebt und daß er Dich zu seiner Frau machen will."

Sissi starrt die Tante an. Das Unglück kommt näher. So nah heran, daß man es greifen kann, mit Händen greifen. Das Unglück hat ein schwarzes Kleid an und blitzende Diamanten in den Haaren...

„Aber ich habe Franz Joseph doch gesagt, daß ich nicht will!" ruft Sissi verzweifelt.

Die Erzherzogin geht an Sissi vorbei und schließt die Türen. Es ist ihr egal, was die Gäste jetzt denken.

Dieses Gespräch muß sie unter vier Augen mit dem Kind führen. Es darf keine Mitwisser geben.

„Ich möchte wissen, ob Du ihn auch liebst."

„Wen?" flüstert Sissi, „Wen?"

„Bitte antworte auf meine Frage."

„Aber ich möchte nicht! Ich kann nicht! Bitte zwingen Sie mich nicht, auf diese Frage zu antworten!"

„Aber ich wünsche eine Antwort!"

Sissis riesengroße, ängstliche Augen. Hat denn niemand Mitleid mit ihr? Versteht denn niemand, was in ihr vorgeht?

Sie senkt schließlich den Blick. Tante Sophie hat kein Mitleid. Tante Sophie will sie quälen. Das versteht sie jetzt.

„Ja", flüstert sie, „ich liebe Franz Joseph. Ich liebe ihn sogar sehr. Aber ich habe ihm doch ausdrücklich gesagt..."

Die Tante unterbricht sie. „Ich habe gehört", sagt sie tadelnd, „daß Du jeden Tag viele Stunden reitest. Ich habe nichts gegen das Reiten, weil es die Figur erhält. Aber alles mit Maß und Ziel. Deine Zähne sind übrigens gelb. Du mußt sie öfters putzen."

Sissi bekommt einen flammend roten Kopf. Das hat ihr noch niemand gesagt. Das ist ja unverschämt! Das ist demütigend, verletzend. Sie will sich nicht so verletzen lassen, nachdem sie der Tante Sophie doch alles gesagt hat, was sie sagen mußte.

„Meine Zähne sind nicht gelb! Ich putze sie jeden Tag!" schreit sie. „Meine Zähne sind weiß!"

Dabei ist das nicht wahr. Sissi hat wirklich keine schönen Zähne. Von diesem Augenblick an wird sie immer, wenn sie in den Spiegel schaut, an diese Worte von Tante Sophie denken müssen, überhaupt wird sie immer, wenn andere Leute sie anschauen, denken: Meine

Zähne sind gelb. Meine Zähne sind häßlich. Und sie wird vor dem Spiegel üben, wie man lächelt, ohne die Lippen auseinanderzunehmen. Ihr Lachen wird anders werden. Wird seine Natürlichkeit verlieren.

„Und dieses burschikose Wesen", sagt die Tante Sophie streng, „diese Widerspenstigkeit wirst Du ablegen müssen. Du mußt überhaupt von jetzt an ein anderes Leben führen, wenn Du Kaiserin von Österreich werden willst."

Sissi weicht zurück. Ihre Hände greifen ins Leere. Dieses kleine lächerliche Satintäschchen baumelt von ihrem Handgelenk. Die Hitze fliegt durch ihren Körper. Sie starrt die Tante an, schreit: „Aber ich will nicht Kaiserin von Österreich werden!"

„Du kannst Dich glücklich schätzen", sagt die Tante voller Verachtung und Herablassung, „wenn Du es wirst. Verdient hast Du es nicht."

„Aber ich war bis jetzt glücklich!" ruft Sissi. „Ich war immer glücklich bei uns zu Hause in Possenhofen! Ich war vielleicht glücklicher als ihr alle hier! Ich denke gar nicht daran, ein anderes Leben zu führen als bisher! Ich will frei leben! Ohne Zwang!"

Die Erzherzogin hört das alles mit Verachtung. Wie dieses Kind redet. Wie eine vom Volk. Wie ein ungebildetes Ding vom Dorf, ein Bauerntrampel. Frei Leben! Was sie darunter wohl versteht! Glücklich sein! Weiß dieser Franz überhaupt, was das ist?

Sophie hat keine Lust mehr, länger mit Sissi zu reden, sie rauscht an ihr vorbei, öffnet die Türen.

„Ich glaube“, sagt sie kühl, „wir haben uns im Augenblick nichts mehr zu sagen.“

Der Tanzmeister hat die Blumenbouquets verteilt. Die Herren haben ihre Damen gesucht und warten nun darauf, daß der Kapellmeister seinen Taktstock erhebt, die Geiger ihre Violinen ans Kinn heben, der Organist am Clavicord seine Uniform richtet, während er sich auf den samtbezogenen Hocker setzt. Alles ist bereit für den großen Tanz, alles wartet auf den Auftritt des Kaisers, der Tanzmeister steht schon da mit einem ganzen Korb roter Rosen, alle, die er auftreiben konnte, hat er zu einem großen Bouquet binden lassen.

Sissi läuft quer durch den Raum, muß an ihrer Schwester Nene vorbei, die gerade, um den Anschein von Gleichmut bemüht, mit Karl Ludwig plaudert.

Sie hält Sissi auf. Zum zweiten Mal an diesem Abend, und fragt: „Aber Sissi, wo willst Du denn hin?“

Sissi macht sich los. Sie kann die Tränen kaum zurückhalten. Was hat die Erzherzogin gesagt? Du wirst Kaiserin von Österreich, hat sie gesagt. Franz Joseph hat sich für dich entschieden. Du wirst lernen müssen, dein Temperament zu zügeln, hat sie auch noch gesagt. Es reicht nicht, Englisch und Französisch zu sprechen. Kroatisch, Ungarisch, Böhmisch mußt du lernen. Du hast gelbe Zähne. Was für eine Schmach. Was für ein wirres Durcheinander in ihrem Kopf.

„Ich will nach Hause“, flüstert Sissi, „ich will auf mein Zimmer.“

Aber Karl Ludwig hält sie fest. Er hat schon ein Bouquet in der Hand. Keine roten Rosen, aber immerhin wunderschöne Blumen, Sommerblumen, duftend und frisch. Er hält sie ihr hin. Als könne er sie damit aufhalten oder gar das Schicksal. „Was, jetzt willst Du gehen?" ruft er, „wo gleich der Kotillon beginnt? Auf den wir alle schon so lange warten?"

Sissi, ganz verstört, schüttelt den Kopf. „Verzeih, Karl Ludwig, aber ich tanze nicht."

Sie will an ihm vorbei, in dem bauschigen Abendkleid, mit diesem Reifrock und all den Rüschen. Als Dame muß man sich sehr vorsichtig einen Weg bahnen, diese Kleider beanspruchen viel Raum.

Karl Ludwig hält sie einfach fest. Er lacht. „Aber ich denke gar nicht daran! Ich laß Dich nicht fort! Ich bestehe auf meinem Tanz!"

Wenn er das nur nicht gesagt hätte!

Wenn Helene nicht immer noch dastünde, genau neben ihr!

Wenn nur in diesem Augenblick der Tanzmeister nicht auf den Kaiser zuschritt und mit einer Verbeugung den Rosenkorb reichte. „Majestät, hier sind Eure Rosen."

Franz Joseph ist ebenfalls nervös. Er dankt dem Tanzmeister nur knapp. Seine Augen blicken über den ganzen Saal, aber nicht zu Sissi hin. Man weiß nicht, wen er anschaut, was seine Blicke suchen. Vielleicht Beistand irgendwo. Vielleicht bittet er seine Mutter insgeheim um Verzeihung, daß er ihr das antun muß. Oder Helene.

Denkt er in diesem Augenblick an Helene oder nur an sein Glück?

Denkt er vielleicht daran, daß Sissi seinen Heiratsantrag abgelehnt hat? Hat er diese Ablehnung überhaupt wirklich wahrgenommen? Weiß er, daß sie es ernst meinte, als sie sagte: „Nie im Leben"?

Der Dirigent hat den Taktstock erhoben. Die Streicher stehen, heben die Violine ans Kinn. Der Flötist reibt das Mundstück trocken, und setzt die Flöte wieder an. Die goldenen Verschlüsse der Klarinette blinken im Kerzenlicht. Die Seiden der Damen schimmern so kostbar wie nie, alles steht still voller Erwartung. Man hört keinen Ton.

Jeder wartet, daß der junge Kaiser nun, den Rosenkorb in der Hand, den Saal durchquert und auf die Dame seines Herzens zugeht. Jeder weiß, daß es sich um einen besonderen Kotillon handelt. Jeder fühlt sein klopfendes Herz. Wie aufregend, an so einem historischen Augenblick dabei zu sein. Gräfinnen greifen nach der Hand ihrer Ehemänner, Baronessen fassen sich ans klopfende Herz. Das Schicksal hält den Atem an, ein Luftzug streicht durch den Tanzsaal.

Der junge Kaiser hat einen festen Schritt. Einen entschlossenen Gesichtsausdruck. Er lächelt, aber nur andeutungsweise. Sein Gesicht ist fast starr, die Miene beherrscht. Er weiß, dies ist ein wichtiger Augenblick. Dies ist eine Situation, für die nur einer die Verantwortung trägt. Er selber. Ein junger Kaiser, am Vorabend seines dreiundzwanzigsten Geburtstages, hat eine

Entscheidung von historischer Tragweite getroffen. Und: Er hat sich gegen seine Mutter durchgesetzt. Er hat seiner Mutter widersprochen, ja schlimmer noch, er hat ihre Pläne durchkreuzt und erwartet von ihr, daß sie seine Entscheidung demütig zur Kenntnis nimmt wie irgend jemand aus den höfischen Kreisen. Wie einer der Minister, ein General. Nicht mehr.

Der junge Kaiser, der den Tanzsaal durchschreitet, wird in diesem Augenblick wirklich erwachsen, wirklich reif. Und unabhängig.

Zumindest wird er es versuchen. Er muß das Beste aus dieser Situation machen. Es ist ein Eklat, aber es darf nicht aussehen wie ein Eklat.

Sissi steht neben Helene.

Sissi hat die Augen gesenkt, sie kann kaum atmen. Sie hat sich in ihrem Leben noch nie so gefürchtet wie jetzt.

Papa, denkt sie, warum bist du nicht da. Hilf mir, Papa.

Sie denkt, was ihr Vater gesagt hat: Wenn du im Leben einmal Kummer hast, dann geh in den Wald. Die Natur wird dir helfen, wird dir Trost spenden.

Wie leicht all so etwas gesagt ist, wenn man hier in Ischl, in der Kaiservilla steht, umgeben von Höflingen und Herrschern, und nicht fort kann. Keinen einzigen Schritt machen kann! Ach, Papa...

Helene schaut auf die Rosen. Sie schaut nicht in das Gesicht von Franz Joseph. Sie weiß selbst nicht, warum sie nicht wagt, in sein Gesicht zu sehen. Vielleicht spürt sie, daß der Kaiser nicht sie anschaut, daß der Kaiser nicht direkt auf sie zugeht, sondern ein bißchen vom rechten Wege abweicht. Nur ein bißchen. Sein Kopf ist ihr zugewandt, aber nicht ganz direkt.

Nur die Ludovika schöpft in diesem Augenblick noch einmal Hoffnung. Es sieht doch alles so aus, als wenn es nun doch alles gut würde, nicht wahr? Sie faßt den Arm ihrer Schwester Sophie und flüstert: „Sophie, jetzt geht unser Wunsch in Erfüllung!"

Der Kaiser hat noch sieben Schritte zu gehen.

Sophie zählt jeden mit. Ihr Gesicht ist versteinert. Sie hält sich sehr gerade, sie hat gelernt, sich auch in Augenblicken großer Katastrophen und Krisen sehr aufrecht zu halten. Das erwartet das Volk von ihr. Das erwarten die Untertanen.

„Ich glaube", sagt Sophie - Franz Joseph hat noch fünf Schritte zu gehen - „Du irrst Dich."

„Was soll das heißen?" wispert Ludovika - noch drei Schritte. „Du siehst doch, er geht zu Nene!"

Der letzte Schritt. Franz Joseph verbeugt sich, den Rosenkorb in beiden Händen, vor Sissi. Er verbeugt sich tief. Sissi hat den Kopf gesenkt. Er hat auch nicht erwartet, daß sie ihm jetzt in die Augen schaut. Er ahnt, daß das zu viel verlangt ist. Zu viel Kraft erfordern würde.

„Liebe Sissi", sagt er laut, mit klarer Stimme, so laut, daß es jeder im Saal hören kann, und um ein und für alle Male das Gerede und Getuschel, das Spekulieren zu unterbinden. „Erlaube mir bitte, daß ich dir deine Lieblingsblumen überreiche."

Die Ludovika hört diesen Satz so gut wie jeder andere. So gut wie Nene, die ja ganz nah bei Sissi steht, so gut wie Karl Ludwig, der immer noch die Blumen in der Hand hält, die er Sissi zum ersten Takt des Kotillon überreichen will.

„Was hat das zu bedeuten?" ruft die Ludovika. Sie schaut ihre Schwester an. Ihre Schwester steht da, wie versteinert, und sagt keinen Ton.

Franz Joseph wartet. Sissi hebt langsam den Kopf, hebt die Augen, schaut Franz Joseph an. Was sie alles in diesen Blick legen möchte. Was sie ihm alles sagen möchte in diesem Augenblick!

Warum tust du mir das an? Warum bereitest du mir einen solchen Schmerz? Warum verlangst du, daß ich diese Komödie mitspiele?

Siehst du nicht, daß meine geliebte Schwester Nene hier neben mir steht? Siehst du nicht, daß in diesem Augenblick Nenes Herz stehenbleibt? Merkst du denn gar nichts, Franz Joseph?

Dann, endlich, nach einigem Zögern, welches so lange dauert, daß man in der Hofburg noch lange darüber tuscheln wird, nimmt Sissi den Rosenstrauß, hält ihn in den Armen wie eine Puppe, die man nicht liebt, wie etwas, das man nehmen muß, an dem man aber nicht hängt.

Aber Franz Joseph ist zufrieden. Sie hat ihn nicht bloßgestellt. Hat die Rosen nicht - was immerhin denkbar wäre - einfach auf den Boden geworfen und ist geflüchtet. Sie hat die Rosen genommen.

Das ist der Sieg.

Das ist die Entscheidung.

Sie hat die Rosen genommen.

So kann er sich, wieder ganz gefaßt nach diesem schrecklichen Moment des Wartens, wieder wie ein Kaiser, dem niemand widerspricht, dem niemand einen Wunsch abschlägt, an Prinzessin Nene wenden, sich sicher verbeugen, und mit ebenso klarer Stimme, die bis in den letzten Winkel des Tanzsaales zu hören ist, sagen:

„Liebe Nene, ich hatte Dich um den Kotillon gebeten. Ich bitte Dich aber, mir zu gestatten, mit Sissi zu tanzen." Er macht eine kleine Pause, in der er Helene Gelegenheit gibt, ihre Fassung wieder zu erlangen, und fügt laut und klar hinzu: „Mit meiner Braut."

So schamlos ist lange keine zukünftige Braut bloßgestellt worden. Das hat in diesen Kreisen seit Generationen keiner gewagt, eine junge schöne, unbescholtene Frau, die einem Mann versprochen war, einfach mit einer Floskel zu verabschieden. Das ist ungeheuerlich.

Nene kann darauf gar nichts antworten. Sie kann nicht einmal mehr Luft holen, sich gerade noch auf den Beinen halten. Aber mehr wirklich nicht.

Das Raunen im Saal schwillt an. Ein Stimmengemurmel, das immer lauter wird, immer nervöser und hektischer.

Ludovika, immer noch neben Sophie, ruft entgeistert: „Er will Sissi heiraten?"

Sophie nickt. Der Dirigent hebt an zum ersten Takt. Aber die Musiker vergessen zu spielen.

Da ruft der alte versierte Diplomat Radetzky: „Es lebe die zukünftige Kaiserin von Österreich!" Und schlägt die Hacken zusammen. Alle applaudieren, wenn auch zaghaft. Manche sind ganz fassungslos.

Franz Joseph hat sich von Helene abgewandt und steht jetzt neben Sissi, einer jungen Frau von 15 Jahren, die totenbleich ist.

Helene weicht einen Schritt zurück. Sie ist so bleich wie ein Leichentuch, selbst die Schminke und der Puder reichen nicht aus, um das zu verheimlichen.

Als wäre der Bann nach den Worten des Fürsten Radetzky gebrochen, rufen jetzt alle „Hoch! Hoch! Hoch!!!"

Und die Musik beginnt.

Draußen jedoch hört man die ersten Böller, und der Zeremonienmeister öffnet die Türen zum großen Balkon, und Graf Grünne nähert sich seinem Kaiser und sagt: „Majestät, die Bevölkerung von Ischl hat zu Ehren des Geburtstags Euerer Majestät ein Feuerwerk arrangiert!"

Sissis flehende Blicke, Sissis Verzweiflung. Wie sie diese Rosen im Arm hält. Ein armes kleines Mädchen, das man aus dem Paradies verstoßen hat in die rauhe Welt der Politik, der Diplomatie und des spanischen Hofzeremoniells.

Wäre es jetzt nicht viel wichtiger gewesen, daß Franz Joseph und Sissi einen, wenigstens einen Tanz gemeinsam hätten?

Irgend etwas, daß diese unerträgliche Last von ihren Herzen nimmt?

Sie müßten sich aussprechen, ganz dringend.

Aber der junge Kaiser kennt seine Pflichten. Er weiß, daß er sein Volk, das ihm huldigen möchte, nicht warten lassen darf. Er weiß, er muß sich über dieses Feuerwerk freuen. Er muß sich so laut und herzlich freuen, daß Graf Grünne später dem Bürgermeister von Ischl sagen kann: „Und das größte Geschenk, das Geschenk über das Seine Majestät sich ganz herzlich gefreut hat, war dieses wunderbare Feuerwerk, das die Bürger von Ischl ihm gewidmet haben. Sagen Sie den Dank Seiner Majestät allen Bürgern und Bürgerinnen dieser schönen Stadt."

So wird es sein.

Deshalb lächelt der Kaiser und sagt: „Das ist aber nett." Und reicht seiner jungen Braut, die noch keine sechzehn Jahre ist und erst seit ein paar Sekunden weiß, daß sie dem Schicksal nicht mehr entkommen kann, den Arm. Und gemeinsam gehen sie hinaus auf den Balkon. Und werden von Knallern und leuchtenden Rädern, von sprühenden Fontänen und Kugeln, die in der Luft zu einem goldenen Sternenregen zerplatzen, empfangen. Und „Vivat!"-Rufe, und eine Leuchtschrift aus brennenden Wunderkerzen, die sagt:

„Hoch lebe Franz Joseph!"

Und Sissi und Franz Joseph auf dem Balkon, umgeben von anderen Gästen. Sissi todernst.

Franz Joseph mit diesem Lächeln, das man lernt, wenn man Kaiser wird. Das Lächeln für das Volk.

Huldvoll und trotzdem so, als wolle er sagen: Ich bin Euer oberster Diener. Jeder Gedanke, jede Minute meines Lebens widme ich Eurem Wohl.

Und Helene, allein, mitten in dem Tanzsaal, der sich so schnell geleert hat, ganz stumm.

Sie sieht, wie die anderen sich an den Fenstern drängen, wie sie „Oh!" und „Ah" rufen, wie sie applaudieren und die Köpfe zusammenstecken.

Sie sieht keinen einzigen, der sich nach ihr umdrehte. Keinen, der darüber nachdenkt, wie sie sich jetzt wohl fühlt.

Für ein paar Stunden stand sie im Rampenlicht. Für ein paar Stunden durfte sie das Gefühl haben, eine wichtige Person der Geschichte zu werden, aber jetzt ist sie zurückgestoßen in die Bedeutungslosigkeit.

Eine von vielen unwichtigen Prinzessinnen, namenlos, ohne Kontur, man wird sich in ein paar Minuten nicht einmal mehr an ihr Kleid erinnern können, geschweige denn an ihr Gesicht. Sie ist schon vergessen, obgleich sie immer noch mitten im Saal steht. Sie konnte ebensogut unsichtbar sein, ein Geist.

Aber da kommt ihre Mutter. Tränenerstickt die Stimme, aufgelöst das Gesicht, die Frisur. Alles in ihr ist in Aufruhr. Sie kann ein Schluchzen kaum unterdrücken. Sie nimmt ihre große, ihre älteste Tochter, dieses junge Mädchen, für das sie große Pläne hatte, in den Arm und sagt: „Mein armes Kind." Sie küßt ihre Tochter, was sie sonst niemals tun würde, schon gar nicht in der Öffentlichkeit. Aber es gibt auch eine Öffentlichkeit, die sehr intim ist: Wenn einen nämlich niemand beachtet, wenn alle ihre Augen auf etwas anderes richten, auf ein Feuerwerk zum Beispiel, oder einen Kaiser, an dessen Seite sich eine junge Braut zum ersten Mal zeigt...

„Ach Mama“, murmelt Nene, „warum sind wir nur nach Ischl gefahren?“ Sie lehnt den Kopf an die Stirn der Mutter. „Diese Demütigung.“

Sie kann ihre Tränen noch zurückhalten. Das ist ein Wunder an Disziplin. Das zeigt, wie gut die Lehrer waren, die Ludovika für sie engagiert hat. Das zeigt vielleicht auch, daß Helene eine sehr gute Kaiserin von Österreich geworden wäre. Vielleicht die Beste. Ludovika glaubt immer noch, wie Sophie, daß Franz Joseph die falsche Wahl getroffen hat. Man kann sich doch nicht für ein Kind entscheiden! Wenn man Kaiser von Österreich ist! Man muß doch so viel Verantwortung und Verstand haben, um zu wissen, daß eine Kaiserin nicht von heute auf morgen gemacht ist!

Früher wurde man ein halbes Leben lang auf eine solche Aufgabe vorbereitet. Sissi aber ist mit Tieren aufgewachsen. War mehr in Wäldern als im Studierzimmer!

Und es stimmt ja nicht einmal, was Sissi der Kaiserin Sophie gesagt hat. Sie kann ja gar kein Französisch. Nur ein paar Brocken. Nur das, was sie so aufgeschnappt hat von den Eltern, den großen Geschwistern. Sie spricht ein sehr gutes Englisch, weil ihr Vater alles Englische so liebt. Französisch hat den Vater nie interessiert, die Franzosen sind ihm zu parfümiert, zu raffiniert, zu verkünstelt. Er hat es mehr mit einem Volk, das die Jagd und die Pferde liebt. Und so hat er es auch Sissi beigebracht. Deshalb hat Sissi nie Französisch gelernt. Aber das ist die Sprache am Wiener Hofe!

„Ich bitte Dich", raunt die Ludovika eindringlich ihrer Tochter Nene ins Ohr, „Du mußt jetzt stark sein und Haltung bewahren! Und, glaub mir, Sissi trifft da keine Schuld, die kann nichts dafür, daß..."

„Das weiß ich doch, Mama."

Denkt sie das wirklich? Glaubt sie das allen Ernstes? Oder ist da nicht doch dieser nagende Zweifel, daß Sissi hinter ihrem Rücken geflirtet hat? Daß Sissi heimlich den Kontakt zum Franz Joseph suchte, als Helene noch arglos war? Als Helene noch freundlich und zärtlich zu Sissi war? Hat Sissi sie vielleicht schon hintergangen? Ist das möglich? Kann man Sissi so eine Niedertracht zutrauen?

„Deshalb darfst Du Sissi nicht böse sein, ich bitte Dich, Nene, Du mußt jetzt stark sein und Haltung bewahren! Laß dir nicht anmerken, wie sehr man Dich gekränkt hat! Bitte!"

Nene schiebt ihre Mutter von sich weg. Was verlangt man da von ihr?

Daß sie aus der Anonymität ins Rampenlicht gezerrt wurde, vorgeführt wie ein Dressurpferd, und dann einfach wieder zurückgeschoben in die Dunkelheit? Zurückgestoßen ins Nichts? In die Bedeutungslosigkeit?

Und das soll sie alles ertragen und auch noch gute Miene dazu machen? So tun, als mache ihr das alles gar nichts aus? Darf sie denn kein Herz haben? Und kein Gefühl?

„Ich kann das nicht, was Du von mir verlangst, Mama", ruft sie. „Ich kann das nicht."

Und läuft hinaus, läßt ihre Mutter stehen. Die Arme. Aber es schaut ohnehin niemand auf sie.

Das Feuerwerk leuchtet und funkelt und sprüht noch immer und Sissi hat immer noch nicht gelächelt.

„Warum hast Du mir das angetan?" fragt sie, als der Lärm des Schwarzpulvers etwas abgeklungen ist. Sie fragt es, ohne ihren Bräutigam anzusehen. Und er erwidert, ohne zu ihr hinzuschauen, den Blick auf das leuchtende „Hoch lebe Franz Joseph" gerichtet: „Weil ich gewußt hab, daß Du niemals ja gesagt hättest."

Er hat ja recht.

Sie hätte nicht ja gesagt.

Sie hätte sich zu Tode gefürchtet.

Das tut sie jetzt. Fürchtet sich zu Tode. Vor dem Zorn von Helene. Schämt sich zu Tode vor ihrer Schwester, die so gedemütigt wurde, ausgerechnet durch sie!

Sie fürchtet sich noch mehr vor dieser strengen Tante, die bald ihre Schwiegermutter ist. Vor dem Zeremoniell der Wiener Hofburg. Fürchtet sich davor, Schloß Possenhofen zu verlassen. Irgendwann, in naher Zukunft, wird es so kommen.

Alles muß sie zurücklassen, ihre Kindheit, ihre Tiere, das geliebte Possi, die geliebten Wälder, den See.

Und sie kennt Franz Joseph doch überhaupt nicht! Sie hat ihn erst heute zum ersten Mal bewußt gesehen!

Gut, es stimmt, daß ihr Herz höher geschlagen hat, als sie mit ihm auf der Alm war. Daß sie glaubt, in ihn verliebt zu sein. Daß sie ihn vielleicht auch liebt. Ja, das hat sie geglaubt, das glaubt sie, und wenn sie klar denken könnte, glaubt sie es vielleicht immer noch, fühlt sie es vielleicht immer noch. Aber sie weiß nicht, was sie fühlt. Da zerplatzen die Feuerwerkskörper und jeder Knall ist wie ein Schmerz in ihrem Bauch.

Sie hält die Rosen im Arm. Sie steht auf ihren Füßen und wundert sich, daß sie nicht umfällt.

Neben ihr Franz Joseph. Ihr Bräutigam.

Vielleicht träumt sie das alles nur.

Vielleicht wacht sie auf und liegt in ihrem Bett in Possi und draußen zwitschern die Amseln.


Seine Majestät, der Kaiser Franz Joseph von Österreich, hat sich verliebt!

Wie ein Lauffeuer verbreitet sich die Kunde in den adligen Kreisen von Ischl aus, in den Schlössern und Villen der Salzfürsten, welche nicht an dem Ball teilgenommen haben, in den Häusern der Dienerschaft und den Militärkasernen.

Aber noch ist es ein Gerücht, noch hat man nicht die offizielle Bestätigung.

Kuriere bringen auf fliegenden Pferden Depeschen von Ischl nach Wien, von Wien nach Ischl.

In den Postämtern sitzen schwitzende Telegrafisten und schicken die bestellten und bezahlten Nachrichten in die Welt. Gestern war der 23. Geburtstag Seiner Majestät Kaiser Franz Joseph, und abends, zu einem Feuerwerk, welches die Bürger der Stadt Ischl ihm widmeten, zeigte er sich mit einer jungen Prinzessin auf dem Balkon. Es war Prinzessin Elisabeth in Bayern, seine fünfzehnjährige Cousine.

Eigentlich hat man damit gerechnet, daß Franz Joseph seine Verlobung mit deren Schwester, Prinzessin Helene in Bayern, bekanntgeben würde, da sie beim Souper auch seine Tischdame gewesen ist... und so weiter, und so weiter.

In den Gassen der Altstadt von Ischl wird aufgeräumt. Das Fest, das am Samstag bis weit in die Nacht zu Sonntag dauerte, hat Spuren hinterlassen. Arbeiter fegen die Gassen, lassen Pferde mit Wassertankwagen fahren und bespritzen die staubigen Wege, sammeln Papier und Unrat ein.

Währenddessen füllt sich das Kirchenschiff der Pfarrkirche von Ischl für die 11 Uhr Messe. Der Bischof wird das Hochamt zelebrieren. Die ganze kaiserliche Familie hat sich angesagt.

Also machen sich auch die Adligen auf den Weg, die sonst keine allzu regelmäßigen Kirchgänger sind, und Schaulustige drängen sich vor den Kirchenportalen.

Da erleben sie, wie die Erzherzogin Sophie, bislang die erste Dame des Staates, beiseite tritt und Sissi den Vortritt läßt...

Man schaut zu, wie Kaiser Franz Joseph, am Arm die blutjunge bayrische Prinzessin, durch das Mittelschiff der Kirche bis zur ersten Loge geht und dort zusammen mit ihr Platz nimmt. Die Orgeln verstummen.

Lange verharren sie schweigend im Gebet.

Dann beginnt der Chor eine jubelnde Kantate von Johann Sebastian Bach.

Auf den hinteren Reihen recken die Neugierigen die Köpfe. Aber sie müssen sich gar nicht anstrengen. Sie werden für ihr Kommen belohnt. Denn am Ende der Messe tritt Kaiser Franz Joseph mit der jungen Prinzessin an den Altar und bittet den Geistlichen:

„Hochwürden, segnen Sie uns. Das ist meine Braut."

Jetzt endlich ist es gewiß! Aus dem Mund Seiner Majestät des Kaisers hat man die Kunde vernommen!

Nun gibt es kein Halten mehr. Ganz Ischl ist in Aufregung, man ruft es sich zu, von Fenster zu Fenster, von Gasse zu Gasse. Der Kaiser hat sich verlobt! In der Kirche hat er es verkündet!

Es ist kein Halten mehr. Die Massen drängen zur Kirche, sammeln sich vor dem Portal, alle Glocken der Stadt läuten gleichzeitig und unter diesem ohrenbetäubenden Dröhnen treten der Kaiser und seine junge Braut aus der Dunkelheit der Kirche in den grellen Sonnentag. Es ist der 19. August 1853. Sissi lächelt. Zum ersten Mal. Und klammert sich gleichzeitig an den Arm ihres Verlobten, als sie die gaffenden Menschen sieht, als sie das Drängeln und Schubsen bemerkt. Als sie sieht, wie schwer es die Adjutanten des Kaisers haben, eine Gasse für sie freizuhalten, durch die sie zu ihrer Kutsche gelangen können, ohne von den wildfremden Menschen angefaßt und gestreichelt zu werden.

Hochrufe begleiten sie, Schreie von einigen Kindern, die in der Masse fast erdrückt werden, es riecht nach Schweiß, nach zu vielen Menschen.

Sissi läßt sich in das Polster der Kutsche fallen. Sie schaut ihren Bräutigam an, sie ist ganz erschöpft von diesem kleinen Weg.

„Aber das", sagt ihr junger Verlobter, „ist gar nichts. Warte, bis Du die Menschenmengen in Wien gesehen hast! Von jetzt an werden überall in Österreich, wo Du Dich zeigst, so viele Menschen sein. Daran mußt Du Dich gewöhnen.

Sissis Schwester Helene ist nicht zur 11 Uhr Messe gegangen. Sie hat sich dem Drängen und Bitten ihrer Mutter widersetzt.

„Ich kann nicht", hat sie immer und immer wieder gesagt. Das Gesicht vom Weinen verquollen, will sie sich niemandem zeigen. Sie schließt sich in ihr Zimmer ein, bis es Zeit ist, die Rückreise nach Bayern anzutreten.

Dem Herzog Max hat man die Nachricht von der Verlobung seiner Lieblingstochter Sissi telegrafiert. Er feiert bereits mit seinen Kumpanen, die ein Spottlied und Trinklied nach dem anderen auf seine und ihre neue Verwandtschaft dichten, und mit schwerem Rotwein anstoßen.

Der Herzog weiß nicht, was im Herzen seiner Tochter vor sich geht, er kennt all die Verwicklungen nicht, er war ja nicht eingeweiht.

Er weiß nur, daß er der Vater der zukünftigen Kaiserin von Österreich ist. Wenn das kein Grund zum Feiern ist!

Helene weigert sich, mit Sissi zu sprechen. Auch wenn die Ludovika ihr immer wieder beteuert, die Sissi trägt keine Schuld an diesem Desaster. Sie kann nicht die Schmach und die Demütigung überwinden, die ihr von ihrer Schwester zugefügt wurde. Auch wenn das unabsichtlich war.

Hat denn jeder vergessen, daß sie sich in Franz Joseph verliebt hatte? Daß es nicht nur um eine öffentliche Demütigung geht, sondern auch um den Verlust einer großen Liebe?

Sie hat Liebeskummer, und sie fühlt sich von der Welt lächerlich gemacht.

Nein, sie will niemanden sehen. Sissi schon gar nicht. Sissi als letzte.

Eine andere Tante, Elise, Königin von Preußen, kümmert sich jetzt um Helene. Sie trocknet ihre Tränen, umarmt das arme Kind, das sich gar nicht fassen kann.

„Ich will niemanden mehr sehen", schluchzt Helene. „Meine Mutter nicht, meinen Vater nicht, Sissi nicht. Ich kann nicht. Ich kann nicht."

„Dann kommst Du zu mir nach Berlin", schlägt die Tante vor. „Ich werde dafür sorgen, daß Du in Berlin unter Leute kommst, daß Du in angemessener Gesellschaft deinen Kummer vergißt. Irgendwann hast Du diesen Franz Joseph ganz einfach vergessen, Helene."

Helene schüttelt den Kopf. Sie glaubt nicht, daß sie diesen Abend, der ihr einen solchen Schmerz zugefügt hat, wirklich jemals vergessen kann.

Aber die Tante ist lebenserfahren und klug.

Liebeskummer ist etwas, das jede Frau einmal durchgemacht hat. Und sie weiß, daß nur die Zeit solche Wunden heilt oder eine neue Liebe. Sie wird dafür sorgen, daß Helene irgendwann wieder ihr strahlendes Lächeln zeigt.

Und sei es nur, um ihrer Schwester Ludovika eins auszuwischen...

Als die Ludovika völlig erhitzt vom Kirchgang zurückkehrt, sagt ihr die Schwester: „Ich nehme Helene mit nach Berlin."

„Jetzt?" fragt die Ludovika.

„Ja, jetzt sofort. Sie sitzt schon in meiner Kutsche. Wir reisen in zwei Minuten ab."

„Aber will sie sich denn nicht von uns verabschieden?"

„Nein", sagt die Königin von Preußen, „das will sie nicht. Sie will mit keinem sprechen. Verstehst Du das nicht?"


Als Sissi hört, daß ihre Schwester abgereist ist, ohne ein Wort, und ohne ihr die Gelegenheit zu geben, sie um Verzeihung zu bitten, bricht Sissi zusammen.

Die Mutter tröstet sie. „Sie wird darüber hinwegkommen, mein liebes Kind", murmelt sie tröstend, eindringlich. „Sie gibt dir keine Schuld an der Angelegenheit."

„Oh doch, ich weiß es. Sie gibt mir die Schuld. Nene haßt mich jetzt. Nene wird nie mehr mit mir sprechen.

Oh Mama, ich kann doch nichts dafür! Ich hab das nicht gewollt!"

„Aber Du liebst den Franz Joseph doch."

Sissi nickt. Sie liebt ihn wirklich, jeden Tag mehr. Je öfter sie in seiner Nähe ist, desto größer wird ihre Liebe.

„Na, also, dann sei doch glücklich!"

Dreizehn Tage bleiben Sissi und Franz Joseph in Ischl, bis zum 31. August. Franz Joseph ist so verliebt, daß er sich nicht auf seine politischen Pflichten konzentrieren mag. Zum ersten Mal erlaubt er sich, sein Lebensglück zu genießen.

Weil Sissi ganz erschreckt ist über die vielen Menschen, die ständig in der Kaiservilla ein und aus gehen, die Mittagessen und Soupers im großen Kreise, die Bälle, sorgt er dafür, daß Sissi und er so viel wie möglich allein sind. Er läßt für sie sogar eine Schaukel anbringen im Park der Kaiservilla. Graf Grünne persönlich kutschiert das junge Paar hinaus in das liebliche Salzkammergut, weil Sissi zu ihm Vertrauen geschöpft hat, sich nicht geniert, ihre Liebe zum Verlobten vor diesem Mann zu zeigen. Graf Grünne ist ein wichtiger Mann am Wiener Hof. Er ist Vorstand der Militärkanzlei und bester politischer Berater des Kaisers. Franz Joseph ist erleichtert, daß Sissi wenigstens zu ihm Vertrauen gefaßt hat. Dabei meinen es alle mit ihr gut. So scheint es jedenfalls.

Die Gräfin Sophie Esterhazy sagt eines Tages zu ihr: „Wir sind Eurer Königlichen Hoheit so dankbar, daß Sie den Kaiser so glücklich machen."

Sissi aber fühlt sich immer noch unsicher, meint, sie gebe sich nicht genug Mühe, sie sei doch nicht die richtige Frau an der Seite eines so mächtigen, wunderbaren Mannes. Sie bittet alle, die sich über ihr manchmal ungeschicktes Benehmen ereifern, scheu um Nachsicht und gewinnt damit wieder Herzen.

Zwischen Wien und Ischl fliegen Nachrichten und Gerüchte hin und her. Man hat immer noch kein Bild von der zukünftigen Kaiserin, und deshalb soll Sissi Malern und Zeichnern Modell sitzen, oft stundenlang. Der junge Kaiser ist dann meistens bei ihr, er kann sich nicht satt sehen an seiner reizenden Braut. Er ist verliebt bis über beide Ohren.

In Salzburg schließlich nehmen die Verliebten am 31. August zärtlich voneinander Abschied.

Sissi reist mit ihrer Mutter zurück nach Possenhofen, Franz Joseph in die Hofburg nach Wien. Dort erteilt er als erstes den Erlaß, den Belagerungszustand der Städte Wien, Graz und Prag aufzuheben. Die Liebe hat, so scheint es, den Kaiser sanft gemacht. Und großzügig.

Sissi hingegen mußte im  Eilschritt auf ihre zukünftige Rolle vorbereitet werden, Französisch lernen, österreichische Geschichte, und die Wiener Hofetikette.

Der Aufenthalt unter all den neugierigen und oft hochmütigen Adligen hat Sissi einen Vorgeschmack gegeben auf das, was sie erwartet.

Zurück in Possenhofen, fühlt sie zum ersten Mal die Angst vor dem Aufsteigen, was sie erwartet.

Ihre Mutter Ludovika versucht, einen Aufschub des Hochzeitstermins zu erreichen, aber der wird abgelehnt.

Dann möchte sie die Hochzeit in München stattfinden lassen, wo Sissi sich nicht so fremd fühlen würde, aber auch das ist aus staatspolitischen Gründen nicht annehmbar. Der junge Kaiser und seine Mutter möchten, daß diese Hochzeit ein Fest wird für das ganze Volk, ein Ereignis, das die 27 Millionen Untertanen noch enger zusammenschweißen soll. Kaiser Franz Joseph ist ganz sicher, daß seine Untertanen sich in die junge Kaiserin verlieben werden, genauso spontan, wie er sich verliebt hat.

Die Hochzeit ist auf den 24. April des kommenden Jahres festgelegt.

Sissi hat also nicht viel mehr als ein halbes Jahr Zeit, sich auf ihre Rolle als künftige Kaiserin von Österreich vorzubereiten.

Zuerst muß sie Französischunterricht bekommen. Ihr Französisch ist wirklich mangelhaft. Überhaupt lernt Sissi diese Sprache, die ihr so künstlich und gestellt vorkommt, nur ungern. Aber es ist die Umgangssprache am österreichischen Hof. Sissi versteht nicht, warum ein Kaiser mit seinen Untergebenen in einer Sprache spricht, die nicht seine Muttersprache ist.

Dann muß sie Ungarisch lernen. Oder zumindest braucht sie einen Lehrer, der ihr die Geschichte Ungarns erklärt, und die Verbindung Österreich und Ungarn.

Dieser Lehrer, den ihr Vater für sie aussucht, ist ein glühender Patriot. Graf Janos Maijlath ist siebzig Jahre, als er die Aufgabe übernimmt, Sissi auf ihre Rolle als Kaiserin aller Ungarn vorzubereiten. Ein kleiner, sehr intelligenter, humorvoller Mann, den Sissi sofort ins Herz schließt. Sie beginnt sich unter seiner behutsamen Führung für Ungarn zu interessieren. Er läßt Musiker kommen, sie hört zum ersten Mal in ihrem Leben Zigeunermusik, und ist begeistert.

Er läßt ungarische Trachten anfertigen und Sissi kleidet sich wie eine Ungarin und dreht sich vor dem Spiegel und findet sich schön. Sissi ist eine gewissenhafte, ehrgeizige Schülerin. Für einen Lehrer, den sie liebt und achtet, kann sie stundenlang lernen, Vokabeln und Regeln büffeln, Zahlen und Fakten. Sie lernt alles über die Revolution und die blutige Niederlage des Aufstandes. Sie erfährt, daß Franz Joseph die ungarische Verfassung, für die so viele von Janos Maijlaths Landsleuten ihr Leben gelassen haben, außer Kraft setzte.

„Warum?" fragt Sissi.

Graf Maijlath lächelt.

„Das können Sie ihn irgendwann fragen."

Er ahnt nicht, daß Sissi das schon bald tun wird, schon beim nächsten Besuch von Franz Joseph.

Dreizehn Generäle, die den Aufstand angezettelt haben, werden gehängt, und Ludwig von Batthyany, der Präsident des Ministeriums, auf Anweisung des Kaisers erschossen.

Sissi begreift zum ersten Mal, was Politik bedeutet, was Regieren bedeutet: Macht über Leben und Tod anderer Menschen zu haben.

Wenn sie ihren Franz Joseph nicht so liebte, würde sie ihn in diesem Augenblick fürchten. Als Graf Maijlath ihr erzählt, daß die Witwe Batthyany die kaiserliche Familie verflucht hat, läuft ein kalter Schauder über ihren Rücken.

„Was hat sie gesagt?" flüstert Sissi.

„Möge Gott den Kaiser strafen und seiner ganzen Familie und all denen, die er liebt, Unheil bringen!" sagt Graf Maijlath.

Er sieht, wie Sissi die Hand an die Kehle legt, ihre Augen groß werden vor Schreck. Er lächelt. Er spricht schnell von etwas anderem, aber Sissi wird diesen Fluch nicht vergessen...

Kaiser Franz Joseph besucht seine Sissi während der Verlobungszeit so oft es seine Termine erlauben. Das ist jedesmal ein großer Tag. Manchmal kommt er nach Possenhofen, manchmal treffen sie sich im Palais in der Ludwigstraße in München.

Und immer findet er seine junge Braut verändert vor. Reifer, schlanker, noch schöner, wenn das überhaupt möglich ist, nachdenklicher, klüger, aber immer noch genauso liebreizend, mit diesem natürlichen Lachen, das ihn in der ersten Sekunde gefangen nahm.

Er schreibt nach Hause an seine Mutter: „Meine Liebe zu Sissi wird jeden Tag größer, und ich bin mehr denn je davon überzeugt, daß keine andere Frau besser zu mir paßt als sie."

Immer neue Schneider und Putzmacher treffen ein, und das, was Sissi bei ihrer Schwester Helene im Kleinen erlebte - die Vorbereitung auf den großen Ball in Ischl - findet nun für sie im Großen statt. Die Reisekisten füllen sich. Es werden immer neue beim Sattler bestellt. Dreißig paar Schuhe sind schon für sie angefertigt worden, aber Tante Sophie telegrafiert, daß das lange nicht reicht: Eine Kaiserin darf jedes paar Schuhe nur einmal tragen und muß sie dann der Kammerzofe schenken. Selbst wenn sie eine ganz andere Schuhgröße hat. Ein Brauch, den Sissi lächerlich und verschwenderisch findet und sogleich abschaffen will.

Aber sie wird lernen, daß sie fast keinen Brauch abschaffen kann, der im höfischen Protokoll verankert ist. Daß sie nichts ändern wird, aber daß man versuchen wird, sie zu ändern. Sie wird nichts biegen, aber wird verbogen werden.

Manchmal überkommt sie eine Ahnung von dem, was sie als Kaiserin erwartet, und dann verdunkelt sich ihr Blick und ihre Hände beginnen zu zittern.

Aber im nächsten Augenblick kommt schon wieder ein Bote und bringt Geschenke des Kaisers, Schmuck und immer wieder rote Rosen, sogar mitten im Winter, und dann ist ihr Herz voller Liebe und ihr Lächeln reines unschuldiges Glück.

Franz Joseph hat sein Kommen für den Heiligen Abend angesagt. Am 25. ist Sissis Geburtstag. Sie ist ein Sonntagskind, und noch am ersten Weihnachtstag geboren.

Sie hat sich auch immer wie ein Sonntagskind gefühlt, ein Mensch, dem das Glück und die Heiterkeit in die Wiege gelegt wurde.

Sie bereitet sich auf dieses Weihnachtsfest vor. Sie freut sich so sehr, daß ihr geliebter Franz Joseph nun einmal erleben kann, wie man in ihrer Familie Weihnachten feiert, das Essen im kleinen Speisezimmer, die Bescherung für die Diener, denen man persönlich Glück wünscht, die man wie Freunde umarmt und ihnen dankt für ein weiteres Jahr der Treue. All die Kerzen am Weihnachtsbaum, die Lieder, die man gemeinsam singt, eine große, glückliche, fast bürgerliche Familie.

Die einzige, die nicht da sein wird, ist Helene.

Sie lebt immer noch bei ihrer Tante in Berlin. Und die Mutter sagt, es gehe ihr gut. Sissi wagt kaum noch zu fragen. Sie hat von Helene nie eine Antwort auf ihre vielen Briefe bekommen, nie hat Helene an Sissi einen Gruß hinzugefügt, wenn sie an die Mutter schreibt. Es ist, als habe Helene ihre Schwester einfach aus ihrem Leben gestrichen...

Sissi darf nicht daran denken, wenn sie nicht jedesmal sofort in Tränen ausbrechen will...

Je näher dieses Datum rückt, Weihnachten 1853, desto mehr Depeschen kommen in München an und es wird klar, daß der Kaiser nicht Weihnachten feiern kann wie Sissis Familie.

Er muß sich an das Protokoll halten, und das verlangt, den Heiligen Abend in großer Gesellschaft zu verbringen, unter vielen fremden Würdenträgern, denen man so Gelegenheit gibt, den Kaiser persönlich anzusprechen, über Sorgen und Nöte, und sei es nur, ihm seine Loyalität und seinen Respekt entgegenzubringen. Es wird ein Defilee von Wichtigtuern werden, die ihr Schloß stundenlang in eine kleine Hofburg verwandeln werden. Nichts wird so sein wie früher, so schön, so heimelig, so familiär.

Sie wird ihrem Verlobten nicht zeigen können, wie sie sich ein Familienleben vorstellt, mit Vater, Mutter, Kindern, einem Weihnachtsbaum und lieben Dienern.

Dennoch freut sie sich auf ihn. Dankt ihm überschwenglich für seine großzügigen Geschenke, aber am meisten dankt sie ihm für den Papagei, den er ihr mitgebracht hat. Es ist ein wunderbar farbenprächtiger, brasilianischer Vogel, den Sissi spontan ins Herz schließt. Sie nennt ihn Puck. Franz Joseph ist gerührt darüber, daß Sissi sich über den Papagei so viel mehr freut als über all die kostbaren anderen Schätze, die er für sie unter den Tannenbaum gelegt hat. Es beweist ihm wieder einmal, daß Sissi ein großes Herz hat.

Sissi zeigt ihm die ganzen gepackten Kisten. All die Schätze, die sie mitnehmen wird nach Wien. Die neuen

Mieder, Reifröcke, Sonnenschirme, Puderquasten, Kämme und Bürsten, Haarschmuck und Bänder, Capes und Seiden...

Hat jemand je gedacht, daß eine einzige Person so viele Dinge braucht?

Am Ende sind es 25 Kisten, die vorausgeschickt werden nach Wien. Aber die Tante Sophie schreibt, daß sie Sissis Aussteuer „spärlich" findet, und die Ludovika errötet vor Scham, als sie lesen muß, daß Sophie damals mit 40 Kisten nach Wien gezogen sei „und ich sollte nicht Kaiserin werden."

Aber Sissi ist das gleich. Sie fühlt sich ohnehin so reich beschenkt und ausgestattet. Sie lacht nur, wenn ihre Mutter voller Verzweiflung immer wieder die Listen mit den Dingen durchgeht.

„Aber Mama, ich werde das alles sowieso niemals tragen und nutzen können!" Sie küßt ihre Mutter. Ihre Mutter lächelt wieder. Alles ist gut.

Und dann endlich, kommt eine Nachricht aus Berlin: Helene hat sich mit dem Fürsten von Thurn und Taxis verlobt und wird nach Possenhofen kommen, um ihren Bräutigam vorzustellen!

Sissi sitzt mit ihrer Mutter im Garten, als die Kutsche vorfährt. Sissi hat die ganze Nacht nicht geschlafen, ist am Morgen ruhelos durch den Park gestreift, hat am Ufer gesessen und mit ihrem Papagei geredet, hat sich die Angst von der Seele geredet. Sie hat nicht gewagt, mit ihrer Lieblingsstute auszureiten wie jeden Morgen, weil sie Angst hatte, sie könnte Helenes Besuch verpassen. Aber sie wagt auch nicht, sich im Haus aufzuhalten.

Was ist, wenn Helene sie gar nicht sehen will?

In ihren Briefen hat Helene niemals erwähnt, daß sie auch Sissi gerne treffen möchte.

Da hört man die Kutsche.

Die Ludovika, die neben Sissi gesessen hat, springt auf. „Das ist sie! Deine Schwester, Sissi! Das ist Nene!"

Sissi nickt, voller Panik. Ihr Herz schlägt. Sie hört, wie man die Ankommenden begrüßt, hört das Schnauben der Pferde, die Peitsche des Kutschers, hört die Willkommensgrüße ihres Vaters, laut und fröhlich wie immer.

Die Ludovika läuft ihrer Tochter entgegen. Sie ist so glücklich, Nene endlich wieder einmal in die Arme schließen zu können. Und dieser fesche junge Mann neben ihr, das also ist Fürst von Thurn und Taxis..., wie die Nene strahlt! Und der junge Fürst erst! Die beiden müssen sehr glücklich sein.

Die Ludovika begrüßt Nenes Verlobten, herzlich, freundlich, aber wendet sich dann sofort wieder an Nene. „Die Sissi wird Augen machen!"

„Ja, wo ist sie denn, die Sissi?" fragt Helene. In ihrer Stimme schwingt nichts mehr mit von dem alten Groll. Die Demütigung, längst vergessen, während Sissi immer noch voller Angst ist. Ein Häuflein Unglück im Anblick ihrer Schwester.

„Sissi ist da, wo sie immer ist. Bei ihren Tieren natürlich", sagt die Ludovika. „Komm." Sie nimmt

Nenes Arm und führt sie hinunter zum See.

„Sissi! Nene ist da!" ruft sie von weitem.

Sissi steht auf, wagt nicht, näherzukommen, aber Nene läuft mit ausgestreckten Armen auf Sissi zu und die beiden fallen sich um den Hals.

„Sissi", flüstert Nene, „ich wollte dir nur sagen, daß wir immer die bleiben werden, die wir waren. Ich wünsche dir, daß Du so glücklich wirst, wie ich es jetzt bin." Sie wendet sich um und deutet auf ihren Verlobten, der im Hintergrund wartet, mit einer leichten Verbeugung.

Sissi ist so erleichtert, daß sie die Tränen nicht zurückhalten kann.

„Ach, bin ich froh, daß Du mir das sagst, Nene! So froh! Ich kann es gar nicht beschreiben. Ich hätte sonst niemals glücklich werden können, weißt Du. Niemals. Auch wenn ich den Franz Joseph noch so liebe. Aber ich mußte wissen, daß Du mir verzeihst."

Nene küßt sie wieder, ganz innig.

Und die Ludovika, die voller Rührung ihre beiden Töchter anschaut, denkt: Das hätten wir früher arrangieren müssen. Man hätte der Sissi viele Monate des Kummers und des schlechten Gewissens erspart.

Aber vielleicht ist es besser, daß Nene erst jetzt zurückgekommen ist, wo sie eine neue Liebe gefunden hat. Wo das Glück aus ihren Augen spricht. Wer selber glücklich ist, gönnt auch dem anderen sein Glück.

Am Vorabend ihrer Abreise nach Wien entläßt Sissi alle ihre Tiere in die Freiheit. Dem Xaver, den herangewachsenen Kitz, gibt sie auf den Weg: „Paß schön auf, wenn Du groß bist, daß Du nicht dem Papa mit seiner Flinte über den Weg läufst."

Jedes kleine Vöglein nimmt sie in die Hand, küßt es und entläßt es in die Freiheit, schaut, wie die Vögel in die Luft steigen, in den blauen bayrischen Himmel, und davonfliegen.

Ihr ist ganz wehmütig zumute. So, als ahnte sie, daß ihr das gegenteilige Schicksal beschieden ist. Aus der Freiheit in den Käfig. Aus der freien, unbeschwerten bayrischen Kindheit in die Zwänge der dunklen Wiener Hofburg. Die Vögel sind im nächsten Augenblick nicht mehr zu sehen.

Es ist der 19. April 1854.

Sissis Vater steht in einiger Entfernung und beobachtet seine Tochter. Er spürt, wie bang ihr ums Herz ist. Wie sie jedem ihrer Tiere nachschaut. Wie sie sich von ihren Pferden verabschiedet, mit Küssen. Wie sie ihrem Pferdepfleger und dem alten Rittmeister zum Abschied um den Hals fällt.

Nie wieder wird sie jemanden so nah an sich herankommen lassen dürfen, in Zukunft darf nur der ihre Hand küssen, der nach Stand und Herkunft dazu berufen ist.

Niemals, ein Diener oder Angestellter, niemals jemand aus dem Volk, ohne Adel, und sei er auch noch so gebildet. Bildung zählt nicht. Reichtum nicht. Erfolg nicht. Nur die Herkunft, nur die Geburt, nicht das Talent. Das wird sie lernen müssen.

Der Herzog geht hinunter zu seiner Tochter, nimmt sie in den Arm und erinnert sie daran, was er ihr immer gesagt hat: „Wenn das Herz dir schwer wird, dann geh einfach hinaus in die Natur. In den Wald. Atme die frische Luft und schau in den Himmel. Dann kommst Du einfach her und wir gehen zusammen in den Wald."

Sissi, ganz beklommen, nickt.

Der Vater küßt sie, er lacht. Er will keine Melancholie aufkommen lassen. Sein junges Mädchen ist schon melancholisch genug.

„Ach, was sag ich", lacht er, „von jetzt an soll der Franz mit dir gehen."

Bei dem Gedanken geht es Sissi wieder gut.

Ja, sie liebt ihren Franz. Den Franz Joseph. Sie liebt ihn wirklich, mit der ganzen Kraft ihres Herzens. Und sie will ihm eine gute Ehefrau sein. Und den Österreichern und Ungarn eine gute Kaiserin. Sie will es.

Am 19. April bricht die ganze Gesellschaft in München auf. In Kutschen geht es nach Straubing, wo ein festlich geschmücktes Dampfschiff wartet, und dann geht es die Donau stromaufwärts nach Wien. Vorbei an winkenden und jubelnden Menschen, die die Ufer säumen, an geschmückten Dörfern und Kirchen, die alle ihre Glocken läuten lassen. Und überall Empfänge des Bürgermeisters, Ehrensaluts des Militärs, Festreden, Überreichung von Geschenken, stundenlanges Stehen, Lächeln, Grüßen, Danken. Dann wieder zurück aufs Schiff.

Sissi in einem weißen Kleid mit einem scharlach-roten Samtmantel, steht allein unter dem roten Baldachin und winkt. Sie steht stundenlang und lächelt und winkt. Zum rechten Ufer, zum linken Ufer, die Beine werden ihr schwer, die Arme so müde, sie möchte ein-mal aufhören zu winken, sich einmal in die Stille der Kajüte flüchten, aber das darf sie nicht.

Sie muß sich jedem der Menschen zeigen, die viel-leicht von weither an die Donau gekommen sind, um ihr zu huldigen. Sie ist das ihrer neuen Würde als zukünftige Kaiserin schuldig, sie ist das Franz Joseph schuldig. Sie muß auch sich zeigen, daß sie ihre erste Bewährungs-probe besteht.

Sie lächelt, sie winkt.

Sie steht und wankt nicht.

Ihre Eltern sind sehr stolz auf sie. In Österreich heißt sie im Volksmund bereits die „Rose aus dem Bayernland".

Die Reise erscheint Sissi als eine Ewigkeit. Aber das Schiff bringt sie Kilometer um Kilometer näher zu ihrem Geliebten, zu ihrem Franz Joseph. Der Gedanke läßt sie aushalten.

Sie lächelt, sie winkt.

Eine liebreizende, schlanke Person in einem kost-baren weißen Kleid und rotem Mantel. Die Farben von Österreich und Ungarn.

Und in Nußbaum bei Wien sind schon die roten Teppiche ausgerollt, und am Ufer hat man einen Pavillon gebaut, eigens für die Ankunft der Prinzessin Sissi, und in dem Pavillon steht der junge Kaiser, in seiner höchsten Uniform, und wartet ungeduldig auf die Ankunft des Schiffes.

Da hört man, hinter einer Flußbiegung, das Horn.

„Sie kommt!" ruft Kaiser Franz Joseph, als hätten seine Adjutanten keine Ohren. „Sie ist es! Das Schiff! Sie ist es! Sie kommt!"


Das Schiff legt an. Der Kaiser schreitet ihr entgegen auf einem roten Teppich. Das Protokoll hat alles genau festgelegt. Es soll feierlich wirken. Ein historischer Augenblick, wenn die junge Frau zum ersten Mal österreichischen Boden betritt. Die bayrische und die Kaiserhymne werden gespielt.

Der Kaiser geht ihr entgegen. Sie stehen sich gegenüber. Beide strahlen vor Glück, vor Stolz, vor Erleichterung, daß die Zeit des Wartens endgültig vorbei ist.

Hinter dem jungen Kaiser, im Pavillon, warten die Gäste. Nur eine Auswahl ganz wichtiger Menschen hat die Einladung zu dieser Begrüßungszeremonie erhalten.

Auf dem Schiff Sissis Verwandte. Auch Helene ist gekommen, mit Fürst von Thurn und Taxis. Und ihre anderen Geschwister, und die Verwandten von Herzog Max. Auch der Bayrische König Maximilian von Bayern wird bei der Trauung in zwei Tagen dabei sein.

Es wird das größte gesellschaftliche Ereignis des Jahrhunderts für Österreich sein.

Franz Joseph will es so.

Und auch seine Mutter, Tante Sophie.

Es soll ein Zeichen gesetzt werden. Ein Siegel sein für alle Untertanen: Seht her, die Monarchie ist noch lange nicht zu Ende. Sie fängt gerade erst wieder an. Hier ist die junge Kaiserin, sie wird dem Land viele Prinzen und Prinzessinnen schenken, und einer von ihnen wird der künftige Kaiser von Österreich sein. Das Rad der Geschichte dreht sich...

„Sissi!" ruft Franz Joseph. Mehr nicht. Aber alles liegt in diesem Wort. Alle Liebe, die er für sie empfindet, die Zärtlichkeit und die Sehnsucht. Alles.

Sie lacht. „Franzl!" sagt sie. Ihre Stimme ist süß. Und weich. Und zärtlich.

Ein Paar, das sich innig liebt. Wann hat man zuletzt auf einem Thron einen so verliebten Monarchen gesehen?

Wien jubelt.

*Zum ersten Mal in Schönbrunn.*

Sissi wird von ihrer Schwiegermutter, zu der sie von nun an immer Sie sagen muß, in ihre Zimmer geführt. Ein weiter Weg über endlose Flure. Das Palais, das als Sommerresidenz hundert Jahre zuvor gebaut wurde, hat in seiner jetzigen Gestalt 1447 Zimmer! Zum Schloß gehört die Gloriette, ein herrlicher Wandelgang, von dem aus man den Blick über den Wienfluß auf die nahe Stadt genießen kann, ein barockes Theater und ein Park, in dem sich auch Wildgehege befinden. Das Kaisergelb des Schlosses sieht man schon von weither, das grüne

Kupferdach, auf dem die rot-weiß-rote Fahne der österreichischen Monarchie weht. So hat Sissi es schon vom
Schiff aus gesehen, ein herrliches, prächtiges und gar
nicht furchteinflößendes Schloß, lieblich der Park, und
Franz Joseph hat ihr erzählt, daß es in diesem Park Rehe
und Hirsche gibt!

Natürlich auch Stallungen für die Pferde des Militärs,
natürlich Vögel, Vögel!

Es wird, hat er ihr zugeflüstert, als sie ganz einge-
schüchtert an seiner Seite auf das Schloß zugeschritten
war, ein Schloß sein wie in ihrem geliebten Possi,
natürlich nur ein bißchen, denn die Parkanlage von
Possenhofen war den englischen Vorbildern nachempfun-
den, alles sah natürlich aus, alles konnte selbstverständlich wachsen, so als habe die Natur selber
Gartenarchitekt gespielt.

Der Park von Schönbrunn wirkt eher wie der Park
von Versailles: Die Rabatten werden einmal im Monat
gestutzt, damit kein Ästchen, kein Zweiglein da her-
vorlugt, wo es nicht hingehört.

Die Blumenbeete sind nach Farben sortiert, es gibt
sehr viel weiß und rot, aber nicht all die bunten Sommerblumen, die Sissi so liebt: kein Rittersporn, kein
Klatschmohn, Fingerhut und Königskerze.

Die Wege sind mit weißen Kieseln belegt und die
Beete mit Buchsbaum begrenzt. Selbst wenn sie wollte,
könnte sie gar nicht auf den Rasenflächen spazierengehen, sie müßte immer erst kleine Hecken und
Büsche überwinden!

Solch einen Park hat Sissi noch nie gesehen, aber sie lächelt tapfer, als Franz Joseph ihr sagt:

„Es ist fast wie in Possenhofen, oder?"

Der Spiegelsaal, in dem der Empfang für Sissis Begleitung stattfindet, überragt alles, was Sissi bis dahin in ihrem Leben je gesehen hat, an Prunk und Pracht.

Die wunderbarsten Deckengemälde, eingefaßt in barocken, goldenen Stuck, Spiegel ringsum. Glänzender Parkettboden, ein Saal, größer als ein Fußballfeld!

Und mitten darin ein zartes, junges Mädchen von gerade mal sechzehn Jahren!

Sissi schläft schlecht in der ersten Nacht.

Dabei hat man alles getan, um sie standesgemäß willkommen zu heißen.

Sie schläft in einem Zimmer, dessen Wände mit scharlachrotem Damast bespannt sind.

Das Bett ist weich und breit und der Himmel über dem Bett mit weißer Seide bespannt.

Es ist der Vorabend ihrer Hochzeit.

Am Morgen sind schon etliche Termine. Das Ankleiden für die feierliche Hochzeitszeremonie, hat ihre Schwiegermutter gesagt, wird Stunden dauern.

Sissi mag gar nicht daran denken.

Stunden, um ein Kleid anzuziehen! Stunden, um ihre Haare zu bändigen, ihr Gesicht zu schminken, ihre Mieder zu schnüren, die Schuhe anzupassen.

Sie soll um sieben Uhr in der Früh geweckt werden,

aber bereits um sechs Uhr ist sie aus dem Bett, wirft ihren hellblauen samtenen Morgenrock über und läuft, mit aufgelöstem Haar und auf bloßen Füßen durch die Flure, öffnet eine Tür nach der anderen, eine Gardine nach der anderen, schaut hinaus, lehnt sich weit über das Fensterbrett, manchmal versucht sie sogar, die Fenster zu öffnen. Sie will die Luft riechen. Will wissen, ob es draußen warm ist oder kalt, ob es nach dem Fluß riecht, nach Blumen, nach Tieren oder dem nahen Wald.

Sie ahnt nicht, daß ihre Schwiegermutter genauso wenig geschlafen hat und noch früher auf war als sie selbst.

Die Erzherzogin Sophie ist schon fertig angezogen, als sie aus ihrem Zimmer tritt. Und Sissi entdeckt.

Ein Mädel wie eine Bauernmagd, barfuß in Schloß Schönbrunn! Die Braut des Kaisers!

Sie versteht nicht, was Sissi sucht, warum sie alle schweren Portieren aufreißt, eine Arbeit für die Dienstboten, warum sie versucht, die Fenster zu öffnen (natürlich auch die Arbeit der Dienstboten), irgendwann stoppt sie den Amoklauf Sissis mit den Worten: „Möchtest Du nicht sagen, was Du suchst?"

Sissi fährt erschrocken herum. Wird rot vor Verlegenheit. Sie hat nicht gewußt, daß man ihr folgt. Ist gar nicht auf den Gedanken gekommen, daß jeder ihrer Schritte seit dem Aufwachen beobachtet wurde, daß man längst Meldung gemacht hat über das Herumgeistern Ihrer Königlichen Hoheit in Morgenmantel und offenem Haar.

So etwas haben die Höflinge von Schönbrunn noch nicht erlebt. Die Erzherzogin muß einschreiten, um zu verhindern, daß Sissi schon vor der Hochzeit irreparablen Schaden anrichtet. Nichts ist tödlicher für eine Monarchin, als dem Personal Anlaß zu Tuschelei und Gekicher zu geben.

Wie lächerlich sie aussieht!

Die Erzherzogin kann ihren Unmut gar nicht verbergen. Will es auch nicht.

Aber Sissi merkt gar nichts. Sie ist überdreht, hat wenig geschlafen, ist aufgeregt, ihr Herz schlägt.

„Guten Morgen, Tante!" ruft sie fröhlich.

Die Erzherzogin: „Ich gehe dir schon durch mehrere Zimmer nach. Man hat Dich gesehen, nicht nur ich.

Du läufst von Fenster zu Fenster. Fehlt dir etwas? Kannst Du nicht schlafen?"

Sissi lacht, schüttelt den Kopf. Sie wird ihrer Tante nicht sagen, daß sie kaum ein Auge zugetan hat. Daß sie schon jetzt Heimweh nach Possi verspürte, daß ihr die Tränen kamen, als sie an den Abschied von ihren Freunden und den Tieren zurückdenkt.

„Ich suche nur die Tiere", ruft sie heiter.

„Welche Tiere?" fragt die Erzherzogin stirnrunzelnd.

„Aber Franz Joseph hat mir erzählt, daß es hier in Schönbrunn einen großen Tierpark gibt."

Die Erzherzogin seufzt. So, genau so hat sie sich das Leben mit Sissi vorgestellt! Es wird ihre ganze Kraft und Geduld brauchen, um aus so einem Naturfratz eine echte Königin zu machen. Es wird die schwerste und mühseligste Aufgabe ihres Lebens werden. Und alles nur, weil Franz Joseph nicht ihrem Vorschlag gefolgt ist, die artige und züchtige Helene zu heiraten!

Aber das ist nun passé, keinen Gedanken darf sie über die Vergangenheit verschwenden, sonst wird sie verrückt.

Ein Kind steht da vor ihr. Ein süßes, herziges Kind, zweifellos, wenn man es mit den Augen der Liebe betrachtet.

Aber Sophie betrachtet Sissi nicht mit den Augen der Liebe, sondern mit den prüfenden gnadenlosen Augen einer Schwiegermutter, deren Sohn Kaiser von Österreich-Ungarn ist.

Was für eine Katastrophe. Sie sucht die Tiere! Es ist der Tag ihrer Hochzeit und dieses unbekümmerte Ding will die Tiere aus dem Wildpark sehen! Von den Schloßfenstern!

Ja, glaubt sie denn, man will den Gestank dieser Tiere in den Zimmern haben?

„Und deshalb läufst Du hier im Nachthemd und im Schlafrock herum? Mit offenem Haar? Und barfuß? In zwei Stunden beginnt der Empfang für die Gesandten. Danach das Souper für die geistlichen Würdenträger. Und Du denkst an die Tiere?"

Sissi lacht gutmütig. Wenn sie könnte, wie sie wollte, würde sie versuchen, die Erzherzogin zu versöhnen, würde sie umarmen, um ihr ein Lächeln zu entlocken. Was ist denn schon dabei? Sie ist durch leere Zimmer gelaufen, hat niemanden gestört, ist mit niemandem zusammengestoßen. Nichts ist geschehen. In Possi ist sie manchmal im Schlafrock morgens zu ihren Tieren gelaufen, hat im Schlafrock Tautreten auf dem Rasen gemacht, hat ihre nackten Füße in den See gehalten, alles im Schlafrock!

Vielleicht würde die Tante lachen, wenn sie es erzählte?

Aber nein. Die Tante lacht nicht. Schaut sie an wie eine Zuchtmeisterin die unartige Schülerin.

„Aber es hat mich doch niemand gesehen!" sagt Sissi, nun schon etwas verunsichert.

Sie kann den Blick ihrer Schwiegermutter nicht ertragen. Diesen kalten, abschätzenden, beinahe herablassenden Blick.

Verachtet sie mich? denkt Sissi. Nur weil ich anders bin als sie? Weil ich anders aufgewachsen und erzogen bin? Was hat diese Frau gegen ein freies Leben? Was nur?

„Franz Joseph", sagt die Erzherzogin streng, „hätte Dich sehen können."

„Aber der schläft doch noch!"

Wieder ein Irrtum. Wie kann dieses alberne Ding glauben, daß der Kaiser eines so großen Volkes müßig in seinen Kissen liegt, morgens um sieben?

Ahnt sie überhaupt, was für eine Bürde es ist, Kaiser zu sein?

Weiß sie eigentlich, wie ernst Franz Joseph seine Aufgaben nimmt? Wie schwer er es sich oft macht?

Wie lange er über den Empfehlungen der Minister und seiner Generäle grübelt, wie genau er jede

Gesetzesvorlage liest, jeden Text, mit dem die Botschafter in anderen, manchmal befreundeten, manchmal verfeindeten Ländern bei deren Monarchen vorstellig werden?

Was hat sie eigentlich gelernt in diesem Elternhaus, bei diesem Vater, der keinen Tag in seinem Leben wirklich gearbeitet hat?

Muß sie ganz von vorn anfangen mit ihrer Erziehung?

„Du irrst", sagt sie scharf, „der Kaiser sitzt um diese Zeit schon längst an seinem Schreibtisch."

Sissi ist erschrocken.

„Ach so", sagt sie kleinlaut, den Kopf gesenkt. „Das habe ich nicht gewußt."

Sie knickst und will schnell verschwinden, zurück in ihr Zimmer. Das muß irgendwo dahinten sein, am Ende des Flures, und dann rechts.

Bevor sie durch die Tür ist, ruft ihre Schwiegermutter ihr nach: „Bleib!"

Sissi bleibt stehen, wendet sich artig um.

„Du findest Dich in diesen vielen Zimmern sowieso nicht zurecht."

Sie klingelt, und im nächsten Augenblick erscheint ein Lakai.

Alle sind schon so perfekt gekleidet, als sei es mittags um zwölf und nicht morgens um sieben!

Wo hat dieser Diener gesteckt, fragt Sissi sich, ich habe ihn doch gar nicht gesehen!

Wie kann er auf einmal aus dem Nichts auftauchen?

Aber ihr Schreck wird noch größer, als die Erzherzogin sagt: „Die Fürstin Auerberg möge kommen."

„Warum lassen Sie die Fürstin kommen?" Plötzlich ist es ihr doch sehr unangenehm, so zerzaust und schlampig vor all diesen Leuten zu stehen. Das hat sie doch nicht gewollt! Sie dachte doch, sie wäre allein!

„Damit sie Dich in Dein Zimmer bringt."

„Aber das ist doch nicht nötig!"

Die Erzherzogin wird scharf in ihrem Ton.

Der Kopf ist der Kopf eines Habichts. Ihre Augen durchbohren sie. „Was nötig ist, bestimme ich. Und wenn Du in deinem Zimmer bist, bereite Dich auf deine Beichte vor."

Diese Beichte gehört zum Ritual einer höfischen Hochzeit. Das weiß Sissi. Sie hat daheim in Bayern mit ihrem Geistlichen lange darüber geredet, was eine Ehe vor Gott bedeutet. Eine Gemeinschaft mit einem Mann, was es bedeutet, von nun an, an der Seite dieses Mannes, eine öffentliche Person zu sein. Kein Fehler darf ihr unterlaufen. Keinen falschen Gedanken darf sie hegen, keine falschen Wünsche. Demütig und ehrfürchtig vor Gott muß sie sein. Das weiß sie alles längst. Und was sie beichten wird, weiß sie auch schon.

Deshalb sagt sie trotzig: „Es war unnötig, mich daran zu erinnern. Ich habe mich schon auf die Beichte vorbereitet. Und außerdem sind meine Zähne weißer denn je!"

Sie hat nicht vergessen, daß die Erzherzogin ihre Zähne häßlich findet, häßlich und gelb.

Sie hat morgens und abends, und manchmal fünfmal am Tag diese Zähne geputzt.

„Daß Du nur vor lauter Angst Dein Lächeln nicht verlierst", hat ihr Vater kummervoll gemeint, wenn er sie vor dem Spiegel ertappte, beim Betrachten ihrer Zähne. „Das Lächeln ist doch das schönste an dir."

„Aber vielleicht kann man auch mit geschlossenen Lippen lächeln", sagte Sissi, „das probier ich gerade aus."

Sophie ist jetzt ernsthaft empört. Der Ton, in dem dieser ungezogene Fratz mit ihr redet, ist wirklich nicht hinzunehmen! Das muß sie sich als Mutter des Kaisers, als erste Dame des Landes (die sie bis eben war), nicht bieten lassen. Das wird sie diesem Kind noch austreiben.

„In welchem Ton sprichst Du mit mir?" sagt sie scharf. „Hat man dir nicht gesagt, daß so ein Ton bei Hofe sich nicht ziemt?"

Bevor Sissi antworten kann, ist Franz Joseph hereingekommen. Irgend jemand muß ihn gerufen haben. Jemand muß ihm mitgeteilt haben, daß es eine Auseinandersetzung gibt zwischen seiner jungen Braut und seiner Mutter. Sonst wär er nicht da.

Zufällig trifft man sich nicht in einem Schloß mit 1447 Zimmer.

Sissi ist erleichtert, und gleichzeitig beschämt. Die Erzherzogin hatte ja recht: Jetzt sieht Franz Joseph sie in dieser Aufmachung!

Ja, die Erzherzogin triumphiert. „Na also", sagt sie spitz, „war es nötig, daß der Bräutigam Dich in dieser Aufmachung sieht?"

Sissi fliegt ihrem Liebsten entgegen. Sie lacht. Sie sieht so süß aus, denkt Franz Joseph, so natürlich, so jung, sie lacht so entzückend. Er möchte sie am liebsten, hier vor seiner Mutter, in die Arme nehmen, aber natürlich geht das nicht, er darf ihr höchstens die Hand küssen. Aber einem Mädchen im Schlafrock die Hand küssen?

„Guten Morgen, Franz!" ruft Sissi.

Franz Joseph, lächelnd, zärtlich: „Guten Morgen, Sissi." Ein Blick zu seiner Mutter. „Was ist denn geschehen?"

„Nichts Franzl, nichts. Ich wollte doch nur die Tiere sehen."

Die Erzherzogin seufzt und verdreht die Augen. Versteht Franz Joseph jetzt, wen er da gewählt hat? Begreift er nun endlich, welch harte Aufgabe vor ihr liegt? Was er von seiner Mutter verlangt?

„Du hast mir doch erzählt, daß hier so viele Tiere sind, Franzl", ruft Sissi, als wollte sie ihn zwingen, für sie Partei zu ergreifen in dem Streit.

Franz Joseph lacht gutmütig. „Aber Sissi, die Tiere sieht man doch nicht von hier! Ich zeig sie dir später einmal." Er begrüßt seine Mutter, formvollendet. „Guten Morgen, Mama. Das ist doch bestimmt kein Grund, sich so zu echauffieren."

Die Erzherzogin ist gereizt. Sie merkt, daß Franz Joseph geneigt ist, die Partei von Sissi zu ergreifen. So wird es jetzt vielleicht oft sein, gegen jede Vernunft wird er Sissi verteidigen. Und seine Mutter bloßstellen. Wie blind diese dumme Liebe doch macht! Das war schon eine gute Idee, daß man die Monarchen früher nicht nach Liebe und Neigung die Frau aussuchen ließ. Dabei kann ja nichts Gutes herauskommen.

Die Fürstin Auerberg erscheint und kniet vor Sissi, will ihr einen Handkuß geben.

Die Fürstin sieht beeindruckend aus. Eine elegante Dame, die Sissis Mutter sein könnte, dem Alter nach.

Sissi kann nicht zulassen, daß diese vornehme Dame ihre Hand küßt. Und vor ihr kniet! Sie zieht hastig die Hand zurück, die die Fürstin eben küssen wollte und sagt verschämt: „Ach nein, bitte nicht.“

Die Fürstin erhebt sich sofort. Ohne ein Wort.

Beide, der junge Kaiser und seine Mutter sind stumm vor Entsetzen.

Schließlich ruft die Erzherzogin (die Fürstin ist schon entlassen): „Aber warum hast Du das getan? Warum beleidigst Du meine Hofdame und entziehst ihr deine Hand?“

„Weil es mir peinlich ist“, sagt Sissi wahrheitsgemäß, „wenn eine ältere Dame mir die Hand küssen will.“

Franz, sehr sanft, sehr eindringlich, erklärt Sissi, daß sie wirklich einen Fehler gemacht hat.

„Du bist fortan die erste Dame unseres Landes und alle anderen Damen wollen dir mit diesem Handkuß beweisen, daß Du als Kaiserin über ihnen stehst.“

Lächerlich, denkt Sissi mit klopfendem Herzen, das ist alles so lächerlich, so unnatürlich.

Ich muß mir jetzt in Zukunft also andauernd die

Hand küssen lassen? Wie schrecklich.

„Nur eine einzige Frau in Österreich", fährt der Kaiser fort, „darf dir statt deiner Hand die Stirn küssen."

Sissi wartet. Wer kann das sein?

Kaiser Franz Joseph deutet auf die Erzherzogin. „Meine Mutter", sagt er lächelnd und versöhnlich. Er sieht, daß die Erzherzogin nur mit Mühe ihren Zorn unterdrückt, aber er will die beiden versöhnen, in diesem Augenblick, in dieser Minute, jetzt und hier. Es darf kein übler Nachgeschmack von dieser Auseinandersetzung bleiben. Seine Mutter und seine junge Frau, die beiden Menschen, die ihm am nächsten stehen, müssen jetzt unter einem Dach leben und miteinander auskommen.

Er will, daß Frieden unter seinem Dach herrscht.

Seine Mutter liest die Gedanken hinter seiner Stirn. Sie senkt den Kopf zum Zeichen, daß sie einverstanden ist.

„Ja Franz, es ist gut." Sie nimmt Sissis Kopf in die Hände und küßt ihre Stirn. Sissi schließt die Augen. Ihr ist ganz kalt auf einmal.

„Komm Sissi, mein Kind", sagt sie mit aller Freundlichkeit, zu der sie in diesem Augenblick fähig ist, „ich bring Dich in Dein Zimmer."

Sissi schaut ihren Franzl an, und seufzt. „Ach Franz, es wäre alles so schön..., wenn Du kein Kaiser wärst!"

Da muß er lachen.

Prinzessin Elisabeth in Bayern auf ihrer Fahrt in die Augustinerkirche. Sie sitzt in einer rotgoldenen Kutsche, die von vier Schimmeln gezogen wird. Die Trauung ist auf 17 Uhr festgesetzt.

Sissis Kleid ist eine Wolke aus weißer Spitze, mit einer Schleppe, die so lang ist, das sie von acht Brautjungfern getragen werden muß.

An den Straßen steht das Volk und jubelt ihr zu. Sie winkt die ganze Zeit. Man sieht ihr junges, sehr blasses Gesicht, die weise winkende Hand, ein wenig schwarzes Haar, mehr erkennt man nicht.

Die Fahrt gerät zu einem Triumphzug.

Daß der Kaiser eine so schöne Braut hat, entzückt die Wiener. Daß sie so liebreizend ist, so jung, und ganz natürlich sein soll, hat sich längst herumgesprochen.

Die Kutsche, eskortiert von berittenem Militär und Fußsoldaten, bewegt sich im Schrittempo durch die jubelnde Menge. Alle Glocken der Stadt läuten.

Polizisten sind seit Tagen damit beschäftigt, rund um die Kirche eine Sicherheitszone aufzubauen. Niemand darf ohne Legitimation die Kirche oder den Vorplatz betreten. Jeder muß eine Durchsuchung über sich ergehen lassen.

Die Sicherheit Seiner Majestät, des Kaisers Franz Joseph und seiner jungen Braut, haben allerhöchste Priorität.

Lange schon sind die Einladungen zur feierlichen Zeremonie verschickt.

Gekrönte Häupter aus ganz Europa haben sich angesagt. Aus Spanien, Italien, Rußland, und natürlich England und Frankreich.

Vielleicht läßt sich im Umfeld der Hochzeit der eine oder andere Kontakt knüpfen, das eine oder andere diplomatische und politische Problem lösen.

Für so etwas waren private Feiern der Monarchen immer gut. Ein günstiges Klima, wenn festlich gekleidete und gut gelaunte Herrscher sich zum Souper trafen, dinierten, tanzten, guten schweren Wein tranken...

Sissi sitzt in der Kutsche und schaut auf das Volk, das sich an den Absperrungen drängelt.

All die Menschen. So viele Gesichter, hinter jedem Gesicht ein Schicksal, und für all diese wildfremden Leute wird sie die Verantwortung tragen müssen, ihr Schicksal teilen.

Wenn die Männer in den Krieg ziehen, wird sie die Frauen trösten müssen, wenn junge Soldaten, frischverliebt, ins Feld ziehen mit dem letzten Kuß ihrer Geliebten noch auf den Lippen, und als Krüppel zurückkommen, wird sie ihnen in den Lazaretten Trost zusprechen müssen.

Ahnt sie, was das Leben als Kaiserin an schweren Pflichten für sie bereit hält?

Sie lächelt. Und winkt - und alle Glocken läuten.

Auf dem roten Teppich vor der Augustinerkirche sind Rosen gestreut.

Bischöfe und Kardinäle aus allen Landesteilen bereiten die heilige Zeremonie vor.

Dort wird sie von Franz Joseph begrüßt. Beide schauen sich an, lächeln, ehrfürchtig, und scheu.

Oben auf der Empore haben sich die Chöre von Wien versammelt, aus allen Kirchen zusammengezogen, von dem größten Kapellmeister geistlicher Musik dirigiert, lassen sie nun das Halleluja aus dem Messias-Oratorium von Händel erklingen. So mächtig, so laut, daß es den Gästen einen Schauer über den Rücken jagt. Alles ist noch erhabener als auf jeder anderen Hochzeit, die man bislang erlebt hat, kostbarer, schöner, ergreifender.

Eine junge Prinzessin, die eben noch ein Kind war, und ein junger Kaiser, intelligent und pflichtbewußt. Und beide so verliebt!!

Ein Ereignis, daß die österreichisch-ungarische Monarchie wieder fest zusammenschweißen soll. Alles vergessen machen soll, was gewesen ist. Die Aufstände, die Attentate, Kriege, Unglück, Armut, alles vergessen in dem großen Rausch einer pompösen Feier. Rosenblüten überall.

Der Duft teurer Parfums schwebt in der Luft. Vor der Kirche schnauben die gestriegelten Pferde. Die Kutscher sitzen aufrecht, die Peitsche in der Hand, und lassen sich in ihren neuen Uniformen vom Volk bestaunen.

Zeichner arbeiten mit fliegender Hand und verkaufen Portraits, Skizzen der jungen Kaiserin. Sie werden den Künstlern aus der Hand gerissen.

Friseure versuchen schon jetzt, Sissis Haartracht zu kopieren.

Alles, was die junge Kaiserin von nun an trägt, wird nachgeahmt werden. Mit allem kann man Geld verdienen. Und alles wird Sissis Ansehen und Berühmtheit nur erhöhen.

Der Bischof traut das Paar und legt segnend seine Hände auf ihre Köpfe.

„Willst Du, Kaiser Franz Joseph von Österreich-Ungarn, Prinzessin Elisabeth in Bayern zu deiner Frau nehmen?"

„Ja, ich will."

„Willst Du, Elisabeth in Bayern, Kaiser Franz Joseph zu deinem Mann nehmen?"

„Ja, ich will."

„Und ihn lieben und ehren alle Zeit?"

„Ja, Ehrwürden, ich will."

Der Chor jubelt, die Glocken dröhnen, man hört das Geläute bis weit über die Grenzen von Wien hinaus.

Jetzt ist es gewiß:

Österreich hat wieder eine Kaiserin. Sie heißt Sissi und ist die schönste von allen.

Schön wie ein Märchen.

Überhaupt ist alles ein Märchen.

Wien, die Hofburg, Schönbrunn, die Kleider, der für das Hochzeitssouper geschmückte Spiegelsaal, alles ein Märchen.

„Wir begrüßen", sagt Franz Joseph, „unsere geliebte Braut, Ihre Königliche Hoheit, Prinzessin Elisabeth in Bayern, heute noch einmal auf österreichischem Boden und heißen sie in ihrem Haus auf das Allerherzlichste willkommen.

Möge ihr Österreich eine neue Heimat und ein neues Vaterland werden, und mögest Du, Elisabeth, in deiner neuen Heimat immer nur glückliche Stunden verleben. Alles, was ich dazu tun kann, wird geschehen. Alles andere liegt beim Allmächtigen."

Sissis Vater, Herzog Max, hebt das Glas.

„Das hohe Brautpaar, es lebe hoch!".Und alle stimmen ein. Und Hochrufe und Jubel, Gläserklingen und Vivat erfüllt den ganzen Spiegelsaal, und weht durch die offenen Fenster hinaus, über den Park, über die Wildgehege, bis hinunter zum Fluß, wo immer noch das Schiff vor Anker liegt, mit dem Sissi zwei Tage zuvor in Schönbrunn eingetroffen ist.

Auf dem Schiff hat man damit begonnen, die Girlanden und den Blumenschmuck zu entfernen. Die Blumen sind schon verwelkt.

Aber auf der Hochzeitstafel duften frische, andere, noch dunklere Rosen, noch üppigere Blüten, blutrote Rosen.

**ENDE**

## Kaiserin der Herzen

---

## Der BILDBAND
## zu den ORIGINALFILMEN

**Jetzt im Handel**

*Der Bildband zu den Originalfilmen mit vielen Szenenfotos
Sissi - Das Leben einer Kaiserin
Hardcover, 144 Seiten
ISBN 3-932234-26-X
DM 29,80
öS 218,-
sFr 28,40*

## Lassen Sie sich v e r z a u b e r n vom Charme der jungen ROMY SCHNEIDER!

Viele großformatige Szenenfotos aus der Film-Trilogie
dokumentieren anschaulich das Schicksal der österreichischen
Kaiserin vom unbeschwerten Mädchen zur reifen,
lebenserfahrenen Frau.

BURGSCHMIET VERLAG GMBH
Burgschmietstraße 2-4 · 90419 Nürnberg
Tel.: 0911/399060 · Fax: 0911/3990628
Burgschmiet Verlag

h t t p : / / w w w . b u r g s c h m i e t . c o m

**Die Sissi-Filme begeistern
seit Jahrzehnten ein Millionenpublikum.
Der offizielle Kalender des te Neues Verlages
zeigt noch einmal die schönsten Szenen
mit Romy Schneider und Karl-Heinz Böhm
für Ihr ganz persönliches Sissi-Jahr.**

Erhältlich ist der Kalender ab August 1998 überall dort, wo es Kalender gibt.

Änderungen vorbehalten.

ISBN: 3-8238-**0213**-5, 19,95 DM

te Neues Verlag, Am Selder 37-47, 47906 Kempen, Tel: 02152-916-0

*Sissi*

# Sissi
## SCHICKSALSJAHRE EINER KAISERIN

*Sophie von Zanardi*

Burgschmiet Verlag

1. Auflage 1998
© 1957 ERMA-Filmproduktionsgesellschaft
Ernst Marischka & Co.
Lizensiert durch Merchandising München KG.
Covergestaltung: Brigitte Bonfield.
© 1998 Burgschmiet Verlag GmbH,
Burgschmietstraße 2-4, 90419 Nürnberg.

Printed in Germany

# SISSI - SCHICKSALSJAHRE EINER KAISERIN

# 7

Endlich wieder Frühling! Weiter hoher Himmel über der Puszta, schattige Laubwälder und zwischen Äckern, auf denen der Weizen sprießt, schlängeln sich kristallklare Bäche, murmelndes Wasser auf weißem Kieselsand.

Sissi ist wieder in Ungarn. Und sie ist glücklich!

Fern aller Protokolle, aller steifen Audienzen und feierlichen, langweiligen Abendessen in der Hofburg mit der Schwiegermutter, weit weg von den Intrigen und Sticheleien.

Endlich wieder in Ungarn!

Im Reitstall neben Schloß Gödöllö werden jeden Morgen die Pferde gestriegelt und die Sättel gewichst, schon vor dem Frühstück ist Sissi oft in Reitkleidern unterwegs in den Stall, ihre Schritte hört man auf den Stallgängen, ihre Stimme, hell und fröhlich, wenn sie mit den Rittmeistern und den Pferdeknechten in fließendem Ungarisch spricht.

Es ist Frühling. Zeit für lange Ausritte, für wilde Fuchsjagden. Zeit, die Freiheit auf dem Rücken der Pferde in vollen Zügen zu genießen.

Graf Andrassy hat ihr seine schönsten Pferde in den Stall gestellt, hat dafür gesorgt, daß die Reitwege gerichtet und die Parcours gepflegt sind.

Jeden Morgen wartet er auf eine Nachricht aus Schloß Gödöllö, daß die Kaiserin ihn erwartet. Daß sie mit ihm ausreiten möchte. Niemand kennt die Umgebung von Schloß Gödöllö besser als Graf Andrassy, der hier geboren ist, dessen Schloß nur wenige Kilometer entfernt steht. Sissi ist nie auf seinem Schloß gewesen, das wäre gegen das Protokoll. Eine Kaiserin, ohne die Begleitung ihres Mannes, kann nicht einfach einen fremden Herrn in seinem Haus besuchen.

Aber zusammen ausreiten, dagegen gibt es keine Einwände. Wenn die Ausritte nicht zu häufig sind...

Hier auf Schloß Gödöllö verlaufen die Tage wie früher in Possi, Sissi fühlt sich wieder jung, wieder als kleines Mädchen, das das Abenteuer so geliebt hat, die Natur, das unbändige freie Leben.

Man hört zum ersten Mal seit langen Jahren wieder ihr Lachen. Man sieht sie zusammen mit ihrer kleinen Tochter, der Prinzessin Gisela, im Schloßpark, in den Gärten herumtollen, Puppenspiele spielen. Auch die großen Hunde, die Sissi sich in Schloß Gödöllö angeschafft hat, sind immer dabei.

Sissi führt das Leben einer ungarischen Landedelfrau. Fern aller Alltagssorgen, abgeschirmt vom Elend und der Armut der ungarischen Bauern, vom Schmutz der Städte, die eigenen Sorgen verdrängt. Sie sieht den Kaiser oft wochenlang nicht, aber da sie sich täglich Briefe schreiben, ist diese Trennung für Sissi nicht so schmerzhaft wie für den Kaiser. Denn sie hat ja die Liebe zu Ungarn.

Diese Liebe zu dem ungarischen Land, zu der Weite der Puszta, den unendlichen Schaf- und Rinderherden, den Liedern der Zigeuner, den Trachten des Volkes, ihrem Stolz und ihrem Freiheitswillen, diese Liebe hat Sissis erster Lehrer, Graf Maijlath, wie einen kleinen Samen in ihrem Herzen ein gepflanzt. Ganz vorsichtig hat er ihr dieses Volk nahe gebracht. Als ahnte er, daß es nicht in der Hand des Kaisers von Österreich liegt, diesem Land zu Frieden und Wohlstand zu verhelfen, sondern in der Macht einer zierlichen, sehr jungen Frau.

Graf Maijlath wurde für seine Unterrichtsstunden, die er Sissi in Possenhofen gab, zwar angemessen entlohnt, aber als Sissi nach Wien ging, um Kaiserin zu werden, geriet Maijlath in Vergessenheit. Ein Jahr später nahm er sich in Wien das Leben.

An der Hofburg hatte Sissi einen weiteren Lehrer, der ebenso besessen war von dem Wunsch, der jungen Kaiserin sein Land ans Herz zu legen. Das war Dr. Falk, ein Journalist aus Budapest, der in der großen Tageszeitung von Budapest fast täglich aus Wien berichtete und es nie versäumte, die Sanftheit und den Charme der jungen Kaiserin zu erwähnen, ihr großes Interesse am ungarischen Volk und ihre Fortschritte im Erlernen der ungarischen Sprache.

Er hatte es allerdings schon nicht mehr so schwer. Sissi hatte bereits Feuer gefangen. Der erste Schritt vor den ungarischen Abgeordneten im Wiener Kaisersaal, als sie eine festliche ungarische Tracht trug, hat allen gezeigt, daß ihre wahre Liebe nicht den Habsburgern galt und nicht den Böhmen, die immer so treue Vasallen Österreichs waren, sondern den rebellischen und unberechenbaren Ungarn. Vielleicht, weil sie selbst rebellisch ist, freiheitsliebend und unberechenbar...

Bei den Krönungsfeierlichkeiten hatte Sissi Gelegenheit, viele Mitglieder des ungarischen Adels kennenzulernen, aber auch das Volk. Ein Fest folgte dem anderen, Abgeordnete aus allen Teilen des Landes kamen nach Budapest, um dem jungen Königspaar die Reverenz zu erweisen. Sie zeigten ihre Begabung, wilde Pferde zu zähmen, zu tanzen und zu musizieren und Sissi fand alles, was sie vorführten, einfach wunderbar.

Sissi, die sonst allem gegenüber so kritisch war, zeigte den Ungarn immer nur ihre große Liebe.

Sissi hat inzwischen nicht nur eine ungarische Hofdame - Ida von Ferenczy - sondern auch einen ständigen Begleiter: Graf Andrassy, den reichen Adligen mit den charmanten Manieren, der in Paris - wo er als Emigrant lebte - der Schwarm aller Frauen war...

So oft Sissi in Ungarn weilt - und das geschieht von Jahr zu Jahr häufiger und die Aufenthalte dehnen sich immer länger aus - ist Graf Andrassy an ihrer Seite. Als Beschützer, als Kavalier, als Berater und Vertrauter. Und als ebenbürtiger Reiter.

Denn nichts liebt die Kaiserin mehr als wilde Hetzjagden zu Pferde durch den weichen Pusztasand. Sie hat immer das schnellste Pferd. Kein Wall ist ihr zu hoch, kein Graben zu breit. Sie galoppiert

## 11

*

durch Teiche und rutscht Abhänge herunter, niemals geht ein Pferd mit ihr durch, auch auf der wildesten Jagd ist ihre Haltung vorbildlich.

Eine wahre Amazone von königlichem Blut.

Die Frau des belgischen Gesandten, der einmal an einer dieser ungarischen Jagden teilnahm, schreibt in einem Brief:

„Es soll großartig sein, die Kaiserin an der Spitze aller Reiter und stets an den gefährlichsten Stellen zu sehen. Die Begeisterung der Magyaren kennt keine Grenzen mehr, sie brechen sich den Hals, um ihr näher zu folgen..."

Wieder hat die Kaiserin, anläßlich ihres Besuches auf Schloß Gödöllö - einem Geschenk der Ungarn anläßlich der Krönung in Budapest -, zu einer Jagd geladen. Alle sind ihrer Einladung begeistert gefolgt, allen voran natürlich Graf Andrassy, der niemals eine Gelegenheit ausläßt, die ihn in die Nähe der Kaiserin führt. Nur Graf Batthyana ist nicht erschienen.

Die Kaiserin hat es bemerkt, als sie alle Gäste begrüßte, aber kein Wort darüber verloren.

Er wird seine Gründe haben, denkt sie, ich werde Graf Andrassy später danach fragen.

Erst muß der Fährtenleger losgeschickt werden auf seinen Fuchs, dann muß die Meute sich versammeln und bei dem Startsignal aus dem Pulk heraus muß jeder versuchen, einen guten Start hinzulegen. Es ist fast wie bei einem Autorennen, wer auf den

ersten hundert Metern Boden gutgemacht hat, wer
ein schnelles und ehrgeiziges Pferd hat, der ist vorn
viel sicherer als weiter hinten, wo die Reiter und
Pferde sich drängen und gegenseitig behindern.

Die Kaiserin hat immer einen guten Start.

Und Graf Andrassy, tollkühn und mutig wie die
Kaiserin, folgt ihr ganz dicht.

Nach ein paar Kilometern haben sie schon mehr
als hundert Meter, manchmal einen halben Kilometer, zwischen sich und die nachfolgende Meute
gelegt.

Sie folgen der Fährte: Papierschnitzel, die der
Fährtenleger aus seinem Rucksack auf den Weg
streut. Manche Schnitzel werden vom Wind verbla-
sen, andere schwimmen auf Teichen und fallen hinter hohen Hecken ins Gras.

Man muß schon sehr gut aufpassen, um den rechten Weg nicht zu verlieren. Aber die Kaiserin ist
daran gewöhnt. Und sie hat Augen scharf wie ein
Habicht.

Ihr roter Rock leuchtet weit. Der schwarze Reit-
hut mit dem weißen Tüllschleier sitzt fest auf ihrem
Kopf. Das Pferd schnaubt und galoppiert kraftvoll.
Es ist ein gutes Pferd. Ehrgeizig wie seine Reiterin.
Will immer vorne sein.

„Sind Sie noch da, Graf Andrassy?" ruft sie, den
Kopf halb zurückgewandt.

„Jawohl, Majestät!" gibt Graf Andrassy, etwas
atemlos, zurück.

Sissi lacht. Oh, das ist wunderbar. Der weiche warme Wind, der über die Puszta streift, das schnaubende Pferd, die kraftvollen Sprünge, das Platschen und Sprühen des Wassers, als sie in den Teich hineinreiten, wie Kristalle die Wasserperlen, die Fontänen gleich rechts und links der dahinfliegenden Pferde aufsteigen. Und über allem ein seidig-dunstiger Sommerhimmel. Und eine trockene heiße Luft, die alle Kleider, wenn sie naß geworden sind, sofort wieder am Leibe trocknen läßt.

An einer Weggabelung zögert Sissi. „Ich sehe keine Fährte mehr, ich glaube, er hat diesen Weg genommen."

Sie biegen nach rechts ab, obgleich der Fährtenleger geradeaus galoppiert ist. Ganz schnell merken sie, daß sie sich verritten haben. Die Meute ist an der Abzweigung vorbei weiter geradeaus. Niemand hat gesehen, daß die beiden rechts in den Wald hineingeritten sind.

Da parieren sie ihre Pferde durch, unter dem schattigen, kühlen Dach großer Eichen, unter ihnen weiches Moos und sanfte Gräser, und schauen sich an. Erhitzt und glücklich sagt Sissi: „Ich glaube, wir sind auf einem falschen Weg."

Graf Andrassy, der seinen Blick niemals von der Königin nehmen kann, nickt. Ernst sagt er: „Ich fürchte ja."

Dieser kurze Satz, den Sissi so leichthin gesagt hat, weil sie nur an den Augenblick denkt, an diese

Parforcejagd, hat natürlich auch etwas Symbolisches. Geht weiter über den Tag und diese Stunde hinaus. Vielleicht ist Sissi wirklich auf dem falschen Weg. Und vielleicht ist es Graf Andrassy, der sie zuerst auf diesen falschen Weg geführt hat. Niemand hat vergessen, wie die beiden sich zum ersten Mal in Wien, in der Hofburg gegenüberstanden. Niemand hat vergessen, daß Sissi das spanische Hofprotokoll, ohne um Erlaubnis zu fragen, einfach änderte und Damenwahl ansagen ließ. Nur, um Graf Andrassy zu hindern, einfach wieder abzureisen. Es war der Hofball, und es war das erste Mal, daß man die ungarischen Adelsfamilien dazu eingeladen hatte. Aber die Erzherzogin hatte sich geweigert, Graf Andrassy zu begrüßen. Um einen Eklat zu vermeiden, ließ Sissi Damenwahl ausrufen und gleichzeitig Graf Andrassy um einen Tanz bitten. Die atemlose Wiener Gesellschaft schaute zu, wie Sissi am Arm eines Ungarn tanzte, der vom Kaiser schon einmal zum Tode verurteilt worden war und dann begnadigt, aber außer Landes gewiesen. Ein Mann, der durch die Fürsprache Sissis wieder nach Ungarn zurückkehren durfte, den Sissi in einer persönlichen Audienz empfangen hatte und in dessen Arm sie jetzt einen Walzer tanzte...

Die Erzherzogin hatte damals den Hofball vorzeitig verlassen, weil sie das alles nicht länger ertrug.

Vielleicht ahnte die Erzherzogin schon damals, daß Sissis Beziehung zu Ungarn einerseits politisch durchaus viel bewirkte, privat aber höchst gefährlich sein könnte...

„Ich fürchte, Majestät", sagt Graf Andrassy, „wir müssen umkehren."

Sissi aber lacht. „Ach nein, lassen Sie uns eine kleine Rast machen. Es ist so schön hier."

Der Graf hebt Sissi aus dem Sattel, legt seine Hände um ihre zierliche Taille. Noch immer, obgleich sie bereits zwei Kinder zur Welt gebracht hat, ist ihre Taille die zierlichste in ganz Wien und Budapest. Sie hat auch nach zwei Schwangerschaften noch kein Gramm zugenommen. Niemals in ihrem Leben wird Sissi mehr als 50 Kilogramm wiegen. Die Ärzte machen sich deswegen Sorgen, aber Sissi glaubt, daß ihr einziges Pfand, mit dem sie handeln und sich gegen die Intrigen und Anfeindungen in der Wiener Gesellschaft durchsetzen kann, ihre Schönheit ist.

Graf Andrassy und Sissi schauen sich an. Sissi nimmt den Hut ab, läßt den Wind über das Gesicht streifen. Sie lacht, sie ist glücklich. Sie will dieser intimen Begegnung jeden Hauch von Anzüglichem, Peinlichem nehmen. Graf Andrassy soll nicht glauben, daß diese kleine Rast eine Einladung zu irgendwelchen unbedachten Handlungen oder Gesten sein soll...

Sissi spricht von Possi. Possenhofen, das Schloß ihrer Kindheit, die Ausritte mit ihrer Stute Gretl. Diese unbeschwerten Mädchenjahre kommen ihr immer in den Sinn, wenn sie auf Gödöllö ist, wenn sie durch die Puszta reitet.

„Ich kann Ihnen gar nicht sagen, Graf, wie glücklich ich hier bin", sagt sie, die Arme ausgebreitet. Sie dreht sich langsam im Kreis. „Hier fühl ich mich fast wie in Possenhofen. In Österreich wäre es doch gar nicht möglich, so durch den Wald zu reiten. Da würden mindestens zwanzig Geheimpolizisten hinter Büschen und Bäumen stehen. Und aufpassen, daß mir nichts passiert."

Graf Andrassy verbeugt sich. „Hier stehen Sie unter meinem persönlichen Schutz, Majestät."

Inzwischen ist die Meute am Ziel. Lachend, erhitzt versammeln sie sich auf einer Lichtung, helfen sich gegenseitig aus dem Sattel. Endlich einmal ist nicht die Kaiserin die erste.

Aber wo ist die Kaiserin?

Einer stellt fest, daß auch Graf Andrassy fehlt.

Aber sagt er es laut?

Oder haben es die anderen auch schon bemerkt?

Hoffentlich gibt es in dieser Runde keinen Spion der Erzherzogin, der alles gleich nach Wien meldet.

Eine halbe Stunde später treffen Graf Andrassy und Sissi am Ziel ein.

Sissi wird fröhlich sagen, daß sie sich verritten haben. Graf Andrassy wird höflich schweigen und versuchen, den Eindruck zu vermitteln, daß er ausschließlich die Sicherheit der Kaiserin im Sinn hat.

Aber wird man ihm glauben?

Und strahlen Sissis Augen heute nicht schon wieder ein bißchen heller als sonst?

Wiederein mal Anlaß für Gerüchte...

Sissi und Graf Andrassy haben aber nicht lange gerastet, sondern sie sind auf ihrem Irrweg durch Zufall in einen Zigeunerlager geraten.

Eine junge Zigeunerin hatte sich ihnen aufgedrängt und wollte unbedingt dem Grafen die Zukunft aus der Hand lesen. Aber der Graf versteckte seine Hand.

„Ja, möchten Sie denn nicht wissen, was Ihnen die Zukunft bringt?" fragt Sissi.

„Schon wahnsinnig gern", sagt der Graf, „aber ich fürchte, sie könnte etwas Negatives sagen, das meine ganze Hoffnung zerstört."

Also streckt Sissi der Wahrsagerin ihre Hand hin.

Die Zigeunerin ist umgeben von ihren drei Töchtern, alle bunt gekleidet, mit bestickten Kopftüchern, unter denen große dunkle Augen leuchten. Die Zigeunerin schaut auf Sissis Handlinien, hält die Luft an, hebt den Kopf und schaut Sissi an.

Sissi lächelt, ganz arglos.

„Nun? Was sehen Sie?" fragt sie unbekümmert.

Die Zigeunerin braucht einen Augenblick, um sich zu fangen, dann sagt sie hastig, eifrig, aber immer noch mit einem Beben in der Stimme: „Du wirst noch zwei Kinder bekommen, gnädige Frau."

„Auch einen Jungen?" fragt Sissi.

„Ja, erst einen Knaben und dann ein Mädchen." Sie lächelt.

„Du wirst immer gesund und glücklich sein."

Sissi zieht ihre Hand weg. Während sie sich den Handschuh wieder überstreift, sagt sie zu Graf Andrassy: „Ich habe kein Geld bei mir. Bitte geben Sie der Frau ein Goldstück. Und die Kinder sollen auch alle etwas bekommen. Für eine so gute Botschaft soll sie reich belohnt werden."

Das edle Paar wendet sich ab, besteigt wieder die Pferde. Die Zigeunerin schart ihre Kinder eng um sich.

Ihr Gesicht ist dunkel vor Trauer. Und vor dem Erschrecken, das sie gespürt hat, als sie Sissis Hand betrachtete.

„Arme Frau", sagt sie leise, „möchte nicht mir ihr tauschen..."

Sissi, immer noch ganz erfüllt von den Neuigkeiten, die die Zigeunerin ihr mitgeteilt hat, sagt zum Grafen: „Wissen Sie, warum ich noch so besonders gern in Ungarn bin? Weil ich hier mein kleines Mädchen ganz für mich alleine habe."

Graf Andrassy kennt das Drama um die Kindererziehung, das am Wiener Hof herrscht. Die Erzherzogin meint immer noch, Sissi sei zu jung, um
selbst die Erziehung ihrer beiden Töchter Sophie
und Gisela in die Hand zu nehmen. Außerdem ist sie
der Meinung, daß Sissi sich nach dem höfischen Protokoll zu richten habe, welches sagt: Die Kaiserin
gehört zum Kaiser. Muß neben ihm repräsentieren,
Pflichten übernehmen. Sie gehört nicht ins Kinderzimmer. Dafür gibt es Ammen und Gouvernanten.
Und eben die Erzherzogin Sophie, die gegenüber
ihren Enkeltöchtern eine ungeahnte Milde und
Liebe zeigt. Eine Liebe, die Franz Joseph nie bei seiner Mutter gespürt hat.

Während Sissi auf Schloß Gödöllö ihre Freiheit
genießt, vertraut sie die kleine Gisela der Obhut
ihrer Hofdame an. Die kleine Prinzessin Gisela ist
selbst wie eine Puppe gekleidet, in hellblaue Tüll-
kleidchen mit großen rosa Schärpen und sie spielt
wie alle anderen Mädchen auf der Welt mit Puppen,
fährt sie in einem Puppenwagen, der hölzerne Räder
hat, in dem vornehmen Kinderzimmer herum,
während die Hofdame versucht, einigermaßen Ordnung zu halten.

Wenn Sissi ihre Kleine besucht, läßt das Mädchen
alles stehen und liegen, ruft „Mama!" und stürzt sich
in die Arme ihrer schönen Mutter.

Und die ist herzlich und lieb mit ihr, spielt alle
Kinderspiele, die Gisela ihr vorschlägt, bis es Zeit für

die nächste Mahlzeit ist, eine frische Windel oder den Mittagsschlaf.

Dann, wenn die Kleine schläft, zieht auch Sissi sich zur Siesta zurück, manchmal sitzt sie stundenlang im Schatten ihrer Terrasse und liest. Hier in Gödöllö kann sie auch dieser - nach der Reiterei zweiten Leidenschaft - ohne Gewissensbisse frönen. Schon als junges Mädchen hat sie alle Bücher verschlungen, Dramen von Shakespeare und Gedichte von Heine, jetzt versucht sie sich an ungarischer Literatur...

Wien, die Hofburg, die Schwiegermutter, selbst ihr Ehemann Franz Joseph sind so weit weg, daß sie sich manchmal dabei ertappt, tagelang keinen Gedanken daran verschenkt zu haben...

Sissi spricht oft vom Kaiser, Depeschen gehen hin und her, Sissi schreibt dem Kaiser, wie glücklich sie in Ungarn ist, wie gut es der kleinen Gisela geht, wie förderlich die Beziehungen zwischen Ungarn und Österreich sich entwickeln, alles schreibt sie, nur: Wann sie wieder heimkommen wird nach Wien, das schreibt sie nicht. Oder daß sie Sehnsucht habe nach Franz Joseph, das steht auch nicht in den Briefen. Dennoch gibt es keinen Grund, an ihrer Liebe zu Franz Joseph zu zweifeln.

Doch diese Liebe hatte ja nie wirklich eine Chance gehabt. Außer auf Reisen haben sie niemals wie ein Ehepaar gelebt, mit ungestörten Abenden, einem Frühstück zu zweit oder als kleine junge

Familie, Ausflüge mit den Kindern, romantische Abende am Kamin, nur Sissi und Franz Joseph, und keine Zuschauer, keine Ehrengäste, kein Protokoll - so etwas hat es zwischen den beiden nie gegeben. Und jede Leidenschaft, die zwischen ihnen immer wieder aufkeimte, wurde erstickt durch Sorgen, die der Kaiser sich um Österreich machte. Durch die Ämter und Pflichten. Und seine militärische Erziehung, die er niemals leugnen kann. Sein ganzes Leben schläft Franz Joseph auf einer Soldatenpritsche in einem Zimmer neben seinem Arbeitszimmer. Nur selten besucht er Sissi in ihrem Schlafgemach, stiehlt sich morgens immer wieder davon, so daß Sissi jeden Morgen alleine aufwacht in ihrem großen Bett. Und der Besuch des Kaisers etwas Irrationales, Verträumtes bekommt... Wie alles, was sie an Wien denken läßt voller Irrationalität ist...

Natürlich hat auch Erzherzogin Sophie gute Kontakte nach Budapest. Bei so viel Personal, das auf Schloß Gödöllö für das Wohl der Kaiserin und ihrer kleinen Tochter Gisela sorgt, findet sich immer jemand, der nichts Eiligeres zu tun hat, als kleine Botschaften nach Wien zu schicken. Direkt und anonym vielleicht. Nur für die Augen der Erzherzogin bestimmt. Vielleicht werden diese Leute, Kammerzofen oder Lakaien Karriere machen, weil sie so gute Spitzel waren und auch viele Details von

Budapest nach Wien berichten, die sich vielleicht nur in ihrer übergroßen Fantasie so zugetragen haben...

Zu ihren Reitjagden sucht Sissi die Gäste nicht nach Stand und Adel aus, sondern nach ihren Reitkünsten. Ein besonders schneidiger Reiter ist Graf Elemer Batthyany, doch er weigert sich standhaft, eine Einladung der Kaiserin anzunehmen. Das Schloß Gödöllö, neben den Toren von Budapest, grenzt an das Gut der Esterhazys. Sie gehören zur gleichen Gesellschaft reicher Ungarn, die nur für ihre Leidenschaften leben: Pferdezucht und Pferderennen, Spiele und Frauen.

Zu diesem Kreis von Esterhazy gehört auch Elemar Batthyany. Sissi muß sich viele abenteuerliche Geschichten über diesen Teufelskerl anhören. Sie ist enttäuscht, daß Batthyany immer wieder ihre Einladungen unter höfischen, aber fadenscheinigen Entschuldigungen zurückweist.

Graf Andrassy erklärt ihr, daß sein guter Freund Batthyany gar nicht anders kann: „Sein Vater", sagt er, „wurde als Ministerpräsident von Ungarn hingerichtet, durch ein Dekret Seiner Majestät Kaiser Franz Josephs. Und die Gräfin Batthyany hat ihren Sohn schwören lassen, niemals einen österreichischen Kaiser zu begrüßen."

„Gilt das auch für die Königin von Ungarn?" fragt Sissi.

„Das weiß ich nicht", antwortet Graf Andrassy. „Aber er hat seiner Mutter das Wort gegeben. Er wird es nicht brechen."

„Und was ist, wenn wir uns auf neutralem Boden begegneten?" schlägt die Kaiserin vor. „Auf Ihrem Schloß zum Beispiel, Graf Andrassy? Würde er diese Einladung auch ausschlagen?"

Graf Andrassy schluckt. „Ihre Majestät würden mir die Gnade erweisen, mich auf meinem Schloß zu besuchen?"

Sissi nickt und er strahlt, verbeugt sich.

„Batthyany ist ein Starrkopf", sagt er, „und ein mächtiger Mann. Er gehört zur stärksten Widerstandsfraktion Ungarns. Aber ich kann es versuchen."

In Wien empfängt Erzherzogin Sophie eine Hiobsbotschaft nach der anderen. Sie hat unter dem Drängen des Kaisers zugestimmt, die kleine Prinzessin Gisela mit ihrer Mutter nach Budapest reisen zu lassen und muß nun erfahren, daß das Kind meist unter der Obhut der Hofdame ist, während Sissi sich auf endlosen Jagden mit ihren Reiterfreunden amüsiert! Mit Rebellen!

Je länger Sissi fortbleibt, desto kompromittierender werden die Nachrichten. Schließlich hält die Erzherzogin es nicht mehr aus. Sie muß unbedingt mit ihrem Sohn über das skandalöse Benehmen von Sissi sprechen. Franz Joseph muß Sissi aus Budapest zurückbeordern, und zwar schnellstens, bevor ein noch größerer Schaden für das Kaiserreich entsteht. Und die Gerüchte überhandnehmen. Sie wuchern schon jetzt wie ein Dschungel im tropischen Klima. Man kann in diesem Dickicht aus Gerüchten und Verleumdungen, pikanten Andeutungen und Getuschel kaum noch vorankommen.

Wie klar und übersichtlich war doch alles bei Hofe, als diese kleine Prinzessin aus Bayern noch nicht ihren Fuß in dieses Land gesetzt hatte. Hätte Franz Joseph nur auf sie gehört!

Die Erzherzogin bittet ihren Sohn also um eine Audienz, die selbstverständlich sofort gewährt wird. Sie ist entschlossen, dem Kaiser die Augen zu öffnen über das Betragen seiner Sissi.


Franz Joseph arbeitet an diesem Tag in Schloß Schönbrunn. Er schaut nur kurz von seinen Staatspapieren auf und bemerkt, daß seine Mutter einen unglücklichen Eindruck macht.

„Ja", sagt sie, dankbar für dieses Stichwort, „ich bin sehr unglücklich, Franz. Denn anscheinend bin ich von der Vorsehung dazu ausersehen, ständig die böse Schwiegermutter zu spielen.

Und den Menschen, die ich am liebsten habe, immer nur Unangenehmes sagen zu müssen. Ich finde es nicht richtig, daß die Kaiserin von Österreich wochenlang in Ungarn herumsitzt und sich weder um den Kaiser noch um ihr Land kümmert!"

„Mama, aber Sissi ist auch Königin von Ungarn."

„Findest Du es auch richtig, daß sie einen Kreis von Revolutionären um sich versammelt und sogar versucht, mit diesem Grafen Batthyany in Kontakt zu kommen? Einem Mann, der Dich öffentlich so brüskiert?"

„Ich würde es niederträchtig finden, Mama", erwidert Franz Joseph kühl, „wenn Graf Batthyany nur aus Unterwürfigkeit einen Schwur brechen würde, den er seiner Mutter gegeben hat."

Sophie seufzt. So ist das, seit Franz Joseph mit dieser Prinzessin aus Bayern verheiratet ist. Er hat für alles, was sie tut, eine Entschuldigung. Er verzeiht ihr alles, erlaubt ihr alles, sieht ihr alles nach.

Manchmal denkt Erzherzogin Sophie an ihr Leben als junge Frau zurück. Sie hatte keinen Ehemann, der sie so abgöttisch verehrte, daß sie sich alles erlauben konnte. Ihre Ehe war aus machtpolitischen Erwägungen zustande gekommen. Nach ihren eigenen Gefühlen hatte sie nie jemand gefragt. Sie war immer nur eingebunden in Aufgaben, Pflichten, höfische Routine. Ihr hat man jedes Freiheitsdenken, jede spontane Gefühlsregung systematisch aberzogen. Vielleicht ist es auch ein bißchen Neid, der sie dazu bringt, immer wieder gegen Sissis anderes Wesen aufzubegehren. Sissi bekommt alles, was Sophie niemals haben durfte.

„Es bleibt mir also nichts anderes übrig", sagt die

Erzherzogin, die im Arbeitszimmer ihres Sohnes rastlos auf und ab geht, „als dir etwas zu sagen, was ich dir gerne verschwiegen hätte."

Franz Joseph hebt den Kopf. Die Stimme seiner Mutter hat auf einmal einen anderen, schärferen Ton.

„Mir sind Briefe zugespielt worden, die ganz einmütig verlauten, daß Graf Andrassy ganz offensichtlich in Sissi verliebt ist."

Franz Joseph ist in dieser Haltung, die Akten etwas vom Tisch aufhebend, erstarrt. Er wendet seiner Mutter den Rücken zu. Sie kann in seiner Miene nicht lesen. Franz Josephs Gesicht zeigt keine Regung, aber seine Augen sind schmal wie seine Lippen. Und die Haut aschfahl.

„Dieser Graf Andrassy", sagt Erzherzogin Sophie, „darf im Schloß Gödöllö ein und aus gehen, ohne Anmeldung! Sie reiten stundenlang miteinander, spazieren ohne Begleitung und er schickt ihr täglich Blumen! So wie es eigentlich nur Kavaliere bei ihren Liaisons vom Theater zu tun pflegen." Ihre Stimme überschlägt sich vor Empörung.

„Mama, ich muß Dich bitten, solche Vergleiche zu unterlassen. Ich liebe Sissi, und sie hat in allem was sie tut, mein vollstes Vertrauen." Er zögert. „Gewiß, sie ist sehr schön und hat einen außerordentlichen Liebreiz. Natürlich interessieren sich die Männer für sie. Sissi hat mein vollstes Vertrauen. Und ich muß Sie auch bitten, Mama, Sissi nicht ständig durch Ihre Spione überwachen zu lassen."

Die Erzherzogin schluckt diese Bemerkung ohne Widerspruch. Es hätte auch nicht viel Sinn, zu leugnen, daß sie Sissi nachspionieren läßt. Sie weiß, daß Franz Joseph durch seine eigenen Vertrauten längst über alles im Bilde ist, was seine Mutter plant und tut.

„Du willst Sissi also nicht nach Wien zurückholen?" fragt Sophie, entrüstet und verständnislos.

Franz Joseph will diese Unterhaltung beenden. Immer mehr weigert sich sein Verstand, die Ermahnungen und Einmischungen seiner Mutter in seine Privatangelegenheiten - und ganz besonders in sein Verhältnis zu Sissi - zu ertragen.

Er möchte diese Audienz so schnell wie möglich beenden, und deshalb nimmt er - höflich wie immer, gut erzogen - die Hand seiner Mutter und führt sie an die Lippen. Das erspart ihm, seiner Mutter ins Angesicht zu schauen.

„Keineswegs werde ich Sissi nach Wien zurückholen, Mama." Und er fügt noch einen Satz hinzu, von dem er weiß, daß er seine Mutter trifft wie ein giftiger Pfeil: „Obwohl meine Liebe zu Sissi so groß ist, daß ich mich Tag und Nacht nach ihr sehne."


Gerade will er sich wieder seinen Akten zuwenden, da kündigt der Zeremonienmeister Besuch an:

„Ihre Königliche Hoheit, Herzogin Ludovika in Bayern und Ihre Königliche Hoheit, Prinzessin Helene in Bayern."

Sissis Mutter und ihre Schwester kommen aus Dresden, sie haben Ludovikas Schwester, der Königin von Preußen, einen Besuch abgestattet. Und jetzt sind sie auf dem Rückweg nach Bayern und haben der Erzherzogin ihren Besuch sehr kurzfristig angemeldet. Sie wollen nur ein paar Tage bleiben, Ludovika sehnt sich danach, ihre Tochter Sissi und ihre beiden Enkelkinder zu sehen. Außerdem hat sie noch eine andere, etwas schwierige Mission: Sie muß ihrer Schwester erzählen, daß Ludwig, Sissis Bruder, sich mit einer Schauspielerin eingelassen hat, mit Henriette Mendel, einem einfachen Mädchen aus dem Volk. Es ist für Ludovika unbegreiflich, wie ihr Sohn Ludwig so etwas tun kann. Wie er das Sissi antun kann, der Kaiserin von Österreich!

„Er will sie unbedingt heiraten", sagt Ludovika.

Natürlich reagiert die Erzherzogin Sophie ebenso entsetzt wie Ludovika. „Soll denn etwa die Kaiserin von Österreich eine Schauspielerin als Schwägerin haben?" ruft sie empört. „Wieso unternehmt ihr nicht alles, um diese Liaison zu unterbinden?"

Die Herzogin senkt bekümmert den Kopf. „Ludwig hat sich ja ganz von uns zurückgezogen", klagt sie. „Er lebt in seiner Studentenwohnung in München. Wir hören und sehen nichts von ihm. Aber ich habe Max aufgetragen, zu ihm zu gehen und ihm diese Heirat auszureden. Er muß es ihm einfach verbieten. Auch wenn Ludwig inzwischen alt genug ist, über sein Leben selbst zu entscheiden. Aber er muß doch trotzdem Rücksicht nehmen auf die Familie!"


In ihrem Mann hat die Herzogin einen schlechten Kurier ausgesucht. Herzog Max, ein liberal gesinnter Mensch, hat keinen Hehl daraus gemacht, daß ihm Stammbäume, Adelsgeschichten und politische Heiraten zutiefst gleichgültig sind. Er war selbst Opfer einer politischen Heirat. Und wenn Ludovika nicht eine so großzügige Frau wäre, die ihm alle Seitensprünge und unehelichen Kinder großherzig verzeiht, wäre diese Ehe ein riesengroßes Unglück für Herzog Max. Aber so haben die Eheleute ihre Aufgaben geteilt: Ludovika ist für die Erziehung ihrer acht Kinder zuständig, für die Verwaltung von Schloß Possenhofen und dem Palais in der Ludwigstraße in München, während der Herzog das geerbte Geld auf Reisen ausgeben darf, in eine kostspielige Bibliothek anlegen und seine Kinder mit Zirkusspäßen in der eigenen Zirkusarena unterhalten kann, die er an das Münchner Palais hat anbauen lassen.

Herzog Max hatte auch Liebschaften mit bürgerlichen Frauen, eine sogar Mutter eines Kindes. Er kann seinem Sohn eigentlich gar keine Vorwürfe machen. Was soll er Ludwig sagen? Daß er ein Verräter ist? Ein Abtrünniger? Ein Rebell?

Ludwig tut in den Augen seines Vaters genau das Richtige: Er läßt sich von der Liebe leiten und dem Gefühl, und sein Gefühl und seine Liebe sagen Ludwig schon lange, daß Henriette Mendel die Richtige ist. Er liebt keine andere außer ihr, er möchte mit keiner anderen Bett und Tisch teilen.

Herzog Max steht unangemeldet vor der Tür dieser kleinen Mansardenwohnung, die eines Prinzen wahrhaft unwürdig ist.

Ludwig läßt sich sein Erstaunen nicht anmerken, er ist freundlich zu seinem Vater, bittet ihn herein. Aber er ist nicht demütig, zeigt keine Schuldgefühle, keine Scham.

Herzog Max redet seinem Sohn ins Gewissen. „Du hättest wenigstens an Sissi denken müssen! Sie ist Kaiserin von Österreich!" sagt er hilflos. „Wenigstens an sie. Und an Deine Mutter. Weißt Du nicht, wieviel ihr daran liegt, daß alles..."

Seine Worte verlieren sich im Gestrüpp seiner Gedanken. Alles was er sagt, klingt hohl und heuchlerisch. Er weiß doch, wie sein Sohn fühlt. Er fühlt doch ebenso. All das adlige Getue ist nichts als eine Illusion. Herzog Max kennt so viele Adlige, die dem sogenannten Volk kein Deut überlegen sind, eher umgekehrt. Er kennt gerade aus seiner Familie, den Wittelsbachern, Söhne von Herzoginnen, die schwachsinnig waren und dennoch in einem Schloß gewohnt und Befehle erteilt haben, die andere ins Unglück gestürzt haben. Herzog Max war niemals stolz auf seine Herkunft. Er ist nur zufrieden über die Möglichkeiten, die das Geld und der herzögliche Besitz ihm bieten.

„Versprich mir wenigstens, Ludwig", bittet er hilflos, „daß Du sie nicht heiratest."

Ludwig nickt. „Das verspreche ich dir gern, Papa. Ich werde Henriette nicht heiraten."

Herzog Max atmet erleichtert auf. Sollen die beiden doch ihre Affäre haben, eine Liaison, über die man in den Adelskreisen von München die Nase rümpft. Das ist ihm gleich. Aber immerhin wird seiner Ludovika die Schmach erspart bleiben, daß sie eine Schwiegertochter hat, welche Schauspielerin ist...

Max weiß gar nicht, was sie alle gegen Schauspielerinnen haben. Die meisten von ihnen sind entzückende, selbstbewußte Frauen, die ihr eigenes Geld verdienen, nicht von Männern abhängig sind, mehr Talent haben als manche, die nichts tun als das Geld ihrer Väter zu verprassen...

„Ich kann Henriette gar nicht heiraten", sagt Ludwig, nachdem er seinem Vater eine Atempause gegönnt hat, „denn ich habe sie schon geheiratet. Vor zwei Jahren haben wir Hochzeit gefeiert."

„Und Du sagst uns kein Wort?" fragt Herzog Max empört.

„Nene hat es gewußt."

Herzog Max starrt seinen Sohn an. Die Ungeheuerlichkeiten werden immer größer. „Nene wußte es?"

Ludwig nickt bekräftigend und lächelt verlegen.

„In seinem eigenen Haus", ruft Herzog Max fassungslos, „ist man verraten und verkauft!"

In diesem Augenblick tritt die ahnungslose Henriette Mendel in die Stube. Sie hat ein kleines süßes Mädchen auf dem Arm.

Als sie sieht, daß Ludwig Besuch hat, murmelt sie eine Entschuldigung und will gleich wieder gehen. Aber Ludwig hält sie fest.

„Nein, nein, bleib nur." Er führt Henriette am Arm zu seinem Vater. „Hier, lieber Vater, bring ich dir meine Frau und meine Tochter." Er nimmt seiner Frau das Mädchen ab und sagt: „Siehst Du, das ist der Opa, von dem ich dir schon so viel erzählt hab."

Die Kleine ist ganz ohne Scheu, läßt sich von dem fremden Opa sofort auf den Arm nehmen.

Herzog Max ist vernarrt in Kinder. Aber um den Schein zu wahren, macht er immer noch ein brummiges Gesicht.

„Mir persönlich", sagt er, „ist es ja völlig gleich, ob Du eine Adlige oder eine Bürgerliche heiratest. Aber wenigstens an Tante Sophie hättest Du denken können. Und an Sissi. Sie ist immerhin Kaiserin von Österreich."

Ludwig hebt gleichmütig die Schultern. Das Argument zieht bei ihm nicht.

„Die Sissi", sagt er, „ist doch genau wie Du, Papa."

Sissi ist nun schon wieder wochenlang auf Schloß Gödöllö in Ungarn.

Die Briefe, die sie an Franz Joseph schickt, sind zärtlich, aber sie schreibt nicht, daß sie Sehnsucht nach ihm hat.

Franz Joseph liest jeden ihrer Briefe sehr genau.

Sissi beschreibt ihr Leben, wie die Tage vergehen mit der kleinen Gisela. Sie schreibt, daß auch die Kleine schon ungarisch spricht, daß ihr die Luft gut bekommt, Sissi schreibt von Einladungen und Bällen, aber sie erwähnt nie die Besuche von Graf Andrassy, nie die gemeinsamen Ausritte. Das kann ein Zeichen dafür sein, daß sie der Kaiserin gar nicht so wichtig sind. Es kann aber auch genau das Gegenteil bedeuten.

Der Kaiser hat sich in Gegenwart seiner Mutter nicht anmerken lassen, wie sehr ihn die Nachricht getroffen hat, daß Graf Andrassy der Kaiserin jeden Tag rote Rosen schickt. Rote Rosen sind die Blumen, die der Kaiser seiner Frau schenkt. Das sind seine und ihre Lieblingsblumen, es ist so etwas wie ein Privileg, wenn ein ungarischer Adliger sich anmaßt, Sissi ebenfalls mit solchen Blumenbouquets zu verwöhnen. Manchmal, wenn die Tagesarbeit getan ist, alle Minister ihre Sorgen vorgetragen haben, mit den Generälen konferiert wurde, Depeschen aufgesetzt und Urteile unterzeichnet worden sind, sitzt Franz Joseph spät in der Nacht immer noch an seinem Arbeitstisch. Nur die fünfarmigen, goldenen

Kerzenleuchter erhellen den ganzen Raum. In diesen Momenten bekommt selbst ein so kühles, römisch-prunkvolles Zimmer eine gewisse Intensität.

Franz Joseph schreibt Sissi von seiner Sehnsucht, seiner Angst, daß sie ihm entgleiten könne, daß sich ihre Liebe einem anderen Mann zuwenden könne. Er schreibt, daß er sie nach Wien zurückbitten möchte, sehr schnell. Daß er Sehnsucht nach seiner kleinen Tochter hat. Er schreibt, daß er nicht versteht, wie sie ihn, den Kaiser, so lange allein lassen kann, wenn sie doch immer behauptet, daß sie ihn liebt...

Er schreibt ihr lange, zärtliche Briefe. Oft sitzt er bis tief in die Nacht an seinem Schreibtisch. Die Kerzen brennen herunter, manchmal bläst ein Windstoß, der durch das offene Fenster hereinkommt, die Kerzen aus und dann sitzt Franz Joseph auf seinem Sessel, den Rücken gegen die steife Lehne gepreßt und schaut einfach vor sich hin. Sehr lange. In den Nächten hört man in Schloß Schönbrunn kein Geräusch. Alle schlafen. Die Wächter halten reglos und stumm Wache, draußen schreit ein Käuzchen. Nur bei der Wachablösung rufen die Soldaten sich die Losungsworte zu, und dann hört man den militärischen Stechschritt des Bataillons unten auf dem Kopfsteinpflaster des Hofplatzes...

Aber daran haben sich alle, die im Schloß wohnen, so gewöhnt, daß sie es gar nicht mehr wahrnehmen.

Franz Joseph erlaubt sich manchmal in diesen einsamen Nächten einen Traum...

Er träumt von einem Leben, das ihm erlauben würde, wirklich glücklich und frei zu sein. Ohne die Last, ein ganzes Kaiserreich zu regieren, abtrünnige Länder wie Italien und die Lombardei mit gnadenloser Härte zu maßregeln, Strafexpeditionen nach Triest zu schicken. Er möchte wieder einmal mit seiner Sissi bei einem Almbauern auf der Berghütte sitzen, Geschnetzeltes aus einer Pfanne essen, ein Viertel dazu trinken und mit allen per du sein. Er möchte einmal nicht wie ein Kaiser reden und sich bewegen müssen.

Er möchte wieder einmal auf einen Berg kraxeln mit seiner Sissi, ihr ein Edelweiß pflücken wie damals nach ihrem Streit, als er sie in Possenhofen abgeholt und mit ihr einen Abstecher nach Tirol und Kärnten gemacht hat.

Vielleicht sollte er einfach nach Budapest fahren und Sissi abholen? Sie wortlos in die Arme schließen und nicht mehr loslassen?

Vielleicht wäre es das beste, wenn er einfach hinführe und wie damals in Possenhofen zu ihr sagte: „Ich brauche Dich."

Vielleicht fliegt sie dann in seine Arme und nichts ist mehr wichtiger als ihre Liebe. Die Pferde nicht, das freiheitliche Leben in der Puszta, die fröhlichen Feste auf den Schlössern der ungarischen Elite...

Er ahnt etwas von dem Glück, das Sissi dort, in

so viel Freiheit, durchströmt. Er spürt die Eifersucht. Aber er verbietet sich diese kleine bürgerliche Regung, die eines Kaisers nicht würdig ist.

Nachdenklich nimmt er den Brief, reißt ihn mittendurch und läßt ihn in den Papierkorb gleiten...

Franz Joseph verzeiht seiner Frau viele Kapriolen in dieser Zeit. Er weiß, daß ihr das Herz sehr schwer ist. Und er weiß besser als all die feschen Grafen, die Schloß Gödöllö umlagern, daß Sissi einen viel zu großen Schmerz mit sich herumträgt, um wirklich glücklich unter ihnen zu sein.

Die kleine Sophie ist tot. Ihre süße, zärtliche Tochter lebt nicht mehr. Auf einer Reise durch Ungarn, als Sissi gegen den Wunsch und die ausdrückliche Ermahnung der Erzherzogin beide Kinder mitgenommen hatte. Sissi hat von ihrem Mann verlangt, daß er seiner Mutter einen Brief schreibt und ihr mitteilt, daß das Kaiserehepaar die Reise durch die ungarischen Provinzen mit beiden Kindern anzutreten gedenke.

Sophie war zwei Jahre alt gewesen, die kleine Gisela 10 Monate. Sophie kränkelte den ganzen Winter, hatte Husten und Fieber, ständig einen heißen Kopf und große kranke Augen. Alle machten sich Sorgen.

Dr. Seeburger, der behandelnde Arzt, riet dringend von der Reise ab, aber Sissi war sicher, daß es nur das Leben in dem kalten Wiener Schloß war, das Sophie krank gemacht hatte. Sie war überzeugt, daß der Kleinen die trockene warme Luft der ungarischen Puszta guttun würde. Daß die Nähe zur Mami gut sein würde für die Seele des Kindes. Sie wollte endlich einmal die Kinder um sich haben wie andere Mütter. Wollte morgens mit ihnen frühstücken und ihnen abends am Bett noch eine Gutenachtgeschichte vorlesen...

Aber die kleine Sophie erholte sich während der Reise nicht. Man versuchte, das Programm so wenig anstrengend wie möglich zu gestalten. Aber Reisen in Kutschen sind nun einmal eine zermürbende Sache. Und immer ein anderes Kinderbettchen. Immer ein anderer Raum. Andere Menschen. Sissi hatte neben ihrem Mann viele Verpflichtungen, so daß sie beide gar nicht so viel bei der kleinen Sophie sein konnten wie sie gerne gewollt hätten.

Aber dann stand die Kinderfrau eines morgens vor der Kaiserin, die sich gerade für eine Audienz ankleiden ließ und sagte: „Ich mache mir große Sorgen."

Sissi schickte sofort die Hofdame weg. Sie lief zu ihrem Kind. Sie blieb den ganzen Tag bei ihr. Sophie hatte hohes Fieber und auf der leichenblassen Stirn bildete sich immer wieder ein feuchter Schweißfilm. Sie schrie manchmal stundenlang und niemand wußte, welche Schmerzen das kleine Kind plagten.

Franz Joseph schrieb an seine Mutter: „Die kleine Sophie hat die ganze Nacht nur eineinhalb Stunden

geschlafen, ist sehr nervös und schreit immer-
während, daß es einem das Herz zerreißt."

Dr. Seeburger, der auf die dringende Bitte des
Kaiserpaares zweimal in der Nacht kommen mußte
und das Kindchen untersuchen, fand aber keine
neuen beunruhigenden Symptome. Er schob alles
auf den Klimawechsel, auf eine hartnäckige Infektion, er verschrieb weiter kalte Umschläge, um das
Fieber zu senken und viel dünnen Tee. Dr. Seeburger
beruhigte die aufgeregten Eltern und schickte sie auf
die geplante Reise ins Landesinnere. Die Kinder
sollten mit dem Arzt und ihren Kinderfrauen im
Kaiserpalast von Budapest zurückbleiben. Aber
schon nach fünf Tagen mußte die Reise in Debrezin
unterbrochen werden, weil der Leibarzt eine dringende sorgenvolle Depesche nachsandte.

Das Kaiserpaar kehrte sofort um.

Sophie war sehr krank. Sie delirierte zeitweilig
und das Fieber wollte überhaupt nicht mehr sinken.

Elf Stunden saß Sissi am Bett ihres Kindes, wiegte
das zarte kleine Mädchen mit dem strohblonden
Haar in ihren Armen, tupfte die heiße Stirn mit kal-
tem Wasser, betete, betete.

Stumm und gramgebeugt saß der Kaiser in einem
Stuhl an der Wand des Kinderzimmers, die Augen
geschlossen, das Gesicht wie eine Maske.

Nach elf Stunden war der Todeskampf der Kleinen endlich vorbei. Still und auf einmal ganz friedlich lag sie da. Ein winziges Kindchen, das während

der Krankheit sehr mager geworden war, in einem kostbaren weißen Nachthemd, das naß von den Tränen der Mutter und den Fieberausbrüchen des kleinen, zweijährigen Körpers war. Sissi, die selbst fast noch ein Kind war, als sie Sophie zur Welt gebracht hatte, hatte ihr Kind verloren. Sie war untröstlich. Marterte sich mit Schuldgefühlen.

Franz Joseph telegrafierte an seine Mutter: „Unsere Kleine ist ein Engel im Himmel. Nach langem Kampf ist sie zuletzt ruhig um halb zehn Uhr verschieden. Wir sind vernichtet."

Sissi zog sich nach dem Tod der kleinen Sophie vollkommen zurück. Sie sprach während der Rückreise nach Wien zu niemandem ein Wort. Es war, als sei sie endgültig verstummt. Mit ihnen reiste ein kleiner Kindersarg mit kaiserlichem Wappen.

Gegen den Wunsch Sissis wurde der Leichnam der kleinen Sophie in der Kapuzinergruft beigesetzt, einem düsteren geschichtsträchtigen Gewölbe in der Wiener Hofburg, in dem die Lebenden noch heute ein Schauder befällt.

Wenn Sissi ihr totes Kind besuchen wollte, mußte sie immer in diese kalte modrige Gruft hinunter. Es zerriß ihr das Herz. Sie glaubte, ihre Kleine habe im Tod noch Alpträume zwischen den Gebeinen der grimmigen Habsburger Könige und Kaiser.

Nach der Beerdigung veränderte Sissi sich. Sie

zog sich immer mehr in ihre Gemächer zurück. Selbst gegenüber ihrer Schwiegermutter war sie jetzt anders. Weniger trotzig und aufbegehrend, voller Selbstanklage und Vorwürfe. Sissi gab sich selbst die Schuld am Tod ihres Kindes. Sie wußte, daß sie diesen Schmerz nie vergessen würde. Daß niemals etwas wieder so sein könnte wie es einmal gewesen ist.

Sissi war neunzehn Jahre, als ihre kleine Tochter starb. Vor diesem Hintergrund bekommen die Reisen nach Ungarn eine andere Bedeutung: Sie suchte wieder das Leben, eine Möglichkeit zur Rückkehr ans Licht, an die Sonne. Sie fragte sich, ob sie noch einmal wieder glücklich sein könnte.

Franz Joseph ist dankbar, daß es überhaupt etwas gibt, was seine Frau aus der Melancholie reißt, aus der Depression. In Wien ist das nicht möglich, in Wien, so nah beim Grab ihres Kindes, umgeben von all den Dingen, die sie auch für den Tod und die Krankheit ihrer kleinen Sophie verantwortlich macht, kann sie nicht mehr lachen.

Das Lachen lernt sie erst wieder in Ungarn. Vielleicht auch, weil Graf Andrassy, der ihr so vollkommen ergeben ist, die richtigen Tricks kennt, um einer jungen Frau wieder Lebensmut zu geben.

Er unterstützt Sissis wenige Freuden wie das Reiten, das Spazierengehen. Er begleitet sie, zeigt ihr immer neue schöne Plätze und Landschaften, reitet mit ihr aus so oft es seine Zeit erlaubt und Sissi ihm die Gnade gewährt, sie begleiten zu dürfen. Denn natürlich gibt es auch in Ungarn, soweit weg vom protokollarischen Wiener Hof, ein gewisses Protokoll.

Was Sissi am ehesten mit dem Leben versöhnt, ist die freiheitliche Atmosphäre, die sie immer spürt, hier spricht man anders, hier geht man anders miteinander um. Alles ist echter, Worte, die von Herzen kommen, klingen auch so. Und einer, der den anderen verachtet, macht daraus keinen Hehl. Man weiß, woran man ist. Selbst wenn ein Mann wie Graf Batthyany sich weigert, der Kaiserin von Österreich und Königin von Ungarn Reverenz zu bezeugen, weiß man, woran man ist. Und kann auf seine Art versuchen, ihn zu überzeugen, daß er mit seinen Vorurteilen vielleicht ganz falsch liegt...

Sissi hat den Tod ihrer kleinen Tochter nicht überwunden, aber doch in gewissen Augenblicken verdrängt. Es vergehen manchmal Stunden, ja ganze Tage, an denen sie nicht an die kleine Sophie gedacht hat. Sie beschäftigt sich sehr intensiv mit Gisela, einem pummeligen süßen Mädchen, das wie eine Puppe gekleidet wird und gehütet wie ein Augapfel.

Wenn Sissi aber einmal besonders ausgelassen und fröhlich war, dann geht es ihr meist Stunden später schlecht. Dann krampft sich ihr Magen zusammen und ihr wird so übel, daß sie sich erbrechen muß.

Das sind die ersten Anzeichen einer Depression, die Sissi ihr ganzes Leben nicht mehr losläßt. Alle Krankheiten, die Sissi spürt, die Ohnmachtsanfälle, Ödeme in den Beinen, das plötzliche Übelsein, kann man als Hilferufe ihrer Seele deuten. Selbst der dauernde Husten, der sie plagt und der immer stärker wird, könnte etwas mit ihrer Depression zu tun haben...

Die Erzherzogin wiederum macht allein Sissi für den Tod der kleinen Sophie verantwortlich. Sie hat ja immer gesagt, daß Sissi zu jung ist, um die Verantwortung für ihre Kinder zu übernehmen. Als die Erzherzogin noch für die Kinder sorgen durfte, waren sie gesund und glücklich. Nur diese unselige, neumodische Idee, die Kinder mit auf Reisen zu nehmen, hat das große Unglück ausgelöst...

Die Erzherzogin hat an keinem Menschen so gehangen wie an der kleinen Sophie. Nicht nur, weil sie ihren Namen trug, sondern weil sie von dem Wunsch beseelt war, ein Kind aufziehen zu dürfen, ohne immer nur daran zu denken, daß dies einmal der Kaiser von Österreich sein wird. Sophie war ein Mädchen und Sissi würde sicherlich noch einen Jungen zur Welt bringen, den Thronfolger, den man dann gleich streng und protokollarisch erziehen müßte. Aber mit Sophie könnte man doch eine kleine Ausnahme machen...

Daß ihr dieses Kind entrissen wurde, als es gerade eben erst zwei Jahre alt war, kann auch die Erzherzogin nicht verwinden. Zwei Jahre hat sie so etwas wie richtiges Mutterglück gespürt. Aber was sind schon zwei Jahre...

Sie nimmt es Sissi übel, daß sie ausgerechnet immer wieder nach Ungarn zurückkehrt, wo doch ihre kleine Tochter dort gestorben ist! Daß Sissi den Kaiser so lange allein läßt. Glaubt sie denn, er spüre keine Trauer um das verlorene Kind? Glaubt sie denn, er brauche nicht ihren Trost?

Als die Herzogin Ludovika und Prinzessin Helene in Wien vom Kaiser Franz Joseph begrüßt werden, ist es für die Erzherzogin eine willkommene Gelegenheit, auf diese Ungeheuerlichkeit hinzuweisen.

Franz Joseph und seine Mutter begrüßen Herzogin Ludovika und Helene. Franz Joseph scheint besonders erfreut zu sein, Helene wiederzusehen. Sie sieht auch wunderbar aus. Strahlender als er sie je gesehen hat.

„Wann haben wir uns denn eigentlich zuletzt gesehen?"

„Bei meiner Verlobung", sagt Helene. Sie ist jetzt die Braut eines Fürsten von Thurn und Taxis und allem Anschein nach sehr glücklich. Die Reise zu ihrer Tante, der Königin von Sachsen, hat sie jedoch mit ihrer Mutter allein unternommen. Was natürlich wieder zu Spekulationen Anlaß gibt...

Die beiden, eben erst aus der Kutsche gestiegen, wissen noch nicht, daß Sissi gar nicht in Wien ist.

„Nicht in Wien? Ja, wo ist sie denn dann?" fragt Herzogin Ludovika verwirrt. „Ich hab mich so darauf gefreut, Sissi wiederzusehen."

Franz Joseph senkt den Kopf und schweigt. Eben hat seine Mutter ihm erzählt, wie wild man es dort in Budapest treibt. Wie ungeniert Sissi sich mit anderen jungen Herren zeigt. Sie, die Kaiserin von Österreich!

Die Herzogin Ludovika schaut erschrocken von einem zum anderen. Sie spürt die Spannung.

Ihre Schwester, die Erzherzogin Sophie, wirft den Kopf zurück. Spitz, aber jedes Wort betonend, sagt sie: „Ja, meine liebe Ludovika, wenn Du die Kaiserin von Österreich besuchen willst, mußt Du nach Ungarn reisen."

Ludovika dreht sich um. Sie starrt Franz Joseph fassungslos an.

Franz Joseph hält den Kopf immer noch gesenkt.

Helene schweigt. Helene zieht die Nadeln aus ihrem Reisehut, setzt ihn behutsam ab, zieht die Handschuhe aus. Auch sie schaut Franz Joseph an. Das ist der Mann, der einmal für sie bestimmt war...

Er ist ein bißchen dicker geworden. Die Uniform spannt ein wenig in der Taille, früher war er so gertenschlank.

Als sie ihn damals in Ischl gesehen hat..., in diesem unseligen Sommer, als sie mit ihrer Mutter und Sissi nach Ischl gereist ist, um sich mit Franz Joseph zu verloben..., da sah er ganz anders aus. Ein strahlender, fabelhaft schlanker, aufrechter, junger Offizier, in einer Galauniform. Mit einem klaren Blick unter der hohen Stirn. Mutig und intelligent, diszipliniert und dennoch der Schwarm aller Wiener Frauen, der beste Tänzer bei Hofe, ein Mann, der sich durchaus hin und wieder das Recht nahm, das Leben zu genießen..., ein Mann, der schon eine ganze Menge über Frauen wußte mit seinen 23 Jahren...

Wie verliebt sie damals in ihn gewesen war!

Wie glücklich sie gewesen war in diesen kurzen Stunden zwischen der ersten Begegnung und dem Souper, das sie an der Seite des Kaisers eingenommen hat. Aber schon da hat er auf einmal nur von ihrer Schwester Sissi geredet, einen ganzen Abend lang.

Und am Ende dieses Abends das Desaster, die große Demütigung, als er zum Kotillon nicht sie, seine Tischdame, aufgefordert hat, sondern einen ganzen Korb mit roten Rosen Sissi überreichte...

Nicht dran denken. Nur nicht dran denken...


Auf dem Schloß des Grafen Andrassy sind die Vorbereitungen für das große Fest in vollem Gange.

Es wird dekoriert und gewienert, gekocht, gebacken. Musiker reisen an und beziehen Quartiere, Kellnerinnen werden engagiert, weil der Graf gar nicht über so viel Personal verfügt wie er eigentlich braucht.

Der Festsaal ist mit Hunderten von Kerzenleuchtern geschmückt.

Allein für das Speisezimmer muß eine Gärtnerei ihre sämtlichen Blumen schneiden.

Zigeuner werden spielen, und sie werden tanzen. Tanzen bis in den frühen Morgen.

Graf Andrassy hat seinen Freund, den Grafen Batthyany, eingeladen und auch die anderen aus dem harten Widerstand, die Adligen, welche sich bei den Krönungsfeierlichkeiten noch nicht gezeigt haben. Leute, denen alles Habsburgische zutiefst zuwider ist. Leute, die persönliches Unglück durch den Kaiser von Österreich erfahren haben, deren Familien getötet und deren Besitz enteignet wurde. Sie alle haben nicht die geringste Lust, der Kaiserin zu begegnen. Es ist ihnen egal, ob diese Kaiserin besonders jung, besonders liebreizend ist, ob sie reitet wie eine Amazone und ungarisch spricht wie ein Dorfmädel. Sie haben einen Schwur geleistet, niemals vor einem Habsburger zu knien oder sich zu verbeugen, und sie werden diesen Schwur bis an ihr Lebensende halten...

Sissi weiß, was an diesem Abend auf dem Spiel steht. Für Österreich, das Ansehen des Kaisers, für ihr eigenes Ansehen. Wenn es schiefgeht, wenn alles in einem Desaster endet, wird der Kaiser sie zu Recht für ihre Eigenmächtigkeit schelten. Die Erzherzogin wird nie wieder ein Wort mit ihr reden, dessen ist Sissi sich vollkommen bewußt. Andererseits muß etwas unternommen werden, um diese feindselige Bastion zu stürmen. Dieser feste Kern des Widerstandes, dem die wichtigsten und reichsten ungarischen Familien angehören, muß aufgeweicht werden.

Sissi weiß, ohne Überheblichkeit, daß sie die einzige aus der ganzen Kaiserfamilie ist, der das gelingen könnte, weil sie das ungarische Volk wirklich und reinen Herzens liebt. Wenn es ihr gelingt, diesem Grafen Batthyany ihre Liebe irgendwie zu übermitteln, könnte es gutgehen...


Sie kleidet sich sehr sorgfältig, läßt das schönste weiße Festkleid herauslegen. Einen Tag verbringt sie mit der Pflege ihrer Haare. Die Haare sind so lang und so dicht, daß sie stundenlang nach dem Waschen trocken gekämmt und gebürstet werden müssen. Danach erst kann man dicke Zöpfe flechten und sie in Schaukeln und Schnecken um ihren Kopf legen. An diesem Abend werden Sissi Perlenketten ins Haar geflochten. Sie legt ihren schönsten Schmuck an.

Dazu ein Cape in den Farben Ungarns, rot und grün. Ihre Schönheit an diesem Abend ist atemberaubend.

Im Festsaal des Grafen Andrassy sind die Gäste vollzählig versammelt. Man sitzt auf roten Sesseln, fächelt sich Luft zu, denn dieser Abend ist ungewöhnlich heiß in Budapest, man läßt Champagner servieren.

Graf Andrassy trägt seine mit Juwelen besetzte Husarenuniform, rot mit goldenen Schnüren, weiße enge Hosen und bestickte Stiefel aus weichem Kalbsleder.

Alle sind bester Laune, wie immer wenn ein richtiges ungarisches Fest gefeiert wird, das unweigerlich in einen Mullatschak ausarten wird.

Die Kaiserin hat ihren Oberst Böckl gefragt: „Wissen Sie, was ein Mullatschak ist, Oberst?"

Er hat einen Augenblick nachgedacht und dann gesagt: „Ein Mullatschak ist ein Zeitraum von wenigen Stunden, in denen jeder Ungarn glaubt, daß er der Liebe verfallen ist und daß alle Engel Zigeuner sind."

Graf Andrassy geht von einem Tisch zum anderen, plaudert mit seinen Gästen, scherzt. Da tritt ein Lakai an ihn heran und meldet, daß Ihre Majestät, die Königin von Ungarn, soeben vorgefahren sei. Er sagt es leise, so wie Andrassy es seinen Leuten befohlen hat.

Bis zum letzten Augenblick soll der Name des Ehrengastes geheimgehalten werden. Graf Andrassy weiß, daß es sofort zu einem Eklat kommen wird, wenn er Graf Batthyany von der Ankunft Sissis in Kenntnis setzt.

Dennoch will er seinem Freund Batthyany und dessen Gesellschaft die Gelegenheit geben, ihr Gesicht zu wahren.

Der Lakai tritt ab und Graf Andrassy bittet seine Gäste für einen Augenblick um Gehör. Die Zigeunerkapelle verstummt.

„Liebe Freunde", sagt Graf Andrassy, „ich habe euch für diesen Abend eine große Überraschung angekündigt. Ich möchte euch aber nicht überrumpeln. Ich habe die große Ehre, euch mitzuteilen, daß ich einen hohen Gast erwarte. Es kommt Ihre Majestät, die Königin."

Graf Batthyany springt von seinem Tisch auf. Erregt sagt er: „Gut, daß Du uns das sagst, Guyla, dann haben wir gerade noch Zeit, aufzubrechen und Dein Haus zu verlassen. Das kannst Du uns nicht antun."

Graf Andrassy, der eine solche Reaktion insgeheim befürchtet hat, sagt eindringlich: „Elemar, das wäre ein Affront gegenüber der Königin, der nicht wiedergutzumachen ist! Bedenke, was Du tust!"

Aber Graf Batthyany bleibt hart. „Ich bleibe unter keinen Umständen. Und ich glaube, Cziaky ist meiner Meinung."

Graf Batthyany will eben, gefolgt von seinen beiden Freunden, den Grafen Cziaky und Pallfy, das Schloß verlassen, als der Zeremonienmeister die Türen öffnet und verkündet:

„Ihre Majestät, die Königin!"

Graf Andrassy geht die mit rotem Velour bespannten Stufen hinauf, um Sissi zu begrüßen.

Graf Batthyany und seine Leute stehen wie erstarrt. Der Fluchtweg ist ihnen versperrt. Sie stehen der Kaiserin gegenüber.

Alle fallen in einen tiefen Hofknicks. Atemlose Stille.

Andrassy begrüßt Sissi mit einem eleganten Handkuß.

Sissi wird begleitet von ihren beiden Hofdamen, Ida von Ferenzcy und Gräfin Bellegarde.

„Ich freue mich, Graf Andrassy", sagt sie heiter, „Euer schönes Schloß kennenlernen zu dürfen."

Batthyany wendet sich ab. Er ist wütend und verlegen. Er haßt Andrassy dafür, daß er ihn in diese peinliche Situation gebracht hat. Was soll er tun? Er hat seiner Mutter geschworen, niemals einem Mitglied des österreichischen Kaiserhauses Reverenz zu erweisen. Soll er einfach grußlos an der Königin von Ungarn vorbeigehen? An seiner Königin?

„Ich bin glücklich", sagt Graf Andrassy mit formvollendeter Höflichkeit, „Eure Majestät in meinem bescheidenen Heim begrüßen zu können."

Von Bescheidenheit kann jedoch keine Rede sein. Jeder Winkel dieses Schlosses atmet Reichtum und Opulenz, zeugt von Lebensfreude und Überfluß.

Sissis Blicke gleiten über die anwesende Gesellschaft. Natürlich sucht sie mit den Augen Graf Batthyany, denn darum geht es ja schließlich, daß sie Batthyany die Hand zur Freundschaft reichen kann. Ob es gelingt?

Sie weiß nicht, wer der anwesenden Herren Batthyany ist. Wahrscheinlich jener Herr in grauer Galauniform, der ihr den Rücken zudreht.

Schnell sagt Andrassy: „Darf ich Eure Majestät mit einigen meiner Gäste bekanntmachen, die noch nicht die Ehre hatten, Eurer Majestät vorgestellt zu werden."

Zuerst stellt Andrassy der Kaiserin seinen guten Freund Graf Cziaky vor.

Sissi steht zwei Stufen über den übrigen Gästen und wartet.

Graf Cziaky schaut ihr in die Augen, stolz, voller Hochmut.

Aber schließlich gewinnt seine gute Erziehung. Die Höflichkeit. Im Zeitlupentempo, und fast im allerletzten Augenblick, beugt er den Kopf, doch stumm. Sissi lächelt.

„Graf Palffy", wieder das gleiche Ritual. Die ungarischen Grafen reizen diesen Augenblick bis zum letzten aus. Sie gehen an die Grenzen der Höflichkeit und der Loyalität. Aber Sissi hat Geduld. Und ebensoviel Stolz. Sie kann warten.

Die Hofdamen, die einen Schritt hinter Sissi stehen, halten den Atem an. Dies ist ein Augenblick von geschichtlicher Bedeutung, das spüren alle. Wird es Sissi gelingen, die Feinde zu versöhnen?

Auch Graf Palffy entschließt sich endlich, der Königin eine knappe Reverenz zu bezeugen.

Dann, als letzten, stellt Andrassy seinen Freund Batthyany vor. Der heikelste Augenblick.

Batthyany hat die Arme hinter dem Rücken verschränkt. Er steht nicht einmal, wie das Protokoll es vorschreibt, direkt der Königin gegenüber, sondern zeigt ihr die Schultern. Eine Geste, die Verachtung ausdrücken soll, Feindseligkeit. Das Sprichwort „Jemandem die kalte Schulter zeigen" leitet sich ab von diesen protokollarischen Finessen.

Graf Batthyany beugt nicht den Kopf. Er hebt nur die Augenbrauen und wendet sich noch ein wenig weiter ab, die Arme immer noch hinter dem Rücken verschränkt. Das Ganze ist ein Affront.

Aber die Kaiserin erträgt ihn gelassen. Das Lächeln auf ihrem Gesicht erlischt nicht, als sie die Stufen herunterkommt, auf Batthyany zugeht.

Sie bleibt direkt vor ihm stehen. Er hat gar keine andere Wahl, er muß ihr in die Augen schauen. Sissis Lächeln wird noch offener, noch einladender. Sie will, sie muß Batthyany zeigen, daß sie ihre Freundschaft anbieten will.

„Graf Batthyany", sagt sie warm, „ich freue mich, daß wir uns endlich kennenlernen." Sehr langsam hebt sie die Hand. Und ebenfalls sehr langsam ergreift Batthyany sie und beugt sich, um diese Hand zu küssen.

Die Zigeunerkapelle, die so lange stumm war, beginnt wie erleichtert zu spielen. Einen Csardas, jenen Tanz, über den man in Wien die Nase rümpft, weil er so freizügig, so volkstümlich ist. Und weil die Damen sich beim Csardas unziemlich bewegen...

„Und wo wir uns nun kennengelernt haben", sagt die Kaiserin, als Batthyany immer noch schweigt, „hoffe ich sehr, daß wir endlich Freunde werden."

Batthyany verneigt sich stumm.

Schnell reicht Andrassy ihr den Arm. „Darf ich Ihre Majestät nun zu Tisch bitten."

„Sehr gern", sagt Sissi freundlich und schenkt Batthyany noch ein Lächeln.

Alle verbeugen sich, als die Kaiserin und Graf Andrassy auf ihren festlich gedeckten Tisch zugehen.

Batthyany und seine beiden Freunde, Graf Palffy und Graf Cziaky, stehen immer noch wie angewurzelt neben der Treppe.

„Was sollen wir tun?" fragt Graf Palffy.

Batthyany schaut der Kaiserin nach. Man weiß nicht, was in ihm vorgeht. Hat diese Begrüßung ihn berührt? Hat Sissi das Eis zum Schmelzen gebracht?

Es scheint so, denn Graf Batthyany sagt, mit einem leichten Achselzucken: „Jetzt müssen wir selbstverständlich bleiben."

Zur gleichen Zeit findet in Schloß Schönbrunn zu Ehren von Prinzessin Helene ein Ball statt. Es war die Idee von Sophie, diesen Ball zu geben. Sie hat bemerkt, daß Franz Joseph in Helenes Gesellschaft aufgeblüht ist, daß er ihre Gesellschaft sucht und gern mit ihr plaudert. Sie sind sogar am Nachmittag im Prater spazierengegangen und haben miteinander geredet, aber niemand weiß, worüber gesprochen wurde. Vielleicht schüttet Franz Joseph vor Sissis Schwester sein Herz aus. Vielleicht enthüllt er ihr, wie einsam er sich in der Hofburg fühlt.

Der Ball wird ein großer Erfolg, ein rauschendes Fest. Die reichsten und wichtigsten Familien Wiens sind gekommen, und sind glücklich, daß endlich einmal wieder der Glanz in die Hofburg zurückgekehrt ist.

Die Erzherzogin Sophie lächelt und schaut wohlwollend auf die tanzenden Paare. So gelöst hat man sie lange nicht gesehen. Auch Ludovika hat sich von dem Schrecken erholt, daß es Sissis offenbar in Ungarn, bei ihren Hunden, Papageien und Pferden, besser gefällt als bei ihrem Kaiser in Wien. Irgendwann wird sie mit Sissi darüber reden. Aber nicht heute.

Franz Joseph hat Helene zu seiner Tischdame gewählt und zum ersten Mal seit Ischl sitzen sie wieder, festlich gekleidet, nebeneinander. Und einen Augenblick denkt Helene: Wenn man die Zeit zurückdrehen könnte. Wenn all die Jahre nur im

Traum stattgefunden hätten. Wenn ich jetzt noch einmal 19 wäre und Franz Joseph 23 und alles von vorn beginnen könnte...

Aber man kann die Zeit nicht zurückdrehen.

Es ist alles vom Schicksal beschlossen.

Franz Joseph sieht strahlend aus in seiner weißen Uniform mit goldenem Stehkragen und goldenen Manschetten. Er hat zu Helenes Ehren alle Orden angelegt, er trägt rote Hosen, weiße Handschuhe, und er lacht immerzu. Er macht sogar Scherze mit seinem Vater, was lange nicht vorgekommen ist.

Helene in einem aprikotfarbenen Traum aus Tüll und Spitze, tiefer Ausschnitt, kleine Ärmelchen und Handschuhe, die bis zum Ellenbogen reichen. Sie ist sehr schlank und sehr reizvoll. Ihr Gesicht ganz anders als das von Sissi, reifer, gefaßter, aber auch ausgeglichener. Sie hat das Gesicht einer Kaiserin. Vielleicht denkt Franz Joseph in diesem Augenblick, sie wäre eine gute Kaiserin geworden. Sie hat Disziplin, sie genießt das höfische Leben, das Sissi immer verachtet.

Helene und Franz Joseph gehen hinaus auf die Terrasse, in den Park. Helene fächelt sich Luft zu und sagt zu ihrer Mutter: „Ich muß ein bißchen frische Luft schnappen."

„Ja, ja", sagt Ludovika freundlich, „natürlich."

Die beiden Schwestern schauen sich an. Ganz offensichtlich verstehen die beiden sich gut, der Kaiser und Prinzessin Helene...

Auch Herzog Max und sein Schwager Erzherzog
Franz Karl sind draußen auf der Terrasse. Herzog
Max will seinen Schwager überreden, die Schauspielerin Henriette in den Adelsstand zu erheben. Ein
heikles Unterfangen, da er doch weiß, daß auch
Franz Karl kein Kostverächter war, was Frauen
betraf. Und Schauspielerinnen gehörten damals zum
Repertoire des Erzherzogs. Eigentlich müßte er den
jungen Ludwig verstehen, daß er seinem Herzen
gefolgt ist und nicht den Forderungen des Stamm-
baumes...

Sie beschließen, Henriette Mendel den Namen
„Baronin Wallersee" zu geben, weil sie gerade vom
Angeln geredet haben und von den schönen Wallern,
die es im Mattersee gibt...

Helene und Franz Joseph bleiben vor dem herrlichen Brunnen im Park des Schlosses Schönbrunn
stehen. Helenes Schleppenkleid und ihre weiße
Haut leuchten im Mondlicht. Auch Franz Joseph ist
ganz verzaubert.

Man spielt einen Walzer, getragen, feierlich, und
pompös.

„Der Ball", sagt Helene, „ist wunderbar, Franz."

Er wendet sich ihr zu, strahlt. „Und Du bist eine
Königin. Alle bewundern Dich." Und er fügt hinzu:
„Ich auch."

Helene lächelt, verwirrt, geschmeichelt. Sie trägt
ein von Brillanten besetztes Diadem im Haar und

ein kostbares Collier aus Perlen und Edelsteinen. Sie sieht wirklich wie eine Königin aus an diesem Abend. Endlich muß sie sich nicht mit Sissi messen, nicht wie damals in Ischl, als Sissis Frische und Unbekümmertheit alles andere überstrahlt hat. Als Franz Joseph in seiner Verblendung und hitzigen Liebe nichts sonst sah, nichts hörte. Als er Helene gar nicht richtig wahrnehmen konnte...

„Sag, Nene, warum hast Du eigentlich noch nicht geheiratet?" fragt Franz Joseph.

Hinter ihnen rauscht das kühle Wasser im Brunnen, durch die offenen Fenster kommen Walzerklänge, man sieht wie sich im Takt drehende Paare unter glitzernden Kronleuchtern..., Helenes Lächeln erlischt.

„Das fragst ausgerechnet Du, Franz!" flüstert sie. „Warum stellst ausgerechnet Du diese Frage?"

„Weil ich mich wunder", sagt Franz Joseph. Er ist ganz arglos. Offenbar hat er Ischl längst vergessen.

„Du siehst bezaubernd aus und Du hättest doch bestimmt schon viele Möglichkeiten gehabt."

Helene schaut ihn an, riesengroße, verwirrte, traurige Augen. Sie muß sich abwenden, um ihr Gesicht zu verbergen.

„Nene", fragt Franz Joseph ängstlich, „was hast Du denn? Was ist?" Er faßt ihren Arm. Sie senkt den Kopf.

Plötzlich versteht Franz Joseph. „Verzeih", murmelt er, „es war ungeschickt, daß gerade ich diese

Frage gestellt hab. Allerdings ahnte ich nicht, daß es dir damals so nahe gegangen ist... Ich dachte eher, dieser Heiratsplan war eine Kombination unserer Mütter..., die beschlossen haben, uns zu verheiraten, ohne uns zu fragen..."

Helene dreht sich langsam zu Franz Joseph um. So lange hat sie auf diesen Augenblick gewartet. Diesen Moment, der sie von der Demütigung befreit, unter der sie so lange gelitten hat. Der Ausgleich für alles, was sie durchmachen mußte in den Monaten nach Sissis Hochzeit, als sie nicht zeigen durfte, wie sehr sie litt, welch tiefen Schmerz man ihr zugefügt hatte..., die Flucht zu ihrer Tante, der Königin von Sachsen, nach Dresden. Dann diese endlosen Kuppelei-Versuche ihrer Tante, ihrer Mutter, und sie wurde immer älter... Mit 21 war man damals schon eine alte Jungfer. Wer wollte eine Prinzessin, die schon einmal abgelehnt worden war?

Wenn damals Fürst von Thurn und Taxis nicht gekommen wäre..., aber auch das ist keine wirklich standesgemäße Liaison, nicht das, was Ludovika sich für ihre Älteste gewünscht hatte. Aber besser als gar keine Heirat...

Und immer wieder in ihren Alpträumen war sie wieder in Ischl, abends der wunderbare Ball zu Kaisers Geburtstag, sie so festlich gekleidet, so festlich gestimmt, Herzklopfen bis zum Hals, in Erwartung, daß Franz Joseph nun den Kotillon mit ihr tanzt..., und stattdessen verbeugt er sich vor Sissi, diesem sechzehnjährigen Kind und überreicht ihr einen Korb roter Rosen. Und niemand in der Gesellschaft verschwendet noch einen Gedanken an Helene, die verschmähte Braut. Die Geschichte geht über sie hinweg. Und die Mutter verlangt auch noch von ihr, daß sie Haltung zeigt! An so einem Tag! Nach so einer Schmach! So einer Niederlage! Haltung zeigen!

Aber jetzt bricht es aus ihr heraus. Jetzt kann sie ihm offenbaren, was sie so lange für sich behalten mußte. Jetzt kann sie Franz Joseph alles sagen, nachdem er ihr dieses Kompliment gemacht hat. Jetzt, wo sie spürt, daß er sie wirklich achtet, verehrt, vielleicht sogar heimlich begehrt..., jetzt kann sie offen sprechen.

„Als ich damals mit Mama nach Ischl fuhr, um mich mit dir zu verloben, wußte ich ja nicht mehr von dir, als daß Du gut aussiehst und Kaiser von Österreich bist. Aber dann...“ Helene schaut Franz Joseph an. „Dann hab ich Dich gesehen und näher kennengelernt, und da fühlte ich, daß ich an Deiner Seite glücklich werden könnte. Du ahnst ja gar nicht, wie unglücklich ich war, als ich plötzlich bemerkte, daß Du Sissi liebst! Ich dachte, ich würde nicht mehr weiterleben können! Ich wußte nur eins: Daß alles in mir zusammenbrach. Ich weiß, daß ich dir das alles nicht sagen darf. Ich wollte es dir ja auch nicht sagen.“

Franz Joseph, ganz verzagt und verwirrt, möchte Helene in den Arm nehmen, trösten, um Verzeihung bitten für die Schmerzen, die er ihr zugefügt hat, ohne es zu wissen oder gar zu wollen.

Aber dann flüstert Helene, überwältigt von den Gefühlen, die sie so lange unterdrücken mußte: „Ich werde nie mehr einen Mann so lieben wie Dich. Leb wohl, Franz." Sie drückt noch einmal seine Hand, dann rafft sie die Schleppe ihres bauschigen Kleides und stürzt davon.

Während man in Wien Walzer tanzt, spielt unweit von Budapest, im Schloß des Grafen Andrassy, die Zigeunerkapelle einen Csardas nach dem anderen.

Sissi tafelt an der Seite des Grafen, es geht nicht weniger prunkvoll zu als im Kaisersaal der Hofburg von Wien.

Sissi ist der strahlende Mittelpunkt des Abends. Jeder Gast, mit dem Andrassy plauscht, bestätigt ihm, welche Überraschung er ihnen mit der Anwesenheit der Königin von Ungarn bereitet hat.

Und Graf Cziaky sagt: „Batthyany ist ganz angetan von der Königin."

Graf Andrassy lächelt. „Wer ist das nicht?" gibt er zur Antwort, und seine Augen wandern durch den Raum auf der Suche nach der strahlenden Schönheit in dem weißen Abendkleid...

Aber Sissi sitzt im Nebenraum, in dem Graf Batthyany ihr gerade seine Aufwartung macht. Sie sitzt aufrecht und würdevoll wie eine Kaiserin. Aber sie sagt: „Graf Batthyany, ich möchte mit Ihnen nicht über Politik sprechen, davon versteh ich nichts."

Sie lächelt, vielleicht nimmt sie diesen Satz ebensowenig ernst wie ihr Gesprächspartner. „Ich möchte nur verstehen", fährt sie fort, „und Gegensätze überbrücken."

„Majestät", sagt Graf Batthyany ernst, aber mit sanfter Stimme, „Die Gegensätze, die unsere Länder trennen, sind unüberbrückbar."

Sissi lächelt. „Meiner Meinung nach gibt es keine unüberbrückbaren Gegensätze."

„Ich liebe mein Land", sagt Graf Batthyany.

„Ich liebe es doch auch", sagt die Kaiserin spontan. „Und der Kaiser wird alles tun, um Ihrem schönen Land den wahren Frieden zu geben."

Graf Batthyany seufzt. „Den wahren Frieden", sagt er sarkastisch, „was ist das in Ihren Augen?"

„Ordnung! Ruhe! Glück! Zufriedenheit! Genau das, was auch ihre Anhänger anstreben. Haben Sie doch ein bißchen Vertrauen zu Ihrem König", fleht sie, fast inständig. Und fügt hinzu: „Und zu Ihrer Königin. Oder glauben Sie, daß Sie das nicht können?"

Sie schauen sich an, prüfend, abwägend. Eben waren sie noch Feinde, eben waren die Gegensätze noch, wie Batthyany sagte, „unüberbrückbar". Aber die Kaiserin hat mit so viel Emotion, soviel Nachdruck und Ehrlichkeit gesprochen, daß Batthyany sich entwaffnet fühlt. Er senkt den Kopf und ein winziges erstes Lächeln spielt um seine Lippen als er erwidert: „Seit ich Eure Majestät kenne, glaube ich fast, daß ich Vertrauen haben könnte."

Sissis Gesicht beginnt zu strahlen und ihre Augen leuchten, als sie sagt: „Das ist schön, Graf Batthyany. Und jetzt, da Sie das sagen, glaube ich fast, daß alles gut werden kann. Wo ein Wille ist, ist auch ein Weg…"

In diesem Augenblick tritt Graf Andrassy ein und bittet Sissi um den Tanz, mit dem er offiziell den Ball eröffnen möchte.

„Ja, gern", Sissi greift nach dem Glas und versucht, das plötzliche Unwohlsein zu verbergen, indem sie hastig mit kleinen Schlucken trinkt.

Sie sieht an diesem Abend schöner, aber auch zarter aus als sonst. Die Hofdamen haben ihr Mieder so eng schnüren müssen, daß sie kaum Luft bekommt. Aber daran ist sie gewöhnt. Sie wird die Unpäßlichkeit herunterspielen, vielleicht war es doch die Aufregung, die Angst vor dieser Begegnung mit dem Grafen Batthyany, die Furcht, davon nach Wien berichten zu müssen…, da sie doch weiß, wie man in Wien über Batthyany denkt…, oder es ist die Erleichterung darüber, daß alles so gut gegangen ist. Daß nun der Anfang gemacht wurde, eine Versöhnung zwischen Leuten, die unversöhnlich schienen - bis eben.

Batthyany geht zu seinem Freund zurück und sagt: „Endlich ein Mensch in diesem Kaiserhaus." Und meint Sissi. Wen sonst.

Sissi steht auf, aber als sie sich ganz erhebt, wird ihr auf einmal schwindlig, und sie muß sich auf Graf

Andrassys Arm stützen. Sie lächelt, obgleich ihr ganz seltsam ist.

Graf Andrassy ist bestürzt. Aber sie sagt, daß sie nur ein wenig frische Luft braucht, um wieder durchatmen zu können.

„Es ist nur dieses dumme Gefühl", sagt sie mit einem um Vergebung flehenden Lächeln.

Graf Andrassy kniet jetzt vor der Kaiserin, die sich wieder setzen mußte, für die Gäste, die zufällig in den Raum schauen, muß es aussehen, als gestehe Graf Andrassy ihr gerade seine Liebe...

Dabei fragt er nur: „Haben Majestät dieses dumme Gefühl öfter?"

„Seit der letzten Jagd", sagt Sissi, „seit mich diese verliebte Zigeunerin mit diesem Wasser bespritzt hat..."

Vielleicht glaubt sie selbst, daß das Wasser nicht sauber gewesen sein mag. Vielleicht bringt sie den Husten, der sie neuerdings immer häufiger plagt, mit diesem unreinen Wasser in Verbindung. Die Übelkeit. Die Kopfschmerzen. Vielleicht ist es auch nur eine Ausrede...

„Gehen wir ein bißchen an die frische Luft", murmelt Sissi und stützt sich schwer auf den Arm des besorgten Grafen.

Sie gehen in den Park. Niemand folgt ihnen.

Die Hofdamen Esterhazy und Bellegarde suchen ihre Kaiserin und finden sie nirgends...

Sissi schlendert, inzwischen erfrischt und erholt, mit Graf Andrassy durch den Park seines Schlosses.

Sissi will diese Unpäßlichkeit herunterspielen. Sie sagt leichthin: „Es ist schon wieder vorbei. Vielleicht ist mir der Tokaier ein bißchen zu Kopf gestiegen."

„Das ist möglich, es war ein ganz alter Jahrgang", sagt Graf Andrassy amüsiert.

Sissi nimmt auf einer Parkbank Platz. „Was werden Sie jetzt von Ihrer Königin denken?" fragt sie, nicht ohne Koketterie. Sie weiß ja, daß Graf Andrassy gar nicht in der Lage ist, etwas Abfälliges über Sissi zu denken. Aber sie möchte es wohl hören.

Also sagt Graf Andrassy, nachdem er gewartet hat, daß sie das Gesicht zu ihm hebt und ihm in die Augen schaut: „Ich denke, daß Majestät die schönste und bezauberndste Frau ist, die ich kenne, und daß..."

Sissi lächelt, ihr gefallen die Schmeicheleien des Grafen. Er gefällt ihr ja auch. Er reitet wie der Teufel, er liebt die Hunde, die Jagd, die Freiheit, alles, was Sissi gefällt. Er kommt nach Gödöllö und spielt mit ihrer Tochter. Er ist ein Freund. Sie mag ihn wirklich sehr. Warum soll sie sich nicht ein paar Komplimente von ihm anhören?

„Warum sprechen Sie nicht weiter?" fragt sie kokett.

„Ich darf nicht, Majestät."

Sissi lacht. „Sie wollten sagen: ...und daß sie einen kleinen Schwips hat. Nicht wahr?"

Graf Andrassy bleibt ganz ernst. Er kniet neben ihr nieder, fast wie eben noch im Saal, aber dieses

Mal will er ihr wirklich eine Liebeserklärung machen, sehr ernst. Er wägt jedes Wort ab, das er sagt, weil er um die Bedeutung weiß. Er spricht mit der Kaiserin von Österreich. Mit der Königin von Ungarn. Mit einer verheirateten Frau. Er tut etwas, das man absolut nicht tun darf. Aber er kann nicht anders. Sie hat es herausgefordert. Sie hat ihn aufgefordert, es zu sagen. Ihr Wort ist ihm Befehl. Also wird er es tun.

Er kniet vor ihr und sagt: „Ich wollte sagen, daß ich unsterblich verliebt bin in meine Königin."

Er beugt sich vor und küßt Sissis Hand.

Sissi ist so erschrocken, daß sie nur flüstert: „Graf Andrassy!"

Er richtet sich auf. Er schaut ihr in die Augen, ernst.

„Ich liebe Eure Majestät. Seit dem Augenblick, als ich ihr zum ersten Mal gegenüberstand. Ich hätte nie gesprochen, aber Majestät haben es mir befohlen."

„Graf Andrassy! Sie wissen, wie sehr ich Sie schätze und wie sehr ich Ihnen zu Dank verpflichtet bin. Sie haben dem Kaiser Ungarn gebracht. Sie haben durch ihre Kraft und ihre Klugheit den jahrzehntelangen Haß einer Nation in Liebe verwandelt! Sie waren mein einziger Freund! Der einzige, auf den ich mich verlassen hab!" Sissi ist verzweifelt. Mit dieser Liebeserklärung von Andrassy wird sie auch diesen einzigen Freund verlieren. Sie kann, sie darf nicht in seiner Nähe bleiben, seitdem sie das weiß. Ja, selbst wenn sie es bereits wußte, aber daß er es ausgesprochen hat, macht es unmöglich, diese Freundschaft so fortzusetzen, wie sie es gewünscht hätte.

„Ich wäre unglücklich.", sagt Sissi, „wenn ich sie als Freund und Ratgeber verlieren würde."

Graf Andrassy schaut bekümmert, betreten auf den Boden. Die Situation ist verfahren, das weiß er selbst. Er hätte nicht sprechen sollen, er hätte den Befehl der Kaiserin, der ja kein wirklicher Befehl war, einfach ignorieren müssen.

Aber vielleicht war sein Herz so voll, vielleicht hatte er ohnehin geplant, ihr an diesem Abend, in seinem Schloß, die Wahrheit zu sagen. Seine Liebe zu gestehen.

„Versprechen Sie mir, daß ich meinen Freund nicht verliere?"

Graf Andrassy schaut ihr in die Augen. „Ich verspreche es, Majestät", sagt er ernst.

„Versprechen Sie mir", fährt Elisabeth fast verzweifelt fort, „daß Sie alles, was Sie eben gesagt haben, vergessen werden? ALLES?"

„Das kann ich nicht", flüstert Graf Andrassy. „Das kann ich nicht, Majestät. Ich bin ratlos. Ich weiß keinen Ausweg."

Sissi nickt, traurig. Sehr melancholisch sagt sie: „Dann werde ich einen Ausweg finden müssen."

Sie erhebt sich. Sie läßt sich von Graf Andrassy zurückführen. Sie weiß, daß dieser Ausweg nur heißen kann: die sofortige Abreise.

Sie verläßt das Fest noch in der gleichen Stunde. Jedes längere Verweilen würde sie, aber auch den Kaiser, kompromittieren. Sie ist erschrocken, betrübt und zornig. Alles zugleich. Sie hatte sich so auf einen fröhlichen Abend gefreut, ein richtiges ungarisches Fest hatte sie beim Grafen Andrassy bestellt. Und sie hatte insgeheim gehofft, doch noch diesen berühmten Mullatschak kennenzulernen, von dem alle reden. Diese Stimmung, in der man glaubt, daß alle Engel Zigeuner sind...

Oberst Böckl hat sich wieder einmal heftig verliebt. Eigentlich, so verkündet er überall, liebt er die Kaiserin, aber die ist ja unerreichbar, und er braucht nicht nur etwas für die Seele, sondern auch etwas in der Hand. Ein schönes Weiberl halt, so denkt der Oberst sich das.

In Ungarn hat er sich in die Tochter des Verwalters verliebt, die überall „die kleine Margit" genannt wird.

Margit hat auch schon gehört, daß der Oberst ganz närrisch verliebt in die Kaiserin ist, daß er die Augen verdreht und fast ohnmächtig wird, wenn die

Kaiserin ihn einmal rufen läßt. Deshalb will sie zuerst nicht mit ihm anbandeln. Aber der Oberst hat halt auch Charme und gerade liegen sich die beiden in den Armen, als die Gräfin Bellegarde auftaucht.

Der Oberst springt auf. „Ach, das ist reizend, Gräfin, daß Sie auch zu meiner Geburtstagsfeier kommen! Darf ich Sie um einen Csardas bitten?"

„Ich hab doch keine Zeit", sagt die Gräfin nervös. „Ich bin nur gekommen, um Ihnen zu sagen, daß wir morgen früh abreisen!"

„Wohin denn?" fragt Böckl erschrocken.

„Nach Wien."

„Auf lange Zeit?" Böckl schaut sich nach seiner kleinen Margit um, die so süß und kokett dasitzt in ihrem ungarischen Dirndl und sich fragt, was die beiden wohl zu besprechen haben. „Auf wie lange?"

„Das weiß ich nicht. Wir müssen alles zur Abreise fertig machen."

So muß Böckl, kaum daß die Liebe entfacht ist, schon wieder Abschied nehmen. Und ein bißchen mit seiner Liebsten weinen. Er wird das noch oft tun müssen, auf all den Stationen des unruhigen Lebens, das seine Kaiserin führt. Immer eine neue lodernde Liebe, ein herzergreifender Abschied. Und immer der Schwur, daß es nie eine andere geben werde..., und immer ist alles Lüge...

Auf Schloß Gödöllö herrscht höchste Unruhe. Die beiden großen Bernhardiner, die Sissi sonst im

Schloß und im Park auf Schritt und Tritt begleiten, haben sich still in eine Ecke zurückgezogen und beobachten, was passiert.

Die kleine Gisela wacht mitten in der Nacht auf, weil ihre Kinderfrau heimlich die Koffer packt, Puppen und Puppenwagen, ihre Kleider, Mäntelchen und Hüte, alles muß mit nach Wien, denn man weiß nicht, wann man wieder kommt und dann ist alles wieder zu klein.

Auch die Kinderfrau mag unglücklich sein. Auch sie hat vielleicht hier in Budapest einen Mann gefunden, der ihr gefällt. Auch sie hat vielleicht gehofft, daß man endlich einmal länger bleibt, daß man sich hier richtig einrichten kann. Daß man nicht hin und hergerissen wird zwischen Wien und Ungarn, zwischen Laxenburg, Schönbrunn und der Hofburg, Ischl und Possenhofen.

Alle, die in Sissis unmittelbarer Umgebung leben, hassen das viele unruhige Umherreisen. Nur Sissi ist ganz besessen davon.

Auf die Wünsche und Bedürfnisse des Personals nimmt Sissi niemals Rücksicht. Ihre persönlichen Begleiter, die Hofdamen Ida Ferenzcy und Gräfin Bellegarde, müssen sie auch später auf alle Reisen begleiten. Müssen mit ihr wandern, reiten, klettern, fasten, auf Schiffen stürmische Meere überqueren, in Griechenland Tempel besichtigen, auf Korfu Baupläne für eine Villa studieren, die sie dort bauen will. Müssen mit ihr lachen, wenn sie fröhlich ist, und trauern, wenn wieder einmal eine Depression sie befällt. Ein Privatleben haben diese Menschen, die doch auch zu den hohen Adelsschichten Österreichs gehören, an der Seite der Kaiserin Elisabeth niemals gehabt.

Die Abreise wird so überstürzt organisiert, daß nicht einmal Zeit ist, Wien zu unterrichten, den Kaiser oder die Erzherzogin. Sissi möchte so schnell wie möglich fort. Weg von Graf Andrassy, von der großen Versuchung... Sie weiß, daß der Kaiser ihr viel nachsieht, ihr viel verzeiht, aber eine Liaison mit einem ungarischen Grafen - das wäre unverzeihlich.

Sissi bleibt in der Nacht lange wach. Die Gräfin Bellegarde wagt nicht, sich zurückzuziehen. Sissi steht stundenlang am Fenster, sie trägt immer noch dieses schöne Ballkleid mit den Schmuckspangen aus Diamanten an der Schulter. Zum ersten Mal hat sie ein ärmelloses Kleid getragen. Und Perlen im Haar. Sie hatte sich so auf dieses Fest gefreut. Sie wollte so gerne noch länger in Gödöllö bleiben. Viel länger...

Sinnend lehnt sie ihre Stirn an die Fensterscheibe. „Sagen Sie, Gräfin, haben Sie Gödöllö auch so gern?"

„Ja, Majestät", sagt Gräfin Bellegarde und vielleicht muß sie das nicht einmal heucheln. Vielleicht hat auch sie das freie, ungezwungene Leben inzwischen lieb gewonnen.

„Ich habe nie geglaubt", sagt Sissi, „daß mir der Abschied so schwer fallen würde."

„Aber es ist doch kein Abschied für immer, Eure Majestät!"

Sissi schüttelt den Kopf. Sie lächelt traurig. „Nein, aber für eine sehr lange Zeit."

Eine Zeit, die lange genug ist, die Wunden heilen zu lassen, die zwischen ihr und Andrassy aufgerissen wurden. Eine Zeit, die lange genug ist, um diese Worte, die Andrassy ihr im Park gesagt

hat, ungeschehen zu machen. Als wären sie nie über seine Lippen gekommen.

Wie lange dauert so eine Zeit?

Am nächsten Morgen sitzen Sissi und ihre zweijährige Tochter in der Kutsche auf dem Weg zurück nach Wien.

Sissi im Reisekostüm, einen hellblauen Tüllschal um den Kopf gewickelt.

Das Kind in einer rosa Pelerine blickt fasziniert aus dem Fenster.

Gisela ist ganz begeistert von den Rinderherden, den Gänsescharen, an denen sie vorbeifahren. Immer wieder ruft sie: „Mama, schau!"

Aber Sissi hat an diesem Tag keinen Blick für die Schönheit der ungarischen Landschaft.

Die kaiserliche Kutsche wird von vier Schimmeln gezogen. In der nachfolgenden Kutsche sitzen die Gräfin Bellegarde und der Oberst.

Sie halten an einem Gasthaus, einer Poststation, an der auch die Pferde gewechselt werden. Sissi hat keine Ruhe. Sie gibt den Befehl, die Pferde so schnell wie möglich zu wechseln. Sie will weiter, nur weiter.

Die kleine Gisela soll ein Glas Milch trinken und deshalb wird man einen Augenblick in der Gaststube rasten bis die Pferde wieder eingeschirrt sind und die kleine Prinzessin sich von der anstrengenden Schaukelei in der Kutsche erholt hat.

Sissi hat noch kein einziges Mal gelächelt. Sie spricht nur das Nötigste.

Ihr schaudert, wenn sie an Wien denkt.

Aber gleichzeitig spürt sie auch eine Sehnsucht nach dem Kaiser, ihrem Ehemann. Sie hatte nicht vor, ihm untreu zu sein. Sie hatte nicht vor, das Werben des Grafen Andrassy zu erhören. Nicht eine einzige Sekunde hat sie mit dieser Möglichkeit gespielt. Zum ersten Mal seit vielen Tagen beschleicht sie auch ein schlechtes Gewissen, wie sie ihren Mann so lange und so oft allein gelassen hat. Beide tragen noch an der Trauer über das tote Kind, er ebenso wie sie.

Warum glaubt nur Sissi, daß sie ein Recht hat, zu trauern?

Warum verlangt alle Welt vom Kaiser, daß er dennoch immerfort Haltung zeigt und Disziplin wahrt?

Sissi spürt vielleicht jetzt zum ersten Mal, daß sie keine wirklich gute Kaiserin ist.

Ihr Wunsch, Österreich und Ungarn zu versöhnen, war groß. Und kam von Herzen.

Aber sonst hat sie nicht viel getan bisher, um dem Kaiser bei seinem schwierigen Geschäft zu helfen.

Sie hat ihn immerfort in ihre Querelen mit der Erzherzogin hineingezogen. Sie hat die Audienzen platzen lassen, ist nicht zu Bällen erschienen, auf denen man sie erwartet hat, hat wichtige Familien Österreichs brüskiert...

Es wird anders werden, denkt Sissi, als sie im Gefolge der Gräfin und Oberst Böckls die Gaststube betritt. Ich werde mich bessern...


Oberst Böckl verbeugt sich vor der Kaiserin. „Majestät, es ist noch ein Gast anwesend, aber ich werde dafür sorgen, daß er verschwindet."

Sissi bleibt abwartend dastehen.

An einem der Tische sitzt ein einsamer Mann mit gebeugtem Rücken, er trägt einen Reiseanzug, keine Uniform, keine Abzeichen.

Oberst Böckl will ihn wegschicken, aber da dreht der Gast sich um. Es ist Kaiser Franz Joseph.

Er wartet auch darauf, daß seine Pferde gewechselt werden. Denn er hat sich ebenfalls auf den Weg gemacht, um Sissi zu treffen, um sie von Gödöllö zurückzuholen.

Das Erlebnis, das er mit Sissis Schwester hatte, war für ihn ebenso aufwühlend wie das, was Sissi mit Graf Andrassy erlebt hat.

Wenn wir noch länger voneinander getrennt bleiben, wird diese Ehe so werden wie alle anderen, eine Ehe auf dem Papier, ohne Herz und ohne Leidenschaft.

Aber das darf nicht sein.

Nicht bei uns. Nicht in dieser Ehe, die aus Liebe entstanden ist und nicht aus politischem Kalkül.

„Franz!" ruft Sissi.

„Sissi!"

Sissi und Franz Joseph fallen sich in den Armen. Beide sind glücklich und wie erlöst, sich wiederzuhaben.

Beide sind dankbar, daß der andere keine Vorwürfe macht, den anderen nicht zur Rechenschaft zieht.

Beide sehen müde aus, sind älter geworden und reifer, haben eine Menge mehr über das Leben gelernt.

Franz Joseph hat schon einen Krieg verloren.

Und Sissi hat schon Verwundete gepflegt, in Lazaretten, und Sterbenden die Hand gehalten, hat Familien besucht, die das Oberhaupt verloren haben in einem Krieg, dem Krimkrieg, der sinnlos war wie alle anderen Kriege. Und Franz Joseph mußte kapitulieren.

Ja, er ist älter und ruhiger geworden. Er hat Niederlagen kennengelernt. Er möchte nicht noch eine erleben, nicht in seinem privaten Umfeld.

Er möchte das Glück mit Sissi beschwören, möchte das Schicksal zwingen, ihm die Sissi zurückzugeben, so jung, so strahlend, die er in Ischl kennengelernt hat...


Sissi schickt Oberst Böckl mit der kleinen Tochter hinaus, die Gräfin verläßt auch die Gaststube, endlich sind Franz Joseph und Sissi allein.

„Du siehst müde aus", sagt Sissi.

„Wahrscheinlich, weil ich die letzte Nacht nicht geschlafen hab. Es war ein großer Ball für Nene."

„Nene ist in Wien?"

„Ja, sie ist aber gleich nach dem Fest abgereist."

Sissi schaut auf. Ahnt sie etwas? Sie fragt nur: „Wie sieht denn Nene aus?"

„Sehr hübsch."

„Heiratet sie denn nun endlich diesen Thurn und Taxis? Sie sind doch nun schon zwei Jahre verlobt."

Franz Joseph zögert. Er weiß, daß er Sissi niemals das sagen darf, was Nene erzählt hat. So lange hat Sissi sich damit gequält, daß sie ihrer Schwester das Glück zerstört hat. Damals war sie selbst glücklich.

Aber heute? Ob sie noch glücklich ist mit ihrem Franz Joseph?

Er streckt ihr über den Tisch die Hand hin. Sie streichelt seine Finger.

„Laß mich, bitte", fleht er, „nicht mehr allein. Bleib bei mir."

Sissi lächelt. Es ist ein kleines, trauriges, schuldbewußtes Lächeln. „Ja", sagt sie.

„Fahr nicht gleich wieder zurück nach Gödöllö!" bittet Franz Joseph sie.

„Gödöllö hab ich für lange Zeit verlassen", antwortet Sissi. „Gestern, gleich nach dem Fest bei Graf Andrassy, bin ich abgereist."

„Du warst bei Andrassy?" fragt Franz Joseph alarmiert. Natürlich muß er eifersüchtig sein, nach allem, was er über Andrassy gehört hat. Die täglichen Besuche, die Rosen, die Spaziergänge...

„In seinem Haus?"

Sissi nickt. „Ja, ich wollte Batthyany treffen. Wir haben uns ausgesprochen", sie atmet tief durch. „Und ich glaube, wir haben einen neuen Freund gefunden."

Franz Joseph schaut Sissi nur an. Er versucht, die wahre Bedeutung zwischen den Worten zu erkennen, hinter ihrer Stirn zu lesen. Was verbirgt sie ihm? Was verheimlicht sie? Oder ist er nur zu argwöhnisch? Warum hat er das Vertrauen in ihre Liebe verloren? Traut er denn seiner Liebe zu Sissi noch?

„Ich hab auch eine Bitte, Franz", sagt Sissi leise.

„Nimm dir ein bißchen mehr Zeit für mich!"

„Das verspreche ich dir", sagt Franz Joseph.

„Jetzt ja, aber in Wien hast Du alles vergessen!"

Franz Joseph zögert. Er weiß, daß Sissi recht hat. In Wien geht alles immer seinen alten Trott. Ein so großes Schloß, die ganze Hofburg, kann man nicht so führen, wie Sissi es gerne hätte, wie ein kleines putziges Schloß am Starnbergersee, wie ihr Possi.

Er schlägt vor, daß sie einen Abstecher nach Ischl machen. Jetzt gleich, sofort.

Sissi strahlt. „Oh ja! Wir zwei ganz allein! Schön!"

Sie umarmen sich, so innig wie am Anfang. Sie halten sich ganz fest. Sie haben beide den innigen Wunsch, diese große Liebe, von der sie einmal so durchdrungen waren, zu bewahren.


Auf den Almen um Ischl blühen die wilden Narzissen. Alle Hänge leuchten weiß und gelb.

Sissi, im weißen Kleid mit schwarzem Mieder und einem Sonnenhut, der so groß wie ein Wagenrad ist und mit Strohblumen dekoriert, hockt wie ein kleines Mädel im Gras und pflückt Blumen.

So hat Franz Joseph sie geliebt, als er sie in Possenhofen besuchte: Genau diesen Sonnenhut mit den Blumen hat sie getragen und einmal hat er in einer Depesche extra erwähnt, daß sie nicht ohne diesen Hut nach Wien kommen soll, mit dem er so süße Erinnerungen verbindet...

Franz Joseph ist glücklich. Er tut es Sissi gleich und pflückt eine Narzisse nach der anderen. Vielleicht ist es das erste Mal in seinem Leben, daß er so etwas tut: Blumenpflücken! Ein Kaiser! Und in Wien geben sich die Diplomaten die Türklinke in die Hand!

Aber er hat Sissi versprochen, daß sie sich ein paar Wochen freinehmen wollen und erst sind ein paar Tage vergangen. Und jeder Tag war schön wie ein kleines Leben. Nur Glück und Liebe.

Auch Sissi strahlt wie früher. Ihre Wangen sind gerötet, sie hat alle Traurigkeit und Blässe abgelegt. Es sieht so aus, als könnten sie wirklich noch einmal von vorn anfangen.

Sissi hebt den Kopf und ruft zu Franz hinüber: „Hast Du schon mehr als ich?" Sie zeigt ihren Strauß.

„Nein!"

„Dann hab ich gewonnen!" Sissi erhebt sich, schwenkt ihre Blumen.

Franz Joseph lacht. „Ich geb mich geschlagen." Das ist eine Niederlage, die er sich liebend gern eingesteht.

Ah, dieses Glück mit einer jungen Frau in der Natur, die beide so lieben, in den Bergen. Klettern kann Sissi wie eine Bergziege. Vielleicht kann sie es immer noch. Vielleicht wird Franz Joseph mit ihr eine Bergtour planen, so wie damals in Tirol.

„Fang mich auf!" ruft Sissi und läuft ihrem Mann entgegen, die Bänder des Hutes fliegen, sie breitet die Arme aus und läuft wie ein kleines Mädchen den Hang hinunter, mit Riesenschritten, die immer schneller werden, fast sieht es aus, als würde sie sich gleich überschlagen und Franz Joseph hat schon die Arme ausgebreitet, um seine Frau aufzufangen.

Da bleibt sie stehen, preßt die Hand gegen die Brust, krümmt sich, wird kreidebleich.

„Sissi! Sissi! Um Gottes willen!" ruft Franz Joseph.

Er fängt sie gerade rechtzeitig auf. Sissi krümmt sich vor Schmerzen, schließt die Augen. Ihr Mund zittert und sie preßt die Augen fest zusammen, damit ihr nicht schwindlig wird.

„Was ist dir denn?" fragt Franz Joseph beklommen und ängstlich.

„Ich weiß es nicht!" murmelt Sissi, ganz erschrocken und niedergeschlagen. „Ich hatte das schon einige Male in Ungarn."

Sie muß wieder an den Abend mit Graf Andrassy denken. Da hatte sie es auch, nach dem Gespräch mit Batthyany.

Damals hatte sie geglaubt, es sei der Tokaier gewesen, der schwere Wein. Einmal hatte sie auch gedacht, daß das Wasser, mit dem die Zigeunerin sie bespritzt hatte, unrein gewesen sein könnte. Irgendwelche Bakterien oder Viren, die jetzt in ihrem Körper ihr Unwesen treiben.

Aber sie will nicht krank sein! Nicht jetzt, wo alles so schön ist! Wo sie ihren Franz ganz für sich hat!

Ach, mit ihm in den Bergen, im Sommer, das war es doch, was sie sich immer gewünscht hat! Und nun hat Franz nur ihr zuliebe sich alle Arbeit vom Hals gehalten und dann macht sie schlapp.

„Vielleicht", sagt sie matt und ohne Überzeugung, bin ich nur den Hügel zu schnell hinuntergelaufen."

Sie muß sich fest an ihren Mann anlehnen, weil sie sich gar nicht auf den Beinen halten kann.

Er spürt es, er merkt, wie ihre Kraft schwindet und wie sie tapfer versucht, es zu verbergen, vor ihm zu verbergen, damit er sich keine Sorgen macht.

„Ich bring Dich schnell nach Haus", flüstert er beruhigend.

„Nein, nein." Sissi richtet sich auf, atmet tief durch. „Es ist schon wieder vorbei."

Aber Franz Joseph ist besorgt. „Ich laß sofort Hofrat Seeburger nach Ischl kommen", ruft er und Sissi nickt. Sie schließt die Augen. Der Schmerz ist schon wieder da.

Sie zittert. Franz Joseph flüstert: „Oder nein, besser noch: Wir fahren so schnell wie möglich nach Wien."

Wie schlecht muß es Sissi gehen, daß sie einfach nur nickt.

Die Erzherzogin hat gesehen, wie Franz Joseph seine kranke junge Frau nach Wien zurückbrachte.

Sie hat am Fenster der Hofburg gestanden und hinausgeschaut. Sie hat Sissis totenbleiches Gesicht gesehen, das vor Kummer ganz kleine Gesicht ihres geliebten Franz.

Sie hat sich ihre eigenen Gedanken gemacht über Sissis Krankheit. Eine Frau, die in Ungarn das Leben einer Müßiggängerin geführt hat!

Mit allen möglichen Dingen ihren Tag verbrachte, die man in der Hofburg nicht einmal bis ans Tor lassen würde.

All die Tiere, mit denen Sissi sich umgibt. Diese Krankheiten, die sie anschleppen können! Nicht einmal die Papageien will sie weggeben.

Wer weiß, was sie sonst noch getrieben hat in all den Wochen. Vielleicht ist sie ja wieder schwanger.

Aber das hätte der Hofrat Seeburger schnell herausgefunden. Dazu mußte er nicht ein Konzilium von Ärzten einberufen.

Sie läutet nach Sissis Hofdame, Gräfin Lamberg. Die erscheint unverzüglich.

Sophie sitzt an ihrem Schreibtisch.

Die Gräfin Lamberg versinkt in einen tiefen Hofknicks.

„Sind die Ärzte noch bei Ihrer Majestät?" fragt die Erzherzogin.

„Nein, Kaiserliche Hoheit. Aber das Konzilium ist noch nicht zu Ende."

Die Ärzte beraten sich schon seit Stunden. Sophie versteht das nicht. Was kann man so viele Stunden bereden?

„Dann sagen Sie Hofrat Seeburger, daß ich ihn nach dem Konzilium unverzüglich zur Berichterstattung erwarte!"

Ihre Stimme ist immer wieder hart und streng. Man spürt bei der Erzherzogin keine Bekümmernis, keine Sorge. Vor allen Dingen keine Liebe.

Vielleicht hält sie Sissis Krankheit nur für eine weitere Marotte. Vielleicht ist das Sissis Trick, argwöhnt sie, um sich so lange wie möglich und immer öfter vom Wiener Hof zu verabschieden und ihren Pflichten als Kaiserin...

Aber das wird sie alles erfahren, Hofrat Seeburger ist ihr ergeben, ein loyaler Diener seiner kaiserlichen Arbeitgeber. Er wird Sophie alles sagen. Alles, was sie wissen will.


Sissi liegt in ihrem Bett in einem Berg von Kissen mit Rüschenbesatz und ihr ist ganz jämmerlich elend zumute.

Sie hustet, hustet die ganze Zeit, Tag und Nacht, ein trockener Reizhusten, der sie nicht schlafen läßt und ihr alle Kräfte raubt. Sie ist so verzweifelt.

Ihre kleine Tochter möchte sie besuchen, aber man läßt das Mädchen nicht zu ihr, bis man nicht weiß, ob die Krankheit ansteckend ist.

Der Kaiser sitzt in seinem Arbeitszimmer und hört Berichte des Ministerrates, aber er kann sich nicht konzentrieren. Seine Gedanken sind nur bei Sissi.

Wird sie wieder gesund? Was sagen die Ärzte? Wie lange muß er sich noch mit dieser Ungewißheit quälen?

Sissi weiß, daß ihr Franz sich solche Sorgen macht. Sie würde ihm gerne einmal eine gute Nachricht überbringen, sagen: Heute geht es mir wirklich wieder besser. Aber das stimmt ja nicht. Im Gegenteil, es geht ihr immer schlechter. Sie fühlt es ja selbst.

Und sie sieht es in den Augen ihrer treuen Diener, die sie Tag und Nacht umsorgen.

Alle sehen ganz bekümmert aus und haben tiefe Ringe unter den Augen, vor Schlaflosigkeit.

Die Gräfin Bellegarde ist in Sissis Zimmer. Sissi verfolgt mit den Augen, wie sie herum geht, die Blumen ordnet, die Franz ihr schickt, das Teeservice zur Seite stellt.

„Warum will man mir nicht sagen, was mir fehlt?" fragt sie kläglich.

„Weil sich die Ärzte noch nicht im klaren sind. Aber es ist bestimmt nichts Ernstes, Majestät."

Sissi glaubt der Gräfin nicht. Es ist lieb, daß die Gräfin ihr Mut machen will, aber es nützt nichts. Sissi hat keinen Mut. Sie hat Angst. Sie spürt, daß etwas mit ihr nicht in Ordnung ist.

„Und warum hat dann Dr. Seeburger ein Konzilium einberufen?" fragt sie.

Die Gräfin seufzt unhörbar. Wenn sie das wüßte! Wenn sie irgend etwas wüßte, was der Kaiserin Mut und Kraft gäbe! Aber die Gesichter, die sie sieht, draußen in den Fluren des Schlosses, die sagen alle: Es ist schlimm.

„Bitte", sagt die Gräfin, „Majestät sollten sich darüber nicht den Kopf zerbrechen!"

Dabei tut die Gräfin Bellegarde den ganzen Tag nichts anderes. Sissi schließt die Augen. „Ich fühle ja selbst", sagt sie schwach, „daß etwas mit mir nicht in Ordnung ist. Immer dieser merkwürdige Schmerz..., immer an derselben Stelle..."

Die Gräfin schaut Sissi an, ganz beklommen.

Sissi wartet auf ein Wort des Trostes.

Aber was soll man sagen, wenn man keinen Trost mehr hat?

Dr. Seeburger ist bei der Erzherzogin. Er sieht bekümmert aus und sehr müde nach anstrengenden Beratungen mit anderen Ärzten, den besten Spezialisten des Landes.

„Es steht sehr schlecht um die Gesundheit Ihrer Majestät", sagt er.

Sophie ist erschrocken. „Das Herz?" fragt sie.

Dr. Seeburger schüttelt den Kopf. „Die Lunge", sagt er ernst.

„Um Gottes willen! Aber doch nur eine akute Infektion? Oder etwa ansteckend?"

Dr. Seeburger holt tief Luft. Jetzt kommt der schwierige Teil seiner Mission. „Ich bin verpflichtet, Eurer Kaiserlichen Hoheit die Wahrheit zu sagen! Die Herren Professoren verlangen einen sofortigen Klimawechsel!"

Sophie hebt den Kopf, als habe sie es geahnt! Darauf geht also alles hinaus! Die Kaiserin will sich vor ihren Pflichten davonstehlen! Will ihren Ehemann noch länger allein lassen, als sie es bereits getan hat!

Dr. Seeburger hält ihrem Blick stand. „Die Ärzte", sagt er, „haben aber auch dann nur wenig Hoffnung auf eine vollständige Genesung."

Jetzt ist Sophie wirklich erschrocken.

Sissi, todkrank?

Um Gottes willen. Wie wird ihr Sohn mit einer solchen Nachricht leben können?

Dr. Seeburger sagt: „Selbstverständlich hat Ihre Majestät keine Ahnung von alledem. Sie weiß nicht, wie krank sie wirklich ist."

In Sophies Kopf überstürzen sich die Gedanken. „Wie soll ich nur dem Kaiser diese Schreckensnachricht beibringen? Die Wahrheit muß er doch erfahren! Und die Eltern der Kaiserin müssen verständigt werden."

Dr. Seeburger senkt den Kopf. Natürlich, das alles muß geschehen. Wie praktisch die Erzherzogin ist.

Läßt sich keine Minute Zeit, zu trauern, Mitleid zu haben, an Sissi zu denken. Immer nur an die nächste Pflicht. Aber so ist sie eben.

Sophie schaut auf. „Ich bin", sagt sie leise, „zum ersten Mal in meinem Leben wirklich ratlos."

Dr. Seeburger bleibt stumm.

Der Kurier bringt den Brief mit der schrecklichen Nachricht nach Possenhofen.

Ludovika, die immer so ungeduldig den Brief aufreißt, noch bevor Thomas oder ein anderer Bediensteter mit einem Brieföffner kommen, zieht den Brief heraus und liest. Und erstarrt. Faßt sich ans Herz.

Nene, die bei ihrer Mutter ist, schaut auf. „Mama?"

Die Herzogin Ludovika liest mit großen schreckensweiten Augen den Brief.

„Aber das ist doch nicht möglich!" ruft sie.

„Was denn?" Nene springt auf. Sie will ihrer Mutter den Brief abnehmen, aber die dreht sich schon um, sucht mit den Augen ihren Mann.

Sie sind draußen, wie immer im Garten. Herzog Max spielt, wie immer, mit den Kindern. Inzwischen gehört die kleine Tochter von Ludwig längst dazu. Baronin Wallersee, die ehemalige Schauspielerin Henriette Mendel, ist eine reizende Person, die alle liebhaben. Herzog Max hat es schon immer verstanden, die Harmonie in seiner Familie wiederherzustellen, wenn sie mal brüchig war.

Alles könnte so schön sein, so heiter und friedlich, da in ihrem Sommerschloß Possenhofen, gegenüber dem Schloßberg, indem Sissis Cousin Ludwig II. lebt und immer wieder mal herüberkommt mit dem Schiff und fragt, wie es seiner Sissi geht...

„Max!" ruft Ludovika, den Brief in der zitternden Hand. „Ein furchtbares Unglück!" Sie bleibt vor ihrem Mann stehen. „Sissi ist sehr krank!"

„Sissi?" Max erschrickt zu Tode. „Um Gottes willen", flüstert er.

Ludovika bricht in Tränen aus. „Ist das nicht entsetzlich?"

Sie lehnt sich hilfesuchend an ihren Mann. „Max!"

Er nimmt seine Frau in den Arm. Sein Gesicht ist kummervoll.


Während die Erzherzogin ihren Pflichten nachgeht, empfängt Sissi Dr. Seeburgers Besuch. Er kommt regelmäßig dreimal am Tag zur Visite, sie muß dann ihren Rücken freimachen, er klopft sie ab, er spricht tröstende Worte, er deckt sie wieder zu, er verschreibt Lösungsmittel für die Bronchien und macht ihr Mut.

Aber dann geht er wieder und Sissi bekommt einen neuen Hustenanfall und nichts ändert sich wirklich. Ihre kleine Tochter hat Sissi seit Tagen nicht gesehen.

Franz darf auch nicht zu ihr.

Der Kaiser darf sich auf keinen Fall anstecken! Die Gesundheit des Kaisers ist unbedingt zu gewährleisten!

Und Franz Joseph fügt sich, wie er das immer getan hat.

Sissi, allein mit ihren Krankenpflegerinnen, ihrer treu ergebenen Hofdame, zwischen Dämmern und Wachen, die Tage dehnen sich wie Jahre, in den Nächten plagen sie Alpträume. Manchmal wacht sie auf, nah am Ersticken, schweißgebadet und schreit...

Aber jetzt, jetzt hat Dr. Seeburger gute Nachrichten.

Sissi richtet sich auf, lächelt. „Ich darf aufstehen? Wirklich aufstehen, Herr Hofrat?"

Dr. Seeburger nickt. Er lächelt. „Ja, Majestät, eine Stunde!"

Sissi schiebt ihre Bettdecke weg. „Dann möchte ich den Kaiser überraschen. Er wird sich sicher freuen, wenn er sieht, daß ich wieder gesund bin. Ich darf doch zu ihm?"

„Jawohl, Majestät."

Sissi erhebt sich. Ihre Beine zittern, ihr ist ganz schwach. Wann hat sie zuletzt eine wirklich herzhafte Mahlzeit gegessen? Aber sie lächelt.

„Gräfin, bitte", sagt sie zu ihrer Hofdame, „bringen Sie mir den Schlafrock und sagen Sie Oberst Böckl, er soll die Wachen im Flur abtreten lassen."

Nicht noch einmal möchte Sissi im Schlafrock in den Fluren der Hofburg gesehen werden.

Wie damals, am Tag ihrer Hochzeit, als die Erzherzogin sie mit offenem Haar und barfuß überraschte..., wie lange das alles her ist...

Sissi lächelt tapfer, als sie die besorgten Mienen sieht.

„Ich fühle mich doch noch etwas komisch, aber ich glaube, das kommt vom langen Liegen."

Dr. Seeburger verneigt sich stumm. Er hofft, daß die Kaiserin die Wahrheit nicht in seinen Augen lesen kann...

Die Erzherzogin ist auf dem Weg zu ihrem Sohn, um ihm die traurige Nachricht von Sissis unheilbarer Krankheit zu überbringen.

Sie findet ihn im Arbeitszimmer, wie üblich mit Akten. Graf Grünne ist auch da, mit neuerlichen Berichten über innenpolitische Probleme in Österreich. Die Österreicher fordern immer lauter eine neue Verfassung, mehr demokratische Rechte. Franz Joseph fühlt sich hin und hergerissen zwischen den Empfehlungen Sissis, dem Volk zu geben, wonach es verlangt, und seinem Ministerrat, der auf Strenge und Gewalt setzt, genau wie seine Mutter.

Als Sophie ins Arbeitszimmer tritt, legt Franz Joseph die Akten sofort beiseite. „Sie bringen Nachrichten von Sissi, Mama?"

„Ja, Franz." Sophie wirft Graf Grünne einen Blick zu, der versteht. Dieses soll eine Aussprache unter vier Augen werden. Er zieht sich zurück.

Sophie hat einen schweren Dienst zu absolvieren. Sie schaut ihren Sohn an, voll zärtlichem Mitleid. Niemand weiß, wie schwer es ihr fällt, über das zu reden, was irgendwann gesagt werden muß.

Vor vier Tagen hat sie eine Unterrichtung durch den Lungenfacharzt Dr. Skoda verlangt und der hat bestätigt, was der Hofrat Seeburger bereits festgestellt hat: Sissi würde diesen Winter in Wien nicht überleben. Sie muß in ein anderes, wärmeres Klima. Aber es ist ganz und gar nicht sicher, daß der Klimawechsel ihre Krankheit ausheilen kann. Nichts ist mehr sicher.

Vier Tage und Nächte hat sie allein diese Nachricht mit sich herumgetragen, nicht wissend, wie sie es ihrem Sohn am besten mitteilen soll.

Aber jetzt, wo Dr. Seeburger sich entschlossen hat, Sissi schon jeden Tag für eine Stunde aufstehen zu lassen, um sie langsam auf die Reisestrapazen vorzubereiten, muß sie doch endlich mit ihrem Sohn sprechen.

Franz Joseph steht vor seiner Mutter, er wartet angstvoll. Er kann in ihrer Miene lesen, daß sie ihm keine guten Nachrichten bringt.

„Mein lieber Franz", sagt Sophie, „ich kämpfe tagelang mit mir, weil ich dir etwas Trauriges mitzuteilen habe und es mir immer überlege, wie ich es dir am besten sagen könnte..."

„Was ist los, Mama?" ruft Franz Joseph voller Sorge.

Sophie faßt ihren Sohn sanft am Arm. „Komm, Franz, setz Dich zu mir." Ihr Herz ist von Trauer und Mitleid um ihren Sohn ganz schwer.

Sie sitzen in dem großen Arbeitszimmer des Kaisers in der Wiener Hofburg. Dieses Zimmer hat Türen auf zwei Flure hinaus, die von Wachen umstellt sind. Sissi hat die Wachen abziehen lassen, damit man sie nicht im Schlafrock herumlaufen sieht.

Sissi geht ganz allein mit ihren aufgelösten Haaren, ungeschminkt, sehr blaß und mager, durch die Flure. Ein Schloß mit 1440 Zimmern. Man kann sich gar nicht vorstellen, wie weit zwei Menschen voneinander entfernt leben und dennoch unter einem Dach.

Sissi läuft, so schnell ihre schwachen Beine sie tragen. Sie bleibt an der Tür zum Arbeitszimmer stehen. Eine große hohe, weißlackierte Tür mit goldenem Stuck, goldenen Griffen. Vorsichtig drückt Sissi den Griff herunter. Sie möchte den Kaiser nicht gerade überraschen, wenn er mit seinen Ministern spricht, so wie damals, als sie ihn in eine peinliche Situation brachte. Damals war es eine freudige Botschaft, die sie ihm bringen konnte: Dr. Seeburger hatte ihr gesagt, daß sie schwanger sei...

Dieses Mal ist die Botschaft nicht ganz so freudig, aber immerhin gibt sie Sissi Anlaß zur Hoffnung: Die Ärzte erlauben ihr, das Bett zu verlassen! Zum ersten Mal seit mehr als zwei Wochen!

Wie er sich freuen wird, der liebe gute Franz, dessen kummervolle Miene sie sich gut vorstellen kann. Alle reden davon, wie sehr den Kaiser die Krankheit seiner Frau bekümmert. Jetzt wird sie ihm zeigen, daß es gar so schlimm nicht ist.

Sie wird ihn an seinem Schreibtisch überraschen, die Arme um ihn legen...

Da hört sie die Stimme ihrer Schwiegermutter. Also, die Erzherzogin Sophie ist bei Franz, natürlich, wo soll sie sonst sein, sie ist ja immer in der Nähe ihres Sohnes, nur um alle politischen Entscheidungen mitbeeinflussen zu können, um immer das Ohr des Kaisers zu haben...

Sissi bleibt stehen. Sie will nicht lauschen, sie will nur warten, bis die Schwiegermutter den Raum verlassen hat.

Sie kann nicht verhindern, alles zu hören, was gesprochen wird. Schon beim ersten Satz weiß sie, daß man über ihre Krankheit spricht. Also bleibt sie stehen, wie festgenagelt, und hört. Und lauscht ihrem eigenen Todesurteil. Atemlos, entsetzt und niedergeschmettert, und dennoch kommt es ihr vor, als sei es genau das, was sie selber immer gefühlt hat. Sie muß sterben. Irgendeine furchtbare Krankheit frißt sich durch ihren Körper und zerstört sie von innen heraus...

„Die Ärzte befürchten", sagt Sophie traurig, „daß es keine Rettung mehr für Sissi gibt. Sissi ist sehr sehr krank!"

„Das ist doch nicht möglich!" ruft Franz Joseph entsetzt. „Was fehlt ihr denn, um Gottes willen?"

„Sissi ist Lungenkrank. Die Ärzte meinen, sie müsse unverzüglich in ein anderes Klima gebracht werden, weil es geradezu sträflich wäre, wenn man sie in Deiner Nähe und in der Nähe des Kindes lassen würde."

Franz Joseph ist aufgesprungen, er geht, die Hände auf dem Rücken gegeneinander schlagend, heftig im Zimmer auf und ab.

Er kann nicht glauben, er will nicht glauben, was er da hört. Sissi todkrank, wie soll er weiterleben, weiterregieren ohne die Liebe seiner Frau? Er war schon oft von Sissi getrennt und weiß, wie er darunter gelitten hat. Unter all den Kapriolen seiner Frau hat er gelitten. Aber auch immer gewußt, daß vieles, was man Sissi ankreidete, mit seiner Mutter zu tun hatte, mit der dominanten Rolle, die sie in der Hofburg innehatte.

Er wußte, daß Sissi ständig kämpfen mußte gegen die intriganten Wiener Adligen, gegen die Herablassung, mit der Sophie ihre Schwiegertochter behandelte, als sei sie ein dummes junges Bauernmädel, eben gut genug, um dem Kaiserhaus Kinder zu gebären, aber schon zu dumm, um sie am Leben zu erhalten.

Franz Joseph weiß das alles. Und in seinem Innern kämpfen immer zwei Seelen: die für seine Mutter und die für seine geliebte Frau. Alles, was er ist, verdankt er der Klugheit und politischen Umsicht seiner Mutter. Aber alles, was ihm an Glücksmomenten in seinem Leben beschieden war, verdankt er Sissi.

Und sie will man ihm wegnehmen? Welches Schicksal ist so grausam? Ist es denn wahr, daß ein Kaiser alles hat und dennoch nichts?

„Ich weiß, es ist hart", sagt die Erzherzogin, „sehr hart, aber schließlich bist Du es als Kaiser deinem Land und deinem Kinde schuldig! Du mußt jetzt jede Zärtlichkeit mit Sissi vermeiden!"

Franz Joseph starrt seine Mutter an. Meint sie das ernst? Was denkt sie, wenn sie so etwas sagt? Ist das jetzt Fürsorge, Besorgnis um ihn oder Schadenfreude? Oder die Rache einer Frau?

„Wissen Sie, was Sie da von mir verlangen, Mama?" sagt er hart. „Ich liebe Sissi mehr als mein Leben!"

Diesen Satz mußte Sophie schon oft hören. Und wie auch früher schluckt sie ihn heldenhaft herunter, auch wenn sie manchmal glaubt, an diesem Satz ersticken zu müssen. Wieso liebt ihr Sohn ausgerechnet diese Frau?

Sanft und verständnislos aber sagt sie: „Das weiß ich, Franz. Trotzdem mußt Du bedenken, daß jeder Kuß von ihr ansteckend ist und daß man auch das Kind vor ihren Küssen schützen muß."

Sissi, an den Türpfosten gelehnt, kann sich kaum auf den Beinen halten.

Dieses Urteil hört Sissi aus dem Mund ihrer Schwiegermutter! Schlimmer kann es auch nicht sein, wenn der Henker einen zum Galgen führt. Sie schließt die Augen, klammert sich an das glatte Holz, zittert am ganzen Körner, aber sagt kein Wort, ist ganz stumm.

„Und wenn es wahr werden sollte, was die Ärzte befürchten", sagt Sophie, jetzt noch lauter und energischer, um ihren Sohn aus seiner Depression zu reißen, „daß Sissi diesen Winter nicht überlebt, müssen wir uns schon jetzt damit befassen, wer als Deine Frau in Frage kommt."

Franz Joseph geht auf seine Mutter zu, starrt sie an wie eine Feindin. Seine Stimme ist schneidend: „Ich verbiete Ihnen, so herzlos zu reden, Mama! Sissi lebt und wird mit Gottes Hilfe wieder gesund werden. Und wenn es dem Allmächtigen gefallen sollte, mir das Liebste zu nehmen, was ich im Leben hab, dann werde ich nie, nie wieder heiraten!"

Ein schwaches, kleines Lächeln huscht über Sissis Gesicht. Das hat sie erwartet, daß ihr Franz so reagiert. Sie ist ihm dankbar, ihr Herz wärmt sich, obgleich alles sonst an ihr kalt ist wie Eis.

Sie hört, wie die beiden, Mutter und Sohn, in eine heftige Auseinandersetzung geraten. Auf einmal bricht es aus Franz Joseph heraus, die ganze Enttäuschung, die Wut, die Verletzungen, die er immer gefühlt hat. Die Machtgier seiner Mutter, der Ehrgeiz, dem er immer gehorchen mußte, alles, alles wirft er ihr in diesen Minuten vor, in denen ihm alles gleich ist.

Wenn Sissi nicht mehr lebt, interessiert ihn gar nichts mehr, nicht Österreich, nicht die Krone, nichts, nichts.

„Ich habe mich nie danach gesehnt, Kaiser zu werden!" ruft er hitzig. „Ich habe nur meine Pflicht getan, als ich Kaiser wurde! Das einzige Glück in meinem Leben war Sissi und wenn sie nicht mehr ist, dann wird alles sinnlos."

Sophie lacht, grimmig. „Jetzt hast Du wie ein braver Bürger gesprochen. Aber nicht wie ein Kaiser!"

Sophie rauscht hinaus. Sie ist erregt und zornig. Sie hatte eine ruhige, sanfte Aussprache mit ihrem Sohn erwartet, hatte gehofft, daß ihr Sohn bei ihr Rat und Trost und Hilfe suchen würde in der Not, in der Einsamkeit. Sie hatte ihn behutsam an ein neues Leben gewöhnen wollen, an den Gedanken zumindest. Und was tut dieser undankbare Mensch? Er macht seine Mutter indirekt für alles Unglück verantwortlich!


Franz Joseph sitzt allein an seinem Schreibtisch, den Kopf in den Armen verborgen.

Er ist den Tränen nahe, hilflos, niedergeschmettert. Wenn man ihm je in seinem Leben erlaubt hätte, zu weinen, jetzt würde er es tun. Aber er weiß gar nicht, wie das geht.

Er hat nie Rührung zeigen dürfen, niemals Emotion. Auch bei dem Tod der kleinen Sophie, neben dem Kindersarg, hat er keine Träne vergossen, nicht aus Härte, aus Gefühllosigkeit, sondern weil man es ihm aberzogen hat, Gefühle zu zeigen.

Plötzlich fühlt er eine Hand, eine zarte, warme Hand. Er schaut auf.

Sissi steht da. Aufgelöst und blaß, mit diesem lieben gütigen Gesicht, und lächelt ihn traurig an.

„Sissi!" flüstert Franz Joseph, die Augen ganz groß. Mein Gott, was macht sie hier?

„Der Arzt hat mir erlaubt, für eine Stunde aufzustehen. Ich wollte dir eine Freude machen und Dich besuchen", sagt sie leise.

Sie streichelt ihn. Er kann ihren Anblick kaum ertragen, es schnürt ihm die Kehle zu. „Ich hab Dich gar nicht hereinkommen hören", flüstert er.

Sissi deutet zur Tür. „Ich stand dort."

Das Erschrecken in seinen Augen. Wie lange hat sie da gestanden? Hat sie da schon gestanden, als seine Mutter und er..., als all das... gesagt wurde?

„Mach dir keine Sorgen, Franz", wispert Sissi, während sie ihn streichelt, „ich werde wieder gesund. Ich werde dorthin gehen, wohin mich die Ärzte schicken und alles tun, was sie von mir verlangen und immer daran denken, daß ich Dich nicht unglücklich machen darf, weil Du mich liebst."

Franz Joseph steht langsam auf. Dankbar und gerührt, überwältigt vom Herzschmerz und noch mehr vielleicht von der plötzlich aufkeimenden Hoffnung, nimmt er seine Sissi in die Arme.

Lange bleiben sie so stehen.

Irgendwo in diesem Schloß warten die Wachen darauf, daß sie wieder Posten beziehen dürfen, wartet die Gräfin Bellegarde, daß Sissi wieder zurückgeht in ihr Bett, die kleine Gisela, ihre Mama zu sehen, der Ministerrat, neue Unterschriften vom Kaiser einzuholen...

Alles wartet, während der Kaiser Franz Joseph seine Kaiserin Elisabeth im Arm hält, innig, lange, als könnten sie noch einmal das Schicksal bezwingen. Noch einmal dem Leben einen anderen, einen guten Verlauf geben. Er küßt sie immer und immer wieder, mit leidenschaftlicher Innigkeit. Als würde er die Götter beschwören, ein Einsehen zu haben vor so einer großen Liebe. So viel Gefühl...

Er küßt sie, als gäbe es noch eine Chance für das Glück.

Als wäre es ihnen nicht vom Schicksal bestimmt, unglücklich zu sein....

Sissi soll, nach Anraten der Lungen-Fachärzte, den Winter auf Madeira verbringen, in einem warmen Klima. In einer Zeit, in der die meisten noch mit Kutschen reisen und Dampfschiffe gerade erst erfunden worden sind, soll sie bis nach Madeira! Eine Insel mitten im Ozean!

Erzherzog Max, ein Bruder von Franz Joseph, ist gerade aus Brasilien zurückgekommen und hat in Madeira Station gemacht. Max schwärmt von der Insel des ewigen Frühlings, von dem leichten sanften Klima, nicht so feucht wie die Tropen, nicht so heiß wie Ägypten, sondern sanft und gerade recht für einen kranken Menschen. Vielleicht gibt dieser Bericht von Erzherzog Max den Ausschlag, daß die Ärzte Madeira als Reiseziel für Sissi wählen.

Niemand in Wien, auch die hinzugezogenen, medizinischen Spezialisten, wissen so ganz genau, wodurch Sissis Krankheit ausgelöst wurde. Und was für eine Krankheit es eigentlich ist. Selbst Sissis Mutter Ludovika, äußert in einem besorgten Brief, nach Wien die Vermutung, das alles könne psychische Ursachen haben.

Die Ödeme, von denen alle, die Sissi später auf Madeira besuchen, berichten, können als direkte Folge ihrer Magersucht gedeutet werden. Sissis Gesicht soll ganz aufgedunsen sein, berichten die Kuriere, die der Kaiser nach Madeira schickt, und ihre Füße oft so angeschwollen, daß sie in keinen Schuh passen, und ihr das Gehen heftige Schmerzen bereitet. Sissi hat Angst, daß sie an der Wassersucht leidet.

Sie schaut ängstlich jedem entgegen, um in seiner Miene Anzeichen des Erschreckens zu finden. Sie selbst findet sich häßlich und das trägt dazu bei, daß ihre Melancholie nur noch größer wird. Sie hustet ständig.

Die Ärzte stellen bei Sissi außerdem Bleichsucht oder Blutarmut fest. Auch das ist wahrscheinlich eine Folge ihrer strikten Diät. Sissi nimmt oft den ganzen Tag über nichts anderes zu sich als eine Tasse Fleischbrühe und frische Ziegenmilch. Ihre Nerven sind so schlecht, daß sie oft in Weinkrämpfe ausbricht, die gar nicht enden wollen.

Alle sind ratlos und warten voller Ungeduld auf Sissis Abreise nach Madeira. Mitleid als Ungeduld des Herzens...

Dennoch gibt es nicht wenige in Wien, die nicht an Sissis Krankheit glauben wollen, sondern die Reise nach Madeira für eine Flucht aus der Ehe, aus den kaiserlichen Pflichten halten.

Man ist davon überzeugt, daß Sissi in Ungarn einen Liebhaber hatte, daß das ganze Leben in Wien sie unglücklich macht.

In Wien ist sie immer krank und sobald sie Wien verläßt, geht es ihr besser. Das war jedesmal so, wenn sie von Wien nach Ungarn aufgebrochen ist.

Auch in München hat man an Sissi nie Krankheitssymptome bemerkt. Während sie in Wien oft im

Bett lag, hat sie in Bayern Freunde besucht, das Theater, ist sogar ausgeritten.

Man tuschelt, daß Sissi bestimmt sofort ganz vergnügt sein wird, wenn sie erst einmal Wien hinter sich gelassen hat.

Da der österreichische Kaiser über kein Schiff verfügt, das Sissi nach Madeira bringen kann, hat die Englische Königin Victoria ihre eigene Yacht, die „Victoria and Albert", zur Verfügung gestellt.

Sissi soll in Antwerpen mit ihrem ganzen Gefolge an Bord gehen. Franz Joseph begleitet seine Frau bis nach Bamberg.

Die letzten Tage in Wien hat Sissi in geradezu erstaunlich guter Verfassung verbracht. Vielleicht hat der Gedanke an die Heiterkeit südlichen Klimas, an einen Ortswechsel, ihr Aufschwung gegeben. Außerdem hat Sissi sich noch einmal gegen ihre Schwiegermutter durchgesetzt. Die Erzherzogin wollte Sissi als erste Hofdame wiederum die Gräfin Esterhazy mitgeben, diese strenge alte Dame, die eine enge Vertraute Sophies ist.

Aber Sissi wollte sich ihre Monate auf Madeira nicht vergällen durch den Anblick einer alten Dame, die für nichts Verständnis zeigt, sondern über alles, was sie für unpassend oder unschicklich hält, eilend nach Wien Bericht erstattet. Sissi wählt die Gräfin Bellegarde und Baronin Widischgrätz als enge Vertraute aus. Die Oberhofmeisterin Esterhazy bleibt beleidigt in Wien zurück.

Man bemerkt, daß Sissi sehr viel Zeit mit der Auswahl ihrer sommerlichen Toilette für Madeira verbringt. Man wundert sich, daß Sissi, die eben noch so todkrank darniederlag, dazu überhaupt in der Lage ist.

Franz Joseph erfährt von alledem nichts.

Er arbeitet von früh bis spät. Der lange Krieg und die hohen Armeekosten haben das Land ausgesaugt und geplündert, die Bürger sind unruhig. Ein so langer und entbehrungsreicher Krieg, der mit einer Niederlage endet, ist ein Debakel, ganz besonders für das Ansehen der kaiserlichen Familie. Die Lombardei hat sich von Österreich gelöst und es ist nur eine Frage der Zeit, bis auch Venetien Österreich noch abschütteln wird. Franz Joseph findet in diesen Tagen manchmal Post auf seinem Schreibtisch, anonyme Briefe, die ihn zum Rücktritt auffordern.

Außerdem wird ein Attentatsversuch aufgedeckt, direkt in der Hofburg, unter den Lakaien gibt es also Leute, die den Kaiser lieber tot als lebendig sehen.

Das ist nicht gerade beruhigend.

Der Kaiser kann Sissi nicht weiter als bis nach Bamberg begleiten. Er muß zurück an seine Arbeit, er darf Wien nicht zu lange verlassen, das würde ihm als ein Zeichen von Schwäche ausgelegt.

Und außerdem sind da ja auch die Kinder, die schon keine Mutter mehr haben.

Die Erzherzogin Sophie schreibt in ihr Tagebuch, als Sissi abreist: „Sissi wird von ihrem Mann fünf

Monate lang getrennt. Und auch von ihren Kindern. Auf die sie einen so glücklichen Einfluß hat und die sie wirklich gut erzieht. Ich war von der Nachricht ihrer Krankheit wie vernichtet."

Wenn Sissi wüßte, daß Sophie manchmal wirklich freundliche und anerkennende Dinge über sie in ihr Tagebuch schreibt, wäre sie vielleicht nicht ganz so streng mit ihrer Schwiegermutter...

Und Sophies Schwester Therese schreibt an Ludovika: „Jetzt werden die Familiendiners wieder bei Tante Sophie sein. Ich glaube, so leid es ihr tut, daß der Kaiser bei der Abreise seiner Frau so einsam ist, so wird sie im stillen hoffen, daß er sich ihr mehr anschließen und ihr auch die meisten Abende weihen wird..."

Sissi schreibt im letzten Brief aus Wien an ihre Mutter verzweifelt: „Ich bin dem Kaiser nur eine Last, ich kann den Kindern nicht mehr nützen." Und es erscheint ihr fast wünschenswert, bald zu sterben, damit der Kaiser wieder heiraten und glücklich werden kann und nicht an ein „siechendes, elendes Geschöpf gebunden ist."


Das Kaiserpaar nimmt von Laxenburg aus den Zug. Die Bahnlinie ist gerade neu eingerichtet, der Bahnhof neu, eine Attraktion. Daß die Kaiserin sehr krank ist, hat sich inzwischen auch schon im Volk herumgesprochen und am Tag vor Sissis Abreise hat sich eine schweigende Menge am Bahnhof eingefunden.

Sissi lächelt tapfer und winkt, der Kaiser ist starr vor Trauer und Kümmernis.

„Es herrschte", schreibt eine Beobachterin, „eine lautlose Stille, nur unterbrochen von dem Schluchzen einiger Frauen. Als der Zug sich langsam in Bewegung setzt, hatten die Leute den Eindruck, als ob ein Leichenzug vorüberführe..."

Und Sophie schreibt am nächsten Tag in ihr Tagebuch: „Traurige Trennung von unserer armen Sissi. Vielleicht fürs Leben. Sie weinte und war extrem bewegt und bat mich um Verzeihung für den Fall, daß sie für mich nicht immer so gewesen sei wie ich es mir gewünscht hätte. Und wie sie hätte sein sollen. Ich kann meinen Schmerz, den ich empfand, nicht ausdrücken. Es zerriß mir das Herz."

Sissi verabschiedet sich von den Kindern. Die Kinderfrau versucht, es den Kindern so leicht wie möglich zu machen, ihnen nicht die ganze Wahrheit zu sagen, zu verschweigen wie lange die Mama fortbleibt. Sie denken, ihre Mama kommt bald wieder.

Aber Sissi sagt beim Abschied zur Kinderfrau: „Achten Sie gut auf die Kinder. Wenn die Ärzte recht behalten, sind die Kinder ja das einzige, was dem Kaiser bliebe..."

Schon jetzt, Sissi ist noch keine 25 Jahre alt, umgibt die Kaiserin etwas Mythisches, Märchenhaftes. Eine an der Bleichsucht und Schwindsucht leidende Kaiserin, die ihre Kinder und ihren Mann verlassen muß, um irgendwo in der Fremde zu sterben.

Was für ein Stoff...

Jeden Morgen reißt man sich in Wien die Zeitungen aus den Händen. Die natürlich zensiert sind. Aber es gibt immer ein paar versteckte Hinweise auf den Zustand der Kaiserin, auf das Leben hinter den Mauern der Hofburg, es gibt Kontakte der Bevölkerung zum Personal. Man weiß mehr, als man vorgibt.

Und was am Hofe passiert, ist immer gut für Klatsch. Tragödien sind besser als Komödien. Diese schön Kaiserin, die so lieb war, so natürlich. Die den Wienern ans Herz gewachsen ist in der Kriegszeit, als sie wie eine von ihnen die kranken Soldaten gepflegt hat, die Waisenhäuser besuchte und Kinderheime. Bei den Kranken nachts am Bett wachte, besser als eine Angehörige. Manche halten Sissi schon jetzt für eine Heilige. In den Kirchen von Wien, Linz, Innsbruck und Ischl werden jeden Tag Kerzen angezündet. Und es werden Rosenkränze gebunden für ihre Genesung.

Von alledem weiß und ahnt Sissi nichts. Es interessiert sie auch nicht. Sie muß erst einmal die schwierige Seereise über die Nordsee und den Atlantik überstehen. Es herrscht stürmisches Wetter. Das Schiff schlingert von einer Seite zu anderen. Alle werden seekrank.

Aber Sissi geht es erstaunlich gut. Sie steht, festgeklammert an der Reling, und läßt den Wind gegen ihr Gesicht fauchen, schaut den Möwen zu, die das Schiff umschwirren, hört ihre Schreie, hört das Tosen des Meeres, den grollenden Donner, schaut in die aufgetürmten Wolken und fühlt, wie die Eisenringe um ihre Brust sich auftun. Wie sie besser atmen kann.

Wenn die anderen seekrank in ihren Kojen jammern, lacht sie zum ersten Mal.

Aber diese Erholung ist nur eine Atempause. Sissi will einfach glauben, daß sie wieder gesund wird, wenn sie nur wegkommt aus Wien. Aus dem kalten Winter in den kalten Schloßmauern.

Sie will ja auch gesund werden. Für ihren Kaiser. Für die Kinder.


Auf Madeira bezieht Sissi mit ihrem zahlreichen Personal eine Villa über dem Meer, abseits der Hauptstadt Funchal mit einem atemberaubenden Blick über den Atlantik, der vor Madeira von einem tiefen undurchdringlichen Blau ist. Hier fällt die Küste so steil ins Meer ab, daß man zweitausend Meter tief tauchen könnte. Manche vermuten Atlantis in der Nähe von Madeira. Irgendwo auf dem Grund vermuten sie die Schätze der sagenumwobenen Stadt der Antike.

In zweitausend Metern Tiefe leben Fische, die wie Aale aussehen und Espada heißen. Sie haben eine Haut, die dick ist wie die Haut von Seelöwen. Auf Madeira blüht alles, das Tropische und das Subtropische, hier wächst alles, edles Gemüse, jede Frucht. Es ist eine gesegnete Insel mit freundlichen Bewohnern, die portugiesisch sprechen.

Oberst Böckl entschließt sich sofort, von einer schönen jungen Lehrerin aus Funchal, Unterricht in Portugiesisch zu nehmen.

Auch Sissi plant, die Sprache zu erlernen, wenn sie nur erst wieder ein bißchen gesünder ist, ein bißchen mehr Kräfte hat.

Aber die Kräfte wollen nicht kommen. Der Husten ist hartnäckig und das Wasser weicht nicht aus ihren Gelenken. Sie hat Schmerzen bei jedem Schritt. Die Augen tun ihr weh, wenn sie so lange ins Licht schaut, auf die glitzernden Wellen, die leuchtenden Sonnenuntergänge, die so dramatisch sind. Dabei hat sie sich so sehr auf dieses Licht gefreut. Oft ist es ihr zu heiß draußen und drinnen zu kalt. Nirgends fühlt sie sich wirklich wohl. Ihre Hofdamen vertreiben Sissi die Zeit mit Kartenspiel. Sie spielen erst schwarzer Peter und Rommee.

Die Tage vergehen zäh, mit immer gleichen Ritualen. Sissi ißt fast gar nichts und die Leute in ihrer Gesellschaft haben ein schlechtes Gewissen, wenn sie das Leben genießen möchten.

Sissi hat in dem zweiten Schiff, das der „Victoria and Albert" mit dem Gepäck gefolgt ist, auch Ziegen und Kühe mitreisen lassen, die für Milch und Butter sorgen.

Sie denkt sich immer neue verträgliche Diäten aus, niemand versteht, wozu.

Den Rest des Tages liegt sie apathisch, in Decken gehüllt, immer auf der schattigen Terrasse und schaut traurig auf das Meer.

Sie hat Sehnsucht nach Franz Joseph und nach ihren Kindern. Und sie spürt, daß ihre Hoffnung, hier wieder gesund zu werden, nur eine Illusion war.

Weihnachten schickt der Kaiser einen Tannenbaum und wertvolle Geschenke.

Sie ist schon zwei Monate auf Madeira und kann dem Kurier immer noch keine gute Nachricht für Franz Joseph mitgeben.

Der hat schon wieder Blumen geschickt.

Gräfin Bellegarde kommt mit einem wunderbaren Gesteck auf die Terrasse. Sissi, die sich an diesem Tag besonders elend fühlt, schaut nur kurz hin. Selbst diese Blumen können sie nicht erfreuen.

„Schon wieder Blumen von Seiner Majestät?" fragt Sissi.

„Ja, Seine Majestät hat den hiesigen Gärtner beauftragt, Eurer Majestät täglich die schönsten Blumen zu bringen."

Sissi seufzt.

„Wenn ich nur wüßte, wie ich dem Kaiser endlich eine Freude machen kann!"

Die Gräfin Bellegarde lächelt aufmunternd. „Indem Majestät so schnell wie möglich gesund werden!"

„Ja, wenn das in meiner Macht stünde. Jetzt sind wir schon so lange hier und mein Zustand hat sich immer noch nicht gebessert."

Die Gräfin Bellegarde versucht, Sissi Mut zu machen. Sie versucht jeden Tag wieder, Sissi optimistisch zu stimmen. Aber es will ihr nicht gelingen. Manchmal ist die Gräfin selbst ganz mutlos und erschöpft von der Anstrengung, immer gute Laune zu verbreiten. Und Optimismus. Auch die Gräfin glaubt nicht mehr, daß ihre Kaiserin wirklich wieder richtig gesund wird.

„So schnell geht das auch nicht, Majestät müssen sich doch erst an das Klima gewöhnen!"

„Ach, ich denke manchmal, ich werde nie wieder gesund."

Erschrocken schaut die Gräfin Sissi an. „Aber Majestät! Sissi schließt die Augen. Ihre mageren Finger krampfen sich um die Decke. „Ich weiß schon, wie es um mich gestellt ist. Ich weiß es genau." Mit einer müden Handbewegung entläßt sie die Gräfin. Sie will allein sein in ihrer Melancholie. Sie versucht, an den Tod zu denken, sich den Tod vorzustellen, aber das gelingt ihr nicht.

Die Tage erfüllen sie nur mit Mutlosigkeit und Angst. Sie merkt, daß ihr das Gehen jeden Tag schwerer fällt. Sie schaut morgens in den Spiegel und ihr schaut eine Todgeweihte entgegen.

Wie soll man da Mut fassen? Und optimistisch sein?

Sie schreibt traurige Briefe nach Hause, die alle schon wie Abschiedsbriefe klingen.

Ludovika weint, wenn sie Sissis Briefe liest. Und antwortet postwendend.

Die Briefe müssen einen langen Weg zurücklegen, manchmal fürchtet Ludovika, daß ein Brief, den sie schreibt, Sissi schon nicht mehr lebend antrifft.

Dann wieder denkt sie: Ich muß zu ihr. Was mache ich hier in Possenhofen, während mein armes Kind da draußen, mitten im Atlantik, so einsam ist und sich so fürchtet?

Ich muß ihr helfen.

Nachts liegt sie wach und grübelt.

Morgen beredet sie das mit Nene. Und ihrem Mann.

„Sissi braucht jetzt jemanden, der sie aufrichtet!" sagt Ludovika. „Versteht ihr das nicht?" Sie ist in Tränen aufgelöst. „Jemanden, der ihr Mut zuspricht, ihr neuen Lebenswillen gibt! Ach, ich weiß bestimmt, ich könnte ihr sehr helfen."


Der Januar geht so dahin, der Februar. Sie liegt, liest, spielt Karten mit ihren Begleitern.

Im Februar wird es sehr kalt auf der Insel und Sissi schreibt enttäuscht an ihre Mutter: „Da bin ich doch nicht so weit gereist, um hier genauso zu frieren wie in Wien!"

## 111

Sie merkt, daß es ihr nicht besser geht. Sie gewöhnt sich immer mehr an den Gedanken, daß sie sterben muß. Ihr Widerstand wird schwächer, die Lebensgeister drohen zu erlöschen. Die vielen Briefe, die sie schickt, werden trauriger, von Mal zu Mal.

Wenige Tage später erholt sich das Wetter und plötzlich bricht der Frühling aus. Die Sonne ist heiß, das Meer glitzert, die Kamillenblüten platzen alle am gleichen Tag, der Garten ist ein Blütenmeer.

Sissi aber liegt immer noch so müde und mutlos in ihrem Liegestuhl und mag sich nicht regen.

Die Gräfin Bellegarde kommt wieder mit Blumen und einem Geschenk des Kaisers. Ein kostbares Armband im roten Kästchen.

Am meisten hat Sissi sich über die Drehorgel, die Franz Joseph ihr zu ihrem 24. Geburtstag geschenkt hat, gefreut. Sie spielt die Arien aus Verdis Oper La Traviata, das wenige Jahre zuvor im Teatro La Fenice in Venedig uraufgeführt wurde und im höfischen Europa Triumphe feierte.

Die Kinder fehlen ihr entsetzlich, jeden Tag schreibt sie einen Brief und verpackt unzählige kleine Geschenke. Schreibt Verse voller Zärtlichkeit, verspricht, bald, ganz bald nach Hause zu kommen. Beim Schreiben vergießt sie Tränen.

„Es ist wirklich rührend", sagt Sissi, während sie auf ihrer Liege hoch auf den Felsen von Madeira die Geschenke ihres Mannes auspackt, „wie mich Seine

Majestät verwöhnt. Jeden Tag ein neues Geschenk!
Jeden Tag Blumen! Es könnte alles so schön sein!"

„Es wird wieder schön, Majestät."


In diesem Augenblick hört man aufgeregte Stimmen und Lachen. Sissi richtet sich auf. „Was ist denn?"

Eine Dame im gelben Sommerkleid kommt die Steintreppe zur Terrasse herunter, vor der glühenden Sonne hat sie sich mit einem kleinen, spitzenbesetzten Sonnenschirm geschützt.

Sissi blinzelt gegen die Sonne. Sie kann nicht erkennen, wer da die Treppen herunterkommt.

Plötzlich werden ihre Augen groß. „Mama!"

Ludovika läuft die letzten Schritte. „Sissilein!"

„Mama, Mama!" Sissi lächelt. Sie ist so froh, so dankbar. Allein das Gesicht ihrer Mutter zu sehen, ihre Stimme zu hören, die Fröhlichkeit, diese Zuversicht, die die Mutter ausstrahlt.

Vielleicht ist die Mutter der einzige Mensch, der sein krankes Kind wirklich aufrichten kann. Egal, wie alt dieses Kind ist. In den Augen der Mutter bleibt man Kind.

„Mami! Wie kommst Du denn hierher?" flüstert Sissi überwältigt.

Ludovika erzählt, daß König Ludwig ihr seine Yacht zur Verfügung gestellt habe.

Sissi legt sich in die Kissen zurück. Sie lächelt glücklich.

„Ich hab mich so nach dir gesehnt. Wie schön, daß Du da bist. Ich wollte dir nur nicht schreiben und Dich bitten zu kommen - weil die Reise so lang ist."

„Aber mein Kind! Ich wär doch zu dir gekommen, wenn die Reise zehnmal so lang gewesen wäre! Weil ich doch weiß, daß Du mich jetzt brauchst!"

Ludovika schaut sich tiefatmend um. Der Palmengarten, die Bananenstauden, die Kamillen, Oleander, welche Pracht, welches Licht. Sie zieht die Handschuhe aus, klappt den Sonnenschirm zusammen, überreicht alles der Hofdame und bittet sie, das Gepäck auf ihr Zimmer bringen zu lassen. Irgend jemand wird ihr ein Zimmer herrichten, nicht wahr?

Aber selbstverständlich.

Sissi läßt die Hand ihrer Mutter nicht los.

„Schön hast Du es hier", sagt Ludovika, „ein herrliches Stück Erde, dieses Madeira."

Sissi nickt müde. „Ich kenne es noch gar nicht. Den ganzen Tag liege ich hier und kenne nur den einen Blick da aufs Meer hinaus."

Ihre Mutter lächelt. Sie ist voller Energie und Kraft. Sie hat sich so viel vorgenommen auf der langen Reise bis hierher, sie will ihrer Tochter neuen Lebensmut geben. Nur mit Lebensmut, das ist ihre Theorie, kann Sissi wieder gesund werden. Wenn sie die Schönheit erst wieder lieben lernt, wenn sie die Lust am Leben wiedergefunden hat. „Ich werde Dich jetzt ein bißchen aufrichten, Sissilein. Du mußt

Dich etwas ablenken, nicht immer grübeln. Ein bißchen Bewegung machen!"

Sissi seufzt. „Ach weißt Du, ich bin immer so müde."

„Die Müdigkeit geht vorüber, mein Schatz", sagt Sissis Mutter energisch, „Du wirst sehen, am ersten Tag gehen wir ganz wenig. Am zweiten Tag schon etwas mehr und", sie strahlt Sissi so an, daß Sissi ihr einfach glauben muß, „und dann wirst Du überhaupt nicht mehr an Deine Krankheit denken, das ist sehr wichtig! Schau, zum Beispiel die Bürgersfrauen. Die sind oft krank und müssen dabei arbeiten und manchmal so schwer, daß sie ihre Krankheit ganz vergessen und plötzlich sind sie wieder gesund."

Sissi hört zu, lächelt ein wenig ungläubig, aber bereit, sich überzeugen zu lassen. Hauptsache, die Mama ist jetzt da. Hauptsache, sie ist mit ihrem Unglück nicht mehr allein.

„Schließlich hast Du recht, Mama", sagt sie, „vielleicht habe ich mich wirklich ein bißchen zu sehr gehen lassen."

Das gefällt Ludovika schon besser. Sie tätschelt die Wange ihrer Tochter. „Bestimmt. Also, ab morgen wird marschiert!"


Und sie marschieren wirklich los, die drei Damen, Ludovika, Gräfin Bellegarde und Sissi, jeden Tag ein bißchen weiter, ein bißchen mehr.

Am sechsten Tag nehmen sie eine Kutsche und fahren an den Strand. Welch ein Bild: Die eleganten Damen in bauschigen Sommerkleidern mit Sonnenschirmen, passend zur Farbe ihrer Kleider, wandeln am azurblauen Meer entlang, die weiche, rötliche Abendsonne erhellt ihre Gesichter.

Alle drei sind heiter und gelöst.

Ludovika, der man die Freude über Sissis fortschreitende Genesung ansieht, hebt die Arme und deutet mit großer Geste übers Meer: „Siehst Du, Sissi, dort drüben liegt Frankreich, liegt Portugal, Spanien, ganz ganz weit! Siehst Du? Da drüben!"

„Und wie weit ist erst Wien!" sagt Sissi.

Ihre Mutter schaut zu der Gräfin Bellegarde. War das der erste Hinweis, daß Sissi an eine Rückkehr nach Wien denkt? Daß sie eine Rückkehr zu ihrem Mann und den Kindern für möglich hält?


Einen Tag später fährt man gemeinsam in die Berge.

Sissi trägt, als Zeichen für ihren neuen Lebensmut, ein weißes, luftiges Sommerkleid. Ihr Lieblingskleid, mit einem roten Miedergürtel, der ihre schmale Figur noch schmaler macht.

„Ja, siehst Du, mein Schatz", ruft ihre Mutter glücklich, „jetzt kannst Du schon auf einen Berg steigen!"

Es war zwar nur eine Treppe mit einem Dutzend Stufen, aber Ludovika macht aus jedem kleinen

Fortschritt eine große Geschichte, und vielleicht ist das genau richtig. Wenn man allerdings bedenkt, wie Sissi früher in den Bergen herumgekraxlt ist, stundenlang - daran ist noch lange nicht zu denken. Aber Sissi entdeckt plötzlich eine Bananenstaude, und will unbedingt von den Früchten kosten, sie ist plötzlich so leichtfüßig, läuft den beiden Damen davon, daß ihre Mutter erschrocken hinterherruft: „Halt, halt! Sissilein! Langsam! Langsam! Wir haben doch ausgemacht, alles mit der Ruhe!"

Am Nachmittag steht Sissi träumend oben auf der Terrasse, während ihre Mutter unten im Garten der Villa spazierengeht. Als sie Sissi da oben entdeckt, geht sie zu ihr hoch.

Sie legt die Arme um ihre Tochter. „Wovon träumt Du?" fragt sie sanft.

„Weißt Du", sagt Sissi sinnend, „das ist so merkwürdig. Ich finde jetzt plötzlich alles so schön! Den Garten, die Blumen, das Meer!"

„Na siehst Du", sagt Sissis Mutter munter, „und früher hast Du das gar nicht gesehen."

Sissi nickt. „Jetzt könnte ich stundenlang hier stehen und das Meer anschauen. Ich möchte am liebsten eine lange Seereise machen. Ich glaube, es gibt nichts Schöneres als das Meer."

Ludovika beobachtet ihre Tochter. Sie denkt, wie sehr Sissi doch ihrem Vater gleicht, dem Herzog

Max, mit diesem Fernweh, dieser Abenteuerlust. Ihr Max wollte auch immer über das Meer irgendwohin zu anderen Ufern, anderen Gestaden, wollte andere Menschen treffen, andere Kulturen. Früher hätte sie diese Abenteuerlust bei ihrer Tochter beunruhigt. Früher hätte sie gesagt: „Aber Du bist Kaiserin von Österreich! Königin von Ungarn! Du gehörst zu diesem Land!"

Jetzt sagt sie nichts, freut sich nur am Lebensmut ihrer Tochter.

„Weißt Du, Mami", sagt Sissi, „ich habe jetzt so viel über Griechenland gelesen, über Korfu und Athen. Ich möchte das alles zu gerne einmal sehen!"

Ludovika lacht. „Ja, dann fahren wir doch einfach hin!"

Und wenn der Kaiser so gerne möchte, daß sie ganz gesund wird, dann sollte sie wirklich nach Korfu reisen, oder nicht?

*Ja, ein Schiff will ich mir bauen!*
*Schöneres sollt ihr nimmer schauen*
*auf dem hohen weiten Meer;*
*„Freiheit" wird vom Maste wehen",*
*„Freiheit" wird am Buge stehen,*
*Freiheitstrunken fährts einher.*

*„Freiheit"! Wort aus goldenen Lettern,*
*flattert stolz in allen Wettern,*
*von des Mastes schlankem Baum,*

*Freiheit atmen meine Nüstern,*
*Freiheit jauchzt der Wellen Flüstern,*
*Freiheit! Dann bist Du kein Traum.*

*Von den Spitzen meiner Finger*
*send ich Euch, ihr lieben Dinger,*
*die mich einst gequält so sehr,*
*einen Kuß und meinen Segen,*
*schert Euch nimmer meinetwegen;*
*Ich bin frei auf hohem Meer!*

Gedicht von Kaiserin Elisabeth, geschrieben 1887.

Die Kaiserin Elisabeth von Österreich segelt über das Meer. An der afrikanischen Küste entlang, durch die Straße von Gibraltar, durch das Mittelmeer, und weiter nach Osten, immer nach Osten, auf die Griechischen Inseln zu hält das Schiff.

Sissi steht stundenlang am Bug und schaut auf die Wellen, auf die endlose gerade Linie zwischen Himmel und Meer.

Diese Weite, diese Freiheit.

Nirgends hat sie sich je glücklicher gefühlt als auf dem Meer, unterwegs von irgendwo nach irgendwo. Ihretwegen müßte man niemals ankommen.

Sie wird nicht seekrank. Ihr geht es gut, ihr fehlt gar nichts.

Diese grenzenlose Freiheit! Diese herrlichen Möwen, die schreiend
das Schiff umrunden. Die hellen Sandstreifen der Insel glitzern in der Ferne wie ein Kleinod.

Korfu ist so schön, wie sie es gehofft hat, wie es in den Büchern stand, die Sissi während ihrer monatelangen Genesung auf Madeira gelesen hat.

Sissi hat Koffer voller Bücher mit auf ihre Reise genommen. Was sie gelesen hat, ist ihr Schatz, ihr Wissen, ihre Macht. Der Kaiser, dem sie manchmal von der Lektüre schreibt, ist beeindruckt.


Daß sie Heinrich Heine zu ihrem großen Meister erklärt, beunruhigt den Kaiser nicht, die anderen jedoch. Denn Heine ist in den Augen der Habsburger ein Rebell. Einer, der sich auflehnt gegen die Obrigkeit, gegen die Aristokratie.

Aber Sissi liebt jeden, der den Mut hat sich aufzulehnen. Deshalb hat sie auch Andrassy geliebt.

Aber Ungarn ist weit, weit weg.

Jetzt ist sie auf Korfu und besichtigt die alten griechischen Tempelanlagen, liest Homer, nimmt Griechischunterricht.

Und sie wird jeden Tag kräftiger. Ihr Lächeln kehrt zurück. Ihre Unternehmungslust.

Ludovika schreibt nach Hause: „Sissi ißt jetzt wieder sehr viel Fleisch, sie trinkt viel Bier und ist von der gleichmäßigsten Lustigkeit. Sie hustet nur noch wenig und wir machen sehr schöne Ausflüge zu Wasser und zu Lande."

Ein junger Adjutant aus der Begleitung der Kaiserin schreibt in sein Tagebuch: „Dies ist eine herrliche Gegend. Eine üppige Vegetation und die Stadt macht einen sonderbaren Eindruck, eine Mischung aus griechisch-italienischer Hafenstadt, einzelne sehr schöne Gebäude und Stadtmauern, in den Gassen aber betrunkene, englische Seeleute, schmutzige Matrosen und so weiter. In der Oper schändliche Sänger."

Sissi aber liebt Korfu noch mehr als Madeira. Hier geht ihr das Herz auf, hier fühlt sie sich so heiter und entspannt, daß der Husten sie gar nicht mehr stört.

Auch das Personal atmet auf. Sissi ist nicht mehr so sprunghaft, so launisch und unberechenbar, sie scheucht dafür aber ihre Hofdamen und den Oberst Böckl auf immer längere Spaziergänge, und verrücktere Klettertouren.

Sie ist wieder mutig. Und sie schreibt Gedichte.

Hymnen an das Land, das umgebende Meer, die Vegetation, die Menschen, das Licht, einfach alles."

Sissis Sehnsucht nach den Kindern jedoch wächst. In den Briefen beschwört sie den Kaiser, die Kinder nach Korfu zu schicken und malt das Leben, das sie hier haben könnten, in den schönsten Farben.

Aber Sophie rät ab.

Sie hat schon einmal nachgegeben und Sissi die Kinder geschickt. Vor allen Dingen ihre Lieblingsenkelin Sophie.

Und sie ist in einem kleinen weißen Holzsarg von diesem Abenteuer zurückgekommen...

Mit ihrer Mutter und der Hofdame macht sie einen Ausflug zu den Tempeln. Sie wandeln in ihren prachtvollen Sommerkleidern zwischen den Ruinen, den Säulen umher.

„Ist das nicht ein gewaltiger Eindruck?" schwärmt Sissi.

Und ihre Mutter nickt. „Unbeschreiblich."

„Weißt Du", sagt Sissi, „ich habe so viel Ehrfurcht vor diesem Land und dieser Kultur. Sieh dir nur die herrlichen Säulen an."

Das ist der große Unterschied zwischen Elisabeth und den Habsburgern: Die Habsburger wollten immer nur erobern, aber Sissi wollte bewundern. Hier waren die Soldaten, die Machtmenschen und dort die kunstsinnige, kulturbegeisterte Frau.

Das hat nie zusammengepaßt. Franz Joseph und Sissi verbindet die Liebe zu ihren Kindern, zur Natur, zu den Pferden, den Bergen. Aber Franz Joseph hat nie verstanden, daß Sissi so viel lesen kann, daß ihr Shakespeare gefällt, Heine, daß sie Bücher wichtiger findet als Militärparaden und Theateraufführungen spannender als Hofklatsch.

Hier auf Korfu wird ihr zum ersten Mal bewußt, daß sie nicht nach Wien paßt, nicht an die Seite des Kaisers.

Aber sie will den Gedanken nicht wirklich zu Ende denken. Sie schreibt Gedichte voller Sehnsucht, schwärmerisch wie ein junges Mädchen. Sie weiß, daß sie einen Platz gefunden hat, zu dem sie immer wieder zurückkehren wird, wenn das Schicksal es erlaubt...

Sissi schreibt an Franz Joseph. Ihre Briefe werden immer heiterer, die Sehnsucht nach den Kindern größer, aber Franz Joseph ist so begeistert darüber, daß sich der Gesundheitszustand seiner Frau endlich bessert, daß er die vielen Briefe jedem vorliest, der gerade in seinem pompösen Arbeitszimmer weilt.

Jetzt tritt sein Vater, Franz Karl, ins Zimmer.

„Papa, Sissi kauft schon wieder ein!"

„Na bravo."

„Sie hat ein Haus gekauft! Auf Korfu!"

Der Erzherzog lacht. Er liebt Sissi. Er teilt ihren Geschmack, ihren Sinn für alles, was fern der Wiener Hofburg ist. Als Sissi noch in Wien war, hat er sie oft im Prater getroffen.

Beide immer auf der Flucht vor den höfischen Pflichten, der Etikette. Da haben sie sich gut verstanden, die beiden.

„Schreib ihr, Franz, daß sie in dem Haus auch ein Zimmer für mich einrichten soll, bitte!" Er lacht. „Aber nicht griechisch, sondern bequem!"

Über der griechischen Insel Korfu geht auch an diesem Tag wieder eine strahlende Sonne auf. Der Himmel ist von einer Durchsichtigkeit, die trunken macht. In ihrer Villa, nahe der Hauptstadt Kerkyra, steht Sissi am Fenster und schaut verträumt auf das Meer.

„Ach, ist das schön! Und wieviel schöner könnte es sein, wenn ich ganz gesund wäre", denkt sie, „wenn ich nicht immer die Angst in meinem Herzen bekämpfen müßte, daß dieses nur geborgte Tage sind, ein geborgtes Glück, daß der Tod auf mich wartet..."

Ludovika, die energische, die es niemals zuläßt, daß Sissi auch nur einen Tag wieder in ihre Depression verfällt und ihre abartige Diät wieder aufnimmt, die bereits zu starken Hungerödemen geführt hat, organisiert für den Tag eine Schiffsreise. Das Meer ist ruhig und sanft wie eine Wiege. Die Hänge jenseits der Bucht leuchten verheißungsvoll in sattem Grün.

Kleine weiße Fischerdörfer locken zur Besichtigung. Es ist alles vorbereitet. Das Schiff liegt am Ankerplatz, die Schiffsbrücke ist herausgefahren, mit roten Kordeln gesichert, die Besatzung trägt Galauniform, wie immer, wenn die Kaiserin erwartet wird.

Man hat das Essen schon an Bord gebracht, Sissis Mutter hat für alles gesorgt, was Leib und Seele, wie sie sagt, zusammenhält. Falls das Wetter nicht umschlägt, will man bis nach Athen.

Man muß nur noch hinunter zum Angelplatz, jenseits der Burgmauern und der terrassenförmigen Gärten, einsteigen und abfahren...

Aber gerade, als die Gräfin Bellegarde Sissi zum Ablegeplatz begleiten will, kommt sehr aufgeregt Oberst Böckl angelaufen.

„Gräfin Bellegarde! Einen Augenblick, bitte!"

„Ich habe keine Zeit", erwidert die Gräfin ungehalten, „Ihre Majestät erwartet mich. Ich bin in höchster Eile!"

Gerade, wenn man zum Nichtstun verpflichtet ist, nur um auszuruhen und sich zu erholen, gibt man immer große Eile und Geschäftigkeit vor. Gräfin Bellegarde ist da keine Ausnahme.

„Aber es ist wichtig!" ruft Oberst Böckl aufgeregt. „Hofrat Seeburger ist eben angekommen! Er will Ihre Majestät noch heute unbedingt untersuchen!"

„Aber das geht doch nicht! Ihre Majestät will nach Athen fahren!"

„Ich weiß es", Oberst Böckl keucht, weil er so schnell gelaufen ist in der Hitze. Er schwitzt, er muß den Hut abnehmen und den Schweiß von der Stirn tupfen. „Aber ich bitte, es Ihrer Majestät trotzdem zu sagen!"

Sissi, fröhlich herausgeputzt für die fröhliche Schiffsreise, auf die alle sich freuen, in einem wagengroßen weißen Hut aus Tüll und Schleiern, in einem weißen duftigen Sommerkleid mit winzig blauen Punkten, wartet im Garten auf die anderen. Der Himmel ist blau, das Meer glitzernd.

Ihre Mutter Ludovika ist auch schon reisefertig, klappt ungeduldig den Sonnenschirm, der in der Farbe genau abgestimmt ist mit ihrem sonnengelben Kleid, auf und zu.

Da kommt die Gräfin Bellegarde angelaufen, ganz atemlos.

Sissi ist unwirsch. Sie haßt es, zu warten. Sie wird leicht ungeduldig und hat nicht immer so viel Nachsicht mit ihrem Personal, wie sie haben sollte, immerhin leben diese Menschen in Sissis engster Umgebung nur zu Sissis Wohl.

Außer Oberst Böckl, der die wenige Zeit mit Flirts vertreibt, haben die anderen kaum Zeit für sich selbst, kaum die Möglichkeit, ihre eigenen Wünsche und Sehnsüchte zu befriedigen. Aber das kümmert Sissi wenig. Kein Wunder. Jemand, der vor ein paar Monaten sein Todesurteil gehört hat, kann die Probleme der anderen nicht mehr so wichtig nehmen. Das Bewußtsein, daß man sterben muß, daß jeder neue Tag ein Geschenk ist, ein flüchtiges, überschattet alles andere.

„Eure Majestät", flüstert die Gräfin Bellegarde, ganz außer Atem, „ich bitte, meine Verspätung zu

entschuldigen, aber Oberst Böckl hat mir eben mitgeteilt, daß Hofrat Seeburger eingetroffen ist, um
Eure Majestät zu untersuchen."

Sissi runzelt die Stirn. Ausgerechnet jetzt! „Ja,
haben Sie ihm denn nicht gesagt, daß ich jetzt keine
Zeit habe? Wir versäumen doch das Schiff."

Immer, wenn sie gerade beschlossen hat, nicht an
ihre Krankheit zu denken, wird sie wieder daran
erinnert und schon spürt sie diesen unangenehmen
Hustenreiz, wie einen Zwang.

Ludovika schaltet sich ein. Sie ist jeden Tag, jede
Stunde besorgt um Sissis Gesundheit. Natürlich hat
sie gesehen, daß es Sissi so viel besser geht. Aber
auch sie weiß nicht, ob das nur eine letzte Frist vor
dem Ende ist. Sie hat Angst, immerzu. Nachts betet
sie um ihre Tochter. Um das Schicksal der kaiserlichen Familie. Franz Joseph tut ihr so furchtbar
leid. Allein mit seinem Kummer, seinen Sorgen in
Wien.

Und die Kinder erst, denen man die Mutter so
lange weggenommen hat...

„Aber Sissi", sagt Ludovika drängend, „Hofrat
Seeburger hat bestimmt den Auftrag, sofort Bericht
nach Wien zu geben! Franz würde sich sicher äng-
stigen, wenn er nicht sofort eine Nachricht bekommt."

Das leuchtet ein. Sissi ist aber immer noch ung-
nädig. Sie haßt es, wenn jemand ihre Pläne durchkreuzt. Das bedeutet für sie immer gleich eine

Einschränkung ihrer persönlichen Freiheit. Und nichts ist so wichtig wie die Freiheit.

Aber sie gibt nach. „Na schön", murmelt sie. „Kommen Sie, Gräfin."

Die beiden gehen durch den Park hinauf zur Villa, wo Hofrat Seeburger, noch in schwarzer Reisekleidung und auch ein wenig erschöpft von der anstrengenden Seeüberfahrt, sie erwartet.

Ludovika bleibt unruhig auf der Terrasse zurück. Sie steht an der Brüstung, schaut auf das Meer und verknotet ihre Finger. Sie betet um eine gute Nachricht.

Sie möchte den Herrgott bitten, daß Seeburger gute Symptome findet. Etwas, das Ludovikas Gefühl bestätigt. Aber gibt es das überhaupt?

Ludovika denkt daran, was das Ärztekonzilium, was der berühmte Lungenspezialist Dr. Skoda gesagt hat: „Es besteht kaum eine Chance, daß die Kaiserin wieder gesund wird."

Sie steht da, schaut auf das glitzernde Meer und betet für ihre Sissi.

Unterdessen begrüßt Sissi den Hofrat nicht eben besonders freundlich. Sie ist immer noch ärgerlich, daß man ihre Pläne durchkreuzt hat. Jetzt werden sie ein anderes Schiff nehmen müssen. Alles muß umdisponiert werden. Hoffentlich kümmert sich jemand um die Dinge. Ihre Mutter schien ja wie gelähmt bei der Nachricht, daß Dr. Seeburger eingetroffen ist.

„Grüß Gott, Herr Hofrat", Sissi reicht ihm die Hand, und Dr. Seeburger verbeugt sich zum Handkuß. „Haben Sie eine gute Reise gehabt?"

„Danke, Majestät", sagt Dr. Seeburger. „Seine Majestät hat mich beauftragt, die schönsten Grüße zu überbringen und sofort Nachricht von dem Befinden Eurer Majestät zu geben."

Sissi nickt. „Aber bitte, machen Sie kurz, Herr Hofrat. Ich möchte mit Mama nach Athen fahren."

Er stellt seine Arzttasche ab und öffnet sie.

„Jawohl, Majestät brauchen sich nur den Rücken freizumachen."

Sissi dreht sich zu ihrer Hofdame um. „Gräfin, bitte, machen Sie mir das Kleid auf."

Die Kleider, die die Kaiserin trägt, sind so kunstvoll genäht, daß Sissi sich niemals alleine an- oder auskleiden kann. Große Roben für wichtige Anlässe, zum Beispiel, als sie zur Königin von Ungarn gekrönt wurde, oder als der Hofball zu Ehren der ungarischen Delegation gegeben wurde, muß man ihr am Körper festnähen, damit die schlanke Taille besonders betont wird und die kleinen hohen Brüste. Sissi weiß, daß ihre Figur einfach bezaubernd ist. Und sie vergißt nie, mit diesem Zauber auch zu spielen...

Jetzt hat sie das Oberteil über die Schultern heruntergeschoben, die Haken und Ösen im Rücken sind bis zur Taille geöffnet. Dr. Seeburger hat sein Stethoskop angesetzt. „Tief atmen."

Sissi holt ganz tief Luft.

„Noch mal tief atmen, Majestät." Der Hofrat horcht eine andere Lungenstelle ab. „Noch mal, bitte."

Wieder atmet Sissi tief durch, ganz tief. Früher, in den letzten Monaten, hatte sie immer Angst, so tief Luft zu holen, weil das meist einen neuen Hustenreiz auslöste. Aber dieses Mal passiert gar nichts. Sie steht wie eine Statue.

„Darf ich Majestät bitten, zu husten?" Dr. Seeburger lauscht angestrengt, mit vor Anstrengung zusammengezogenen Augenbrauen.

„Merkwürdig", flüstert er.

Sissi wartet.

„Bitte nochmals husten." Er lauscht wieder, setzt das Stethoskop neuerlich an einer anderen Stelle an.

„Bitte nochmals, Majestät."

Sissi hustet, immer wieder, auf Befehl.

Schließlich setzt der Hofrat das Stethoskop ab. „Wie lange sind Majestät eigentlich in Korfu?"

„Drei Monate", sagt Sissi. „Warum?"

Dr. Seeburger ist ganz verwirrt. Er denkt nach, schüttelt den Kopf. „Unverständlich."

Er lauscht noch einmal.

„Hat sich meine Krankheit verschlechtert?" fragt Sissi ängstlich.

„Im Gegenteil!" murmelt Dr. Seeburger ganz überwältigt. „Majestät, ein Mirakel!"

Er lächelt. Er strahlt Sissi an. „Majestät sind vollkommen gesund!"

„Was?" fragt Sissi. „Nein! Gesund??? Meinen Sie wirklich???"

Der Hofrat verbeugt sich lächelnd. „Ja, Eure Majestät."

Sissi kann es nicht glauben. All diese Ängste, diese Alpträume, diese Todesqualen - all das umsonst? Diese Sorgen, die sie sich gemacht hat um ihre Kinder, um die Zukunft ihres Mannes, die Angst vor den immer größeren Schmerzen, diese Migräneanfälle, diese Depressionen, die sie so vollkommen gelähmt haben - das soll alles vorbei sein?

„Herr Hofrat, bitte", flüstert sie, „würden Sie nochmals horchen? Ich möchte noch einmal tief atmen."

Der Hofrat lächelt, er versteht, was in der Kaiserin vorgeht in diesem Augenblick. „Aber gerne."

Sissi wartet, atmet tief. Ein. Und wieder aus.

„Hören Sie etwas?"

„Nichts."

„Nichts?" ruft Sissi. „Nichts?"

„Nichts, Majestät."

„Wirklich nichts?" Sissi wirbelt herum. Ohne das Kleid zu schließen, läuft Sissi einfach aus dem Zimmer, in dem der Arzt und die Hofdame stehen, durch den Garten, durch die Lauben, hinunter auf die Terrasse, wo Ludovika noch immer steht, angstvoll, den Tränen nahe.

Sissi ist so atemlos, daß sie stehenbleibt, um nach Luft zu schöpfen.

„Mama!" ruft Sissi. „Mama!" Sissi läuft, sie rafft ihr Kleid, die Bänder, rot und hellblau, flattern von ihrem Kleid, das fast von den Schultern rutscht, sie merkt es nicht. Es ist ihr gleich. Sie ruft ihre Mama, wie ein kleines aufgeregtes Kind, immer wieder.

„Mama! Mami! Mami!"

Ludovika dreht sich um, die Hände erschrocken an den Lippen.

„Sissilein! Um Gottes willen! Was hast Du? Was ist denn?" Sie wagt kaum es auszusprechen. „Geht es dir nicht gut?" flüstert sie.

Sissi wirft sich ihrer Mutter in die Arme. „Ich bin gesund!" wispert sie. Es ist ein Wunder, das sie selbst kaum fassen kann. Sie wagt nicht, es laut zu sagen, richtig laut, als würde sie damit das Schicksal herausfordern.

„Was?" flüstert Ludovika.

„Ich bin gesund, Mama! Ja, ich bin gesund!"

Ludovika hat so lange auf diesen Augenblick gewartet, daß sie dachte, er würde nie mehr kommen. Sie kann nicht sprechen. Das Gefühl, die Dankbarkeit haben sie überwältigt. Stumm küßt sie ihr Kind.

Die Nachricht von Dr. Seeburger mit dem neuen Befund erreicht Franz Joseph wenige Tage später.

Es ist die Erzherzogin, die ihm die wunderbaren Nachrichten überbringt.

Sie platzt mitten in die Ministerratsrunde, die sich im Audienzsaal des Kaisers versammelt hat.

Man berät gerade, wie man in der verfahrenen italienischen Frage weiterkommen soll.

Da kommt die Erzherzogin ganz unangemeldet ins Zimmer, geht gerade auf den Schreibtisch zu, hinter dem Franz Joseph sitzt und ruft: „Franz, verzeih! Aber ich muß die Erste sein, die dir das sagt!"

Franz Joseph steht auf. Seine Miene drückt Besorgnis aus. Die Last seines Amtes drückt schwer auf ihm. Lange hat man den Kaiser nicht mehr froh gesehen, nicht mehr heiter. Sein Gesicht ist fahl und müde. „Was ist denn, Mama?" fragt er irritiert.

Sophie lächelt. Sie hat nie glücklicher ausgesehen, wirklich erleichtert und froh. Ihre Stimme klingt ganz jung, als sie ruft: „Ein Wunder ist geschehen! Sissi ist gesund!"

Franz Joseph mag es nicht glauben. So ist es, wenn man zu lange mit einer schlechten Botschaft gelebt hat: Daß auch einmal wieder bessere Tage kommen, vergißt man ganz. „Sissi? Wieder gesund?"

Er geht auf seine Mutter zu, die ihre Arme ausgebreitet hat, um ihren großen, erwachsenen Sohn, den Kaiser von Österreich, an ihre Brust zu drücken. „Mama, das ist der schönste Tag in meinem Leben!"

Sophie lacht. Ihre Stimme ist warm und mit-fühlend. „Ich weiß, Franz."

„Ich fahre ihr selbstverständlich entgegen!" Franz Joseph ist auf einmal wieder voller Energie und Tatendrang.

Die Minister haben sich von ihren Sesseln er-hoben, ziehen die Jacken zurecht, verbeugen sich.

„Am liebsten würde ich mitkommen", sagt Sophie. Vielleicht denkt sie in diesem Augenblick an den rührenden Abschied, den Sissi ihr am Bahnhof Laxenburg geboten hatte. Wie Sissi ihre Schwieger-mutter unter Tränen um Verzeihung dafür gebeten hat, daß sie sich nicht so verhalten habe, wie die Erz-herzogin es gerne gesehen hätte. Damals war Sophie zu Tränen gerührt über Sissi. Und hat ihr wohl vie-les verziehen. Und sich selbst einige Schuld an dem Unglück zugeschoben, das über der Hofburg hing wie ein schwarzer Schatten.

Die beiden, Mutter und Sohn, schauen sich an, als hätten sie sich viel zu sagen, das immer unausge-sprochen gewesen ist. Ein Augenblick des Glücks, den man festhalten müßte.

Näher waren sich Mutter und Sohn lange nicht. Und werden es für lange Zeit nicht mehr sein.

Der Älteste in der Ministerrunde räuspert sich diskret, dann sagt er mit einer tiefen Verbeugung: „Ich bitte um die Erlaubnis, zur Genesung Ihrer Majestät die aufrichtigsten Wünsche aussprechen zu dürfen."

Franz Joseph strahlt erleichtert. „Ich danke Ihnen, Exzellenz."

Graf Grünne tritt auf den Kaiser zu. „Majestät, darf ich ebenfalls von ganzem Herzen meine Glückwünsche zum Ausdruck bringen?"

Graf Grünne war immer ein besonderer Freund der Kaiserin, war ihr Vertrauter. Der einzige, der ihr manchmal Auskunft gab über die politischen Verhältnisse, über die Sorgen, die den Kaiser plagten. Nur durch ihn erfuhr sie die Wahrheit über die Situation des Kaiserreiches. Franz Joseph weiß, daß die Wünsche von Graf Grünne aus aufrichtigem Herzen kommen.

Er freut sich besonders. Er sagt: „Ich kann Ihnen gar nicht sagen, wie glücklich ich bin."

Ein ungewöhnlicher Satz aus dem Mund eines österreichischen Kaisers, der gelernt hat, nicht über Gefühle zu sprechen. Der weiß, daß man Privates nicht in die Öffentlichkeit bringt, schon gar nicht in einer Ministerrunde über sein privates Glück diskutiert. Aber heute ist alles anders. Alle Etikette außer Kraft.

Wenn selbst die Erzherzogin, die ja die personifizierte Etikette ist, einfach in die Unterredung hineinplatzt und ihren Sohn umarmt!

Wenn sogar die Erzherzogin Mühe hat, Tränen der Freude zurückzuhalten!

Was für ein Tag!

Der Kaiser atmet tief durch.

Alles wird einfach sein von nun an.

Er möchte die Minister mit einer Handbewegung entlassen, möchte in den Park, möchte herumlaufen, zu seinen Kindern gehen, sie auf den Arm nehmen, sie küssen, ihnen das Wunder erzählen: Eure Mami ist wieder gesund! Ich fahre ihr entgegen! Sie wird bald wieder hier sein! Und sie wird mit euch spielen und Späße machen wie früher!

Graf Grünne räuspert sich. „Auch der Gedanke Eurer Majestät, Majestät", sagt er eindringlich, „Ihrer Majestät der Kaiserin entgegenzufahren, ist von größter Bedeutung."

Franz Joseph, etwas verwirrt von der plötzlichen Wendung des Gesprächs, schaut Grünne an. „Von politischer Bedeutung", fügt Graf Grünne hinzu.

Das ist das Stichwort für die anderen Minister. Der Außenminister sagt: „Genau das wollte ich auch sagen. Wenn man zum Beispiel dieses Wiedersehen mit einem offiziellen Besuch in Mailand und Venedig verbinden würde, so wäre dies ein wunderbarer Schachzug, der sich auf die Beziehungen zu Lombardovenetien nur günstig auswirken könnte!"

Franz Joseph, fassungslos, daß man schon wieder das Private mit dem Politischen verbinden will, daß man ihm wieder mal nicht eine Sekunde gönnt, seine persönliche Freude zu genießen, schaut den Minister stirnrunzelnd an. Der erhebt sich, um seinen Standpunkt deutlich zu machen. „Majestät geruhten doch selbst einmal zu sagen, daß der Liebreiz Ihrer Majestät der Kaiserin dem Lande mehr genützt haben als die Armeen mit all ihren Generälen!"

Franz Joseph lächelt. Es stimmt, das hat er gesagt. Das hat Sissi in Ungarn bewiesen. Das hat Sissi bewiesen bei den Reisen durch Böhmen, durch Kärnten, die Steiermark. Überall wurde ihr entgegengejubelt, wo man früher nur mürrisch dem Kaiser seine Reverenz entgegenbrachte. Sissi steht für eine neue Art der Monarchie. Für mehr Freiheit. Nur durch ihren Einfluß hat Franz Joseph in Österreich die Prügelstrafe abgeschafft, durch ihren Einfluß wurden bei der Geburt ihrer Kinder großzügige Spenden an die arme Bevölkerung verteilt. Wurden neue Projekte ins Leben gerufen, Krankenhäuser gebaut. Alles Gute, was getan wurde, wird vom Volk der Kaiserin zugeschrieben.

Warum soll das in Italien nicht auch funktionieren?

„Exzellenz scheinen zu vergessen", sagt Franz Joseph vorwurfsvoll, „daß sich Ihre Majestät unmittelbar nach einer schweren Krankheit befindet und daß sie den Strapazen einer repräsentativen Reise gar nicht gewachsen wäre!"

Der Außenminister verbeugt sich. „Gewiß, Majestät", sagt er, „aber die Beziehung zwischen Österreich und Lombardovenetien sind augenblicklich so schlecht, daß man jedes Opfer bringen müßte, um dieselben zu verbessern."

Jedes Opfer bringen!

Wenn Sissi das hören könnte. Schon wieder wird sie wie eine Schachfigur im Spiel um Macht und Reichtum benutzt. Schon wieder über ihren Kopf hinweg entschieden. Kaum daß sie sich ins Leben zurückgemeldet hat, muß sie wieder „Opfer bringen".

Franz Joseph atmet tief. Er schüttelt den Kopf. Er will nicht. Er kann Sissi das nicht zumuten. Er will sie nicht schon wieder unglücklich machen. Vielleicht ahnt er, wie sehr Sissis Krankheit vom Zustand ihrer Seele abhängig ist. Vielleicht weiß er, daß ihre wirkliche Krankheit vielleicht dieses Amt ist, diese Bürde, die sie mit sechzehn Jahren auf sich nehmen mußte: Kaiserin eines riesigen Reiches zu sein. Oberhaupt von Völkern, die den Monarchen verachten, ja hassen!

Sophie, die eben noch so freundlich war, so menschlich über Sissi gesprochen hat, reckt den Kopf, ist wieder ganz die kluge Beraterin ihres Sohnes, ist wieder ganz Pflicht und Verantwortung. Ihre Stimme ist klar und entschieden.

„Ich muß dem Herrn Minister recht geben, mein lieber Franz. Wenn Du Elisabeth entgegenfährst, muß diese Reise einen offiziellen Charakter haben."

„Aber Mama..."

Sophie unterbricht ihren Sohn. „Ich weiß, was Du sagen willst. Sissi braucht bestimmt noch Erholung. Aber sie ist eine Kaiserin! Und die erste Pflicht einer Kaiserin ist, alles zu tun, was ihrem Lande zum Wohl gereicht."

Es ist vollkommen klar, daß Franz Joseph sich dem Wunsch seiner Mutter und der gesammelten Ministerrunde nicht widersetzen wird. Er beugt seinen Kopf. Er wird sich fügen, wie immer, um der Probleme willen, die man mit Italien wirklich hatte.

Sissis jüngere Schwester Marie, ein Mädchen von außerordentlicher Schönheit, war mit dem Kronprinzen von Neapel verlobt worden, eine Verlobung auf Distanz, Marie hatte ihren Bräutigam, der viel älter als sie und häßlich war, nie gesehen. Aber schon Schreckliches gehört.

Warum Maries Mutter, die ihre Kinder so liebt, dennoch der Hochzeit zugestimmt hat, kann man nur ahnen: Es war eine Prestigeangelegenheit. Und der mußten eben die Gefühle und persönlichen Wünsche eines jungen Mädchens - wieder einmal - untergeordnet werden.

Auf dem Weg von München nach Neapel war Marie einige Wochen in Wien geblieben. Auch damals fühlte Sissi sich schon krank, aber die Gegenwart der geliebten kleineren Schwester tat ihr wohl. Alle fanden Marie ganz reizend und Sophie schrieb damals in ihr Tagebuch: „Maries schöne braune Augen haben einen Ausdruck süßer Melancholie, der sie - wenn das überhaupt möglich ist - noch schöner macht."

Sissi liebt ihre Schwester sehr. Bei dem Aufenthalt Maries in Wien hat Sissi ihr alles gezeigt, was ihr selbst Vergnügen machte: das Burgtheater, den Prater, den Zirkus. Die beiden jungen Frauen lachten und vergnügten sich sehr. Franz Joseph war glücklich, daß seine Sissi so heiter und gutgelaunt war, und nicht viel an ihre Krankheit dachte. Und Marie? Sie hatte offenbar keine genaue Vorstellung von dem Leben, das sie in Neapel, in einem fremden Land, unter Menschen, deren Sprache sie nicht verstand, erwartete.

Sissi schrieb ihrer Mutter: „Dieser Aufenthalt Maries in Wien war fast, als ob das Schicksal wußte, was der armen Marie in Zukunft beschieden sein sollte und ihr noch ein paar Tage Aufschub geben wollte."

In Italien erwartete die blutjunge, bayerische Prinzessin nicht nur ein schwacher, häßlicher und impotenter Mann, sondern auch das politische Chaos: Die Neapolitaner lehnten sich gegen das Königshaus auf, sie wollten Demokratie und Freiheit, und die festlich-pompöse Krönung von Marie und Franz II. änderte an der politischen Situation gar nichts. Italien, das in viele kleine Fürstentümer und Königreiche unterteilt war, erfuhr zu jener Zeit eine große Einigungsbewegung. Aus vielen kleinen Staaten wollte ein ganzes Italien werden. Im Süden waren also die Feinde eines großen Italiens die Monarchen des Königtum Neapels, im Norden war es Wien, die Wiener Hofburg, in der Franz Joseph immer noch versuchte, sein großes Reich zusammenzuhalten. Zu den habsburgischen Fürstentümern gehörte die Toscana, Modena, die Lombardei in Oberitalien und Venetien mit der Perle: der Lagunenstadt Venedig. Eine Goldgrube für den Kaiser, der immerzu Geld brauchte, um seine Kriege zu führen und seine Armeen mit neuen Waffen auszustatten. Außerdem, natürlich ein Prestigeobjekt. Venedig durfte nicht abtrünnig werden.

In dieser Situation ist selbstverständlich, daß Erzherzogin Sophie und der Ministerrat dringend empfehlen, die Reise nach Korfu zur Kaiserin mit einem Staatsbesuch zu verbinden, und sei es nur halboffiziell.

Das Protokoll ist nur klein. Es sieht für Mailand einen Besuch in der Scala vor, dem berühmtesten Opernhaus Europas. Und anschließend einen Empfang, den das Kaiserpaar für die wichtigsten Familien Mailands geben soll, die alten Medici-Geschlechter, die großen Adelsnamen.

Franz Joseph und auch die Erzherzogin Sophie sind davon überzeugt, daß dieses Programm Sissi nicht überfordern dürfte. Schließlich geht sie gern ins Theater und endlich einmal wieder in großer Robe einen Auftritt zu haben, müßte ihr eigentlich auch gefallen....


Franz Joseph reist nach Korfu. Die Schiffsreise ist für ihn eine wunderbare Erholung von dem politischen Druck. Er will nichts hören über die Probleme in Mailand und Venetien, er konzentriert sich nur auf das Wiedersehen mit Sissi. Endlich seine Frau wieder in die Arme nehmen! Endlich wissen, daß ihnen noch viele gemeinsame Jahre geschenkt sind! Es in ihren Augen lesen. Endlich wieder ihre schönen Haare anfassen, ihr Gesicht, die Hände um ihre schmale Taille legen, ihre Haut atmen. Endlich wieder Mensch sein.

Auch Sissis Freude ist übergroß, nach so langer Trennung ihren Mann wieder in die Arme zu schließen. Fast sind sie sich fremd geworden. Franz Joseph ist sehr ernst und reif, die Zeit hinterläßt auch bei ihm ihre Spuren.

Durch einen Zwischenfall wird die Wiedersehensfreude der beiden allerdings schnell getrübt. Ein schwerer Kristallüster fällt plötzlich von der Decke des Speiseraumes auf der königlichen Yacht. Ein unbegreiflicher Unfall, der das Kaiserpaar, das gerade eben den Raum verlassen hat, das Leben gekostet hätte. Alle sind erschrocken. Sissi will es nicht für ein böses Omen halten, aber sie spürt die Besorgnis ihres Mannes. Gibt es auch hier einen Attentäter? Unter dem Schiffspersonal? Jemanden, der von den italienischen Freiheitskämpfern bestochen wurde, sie umzubringen, bevor sie nach Mailand kommen?

Der Kaiser hat sie nicht über die politische Brisanz dieser Reise unterrichtet, um ihr nicht im voraus Angst zu machen. Aber er selbst hört jeden Tag neue Hiobsbotschaften aus Mailand: Man freut sich nicht auf den Besuch des Kaiserpaares. Im Gegenteil: Es wäre den Mailändern lieber, wenn das Kaiserpaar einen großen Bogen um die Stadt machte.

„Mailänder sind stolz. Aber anders stolz als die Ungarn", sagt der Minister.

„Und unberechenbar", fügt Ferdinand Max hinzu.

Graf Grünne jedenfalls hat Sissi in einem Brief vorbereitet auf das, was kommen wird:

„Es werden schwierige Tage werden in Italien. Ihr werdet für Eure Bemühungen nicht auf Gegenliebe stoßen, sondern vielmehr auf Ablehnung, sogar auf Haß. Wahrscheinlich wird Euer Leben in Gefahr sein, doch Ihr müßt den Mut und die Entschlossenheit der Dynastie unter Beweis stellen."

Um die Italiener ein wenig milder ihrem Herrscherhaus gegenüber zu stimmen, hat Franz Joseph die Ablösung des Fürsten Radetzky befohlen. Radetzky galt als kalter, gnadenloser Technokrat, der ohne Verständnis für die Wünsche der Italiener ein strenges Regiment führte. Unter seiner Herrschaft gab es mehr politische Häftlinge in den Gefängnissen als je zuvor, mehr Todesurteile gegen Partisanen und politische Gegner. Der Unmut in der Bevölkerung wuchs ständig und machte sich in Aufständen und Revolten Luft.

Franz Joseph beschloß, seinen jüngeren Bruder Ferdinand Max in die Lombardei zu entsenden, um das Volk zu besänftigen. Max war wegen seiner liberalen Gesinnung im Volk sehr beliebt. Selbst die Wiener hatten sich - nach dem Krieg Österreichs gegen Sardinien und Frankreich, der mit hohen Verlusten und vielen Tausend Toten erkämpft worden war- einen anderen Kaiser gewünscht als Franz Joseph. Franz Joseph verkörperte den soldatischen Geist, er vertraute auf das Heer, er brauchte das Heer als Stütze, die Ansichten seiner Generäle waren ihm weit wichtiger als die seiner Minister. Den größten Anteil der Staatslasten verschlang der Unterhalt des Heeres, der Einkauf immer neuer Waffen.

In der Zeit, die Sissi auf Madeira und Korfu ist, wird das Volk immer unruhiger. Es ist nicht mehr zufrieden mit seinem Kaiser. Sie wollen keinen Soldaten mehr auf dem Thron, sondern einen Menschen. Die Bürger wollen Ferdinand Max, den jüngeren Bruder, den sanften, friedfertigen.

Deshalb ist es ein schlauer Schachzug, daß Franz Joseph seinen Bruder Ferdinand Max nach Triest schickt, um die Wogen der Empörung dort zu glätten: Max ist in Wien nicht mehr präsent und kann in Triest gute Dienste leisten.

In Neapel kämpfen derweil die zwanzigjährige Königin Marie und ihr Mann um das nackte Überleben. Die Festung von Gaeta, in der sie sich verschanzt haben, wird belagert. Immer wieder schickt Marie von Neapel flehende Hilferufe nach Wien und bittet ihren Schwager, Truppen zu entsenden, um ihnen zu helfen. Aber Franz Joseph kann sich - bei aller Liebe zu seinen Verwandten - nicht in einen neuen Krieg hineinziehen lassen. Selbst seine Generäle raten ab. Neapel scheint verloren.

Marie von Neapel flieht - nachdem sie monatelang mannhaft gekämpft hat, während ihr schwacher Ehemann sich mit Angstzuständen im Bett verkroch - nach Rom.

Sissi ist in großer Sorge um ihre Schwester, kein Kurier schickt eine Nachricht, sie weiß nicht, wie es ihrer Schwester geht, sie fleht Franz Joseph an, Marie zu helfen. Er verspricht es.

In dieser Zeit geht die Ehe von Marie von Neapel und ihrem Mann endgültig kaputt, eine Ehe, die immer nur auf dem Papier bestanden hat, nie wirklich vollzogen wurde, denn Maries Ehemann war impotent.

Neapel ist gefallen. Die Italiener haben diese Stadt endlich erobert, befreit vom Joch eines ausbeuterischen Königs, und jubeln. Als nächstes soll Venetien fallen. Und Triest.

Es interessiert die Italiener wenig, daß jetzt ein anderer als Radetzky der Statthalter Wiens dort ist, daß er versucht, die Fehler Radetzkys ungeschehen zu machen. Es ist zu spät.

*

Ferdinand Max sitzt in seinem Arbeitszimmer in der Festung oberhalb des Hafens von Triest.

Eben hat er erfahren, daß das Rathaus in Brand gesteckt wurde. Man hat ihm berichtet, daß auf dem Schiff, mit dem Sissi und der Kaiser von Korfu nach Triest fahren, ein Lüster heruntergefallen ist und peinliche Untersuchen den Verdacht bestärken, daß es sich um ein Attentat handelte. Ferdinand Max ist in höchster Sorge um die Sicherheit des Kaiserpaares.

Er versammelt die Adjutanten und Berater um sich.

„Meine Herren", sagt er, „ich bin mehr als bestürzt! Die italienische Bevölkerung ist derart anti-österreichisch eingestellt, daß ich für den Besuch des österreichischen Kaiserpaares die schwersten Bedenken habe!" Er wendet sich jetzt an die Minister aus Wien. „Und ich habe Sie nach Triest gebeten, Exzellenzen, um mit Ihnen zu beraten, welche Vorkehrungen wir angesichts der kritischen Situation zu treffen haben. Bitte, nehmen Sie Platz."

Die Minister sind eben in Triest angekommen. Der Himmel ist blau, im Hafen drängen sich die Handelsschiffe, man hört das Lachen und Schreien aus den Gassen der Altstadt. Die Leute gehen ihren Geschäften nach, alles wirkt heiter, sommerlich und arglos.

Die Minister sind zwar eben erst in Triest angekommen, aber die erste Rundfahrt durch die Stadt hat ihnen ein ganz anderes Bild vermittelt: das Bild von Frieden und Wohlstand.

Worüber regt dieser Ferdinand Max sich auf?

Versteht er nicht, daß es hier um eine ganz wichtige staatspolitische Sache geht? Um die Feststellung eines Herrschaftsanspruches?

Daß man Präsenz zeigen muß als Kaiser, um zu verhindern, daß noch weitere Provinzen abtrünnig werden? Soll denn das K.u.K.-Reich immer kleiner werden? Die Einkünfte immer geringer?

„Der Besuch ist angekündigt", sagt der Minister des Äußeren kalt, „also wird er stattfinden, daran ist nichts mehr zu ändern."

Graf Zettau lächelt siegesgewiß. „Außerdem verlasse ich mich auf unsere schöne Kaiserin. Die hat mit ihrem Charme doch auch Ungarn um den Finger gewickelt."

Ferdinand Max seufzt. Er ist gereizt. Es ärgert ihn, daß diese Wiener nichts begreifen, nichts verstehen wollen.

Kein Wunder, wenn sie so unsensibel sind, daß sie eine Provinz nach der anderen verlieren.

„Lieber Graf Zettau, die Italiener sind keine Ungarn."

Die Minister lassen sich auf eine solche Diskussion gar nicht ein. Es ist mit dem Kaiser und seiner Mutter, Ihrer Majestät Erzherzogin Sophie, vereinbart, daß dieser Staatsbesuch unbedingt stattzufinden hat.

Selbst ein Ferdinand Max, auch wenn er Sohn der Erzherzogin ist, wird daran nichts ändern.

Ferdinand Max spürt den Widerstand der kaiserlichen Minister. Er hat diesen Widerstand immer gespürt. Die Minister sind die Falken, er ist die Taube. Die Minister halten ihn für schwach, sie zeigen es ihm, indem sie einfach zum nächsten Tagesordnungspunkt übergehen: der Zeitplanung des Staatsbesuches.

„Bitte, Kaiserliche Hoheit", sagt der Minister des Äußeren, „welche Stadt soll die erste sein, die das Kaiserpaar besucht?"

Ferdinand Max antwortet mürrisch: „Vorgesehen ist Mailand."

„Na also", ruft Graf Zettau aufgeräumt, „da kann ja gar nichts passieren! Da machen wir ganz einfach in der Mailänder Scala eine schöne Vorstellung - gleich darauf einen Empfang mit einem guten Essen", er lacht und schaut sich selbstgefällig in der Runde um, „und alles ist in Butter."

Ferdinand Max senkt den Kopf und schaut auf seine Papiere. Die Herren Minister, denkt er, werden schon sehen, was sie davon haben, nicht auf seine Warnungen zu hören.


Die Mailänder Scala, zu jener Zeit eine Symphonie in creme, gold und taubenblau, ist für die Gala-Vorstellung geschmückt. Die Kristallüster blinken, die goldenen Knöpfe an der Livree der Bediensteten sind poliert, das Parkett gewienert.

Man bereitet sich auf einen festlichen Abend vor. Alle Portale sind weit geöffnet, die Luft eines lauen italienischen Sommerabends voller Verheißungen strömt herein. In den Logen nehmen die ersten Diener des Staates Platz, der Bürgermeister, der Polizeipräsident, der Museumsdirektor, der Zollinspektor. Unten im Parkett sind die Offiziere der kaiserlich-österreichischen Armee, die zu solchen Anlässen selbstverständlich geladen werden, schon vollzählig versammelt. Sie alle tragen ihre Galauniform, weiß und gold, und haben sämtliche Orden an die stolze Brust geheftet.

Dann erscheinen die ersten Italiener, Mitglieder des Hochadels, der Gesellschaftsaristokratie, allesamt sorgfältig ausgesucht von Herzog Ferdinand Max, dem Bruder des Kaisers. Die Offiziere sind angehalten, mit äußerster Höflichkeit und Zurückhaltung diesem stolzen, italienischen Adel zu begegnen. Man will keinen Affront, man weiß ja um die Stimmung unter den italienischen Untertanen. Sie alle wollen keinen österreichischen Herrscher. Das gilt für das Volk ebenso wie für den Adel.

Aber die Leute, die jetzt ins Theater strömen, ins Parkett, in die Ränge, das können doch nicht Mitglieder der Aristokratie sein?

Der Offizier, selbst Graf aus einem alten Geschlecht, der in der zweiten Reihe einer Dame in einem merkwürdigen Aufzug Platz macht, runzelt die Stirn. Diese Frau sieht aus wie eine herausgeputzte Marktfrau! Und wie sie redet! Dieser ordinäre Dialekt! Und ihre nackten Arme! Die unrasierten Achselhöhlen!

Er möchte sich abwenden, als neben ihm ein Mann Platz nimmt, der wie ein Kutscher gekleidet ist. Ein Kutscher, der auf einen Faschingsball geht.

Von hinten reicht eine Frau mit wippender Federboa ein Sandwich nach vorn, in knisterndem Papier eingewickelt. Ungeniert wickelt die Dame neben dem Offizier das Sandwich aus, schaut nach, mit welcher Salami es belegt ist und beißt herzhaft hinein. Später wird sie sich mit dem Handrücken die Butter von den Lippen wischen.

Es ist ein Skandal. Hilfesuchend schaut der Offizier sich um. Sein Blick begegnet dem verblüfften Auge eines Offizierskameraden, der erstaunt ein Monokel ins linke Ohr gekniffen hat und die Dame mustert, die neben ihm Platz genommen hat. „Was ist hier los?" fragt der Offizier. Sein Kollege hebt verzweifelt die Schultern.

Unterdessen geht das Geplauder und Geplapper, „ das „Ciao" und „Comé state?", das „Buona sera", „Grazie, bene", das Rufen und Winken im Parkett immer weiter.

Oben von Loge zu Loge begrüßen sich Bürgermeister und Polizeipräsident, beide festlich gekleidet, ordensgeschmückt. Dann schaut der Bürgermeister hinunter ins Parkett und runzelt die Stirn. „Was sind das für Leute?" fragt er entsetzt.

Ein Offizier betritt die Loge des Polizeiministers, der ebenfalls gerade bemerkt, daß etwas nicht in Ordnung ist.


Sissi sitzt im Umkleidezimmer des Palazzo von Mailand und läßt sich von ihrer Friseuse Fanny Angerer das Haar richten.

Manchmal trägt sie so schwer an dieser Haarpracht, die bis zu den Fersen reicht, daß sie zu Fanny sagt: „Ich möchte es am liebsten abschneiden."

„Aber Majestät!" ruft Fanny entsetzt, „das dürfen Sie nicht machen! Dieser wunderbare Schmuck! Auf der ganzen Welt hat niemand so prachtvolles Haar wie Ihre Majestät!"

Sissi nickt. Sie hört so etwas gern. Ihre Eitelkeit und der Kult um ihre Schönheitspflege haben sich in den letzten Wochen auf Korfu, als sie sich so gut erholte, noch verstärkt. Sie wird in Wien ein Bad einrichten lassen, auch wenn es ihrer Schwiegermutter nicht gefällt. Ihre Schwiegermutter hält so etwas ja für Verschwendung. Sie wird dann jeden Tag ein Bad nehmen. „Drei Liter Olivenöl", sagt sie zu der Kammerfrau, „und zwei Tassen Honig und das Wasser eiskalt. Aber dafür muß das Bad gut geheizt sein."

„Jawohl, Majestät", sagt die Kammerfrau. Alle Wünsche von Sissi werden erfüllt. Und nicht erst hinterfragt. Sie ist schließlich die Kaiserin, die mächtigste Frau des Reiches.

„Und ein Gymnastikzimmer möchte ich haben", sagt sie, „ein Zimmer, in dem man Turngeräte aufstellen kann, damit meine Figur nicht aus der Form kommt. Ich bin kein junges Mädchen mehr. Ich habe drei Kinder zur Welt gebracht. Aber ich möchte, daß meine Taille niemals dick wird wie bei den anderen Frauen. Das sieht ja scheußlich aus."

Fanny Angerer weiß, daß Sissi sofort in Panik gerät, wenn beim Kämmen ihrer Haare einige im Kamm hängen bleiben. Deshalb hat sie unter ihrer Schürze ein Klebeband befestigt, um so die ausgefallenen Haare verstohlen zu „entsorgen". Sissi bemerkt niemals etwas davon und freut sich, daß ihr nicht, wie all den anderen Frauen, die Haare allmählich ausgehen. Was bei der langen Krankheit Sissis ja nur natürlich gewesen wäre.

Es ist ein milder sanfter Frühlingsabend in Mailand. Die Fenster des Palazzo sind aber verschlossen, weil der Sicherheitschef das angeordnet hat.

„Zu viele Verrückte", sagt er, „laufen durch die Straßen, werfen womöglich noch Steine in den Palast Ihrer Majestät. Man muß mit allem rechnen."

Das Frisieren ist eine lange Prozedur, zu der Sissi und auch ihre Kammerfrauen viel Geduld brauchen. Sissi langweilt sich und lenkt sich ab, indem sie griechische Vokabeln lernt. Sie träumt von dem Schloß, daß sie auf Korfu bauen will. Sie redet über Shakespeare und seinen Sommernachtstraum, der auf Korfu spielt. Die Zofen hören höflich zu und geben keinen Kommentar.

Natürlich nicht, Sissi ist eine kluge, belesene Frau. Die Kammerzofen haben keine Möglichkeit gehabt, sich zu bilden. Sissis Kleid wird noch einmal aufgebügelt, ein silbernes Schleppenkleid mit winzigen Ärmeln, der Rock aus vierzig Meter feinstem Taft. Sie weiß, was sie den Mailänder Aristokraten schuldig ist. Das sind Leute mit Geschmack und Kultur, reiche, mächtige Landesfürsten, deren Frauen sicherlich keine Ausgabe scheuen, um Sissis Glanz und Schönheit zu übertreffen.


In der Mailänder Scala füllen sich die Ränge. Unten, im Parkett, ist schon fast jeder Platz besetzt. Die österreichischen Gesandten und Würdenträger, die anläßlich des Staatsbesuches Ihrer Majestät, des Kaisers, alle Orden und die edelste Galauniform angelegt haben, schauen sich verwirrt um.

Was sind das für Leute, die sich da durch die Reihen schieben? Wie sind die Frauen geschmückt? Was tragen sie für fürchterliche Kleider? Wie aufgeplustert kommen sie daher? Und diese roten Gesichter! Diese roten Nasen! Wie sie rülpsen und sich ungeniert schneuzen, wie die Frauen ihre Röcke heben, daß man sogar das Strumpfband sehen kann. Und diese lächerlichen Federboas und Stolen. Diese plumpen Körper und vulgäre Schminke, und wie sie riechen! Nach den billigsten Parfums. Man kann geradezu Migräne bekommen. Und wie sie miteinander schwatzen, im vulgärsten Italienisch. Als träfen sie sich auf dem Markt, oder am Brunnen auf der Piazza. Das soll der italienische Adel sein?

Ein General erhebt sich, als eine grell geschminkte, plumpe Person in einem billigen Kunstseidenkleid an ihm vorbeirauscht. Sie strahlt ihn an. „Grazie, senior."

„Bitte, bitte", sagt der General unsicher. Er glaubt, in einen Alptraum geraten zu sein.

Er setzt sich wieder, klemmt das Monokel ins Auge, rümpft die Nase. Aber er zeigt Haltung. Wozu ist er schließlich General? Seine Nachbarin trägt zum roten Seidenkleid einen lila Federbusch auf dem Kopf. So etwas hat er noch nie gesehen.


In einer festlichen Loge, auf hellblauem Damastsessel, die Arme auf die Balustrade gelehnt, sitzt der Polizeiminister. Ein Offizier nähert sich ihm von hinten. Der Polizeiminister schaut fassungslos auf das närrische Treiben unten im Parkett. Er hat das Gefühl, in einen Karneval geraten zu sein. Eine billige Schmierenkomödie.

„Sagen Sie", fragt er stirnrunzelnd, mit dem Blick auf die Zuschauer, „was sind denn das für Leute?"

Der Offizier verbeugt sich. „Exzellenz, ich

wollte es gerade melden, es sind durchweg Diener, Zofen, Köchinnen, Stallpagen und Portiers."

Der Polizeiminister erstarrt. „Ja, wie ist denn das nur möglich?" ruft er entsetzt.

Der Offizier flüstert dem Polizeiminister ins Ohr: „Die vom Generalgouverneur zu der heutigen Galavorstellung eingeladenen, italienischen Aristokraten haben die Einladungen, die man ihnen übersandt hat, dem Personal übergeben."

Der Polizeiminister in seiner grünen Schärpe, dem Orden, den schneeweißen Handschuhen, der Polizeiminister in seiner ganzen Würde und Selbstgefälligkeit wird aschfahl.

„So ein Affront!" flüstert er atemlos.

Und denkt: Das ist das Ende meiner Karriere. Das ist der Untergang der österreichischen Monarchie. So etwas kann ein Kaiser nicht überleben. Am liebsten würde er auf der Stelle ohnmächtig werden.

Das Kaiserpaar fährt in einer pompösen Kutsche vor der Mailänder Scala vor.

Alles ist geplant und organisiert.

Die Sicherheitskräfte schirmen den Platz ab, jeder neugierige Zuschauer wird gefilzt, die Lakaien, livriert und in schönster Uniform, eilen, um die Kutschentüren zu öffnen, alles ist perfekt.

Die Kaiserin, in einer Brillantenkrone und mit einer zehnreihigen Perlenkette, die Haare kunstvoll gerichtet, lächelt als der Kaiser ihr den Arm bietet.

„Du bist wunderschön, Sissi", flüstert der Kaiser ihr zu.

„Ich bin schön, weil ich glücklich bin", gibt Sissi zurück. Sie drückt seine Hand.

Sie ist froh, endlich wieder unter den Lebenden zu sein, in der Gesellschaft. Die Wiener Gesellschaft hat sie nicht vermißt, diese neidischen Intriganten, mißgünstigen Personen. Aber auf den italienischen Adel freut sie sich, ist gespannt, was man in Italien für neue Mode trägt, wie man sich frisiert, sich schminkt. Sie freut sich auch auf die Vorstellung in der Mailänder Scala. Der berühmteste Kapellmeister Italiens wird dirigieren, die besten Sänger sind angekündigt. Man gibt „La Traviata". Eine romantische, tragische Oper von Verdi.

Sie betreten die roten Teppiche, die zum Eingang führen. Die Lakaien laufen ihnen voran und öffnen die goldenen Türen zur Ehrenloge, im ersten Rang, direkt gegenüber der Bühne.

Unten, im Orchestergraben, hebt der Kapellmeister Boscati den Taktstock. Das ist das Zeichen: Das Kaiserpaar ist da.

Wie auf Kommando erheben sich die Gäste von ihren Sitzen und drehen sich um.

Die Musiker beginnen zu spielen.

Aber sie spielen nicht die Kaiserhymne, sie spielen Verdi: den Gefangenenchor aus der Oper Nabucco - „Flieg, Gedanke, getragen von Sehnsucht...". Das große Freiheitslied.

Sie fangen an zu singen und der Gesang schwillt
an und wird immer inniger und ausdrucksvoller, der
Dirigent dirigiert um sein Leben, die Mitglieder des
Orchesters geben ihr Bestes, um manchen Patzer des
Chores auszugleichen. Eigentlich ist es ein wunder-
schönes, leidenschaftliches Lied, fast ein italieni-
sches Volkslied, das man dem österreichischen
Kaiserpaar da vorträgt.

Aber vor allen Dingen ist es eine ganz große
Beleidigung. Eine Majestätsbeleidigung.

Wirklich ein Affront, wie der Polizeiminister
sagt. Eine Ungeheuerlichkeit.

So etwas hat es in der Geschichte der habsburgischen Monarchie noch nicht gegeben. Auf so etwas
ist man nicht vorbereitet. Gegen so etwas, eine solche Art von Rebellion der Untertanen gibt es kein
Rezept.

Sissi steht wie erstarrt neben ihrem Mann, rechts
die Hofdame, Gräfin Bellegarde, links Graf Grünne.
Keiner verzieht eine Miene. Keiner sagt etwas.

Bis Franz Joseph, ohne sich an Sissi zu wenden,
zwischen den Zähnen hervorpreßt: „Das soll die Italienische Hymne sein?"

Sissi gibt mit unbeweglichem Gesicht zurück:
„Eine sehr schöne Musik."

Die Minister, die Beamten, die Offiziere, alle sind
bestürzt. Draußen, im Foyer, rennen sie durchein-

ander wie aufgescheuchte Hühner und behindern sich gegenseitig, obgleich keiner weiß, was er tun soll angesichts dieser Ungeheuerlichkeit.

„Den Freiheitschor von Verdi singen sie!" ruft ein Beamter.

„Das ist infam!" ein anderer.

„Das ist Hochverrat!" schreit der Minister. „Lassen Sie den Kapellmeister sofort verhaften!"

Ein Offizier taucht im Orchestergraben auf.

Der Kapellmeister dirigiert. Die Zuschauer singen, immer noch inbrünstig, die zweite Strophe aus dem Freiheitschor.

„Hören Sie sofort auf!" befiehlt der Offizier.

Der Kapellmeister lacht. Er gibt den Geigern das Zeichen zum Einsatz. „Im Gegenteil!" ruft er fröhlich. „Wir fangen gerade erst an!"

„Sie sind verhaftet!" schreit der Offizier.

Der Kapellmeister nickt. „Ja, ja, aber bitte, noch einen Moment."

Der Offizier will den Dirigenten am Arm packen, aber der dirigiert unbeirrt weiter. Er läßt sich nicht einmal vom Podest zerren. „Erst muß ich dirigieren!"

Franz Joseph in seiner Loge läßt den Blick schweifen über die Leute, die ihm da ihr Gesicht entgegenstrecken und aus vollem Halse singen. Eine Strophe nach der anderen. Sie alle kennen das Lied. Es ist das berühmteste Lied für einen Chor, das

Verdi je komponiert hat. 1841 wurde es in Mailand uraufgeführt und hat von dort seinen Siegeszug um die Welt angetreten.

„Das ist die italienische Aristokratie?" fragt Franz Joseph fassungslos.

Sissi wirft ihm nur einen kleinen Blick zu. Sie hat verstanden. Sie ahnt längst, was dieses Spektakel zu bedeuten hat: Der italienische Adel zeigt ihnen die kalte Schulter. Er demütigt seinen Kaiser, indem er die vornehmsten, edelsten Karten, die eleganteste Einladung zum Souper, die es seit fünf Jahren in Mailand gab, einfach dem Personal überläßt...

Dem Personal!

Sissi überlegt fieberhaft, was zu tun ist.

Der Dirigent senkt die Hände. Im Parkett stehen sie immer noch, die Augen auf die Kaiserloge gerichtet. Das Lied ist zu Ende.

Sissi und der Kaiser schauen hinunter ins Parkett.

„Sie singen doch sehr schön!" murmelt Sissi und hebt langsam, im Zeitlupentempo, die Hände.

Franz Joseph schaut sie an. Er weiß nicht, was sie vorhat.

Was sollte diese Bemerkung bedeuten? Weiß Sissi denn nicht, daß dieses Freiheitslied, welches da unten vom Publikum gesungen wurde, ein totaler Affront war? Eine Majestätsbeleidigung?

Sissi klatscht in die Hände, langsam, winkelt die Arme so deutlich an, daß jeder, auch in den hintersten Reihen, sieht, wie sie applaudiert.

Die Kaiserin applaudiert den Putzfrauen und Köchen, den Kammermädchen und Portiers für das Freiheitslied, das sie gesungen haben!

Einen Augenblick zögert Franz Joseph. Dann begreift er. Ein winziges Lächeln spielt um seinen Mund.

Ja, seine Sissi ist klug. Sie wird diese italienischen Aristokraten mit ihren eigenen Mitteln schlagen.

Franz Joseph applaudiert auch. Und er gibt das Zeichen für seine Gefolgschaft. Schließlich stehen in der Kaiserloge alle da und applaudieren dem Volk.

Unten im Orchestergraben steht Boscati, der Dirigent. Er runzelt die Stirn. Er glaubt, seinen Augen nicht zu trauen. „Die Kaiserin applaudiert?" ruft er fassungslos.

Der Offizier, der neben ihm steht, nickt. „Der Kaiser auch!" flüstert er. Er soll doch den Dirigenten verhaften! Ihn abführen!

Aus dem Stand weg in eine Zelle, einen Kerker werfen, wo der Dirigent wegen Volksaufwiegelung, Widerstand gegen die Staatsgewalt schmoren muß bis zum Prozeß...

Der Dirigent lacht. „So etwas! Das habe ich nicht erwartet." Er sieht, daß der Kaiser und die Kaiserin Platz nehmen, die Kleider richten, die Hände im Schoß falten und auf den Beginn der Oper warten. Die Ouvertüre zu „La Traviata".

Der Offizier sieht es auch, mit Staunen und Fassungslosigkeit.

„Nun?" fragt der Dirigent schmunzelnd. „Soll ich jetzt mit Ihnen kommen? Bin ich verhaftet?"

Der Offizier räuspert sich, richtet sich auf. Brust raus, Bauch rein. Er senkt das Kinn. Er schnarrt in dem Befehlston, den man ihm beigebracht hat: „Beginnen Sie mit der Oper!"

Der Dirigent verbeugt sich, lächelt. „Bitte", sagt er.

Währenddessen hat sich im Stadtpalazzo, einem herrlichen Renaissancegebäude, das angefüllt mit Antiquitäten und wertvollen Fresken ist, die wirkliche italienische Gesellschaft versammelt.

Alle sind sie gekommen, nicht in großer Robe, aber dennoch elegant, ohne den Schmuck, ohne kunstvoll aufgeschichtete Frisuren. Zum Empfang des Kaisers hätten sie ihre Prachtroben angelegt, alle Diamanten aus den Schatztruhen geholt, die Damen hätten den ganzen Tag damit verbracht, sich Salben und Cremes auf die Haut zu schmieren, sich die Nägel feilen und polieren zu lassen, die Haare zu waschen und zu legen. Man hätte die Kutscher angehalten, die Pferde zu striegeln und die Geschirre zu polieren.

Man hätte dem Kutscher vielleicht sogar eine neue Livree anpassen lassen, nur für diesen kurzen Auftritt, wenn man aus der Kutsche steigt und über einen roten Samtteppich in das Foyer der Mailänder Scala schreitet, während der Kutscher mit tiefer Verbeugung noch den Türgriff hält...

Aber jetzt sitzt der Kutscher im Parkett und singt aus vollem Hals: „Flieg, Gedanke, getragen von Sehnsucht..."

Man hat extra im Palazzo geprobt, damit der Chor auch kraftvoll und stark klingt.

Im Palazzo der Contessa Orlando sind sie nun alle versammelt, trinken Wein und essen kleine Canapees, die das Personal zubereitet hat, bevor es sich in großer Garderobe auf den Weg zum Opernhaus begeben hat.

Die Contessa ist etwas außer Atem, sie fühlt sich vom vielen Herumeilen und Herreichen ganz derangiert. „Ich bin heute schon fünf Mal im Keller gewesen", stöhnt sie, „um Weinnachschub zu holen."

Bisher hat sie wahrscheinlich nicht einmal gewußt, wie es im Keller aussieht..., dafür war das Personal zuständig. Ihre Freundin, die Contessa Bellini, verdreht die Augen.

„Meine Liebe, ich weiß, wovon Sie sprechen. Wir haben heute nur Kaltes zu Abend gegessen. Wir haben unseren Kutscher in die Scala geschickt."

„Und ich meinen Koch", sagt Baron Caldi.

„Und ich meinen Kutscher." Das ist der Conte Mattioli. Er lacht, als er daran denkt, wie der Kutscher sich vor ihm verneigt hat. „Wie der sich rausgeputzt hat! Dem Kaiser werden die Augen aus dem Kopf fallen!"

Einen Augenblick genießen alle den Gedanken an die Verblüffung des Kaiserpaares. „Nur zu schade", seufzt die Contessa, „daß wir ihr Gesicht nicht sehen können."

„Bestimmt haben sie längst die Oper verlassen", sagt die Baronin Bellini.

„Und wie wütend sie sein werden!"

Graf Caldi hebt sein Glas und schaut vergnügt in die Runde. „Nun, Carlo wird uns ja alles erzählen."

„Wieso Carlo?" ruft eine Contessa, sofort ist sie neidisch. Sie denkt: Dann hätte ich ja auch gehen können. Und mich feinmachen. Und in der Loge sitzen. Und nachher allen berichten. Ich würde auch gern wissen, wie die Kaiserin aussieht. Was sie anhat. Wie sie sich zurechtgemacht hat. Man sagt, sie habe die schmalste Taille in ganz Europa. Und das schönste Haar..., man sagt, ihre Haare, wenn sie aufgelöst sind, reichten bis zu ihren Fersen. Und im Arbeitszimmer des Kaisers befinde sich ein großes Ölgemälde, auf einer Staffelei, direkt neben seinem Schreibtisch, das die Kaiserin zeigt, im Morgenmantel, mit offenem Haar, auf dem sie einen Schleier trägt...

Die Contessa seufzt. Man erzählt sich außerdem, daß der Kaiser seine Frau mit Hingabe und Inbrunst liebe. Daß es eine Liebe wie die zwischen Franz Joseph und Elisabeth an keinem Herrscherhause gebe... Sie seufzt wieder.

Das hätte sie tatsächlich gern mit eigenen Augen gesehen. Aber ihre Ehemänner haben ja beschlossen, dem Kaiser ihre Referenz zu verweigern. Und die Ehefrauen mußten sich beugen. Wie immer...

„Ich habe ihm gesagt, er soll in die Oper gehen und dann gleich zu uns kommen, um zu berichten!"

Die anderen lachen. Sie applaudieren. Eine gute Idee. Conte Carlo ist ein Zyniker, ein schlauer Beobachter, ein kluger Mann, ein guter Erzähler. Er wird ihnen eine herrliche Geschichte davon erzählen, wie man das österreichische Kaiserpaar aufs Tiefste gedemütigt hat...

Die Oper beginnt. Musik ertönt. Eine wunderbare Musik. Auf einmal ist die Scala wieder das, was sie immer war: ein Ort, an dem die schönste Musik Europas erklingt. Die Italiener sind ein opernbesessenes Volk. Sie singen Arien, als wären es Volkslieder, auf den Straßen, auf dem Weg zum Brunnen, zum Markt, während sie Ziegen hüten in den Bergen und die Gondeln durch die Wasserstraßen von Venedig steuern. Sie vergöttern Verdi und seine Musik.

Das Publikum sitzt stumm und lauscht. Der Vorhang geht langsam zur Seite und enthüllt das Szenenbild für den ersten Akt. Wunderbar. Man lehnt sich zurück und genießt. Der Kutscher ebenso wie die Köchin, die Kaiserin ebenso wie die Kammerzofe.

Sissi macht den Eindruck, als berühre sie dieser Eklat gar nicht. Sie will sich diesen Musikgenuß nicht stören lassen. Hin und wieder wirft der Kaiser seiner Frau einen verstohlenen Blick zu. Sie ist blaß, aber so schön. Zart, aber stark. Er dankt dem Schicksal einmal mehr, daß es ihm eine solche Frau an die Seite gegeben hat. Eine Frau, die ihm zwar oft genug Grund zum Verdruß und auch zu furchtbaren Sorgen Anlaß gab. Aber im Ernstfall, in Augenblicken wie diesem, wo alles auf dem Spiel steht, die Existenz der K.u.K.-Monarchie, da kann man sich auf sie verlassen. Da tut sie immer genau das Richtige. Da bewahrt sie Haltung. Da zeigt sie dem Kaiser, daß er sich auf sie verlassen kann, daß sie eins sind. Vor den Augen der Welt. Ein Paar, das bereit ist, die guten wie die schlechten Tage miteinander zu teilen. Am liebsten würde der Kaiser die Hand seiner Frau nehmen und an die Lippen führen, würde sich bei ihr bedanken.

Aber er weiß, daß man auf sie schaut. Aus den Rängen, den Logen. Also lehnt auch er sich zurück und genießt die Musik...

Als der Vorhang über dem letzten Akt gefallen ist und die Tränen getrocknet sind, die man über das Schicksal der armen Violetta vergossen hat, erheben sich die Zuschauer von ihren Sitzen.

Alles strömt zum Ausgang. Alles schnattert, plaudert und ist gut gelaunt. Ein unvergeßlicher Abend ist vorbei. Schade eigentlich...

Aber der Abend ist nicht vorbei. Die Kaiserin hat beschlossen, daß der Empfang in dem gemieteten Palazzo dennoch stattfindet.

Der Empfang, der für die Marchesa Bellini und den Principe Caldi, für den Conte Carlo und den Principe Orlando, für die Contessa Garibaldi und ihre Familie geplant war, findet statt!

Das ist Sissis Plan, den sie während der Opernaufführung ausgearbeitet hat. Man wird so tun, als seien wirklich die italienischen Aristokraten anwesend. Man wird sich jeden einzelnen vorstellen lassen, den Koch und den Kutscher, und sie anreden mit den Namen ihrer Herren, man wird mit ihnen plaudern, etwas Nettes über sie sagen und dann gemeinsam ein köstliches Essen verspeisen. Irgendwer, dessen ist sich Sissi gewiß, wird den Adligen schon erzählen, was sie verpaßt haben. Sie kennt schließlich die unersättliche Neugier des Adels. Da gibt es keinen großen Unterschied zwischen Wien und Mailand.

Eine unglaubliche Szene spielt sich ab in dem vornehmen Palazzo, den Ferdinand Max für diesen Abend angemietet hat.

Er hat die Säle mit kostbaren Blumenarrangements dekorieren lassen, die Tafeln mit edlem Silber geschmückt, mit Schalen voller exotischer Früchte. Bei den Fischhändlern die edelsten Fische bestellt, die Gemüsehändler haben an diesem Tag an der Bestellung des Kaiserpaares ein kleines Vermögen verdient, die Köche arbeiten den ganzen Tag an der Herstellung der Gerichte, stopfen Perlhühner mit

Morcheln und fritieren Steinpilze in dickem Olivenöl, würzen das Kalbfleisch und backen im Ofen
Köstlichkeiten, die mit Vanillecreme gefüllt und
flüssiger Schokolade übergossen werden..., Weine
lagern in kühlen Räumen, Champagnerkorken knallen, während das Kaiserpaar einen Gast nach dem
anderen begrüßt.

Die Hofdame, Gräfin Bellegarde, muß diesen
einfachen Leuten, die noch niemals selbst auf so
einem Empfang gewesen sind, diskret andeuten,
wann sie einen Hofknick machen müssen, wann sie
aufschauen und wann wieder abtreten müssen.

Sissi begrüßt jeden Gast mit einem persönlichen,
netten Wort.

„Ich freue mich, liebe Contessa, Sie hier zu sehen.
Ich hab schon viel von Ihnen gehört.“

Die Köchin, die so angeredet wurde, verhüllt ihr
Gesicht und tritt schnell ab.

Dann wird schon der nächste aufgerufen: „Die
Marchesa delle Flori!“

Und wieder tritt eine abscheulich herausgeputzte
Dienerin vor, wird von der Gräfin Bellegarde angehalten, einen Hofknicks zu machen und während die
Dienerin noch etwas wackelig in die Knie geht, sagt
Sissi freundlich: „Ich freue mich, liebe Marchesa,
endlich einmal persönlich ihre Bekanntschaft zu
machen. Ich habe schon so viel Gutes von Ihnen
gehört...“

Sie ist sicher, daß all das weitergetragen wird, daß

die Marchesa delle Flori davon erfahren wird. Und daß sie sich schwarz ärgern wird, diesen Augenblick verpaßt zu haben...

Im Palazzo der Familie Orlando wartet man indessen mit knurrendem Magen gespannt auf die Rückkehr des Conte Carlo. Keiner versteht, warum er so lange fernbleibt. Die Oper ist schon seit zwei Stunden zu Ende! Wieso kommt er nicht schnell, um vom Triumph zu berichten?

Man hat schon sehr viel getrunken und ist ein wenig müde, als der Conte Carlo schließlich im Salon der Orlandos erscheint. Carlo sieht strahlend aus. Elegant, fantastisch. Er grüßt alle mit ausgebreiteten Armen. In seinen Augen blitzt der Schalk.

„Seid gegrüßt, meine Lieben!" ruft er.

Sofort wird er umringt. Die Damen in erster Reihe. Sie können es nicht erwarten. Schließlich haben sie ein großes Opfer gebracht. Haben auf den schönsten Abend der Saison verzichtet, auf ein neues Kleid, auf das Ausführen ihrer Diamanten...

Nun also soll der Conte erzählen.

„Endlich! Da ist er ja!" ruft der Principe Cellini.

Und der Conte Garibaldi fragt begierig: „Na, wie war's?"

„Kommen Sie, erzählen Sie schon!" ruft die Marchesa ungeduldig.

„Ja, schnell! Wir wollen hören!" Alle drängen sich um ihn.

Conte Carlo muß erst ein wenig Raum schaffen, bevor er sprechen kann.

Er genießt diesen Augenblick. Er hat seinen Freunden etwas zu erzählen, etwas ganz anderes, als sie erwarten, und das macht ihm Spaß. Das möchte er auskosten bis zum letzten.

„Ja, also, meine Lieben", beginnt er umständlich, und reibt das Kinn, „ja, also..."

„Warum fängt er nicht endlich an?" ruft die Principessa Corini ungeduldig, „Weiß er nicht, wie lange wir hier schon warten? Uns knurrt der Magen! Wir haben kein Personal! Nichts zu Essen!"

„Da geht es Ihnen ganz anders als mir, meine Lieben", sagt der Conte Carlo. „Also, es war fantastisch."

„Was war fantastisch?" ruft der Conte erregt. „Erzähl schon! Aber genau!"

„Nun, also", beginnt Carlo, „die Amrianai hat einfach göttlich gesungen."

„Wen interessiert denn, wie die Amrianai gesungen hat!" ruft die Marchesa ungeduldig. Was war mit der Kaiserin?"

Carlo läßt sich ein Weinglas reichen, trinkt, schmeckt, tupft sich die Lippen, während alle ungeduldig um ihn drängen.

„Also, die Kaiserin, na, die hat ausgesehen wie ein Traum!"

„Wie denn? Erzähl doch!" ruft die Marchesa. „Was hat sie angehabt? Wie war sie frisiert?"

„Also, wie soll ich das sagen..." Carlo tut, als müsse er lange überlegen. „So etwas habt Ihr einfach noch nicht gesehen. Ihr hättet es sehen müssen. Sie ist..., es war wie ein Märchen. Diese Frau hat ausgesehen wie eine Märchenkaiserin."

Die Contessa Bellini und die Principessa Garibaldi wechseln einen Blick. Und das haben sie sich entgehen lassen! Und dafür hat man nun einen wie den Conte Carlo hingeschickt, der noch nicht einmal ein Kleid richtig beschreiben kann.

„Aber was war mit unseren Leuten?! Haben Sie gesungen?" ruft einer dazwischen.

„Ja, was war mit dem Freiheitschor aus Nabucco?"

„Der klang wundervoll. Das hat alles gut geklappt. Boscati hat dirigiert und alle haben gesungen und sich zur Kaiserloge umgedreht."

„Und? Und? Wie hat der Kaiser reagiert? Und die Kaiserin?"

Carlo nippt wieder an seinem Glas. Er verbirgt ein Schmunzeln. „Sie haben applaudiert. Sie sind aufgestanden und haben applaudiert."

Die Gäste im Palazzo Orlando schauen sich an, atemlos. Applaudiert? Obwohl das Freiheitslied ein Affront war? Eine Majestätsbeleidigung? Das kann doch nicht sein!

„Aber dann sind sie gegangen, oder?" fragt eine Contessa.

„Oh nein." Carlo lächelt. „Dann fing ja die Oper an. Und danach war ja der große Empfang mit dem Kaiserpaar."

Der Principe Bellini runzelt die Stirn. „Der Empfang hat stattgefunden?"

„Natürlich."

„Ohne uns? Ja, wer war denn da?"

„Eure Leute. Alle, die Ihr hingeschickt habt."

Die Contessa Garibaldi ist kurz davor, in Ohnmacht zu sinken. „Meine Köchin war auf dem Empfang des Kaisers?" kreischt sie.

„Und mein Kutscher!" ruft die Marchesa delle Flori.

„Und mein Kammermädchen!" flüstert die Contessa Orlando. „Das kann nicht sein! Das kann doch nicht wahr sein!"

Je länger sie der Schilderung des Conte Carlo lauschen, desto größer wird die Fassungslosigkeit. Die Kaiserin hat tatsächlich die Köche und Kutscher unter dem Namen ihrer Herrschaft begrüßt! Beide haben huldvoll mit dem Personal gelauscht und mußten doch genau gewußt haben, daß es sich nicht um die wirklichen Adligen handelt!

Und das Essen war so fabelhaft, und der Kaiser so attraktiv! Und alle Domestiken sind jetzt hingerissen vom Kaiserpaar!

Man hat also genau das Gegenteil erreicht von dem, was man erreichen wollte!

Wie peinlich!

Und morgen muß man sich auch noch das Gerede des Personals anhören!

Und wie sie sich aufplustern werden, jetzt, wo sie persönlich dem Kaiserpaar vorgestellt wurden!

Wahrscheinlich wird das Leben auf einmal ganz schwierig werden, weil das Personal nicht mehr richtig funktioniert. Sie werden alle durchdrehen. Und keiner putzt mehr die Schuhe der Marchesa und niemand will mehr die Nachttöpfe des Principe leeren...

Der Conte Carlo sitzt inmitten der aufgeregten Schar und streicht seine Wangen und lächelt in sich hinein. Ihm hat es gefallen.

Auch er ist jetzt ein großer Bewunderer der Kaiserin. Daß sie in diesem Tohuwabohu Haltung bewahrt hat! Das wird in die Geschichte eingehen.

Über diese „La Traviata"-Aufführung in der Mailänder Scala wird man später in den Geschichtsbüchern lesen. Und er ist dabeigewesen.


Am nächsten Morgen verläßt das Kaiserpaar mit seinem Gefolge Mailand in aller Frühe. Weder Sissi noch Franz Joseph haben den Wunsch, sich von irgendeinem Menschen hier zu verabschieden.


Am nächsten Tag werden sie in Venedig erwartet. Franz Josephs Bruder Ferdinand Max hat für den

Staatsbesuch in Venedig keinen Aufwand gescheut:
Es wurde eine Gondel gebaut, größer als alle, die
man kannte, mit einem Aufbau aus purpurfarbenem
Samt. Wie unter einem Baldachin über einem Samt-
thron sollen der Kaiser und die Kaiserin stehend
durch die Grachten und Kanäle von Venedig gleiten,
während aus allen Fenstern der Palazzi und Stadthäuser das Volk ihnen zujubelt!

Schließlich soll die Gondel vom Canale Grande
in den Canale San Marco und zwischen den beiden
Granitsäulen mit den Markuslöwen anlanden. Von
hier aus wird ein zweihundert Meter langer roter
Teppich am Dogenpalast vorbei bis zum Haupt-
portal der Markuskirche gelegt, in der eine Heilige
Messe zelebriert werden soll.

Überall auf dem Markusplatz Absperrungen, um
das gaffende Volk daran zu hindern, dem Kaiserpaar
zu nahe zu kommen, überall Polizei in Galauniform.

Eine Demonstration von Macht und Herr-
schaftswillen. Man will das Volk von Venetien durch
diese pompöse Vorstellung in die Knie zwingen. Die
Italiener lieben die große Show. Sie sollen sie
bekommen.

Hunderttausende von Maria Theresia Talern
wurden für diesen wichtigen Staatsbesuch ausgegeben. Er muß sich rechnen. Dieser Besuch muß ein
Erfolg werden und die Vorherrschaft der Habsburger in Venetien für die nächsten Jahre sichern. Das ist
der Plan.

Aber während der langen Fahrt von Mailand nach Venedig sind die Berater des Kaisers stumm.

Sissi, sehr blaß und angegriffen von dem anstrengenden Abend in Mailand, spricht nicht. Sie sitzt in der Kutsche, hält die Hand von Franz Joseph und hustet in ihr Taschentuch.

Franz Joseph ist besorgt. Er hat ein schlechtes Gewissen. Man hätte Sissi das nicht zumuten dürfen. Nach so langer Krankheit sie gleich in eine so heikle Situation zu bringen! Natürlich muß sie sich aufregen, wenn man sie beleidigt, das Kaiserpaar derart beleidigt. Die ganze Habsburger Familie.

In der Nacht hat Sissi kein Auge zugetan. Sie fürchtet sich vor diesem Staatsbesuch in Venedig. Sie hatte sich darauf gefreut, Venedig endlich kennenzulernen, über das sie so viel gelesen hat. Alles weiß sie über die Kunstwerke, die Gemälde im Dogenpalast, alles über den Campanile, diesen schlanken Turm, der schon im neunten Jahrhundert erbaut wurde und noch immer den Markusplatz überragt. All die Schätze, die von den italienischen Kreuzrittern aus dem Orient nach Italien gebracht wurden, sind hier versammelt, in Venedig.

Darauf hat sie sich gefreut.

Aber unter diesen Umständen möchte sie nicht nach Venedig. Am liebsten würde sie sofort zurückkehren auf ihre schöne Insel Korfu. Wieder das Licht sehen, die Sonne, die sich in der Ägäis spiegelt, die freundlichen Griechen beobachten, mit ihnen plaudern. Sissi hat inzwischen griechisch gelernt. Sie hat sogar schon den Platz ausgesucht, auf dem sie ein Schloß bauen will.

Es ist eine gespenstische Prozession, die da über den Canale Grande fährt, begleitet von dumpfer, unheilschwangerer Trommelmusik: Drei schmale, extralange Gondeln fahren der kaiserlichen Gondel voran. Die Ruderer tragen die alten venetianischen Trachten aus den Zeiten der Medici und Sansovini. Stumm wie Galeerensklaven stehen sie rechts und links und tauchen im Gleichklang die Ruder ins Wasser. Dann folgen die Gondeln der großen Familien. Sie sind leer. Keines der alten Adelsgeschlechter erweist dem Kaiserpaar die Ehre auf diesem Weg.

Elisabeth und Franz Joseph stehen wie versteinert unter dem roten, mit goldenen Quasten eingefaßten Baldachin.

Elisabeth trägt ein Kleid aus italienischer Spitze, mit einer Art Mantille, wie es im Mittelalter unter hohen Damen Italiens üblich war. Die Sonne scheint aus einem blaßblauen Himmel.

Rechts und links im Kanal sitzen Menschen in ihren Gondeln und schauen wortlos zu, wie die Prinzessin an ihnen vorbeigleitet, einer Totenprinzessin ähnlich. Es ist, als wohnte man einer Totenfeier bei.

Der Kaiser ist leichenblaß. Er trägt seine Gala-uniform, den Helm mit grünem Fellbesatz.

Er steht sehr aufrecht, ebenso wie seine Frau, den Kopf erhoben, trotzig und stolz.

Sie gleiten an den Palazzi vorbei, diesen herr-lichen Renaissancefassaden rechts und links des Canale, die normalerweise um diese Jahreszeit voller Leben sind. Alle Fenster geöffnet, aber heute sehen die Palazzi abweisend aus. Die Fenster sind geschlossen und sobald die kaiserliche Gondel auf gleicher Höhe ist, gehen die Rolländen herunter, fal-len laut scheppernd die Fensterklappen zu.

Ein stummer Protest. Man schließt das Kaiser-paar aus. Nur einmal, auf einem der schönen Bal-kone, erscheint eine Frau und winkt. Aber im gleichen Moment wird sie rüde von einem männ-lichen Wesen zurück ins Zimmer gestoßen und eine halbe Sekunde später fällt die Tür ins Schloß.

„Dieses demonstrative Schweigen", sagt Franz Joseph erschüttert, „ist vernichtender als ein Atten-tat."

Sissi blickt stumm auf eine italienische Fahne, die vor ihren Augen ausgerollt wird. Noch eine Beleidi-gung. Sie fragt sich, wieviele dieser Demütigungen und Verletzungen ihr Mann aushalten kann. Er tut ihr von Herzen leid. Aber dies alles wundert sie nicht - auf ihren Reisen hat sie mit vielen Menschen gesprochen, die ihre Haltung zum Kaiserreich dar-gelegt haben. Die über ihre persönlichen Erfahrungen mit der Monarchie gesprochen haben. Dabei hat Sissi vieles erfahren, was sie erschüttert hat.

„Du darfst Dich über die Einstellung dieser Leute nicht wundern", sagt sie, während die Gondel langsam an den toten Fenstern vorbeigleitet, an dem stummen Volk in den schwankenden, festgebundenen Gondeln rechts und links, „sie kennen diesen Namen nur von den Todesurteilen, die andere für Dich gefällt haben."

„Ja, Du hast recht", sagt Franz Joseph grimmig. „Es sind unendlich viele Fehler begangen worden. Radetzky war zu hart und mein Bruder ist zu tolerant."

„Und deshalb habe ich dir auch von dieser Reise abgeraten." Sissi steht immer noch wie eine Statue, ungerührt von all der Verachtung, die sie umgibt. Scheinbar ungerührt. „Ich wollte dir diese Demütigung ersparen, Franz."

Franz nickt. Er faßt Sissis Hand, ganz kurz. Seine Lippen sind weiß wie seine Haut, als er sagt: „Aber das Schlimmste kommt erst noch: der Weg über die Piazzetta zum Markusplatz. Ich wollte, ich könnte es dir ersparen."

Noch einmal schlagen diese beiden Herzen im Takt. Noch einmal sorgt einer sich um den anderen, möchte einer dem anderen das Leben leicht machen. Eine tiefe, innige Verbundenheit spricht aus den Worten der beiden. Eine Verbundenheit, wie sie sie später fast nie mehr fühlen.

Sissi erwidert seinen leichten Händedruck. Ein ganz feines Lächeln spielt um ihre Lippen. Sanft sagt sie: „Mach dir darüber keine Sorgen, Franz. Der Weg nach Madeira war schmerzlicher. Aber ich bin ihn gerne gegangen - für Dich."

Franz Joseph schaut Sissi an. Eine Wärme durchströmt ihn in dieser eisigen Stimmung um ihn herum. „Was für eine Frau hat mir der Himmel geschenkt", murmelt er zärtlich und dankbar, zutiefst dankbar.

Franz Joseph hat recht: Das Schmerzlichste kommt noch. Sie verlassen ihre Gondel und betreten, ganz allein, diesen endlosen roten Teppich, der von der Lagune direkt zur Markuskirche führt. So weit, daß man glaubt, der Teppichläufer verliert sich in der Unendlichkeit.

Alles ist stumm.

Das Volk hinter den Absperrungen bringt keinen Ton hervor. Kein „Vivat!", kein „Lang lebe der Kaiser!", kein „Hoch auf die Kaiserin!"

Nichts.

Tauben flattern auf und verschwinden im Sommerhimmel. Die Kinder werden an die Hand genommen, die Gesichter der Menschen sind abweisend und stumm. Niemand spricht ein Wort, als Franz Joseph mit seiner Frau, einer schwerkranken jungen Frau, die eben noch mit dem Tod gerungen hat, in gemessenen, feierlichen Schritten, wie im Protokoll vorgeschrieben, auf die Markuskirche zugeht.

In solchen Augenblicken möchte man unsichtbar werden. Einfach verschwinden. Im Erdboden versinken.

Franz Joseph und Sissi werden auf diesem langen Weg über den langen, roten Festteppich gequält. Vielleicht ist es nur gerecht, daß sie am eigenen Leib spüren, was Strafe wirklich bedeutet.

Vielleicht bereut Franz Joseph in diesem Augenblick alle Fehler, alle Strenge, alle Gewalt, die er in Venetien ausüben ließ. Die Rücksichtslosigkeit, mit der Österreich in Venetien und der Lombardei darüber wachte, daß dieses Land nicht abtrünnig wurde. Vielleicht bereut er alles.

Aber es hilft nicht. Er muß weiter. Einen Schritt vor den anderen setzen. Und neben ihm eine zarte Frau, die eben erst von einer schweren Krankheit gesundet ist. Aber vielleicht ist sie gar nicht wirklich gesund.

In der Nacht hat er sie wieder husten hören.

Die Sonne brennt auf sie herunter.

Das Volk bleibt stumm.

Ein so stummes Volk hat man noch nie erlebt.


Doch da geschieht etwas!

Ganz am Ende, so weit entfernt wie der Horizont, ist eine Bewegung auszumachen. Man sieht eine Frau in einem hellen Kleid, die sich herunterbeugt und ein Kind vorschickt. Ein kleines Mädchen in einem Rüschenkleid, das ganz allein über diesen roten Teppich auf das Kaiserpaar zuläuft!

Sissi bleibt stehen. Sie versucht, gegen das blendende Sonnenlicht zu schauen.

„Aber das ist ja unser Kind!" ruft sie, fassungslos vor Freude.

Franz Joseph lächelt. Endlich hat auch er einmal etwas Schönes für seine Frau arrangiert. Etwas, das ihr Herz vor Freude springen läßt.

„Das ist meine Überraschung", sagt er stolz.

Die kleine Gisela, in einem weißen, bauschigen Tüllkleid, das bis zu ihren weißen Lackschühchen reicht, läuft über den roten Teppich. Sie hat in der Hand einen Strauß gelber Rosen, an dem gelbe Seidenbänder flattern.

Sissi vergißt alles Protokoll, alle Selbstbeherrschung, die sie in diesem Italien so lange üben mußte. Sie läßt Franz Joseph stehen und läuft ihrem Kind entgegen. In ihrer Staatsrobe, in der Schleppe, die hinter ihr hergleitet, läuft sie auf ihr Kind zu, geht in die Knie, breitet die Arme aus.

Und die kleine Prinzessin, die so viele Monate von ihrer Mama getrennt war und sich vielleicht gar nicht mehr so genau erinnert, tut, was sie tun muß, sie fällt ihrer Mama um den Hals.

An der Seite steht Ludovika, die ihr Enkelkind nach Venedig begleitet hat, und sicher dazu beigetragen hat, daß dieses Wiedersehen so rührend wird.

„Du wirst Deine Mama wiedersehen", wird sie immer und immer wieder gesagt haben, „Deine schöne Mama, sie wird ein weißes Kleid anhaben und Du wirst ihr entgegenlaufen und dann endlich, endlich, mein kleiner Schatz, kannst Du Deiner Mami wieder in die Arme fallen!"

So ist es.

Sissi drückt ihr Kind an sich, als wollte sie es nie mehr loslassen. Tränen treten ihr in die Augen. Aber sie lächelt. Sie lacht. Sie küßt und streichelt ihr Kind, immer wieder, hält es von sich weg am ausgestreckten Arm, schaut es an, zieht es wieder an sich, küßt es erneut.

„Daß ich Dich wiederhab!" flüstert Sissi überwältigt vor Glück. „Mein Schatz! Du bist ja so groß geworden! Du, jetzt geht die Mama nie mehr weg. Nie mehr!"


Dieses Bild einer Mutter, die ihr Kind in den Arm nimmt, ist eine so typisch italienische Szene, eine Madonnen-Szene, ein Bild, das sich sofort in die Herzen all der Venetier schleicht, die rechts und links Spalier gestanden haben. Bislang waren sie stumm, um ihre Verachtung zu zeigen. Ihren Haß und ihre ohnmächtige Wut auf diesen Monarchen, der mit Strenge und Schrecken über sie regiert hat.

Nicht einmal die Hüte haben die Männer gelüftet, als der Kaiser an ihnen vorbeiging.

Aber jetzt, auf einmal, werfen sie ihre Hüte in die Luft, weil einer angefangen hat, schreien und jubeln jetzt alle: „Eviva la mama! Eviva Elisabeth!"

Sissi hat, ein zweites Mal, das Eis gebrochen.

Franz Joseph kann ruhig bleiben. Er weiß, dieser Staatsbesuch ist gerettet. Venetien gehört zu Österreich, vielleicht nur ein Jahr, vielleicht länger. Aber für diesen Augenblick ist alles in Ordnung.

Was für eine Frau hat mir der Himmel geschenkt, denkt Franz Joseph, als er auf das jubelnde Volk sieht und dann auf seine Frau und sein Kind, wie sie da auf dem Teppich knien und die Welt um sich herum vergessen.

Doch aus dem Kirchenportal tritt jetzt die Abordnung der Geistlichkeit. Voran der Kardinal mit seinen Bischöfen, die Priester, die Würdenträger.

Sie gehen langsam auf das Kaiserpaar zu.

Erst als der Kardinal direkt vor Sissi und der kleinen Prinzessin steht, sagt Franz Joseph mahnend: „Sissi!"

Und sie schaut auf, um in das freundliche, milde Antlitz des Kardinals zu sehen.

Sofort erhebt sie sich, küßt die Hand, die der Kardinal ihr reicht, verbeugt sich tief. „Verzeihen Sie, Eminenz", sagt sie, „daß ich Sie nicht zuerst begrüßte. Aber ich wußte nicht, daß ich in diesem Leben mein Kind noch einmal wiedersehen würde, und ich war..., ich bin so glücklich darüber!"

Der Kardinal nickt lächelnd. „Selig sind die Menschen, deren Herzen vor Freude überströmen", sagt er, „denn diese Freude kommt von Gott."

Und da erklingt auf einmal die Kaiserhymne und alle Menschen werfen jubelnd ihre Hüte in die Luft, Franz Joseph salutiert, sein kleines Töchterchen auf dem Arm und Elisabeth winkt strahlend in die Menge, unter dröhnenden Glockenschlägen.

**ENDE**

# NACHTRAG

Der Tod der Kaiserin Sissi.

Am 10. September, einem frühen, sonnigen Herbsttag, sitzt Franz Joseph in seinem Arbeitszimmer in Schloß Schönbrunn und bereitet eine Reise in die Provinz vor, wo er an einem Militärmanöver teilnehmen wird.

In den letzten Wochen hat er fast täglich mit seiner Frau korrespondiert, die wieder einmal auf Reisen ist. Die Kaiserin hat sich nach langen Krankheiten wieder einigermaßen erholt, obgleich sie immer noch an ihrer Diät festhält und außer frischer Milch fast gar nichts zu sich nimmt.

Sie ist wenige Tage vor diesem 10. September von Bad Nauheim, wo sie zur Kur war, weitergereist in die Schweiz. An ihrer Seite Gräfin Irma Sztàray, eine Ungarin, die in den letzten Jahren Elisabeths engste Vertraute ist.

Mit kleinem Hofstaat richtet man sich in einem Hotel in Montreux ein, das Elisabeth von einer früheren Reise her kannte und liebgewonnen hat. Von dort werden Ausflüge und kleine Wanderungen geplant - für die Bergtouren, die die Kaiserin früher so liebte, ist sie zu schwach.

Aber sie schlendert mit ihrer Freundin, der Gräfin Sztàray, durch die Geschäfte von Montreux, kauft Geschenke für ihre Kinder und Enkelkinder, schreibt einen Brief an ihren Mann, in dem sie von einem vergnüglichen Mittagessen bei der Baronin Rotschild berichtet und von der Absicht, mit dem Dampfschiff nach Genf zu reisen, um dort einzukaufen und die Lieblingskonditorei zu besuchen. Man wird Quartier nehmen im Hotel Beau Rivage, von dem aus man über den Genfer See auf das Montblanc-Massiv sehen kann.

Die Kaiserin ist guter Stimmung und fühlt sich heiterer und kräftiger als in der letzten Zeit. Seit 30 Jahren hat sie sich nicht mehr fotografieren lassen und trägt immer nur schwarz.

Seit dem Tod ihres Sohnes Rudolf hat sie nie mehr ein anderes als ein schwarzes Kleidungsstück getragen. Sie verbirgt ihre Haarpracht unter großen Hüten, von denen undurchsichtige Schleier herabhängen, das Hotel verläßt sie nie ohne ihren schwarzen Sonnenschirm und den kleinen Fächer.

Man will das Schiff nehmen, das um 13.40 Uhr ablegen soll, keine zweihundert Meter vom Hotel entfernt.


Franz Joseph, der zwar inzwischen eine Geliebte hat - die Schauspielerin Katharina Schratt (übrigens mit ausdrücklicher Bewilligung seiner Frau Elisabeth) - hängt dennoch mit unendlicher Zärtlichkeit an Elisabeth. Daran kann auch die Schratt nichts ändern. Will sie vielleicht auch nicht. Sie weiß, daß

Franz Joseph seiner Sissi täglich zärtliche Briefe schreibt, die er mit „Dein Kleiner" unterzeichnet.

Der Kaiser redet mit seiner Geliebten oft über Elisabeth und immer sind seine Worte voller Zärtlichkeit.

An diesem Nachmittag wird ihm sein Adjutant, Graf Paarl, unerwartet gemeldet. Er hat nicht um eine Audienz gebeten und der Kaiser kann sich nicht vorstellen, was es Dringendes zu besprechen gibt.

Gutgelaunt schaut er von seinen Reisevorbereitungen auf und fragt: „Was ist denn, mein lieber Paarl?"

Der Adjutant berichtet, er habe von der Gräfin Sztàray ein Telegramm erhalten. Ein dringendes Telegramm. Aus Genf. Er ist sehr aufgeregt. Er stottert fast. Er legt das Telegramm auf den Schreibtisch des Kaisers. Der liest erschrocken:

„Ihre Majestät, die Kaiserin, wurde schwer verwundet. Bitte dies dem Kaiser schonungsvoll zu melden."

Noch während der Kaiser diese Nachricht ein zweites Mal liest, weil sie ihm so unbegreiflich, so ungeheuerlich erscheint, wird eine zweite Depesche ins Arbeitszimmer gereicht. Ihr Wortlaut:

„Ihre Majestät, die Kaiserin, ist soeben verschieden."

Der Kaiser bricht in Tränen aus. Er schwankt, läßt sich in seinen Schreibtischsessel fallen, vergräbt das Gesicht. Sein Körper wird von einem Weinkrampf geschüttelt. Seine Adjutanten stehen hilflos und erschrocken neben ihm.

Schließlich sagt er, das tränenüberströmte Gesicht zu Graf Paarl gewandt. „Sie wissen nicht, wie ich diese Frau geliebt habe."


Die Kaiserin Elisabeth wurde auf dem Weg vom Hotel Beau Rivage zum Dampfer von dem Anarchisten Luigi Lucheni ermordet.

Der fünfundzwanzigjährige Italiener wollte eigentlich den Herzog von Orleans töten, der aber war unerkannt am Morgen abgereist. Und als in der Genfer Zeitung ein Artikel erschien, der über den Aufenthalt der Kaiserin von Österreich in Genf berichtete, beschloß er kurzerhand, die Kaiserin zu seinem Opfer zu machen.

Der Mörder kannte Elisabeth nicht. Er hatte keinen Groll gegen sie, er wollte nur einfach jemanden ermorden, der ihm selbst dadurch zu einer Berühmtheit verhelfen würde. Er wollte in die Zeitungen kommen. Er war Anarchist. Er dachte nicht nach.

Nach der Tat, noch im Gefängnis, brüstete er sich seiner Tat. Auf die Frage, ob er das wiederholen würde, sagte er fröhlich: „Natürlich."

Die Nachricht von der Ermordung der Kaiserin verbreitete sich rasch. In Wien strömten verzweifelte Menschen auf den Plätzen zusammen, der ganze Ring war schwarz von Menschen. Allein in

Wien wurden bei den Blumenhändlern tausend Kränze in Auftrag gegeben. Bis aus Ägypten kamen Beileidsbekundungen und Grabbeigaben. Ganz Wien war schwarzgeflaggt, als der Sarg mit den sterblichen Überresten der Kaiserin am Bahnhof eintraf.

Alle Arbeit ruhte. Reporter waren unentwegt im Einsatz, um für Extrablätter die neuesten Nachrichten von den Trauerfeierlichkeiten zu melden. Die Zeitungen wurden den Händlern aus den Händen gerissen. Es war die größte Beerdigung, die man in Wien je erlebt hat.

Es war, als wäre alles auf den Beinen, als wären alle Österreicher von den äußersten Provinzen des Landes aufgebrochen, in ihrer besten schwarzen Tracht, um in Wien der geliebten Kaiserin die letzte Ehre zu erweisen.

Wenige Tage vor ihrem Tod hat die Kaiserin gegenüber Freunden geäußert: „Ich wünsche mir einen schnellen, schmerzlosen Tod."

Die Feile, mit der der Mörder Elisabeths Herz und Leber durchbohrte, war scharf und schmal. Den Stoß, der heftig geführt war, hat Elisabeth nicht gespürt.

Der junge Mann ist auf dem Quai du Montblanc, der Promenade am Genfer See, zwischen den

Kastanien herumgehüpft, in einer merkwürdigen, auffallenden Weise. Aber Elisabeth hatte keine Sicherheitsbeamten bei sich, die vielleicht sofort Argwohn geschöpft hätten. Diese ständige Begleitung durch Sicherheitsoffiziere ist ihr lästig gewesen. Sie hat ausdrücklich darum gebeten, daß man sie in Genf alleine läßt. Sie ist inkognito angereist, unter einem anderen Namen.

Es war nicht vorgesehen, daß in der Genfer Zeitung eine Nachricht über ihre Anwesenheit gedruckt wird.

Der junge Mann springt plötzlich auf die Kaiserin zu, aus dem Schatten der Kastanien heraus, macht eine plötzliche Bewegung, als ob er stolpert, und stößt der Kaiserin die Faust vor die Brust. Die Kaiserin sinkt ohne einen Laut zu geben, auf das Trottoir.

Erst als die Gräfin Sztàray erschrocken aufschreit, schauen die anderen Passanten zu ihr hin. Zwei Kutscher ergreifen den Attentäter.

Aber die Kaiserin ahnt immer noch nicht, daß dieser junge Mann, 25 Jahre alt, mit dem fanatischen Ziel, eine berühmte Persönlichkeit zu ermorden, ihr soeben einen haarfein geschliffenen Pfeil in die Brust gebohrt hat.

Nur ein winziges Loch, das man erst später entdecken wird, als die Kaiserin schon ohnmächtig ist und die Gräfin ihr Mieder aufschnürt. Da erst entdeckt man Blutstropfen, aber weiß immer noch nicht, daß diese haarfeine Waffe das Herz der Kaiserin durchbohrt hat. Der Stoß mit der Waffe war so heftig geführt, daß er die vierte Rippe gebrochen hat und das Herz nach innen verblutet ist.

Am Tag zuvor, beim Mittagessen mit der Baronin Rotschild, hat Elisabeth einen Satz geäußert, der später berühmt wurde: „Ich wünschte, meine Seele würde sich durch eine winzige Öffnung meines Herzens zum Himmel erheben."

Genau so ist es geschehen.

Der zweite Wunsch der Kaiserin jedoch, auf der Insel Korfu begraben zu werden, wird ihr nicht erfüllt.

Der Kaiser ordnet die Überführung des Leichnams seiner Frau von Genf nach Wien an. In einem Sonderzug, der mit schwarzem Tuch ausgeschlagen ist. Sie soll in der Kapuzinergruft beerdigt werden.

In ihrem Testament hatte Elisabeth verfügt, daß ihre letzte Ruhestätte auf der Insel Korfu sein solle, nah am Meer.

„So daß die Wellen sich an meinem Grab brechen. Dann würden alle Sterne des Himmels auf mich herabscheinen und die Zypressen würden viel länger als die Menschen um mich trauern."

Die Zypressen, deren Anblick die Kaiserin auf der Insel Korfu so rührte und begeisterte, gibt es nicht mehr.

Aber die Menschen trauern noch immer.

## Kaiserin der Herzen

## *Der* BILDBAND
## *zu den* ORIGINALFILMEN

*Der Bildband zu den Originalfilmen mit vielen Szenenfotos Sissi - Das Leben einer Kaiserin Hardcover, 144 Seiten ISBN 3-932234-26-X DM 29,80 öS 218,- sFr 28,40*

## Lassen Sie sich v e r z a u b e r n vom Charme der jungen ROMY SCHNEIDER!

Viele großformatige Szenenfotos aus der Film-Trilogie dokumentieren anschaulich das Schicksal der österreichischen Kaiserin vom unbeschwerten Mädchen zur reifen, lebenserfahrenen Frau.

**BURGSCHMIET VERLAG GMBH**
Burgschmietstraße 2-4 · 90419 Nürnberg
Tel.: 0911/399060 · Fax: 0911/3990628

h t t p : / / w w w . b u r g s c h m i e t . c o m

**Die Sissi-Filme begeistern
seit Jahrzehnten ein Millionenpublikum.
Der offizielle Kalender des te Neues Verlages
zeigt noch einmal die schönsten Szenen
mit Romy Schneider und Karl-Heinz Böhm
für Ihr ganz persönliches Sissi-Jahr.**

Erhältlich ist der Kalender ab August 1998 überall dort, wo es Kalender gibt.

Änderungen vorbehalten.

ISBN: 3-8238-**0213**-5, 19,95 DM

te Neues Verlag, Am Selder 37-47, 47906 Kempen, Tel: 02152-916-0

*Sissi*

## Die junge Kaiserin

*Sophie
von Zanardi*

1. Auflage 1998
© 1957 ERMA-Filmproduktionsgesellschaft
Ernst Marischka & Co.
Lizensiert durch Merchandising München KG.
Covergestaltung: Brigitte Bonfield.
© 1998 Burgschmiet Verlag GmbH,
Burgschmietstraße 2-4, 90419 Nürnberg.

Printed in Germany

# SISSI - DIE JUNGE KAISERIN

## 7

Es ist die glanzvollste Hochzeit, die das höfische Europa je erlebt hat:

Kaiser Franz Joseph und seine Braut, eine sechzehnjährige Prinzessin aus Bayern, sind an jedem Hof, in jedem Fürstenhaus das Thema Nummer eins.

Alles, was man aus Wien erfahren kann, wird eifrig weitergetratscht, mit kleinen erfundenen Szenen gewürzt, so daß am Schluß keiner mehr weiß, was Wahrheit und was Dichtung ist. Nur eines ist sicher: Ein schöneres Herrscherpaar hat man nie gesehen.

Sissis Liebreiz führt zu einem wahren Devotionalienhandel: An den Kiosken in Wien, Innsbruck, Linz und Salzburg, sind die gemalten Bildchen, Porträts der Kaiserin Sissi, innerhalb von Tagen ausverkauft, die Maler können gar nicht so viel liefern, wie verlangt wird.

Überall im Land versuchen junge Baronessen und Gräfinnen, sich eine ebenso gertenschlanke Taille anzuhungern, man ahmt ihre Frisur nach - aber niemand hat so prachtvolles Haar wie die Kaiserin. Sogar der leichte bayerische Tonfall, in dem die Kaiserin spricht, wird auf einmal populär.

Aber was noch mehr zählt: Der Einfluß der jungen Sissi auf den Kaiser scheint von Tag zu Tag größer zu werden. Der Kaiser, der sich früher in all seinen Entscheidungen von der Mutter, Erzherzogin Sophie leiten ließ, hat nun, so scheint es, eine neue Beraterin: eine sechzehnjährige, in politischen Dingen ganz unerfahrene Prinzessin aus Bayern.

Und diese ehemalige Prinzessin ist in einem liberalen Haus aufgewachsen, in dem man glaubt, daß ein Volk mit Liebe regiert werden sollte, anstatt mit Strenge.

Die Erzherzogin Sophie war nie beliebt bei den Wienern, schon gar nicht draußen im Land. Sie gilt als eine kalte, ehrgeizige, machtbesessene Person, die im Zweifelsfall über Leichen geht, um die Monarchie zu retten.

Natürlich versucht der Ministerrat, Sissi so weit wie möglich von allen politischen Debatten fernzuhalten. Je weniger sie weiß, so ihr Credo, desto weniger kann sie sich einmischen.

Aber wer hat Einfluß darauf, was der Kaiser und seine von ihm innig geliebte junge Frau abends beim Souper besprechen - falls sie einmal allein speisen können - oder danach, im kaiserlichen Ehebett, morgens, wenn sie aufwachen, miteinander frühstücken. Wenn sie im Prater spazierengehen?

Die Minister sind besorgt.

Der junge Kaiser Franz Joseph hört nicht mehr bedingungslos auf ihren Rat. Er fällt eigene Entscheidungen, die oft ganz anders sind als erhofft. Dann wieder scheint er gar nicht richtig zuzuhören, sondern steht sinnend vor dem Porträt seiner jungen Frau, das neben seinem Schreibtisch aufgestellt ist. In Schloß Schönbrunn, vor den Toren Wiens, hängt ein großes Gemälde von Sissi, und auch in seinem Arbeitszimmer in der Hofburg.

So kann er seine geliebte Frau immer bei sich haben, auch wenn es sein Arbeitspensum nicht erlaubt, sie so oft zu sehen, wie er es gerne hätte.

Natürlich rümpft die Hofgesellschaft die Nase über so viel Sentimentalität und romantische Gefühle.

Hochzeiten waren immer eine Sache der Vernunft und der Staatsraison. Daß ein Herrscher und seine Gemahlin sich wirklich lieben, wie andere junge Menschen auch, ist im Protokoll nicht vorgesehen.

Franz Joseph und Sissi haben die Flitterwochen in der Nähe von Wien, auf Schloß Laxenburg, verlebt.

Aber es waren keine Flitterwochen nach Sissis Geschmack: Jeden Morgen nach dem Frühstück fuhr eine Kutsche vor dem Schloß vor und brachte den Kaiser nach Wien an seinen Schreibtisch, wo Berge von Akten auf ihn warten.

Sissi ist derweil allein mit den Hofdamen, die ihr alle fremd sind.

Unentwegt muß sie Delegationen empfangen, mit Menschen reden, von deren Existenz sie noch vor ein paar Monaten gar nichts wußte. Sich an einen Terminplan halten, den andere für sie aufstellen.

Und das in den Flitterwochen!

Manchmal ist sie nach einem Vormittag, an dem sie Dutzende von Menschen begrüßt hat, so erschöpft, daß sie in ihr Zimmer flüchtet und in Tränen ausbricht. Dann wieder weigert sie sich, Damen aus der Aristokratie zum Tee zu empfangen, weil Sissi sich in deren Gesellschaft langweilt. Außerdem spürt sie die bohrende Neugier dieser Frauen, die nur vom Klatsch leben, von den kleinen Neuigkeiten, die sie abends in Wien, im Burgtheater oder in der Oper weitertratschen können.

Sissi weiß längst, daß diese Frauen aus höchstem Adelsgeschlecht sie für eine unpassende Partie halten.

Sie ist jung, schlecht ausgebildet, nicht auf so eine wichtige Rolle, wie die der österreichischen Kaiserin vorbereitet. Es gibt viele, die Sissi für dumm halten. Und das auch offen sagen, natürlich nur dann, wenn der Kaiser nicht zuhört.

Dabei ist die junge Kaiserin intelligenter als all die Hofdamen und gesellschaftserfahrenen Aristokratinnen, von denen sie umgeben ist.

Zwar spricht sie nicht so gut Französisch wie die Mitglieder des Hofes, die sich alle untereinander Französisch unterhalten müssen, dafür aber ist ihr Englisch perfekt, und Englisch spricht keiner am Hofe.

Als Sissis Schwester Nene einige Tage zu Besucht kommt, sprechen die beiden nur Englisch. Niemand kann verstehen, worüber sie sich unterhalten, warum sie so fröhlich und ausgelassen sind. Das führt zu weiteren Mißstimmungen.

Nachmittags steht Sissi stundenlang auf der Terrasse und wartet auf ihren geliebten Franz. Und wenn die Kutsche sich nähert, läuft sie ihm entgegen wie ein junges Mädchen mit ausgebreiteten Armen entgegen. Die Gräfin Esterhazy, von der Erzherzogin Sophie zu ihrer ersten Hofdame ernannt, schlägt die Hände über dem Kopf zusammen und berichtet alles sofort der Erzherzogin Sophie, die in der Hofburg zurückgeblieben ist.

Vierzehn Tage später der Umzug nach Schloß Schönbrunn. Die Erzherzogin hat für das junge Paar eine Zimmerflucht herrichten lassen, und sie hat sich viel Mühe gegeben mit der Einrichtung, der Wahl der Farben. Alles ist aufs Prächtigste dekoriert, aber vielleicht nicht so, wie Sissi es gern hätte.

Niemand kommt auf die Idee, Sissi nach ihrem Geschmack und ihren Vorstellungen zu fragen.

Man erwartet ganz einfach, daß Sissi glücklich ist. Und dankbar für die Fürsorge der Schwiegermutter.

Man erwartet ziemlich viel von einem sechzehnjährigen Mädchen, das ihre Jugend in völliger Freiheit verbracht hat...

Franz Joseph sitzt in seinem Arbeitszimmer und unterzeichnet die Akten, die sein erster Adjutant, Graf Grünne, ihm vorlegt.

Es ist ein Morgen wie jeder andere.

Neben ihm, auf einer Staffelei steht ein Porträt des berühmten Malers Witherthaler aus der Zeit der Ischler Verlobung.

„Nun, Graf Grünne", fragt Franz Joseph, während er weiter ein Dokument nach dem anderen abzeichnet, „sind Sie nicht auch froh, daß die anstrengenden Hochzeitsfeierlichkeiten vorbei sind?"

„Gewiß, Majestät." Graf Grünne senkt bestätigend den Kopf. „Und es hat sich so viel Arbeit angehäuft", seufzt der junge Kaiser, „mir bleibt viel zu wenig Zeit für Ihre Majestät."

Man weiß nicht, ob Graf Grünne diese Ansicht teilt. Vielleicht gehört er bereits zu jenen Menschen am Wiener Hof, die finden, der junge Kaiser beschäftige sich viel zu viel mit Ihrer Majestät, Kaiserin Sissi.

Vielleicht findet auch er, daß Sissis Einfluß immer größer wird. Fast unkontrollierbar.

Er will sich jedenfalls nicht auf dieses Gespräch mit dem Kaiser einlassen und sagt schnell: „Die Herren Minister sind vollzählig versammelt."

Im Vorzimmer warten sechs edel gekleidete ältere Herren, schwarz der Anzug, Silber- und Goldstickereien zieren das Revers. Es sind wichtige Leute. Von ihnen hängt das Schicksal der Völker Böhmens und Serbiens ab, das Schicksal der Österreicher. Sie wissen mehr, als der junge Kaiser weiß. Sie kennen die Armut im Land, die Angst vor einem neuerlichen Krieg. Sie wissen, daß sogar in Wien viele Menschen hungern müssen. Aber was sie wirklich interessiert, sind die Bedrohungen für das Kaiserreich.

Wenn es einem Attentäter gelingen sollte, Franz Joseph zu töten, könnte das ein Signal sein für den Sturz der Monarchie. Dann könnte, wie in anderen umliegenden Ländern, die Demokratie ausgerufen werden. Das würde den Verlust ihrer Privilegien bedeuten, der Güter, die ihnen vom Kaiser geschenkt wurden, der Stadthäuser, in denen sie prächtig leben, abgeschirmt von der Armut der Bürger.

Was diese Menschen, die auf eine Audienz beim Kaiser warten, am meisten fürchten, ist dessen neue Nachgiebigkeit. Seine Sanftmut auch gegenüber Rebellen, gegenüber Leuten, die ihm nicht hundertprozentig loyal gegenüberstehen.

Kaiser Franz Joseph will eine Amnestie erlassen für die Ungarn. Er will den Widerstandskämpfern, die ins Exil nach Paris gegangen sind - wie Graf Andrássy - die Rückkehr nach Ungarn erlauben! Ein unvorstellbarer Gedanke! Wie unvorsichtig!

Um jeden Preis müssen sie den Kaiser von dieser Idee abbringen.

Graf Grünne bittet die Abordnung einzutreten.

Der Kaiser erhebt sich von seinem Stuhl, wie es das Protokoll verlangt.

Die Abordnung von Ministern tritt unter tiefen Verbeugungen näher. Alles ist wie immer. Alles nach Protokoll.

Aber dann beginnt der Ministerpräsident seine Rede, und schon runzelt der junge Kaiser die Stirn. Ihm gefällt nicht, was er hört.

„Majestät", sagt der Ministerpräsident, „im Ministerrat wurde gestern die Amnestie debattiert, die Seine Majestät vorgesehen haben. Ich bedauere, das sagen zu müssen, aber der Ministerrat hat sich einstimmig gegen eine Amnestie in Ungarn ausgesprochen." Er verbeugt sich.

Der Kaiser, sehr aufrecht, schaut ihm in die Augen. „Und welche Gründe gibt man an?" fragt er.

Der Ministerpräsident muß sich räuspern, bevor er weitersprechen kann: „Der Minister des Äußeren so wie alle anderen Minister sind der Auffassung, daß diese Amnestie eine neue, unabsehbare Gefahr für Österreich bedeuten würde."

Franz Joseph schüttelt den Kopf. „Eine weitaus größere Gefahr bedeutet es doch, wenn man ein Land immerfort als seinen Feind betrachtet. Ich werde", sagt der Kaiser, „die Amnestie auch gegen den Willen der Minister erlassen."

Natürlich hat er das Recht dazu. Er ist der Monarch. Die Minister können nur beraten, vorschlagen, Empfehlungen aussprechen. Handeln darf der Kaiser nach seinem Gutdünken. Bislang jedoch hatte er immer im Sinne der Minister-Vorschläge gehandelt. Aber jetzt, seit einigen Wochen, seit diese junge Kaiserin in Wien lebt, setzt der Kaiser sich immer öfter über ihre Empfehlungen hinweg.

Der Ministerpräsident ist fassungslos. Er starrt den Kaiser an, er beginnt: „Majestät, dürfte ich..."

Aber der Kaiser unterbricht ihn sofort. Er entläßt die Abordnung mit einem barschen Satz.

„Ich wünsche, daß diese Verordnung unverzüglich bekannt gemacht wird."

Der Erzherzog glaubt, das Wohlwollen der rebellischen Ungarn nur durch Milde und Verständnis zurückerobern zu können. Keinesfalls durch Härte. Die Härte, die das Kaiserhaus bislang gezeigt hat, führte ja immer nur zum Gegenteil. Noch mehr Unruhen, noch mehr Aufstände, noch mehr Unsicherheit im Lande.

Kaiser Franz Joseph weiß, daß seine Mutter entsetzt sein wird über den Entschluß, ehemalige Widerständler zu begnadigen. Aber das ist ihm gleich.

Er hat sich lange mit Sissi beraten. Und er weiß, daß Sissis Einstellung die richtige ist.

„Du mußt dein Volk lieben, Franz", hat sie ihm immer wieder zugeflüstert. „Nur mit Liebe erreichst Du etwas bei den Ungarn. Ich verstehe dieses Volk. Ich hatte einen Lehrer in Possi, der hat mir viel über die ungarische Seele erzählt. Es ist eine Seele mit einem großen Freiheitsdrang, genau wie ich ihn habe. Ich verstehe die Ungarn so gut, Franz..."

Die Erzherzogin ist mit ihrem Hofstaat auch von der Hofburg nach Schloß Schönbrunn übergesiedelt, um in der Nähe des jungen Paares zu sein. Nicht, weil sie Sissis Gesellschaft so schätzt, nur, um sie besser beobachten zu können.

Die Erzherzogin glaubt an die totale Kontrolle.

Sie traut Sissi nicht. Es schmerzt sie, daß Sissi nicht erkennt, wieviel Mühe sie sich mit ihr gegeben hat. Daß Sissi nicht mehr Dankbarkeit gezeigt hat gegenüber all den Geschenken, die die Erzherzogin ihr gemacht hat, damals, als Sissi noch in Schloß Possenhofen wohnte. Sogar das kostbare Diadem hat sie Sissi geschenkt, ihren teuersten Schmuck, mehr Wert, als eine ganze Stadt Österreichs in einem Jahr verdient... rote Rosen aus dem Treibhaus hat sie von Wien nach Possenhofen schicken lassen, die teuersten Möbel bestellt, die besten Polster, die kostbarsten Brokate weben lassen. Aber all das interessiert Sissi ja gar nicht. Sie will immer nur bei ihren Tieren sein.

Auch ein Grund, warum sie lieber in Schönbrunn ist als in der Hofburg, in der es von eleganten Damen wimmelt. In der es so viel mehr Abwechslung gäbe, auch für die Herzogin.

Sissi verbringt immer noch viele Stunden in den Pferdeställen, im Sattel. Sie hat den Papagei, den Franz Joseph ihr zu ihrem 16. Geburtstag schenkte, natürlich von Possenhofen mitgebracht nach Wien.

Inzwischen hat dieser Papagei Gesellschaft. Jede Woche so scheint es, kommt ein neues buntes krächzendes Federvieh dazu, und sie alle leben in einer großen Voliere mitten im Salon der jungen Kaiserin!

Als Erzherzogin Sophie erfährt, daß Sissi im Prater mit ihrem Lieblingspferd Gipsy Girl unterwegs ist, sucht sie zusammen mit ihren Hofdamen die Gräfin Esterhazy auf.

Die Gräfin, Sissis erste Hofdame, erwartet die Erzherzogin im Salon.

Die Erzherzogin Sophie möchte allein mit der Gräfin sprechen und schickt all ihre Begleiterinnen aus dem Zimmer. Sie möchte vermeiden, daß man erfährt, wie sehr sie sich in das Leben des jungen Kaiserpaares einmischt.

„Gräfin Esterhazy", sagt sie, „ich habe Sie zur Oberhofmeisterin Ihrer Majestät gemacht, weil ich Vertrauen zu Ihnen habe."

Die Gräfin Esterhazy versinkt, um Dankbarkeit und Demut zu bezeugen, in einen tiefen Hofknicks.

„Ich wünsche über alles", sagt Sophie, „was Ihre Majestät tut, genauestens informiert zu werden. Haben Sie das verstanden?"

Die Gräfin Esterhazy hat natürlich verstanden. Sie kennt sich in Intrigen und Hofprotokollen gut genug aus, um zu wissen, was das heißt: Sie soll für die Erzherzogin hinter Sissi herspionieren. Fortan wird es nichts mehr geben, keinen Augenblick im Leben von Sissi, der der Erzherzogin verborgen bleibt. Jeder Atemzug wird gemeldet werden, jede Träne, jede Dummheit, die Sissi begeht. Ein junges Mädchen von 16 Jahren, das noch nicht viel vom Leben weiß, aber schon Kaiserin ist. Auf den Schultern zentnerschwere Pflichten...

„Ich möchte das alles", sagt die Erzherzogin, „nicht aus Neugierde wissen, sonder weil ich finde, daß Ihre Majestät schon wegen ihrer Jugend meiner Lenkung bedarf."

Die Gräfin Esterhazy erhebt sich, zupft den bauschigen Rock über der Krinoline zurecht und entgegnet demütig: „Ich werde mich des Vertrauens, das Kaiserliche Hoheit in mich setzen, bestimmt würdig erweisen."

Die Gräfin Esterhazy ist vor einigen Jahren fünfzig geworden. Sie ist älter als Sissis Mutter, streng katholisch erzogen und wurde von ihrer Familie, die zu den ältesten Adelsgeschlechtern Österreichs gehört, immer auf diese Rolle vorbereitet. Eine Rolle, um die viele vornehme Frauen im Land sie beneiden: Vertraute der Kaiserin! Vertraute der Erzherzogin Sophie! Der Kaiserin so nahe wie keine andere Frau im Reich! Was sie alles hört! Alles erfährt!

Sissi jedoch ist sehr unglücklich mit der Wahl ihrer ersten Hofdame. Sie hätte sich eine jüngere Frau gewünscht, lebenslustiger, offener, keine solche Gouvernante, die immer nur auf Sitte und Anstand achtet und aufpaßt, daß zwischen Sissi und allen anderen Menschen immer Distanz herrscht. Unüberbrückbar. So daß Sissi von Tag zu Tag einsamer wird in diesem Schloß.

Die Gräfin beschwert sich über den Lärm, den die vielen Papageien machen. Das interessiert die Erzherzogin nicht. Sie muß den Lärm ja nicht aushalten.

Ihre Zimmer sind auf der anderen Seite des Schlosses. Stattdessen nähert sie sich, während man plaudert, Schritt für Schritt dem kleinen Rokokoschreibtisch von Sissi. Sie deutet geradewegs auf eine Schublade und sagt: „Bitte, öffnen Sie diese Schublade."

Die Gräfin gehorcht sofort. „Was ist das für ein Buch?"

„Das Tagebuch Ihrer Majestät", sagt die Gräfin Esterhazy.

„Nehmen Sie es heraus."

Die Gräfin zögert eine Sekunde. Ein Tagebuch ist das Privateste, was in Schönbrunn denkbar ist. Ein Tagebuch ist eine ganz persönliche Sache, ein Schatz, dem man seine innersten Geheimnisse und Gedanken anvertraut. Immer schon war das so. Und immer schon galt es als Tabu, das Tagebuch eines anderen Menschen zu öffnen und darin zu lesen. Die Diskretion und der Respekt vor den heimlichen, ganz persönlichen Gedanken und Gefühlen des anderen verlangen das.

Erzherzogin Sophie aber denkt keinen Augenblick lang darüber nach. Ebensowenig Gräfin Esterhazy.

Sie nimmt das Buch heraus und reicht es Sissis Schwiegermutter. Die tut, als sei sie nur am Rande an dem interessiert, was darin aufgeschrieben ist, blättert darin, während sie fragt: „Und gibt es sonst noch etwas, das Sie mir zu berichten haben?"

Sissis erste Hofdame erzählt, Sissi habe mehrfach nach einem Oberst Böckl gefragt. Offenbar hat sie ihn zu einer Audienz gebeten. Ein Oberst Böckl aus Ischl.

Die Erzherzogin runzelt die Stirn. Oberst Böckl? Der Name sagt ihr nichts. Sie nimmt das Tagebuch an sich und rauscht hinaus.

Gräfin Esterhazy versinkt wiederum in einen tiefer, ehrfurchtsvollen Hofknicks.

In ihrem Tagebuch hat Sissi nicht nur ihre Gedanken niedergeschrieben, sondern dort trägt sie auch die Gedichte ein, die sie verfaßt. Seit dem Tod ihrer allerersten Liebe, Graf Richard, schreibt Sissi Gedichte. Es ist der Versuch, mit diesen Versen gegen die eigene Traurigkeit zu kämpfen, die Stille, die Leere, die sie manchmal in sich fühlt. Heimweh und Sehnsucht nach den Eltern und Geschwistern, dem lieblichen Schloß Possenhofen, den Wäldern, dem Starnberger See... Es sind Gedichte, die Sissi nicht für die Nachwelt geschrieben hat, nicht für die Augen ihres Liebsten und schon gar nicht für die Augen ihrer Schwiegermutter. Deshalb ist das, was die Erzherzogin tut, ein unerhörter Vertrauensbruch, ein Affront, den Sissi ihr nicht vergeben kann.

Aber bis jetzt weiß sie ja nichts davon. Im Augenblick sitzt sie im Reitkostüm auf ihrem Rappen und galoppiert durch den Prater. Die einzige Stunde am Tag, in der sie sich frei fühlt. Fast wie ein Vogel. Ein Vogel, den man kurz aus seinem goldenen Käfig gelassen hat...

### Sehnsucht

(geschrieben während der Flitterwochen in Laxenburg)

*Es kehrt der junge Frühling wieder*
*Und schmückt den Baum mit frischem Grün*
*Und lehrt den Vögeln neue Lieder*
*Und macht die Blumen schöner blühn.*
*Doch was ist mir die Frühlingswonne*
*Hier in dem fremden, fernen Land?*
*Ich sehn mich nach der Heimat Sonne,*
*Ich sehn mich nach der Isar Strand.*

*Ich sehn mich nach den dunklen Bäumen,*
*Ich sehn mich nach dem grünen Fluß,*
*Der leis in meinen Abendträumen*
*Gemurmelt seinen Abschiedsgruß.*

Wenige Tage, am 8. Mai, schreibt Sissi folgende Verse in ihr Tagebuch:

*Oh, daß ich nie den Pfad verlassen,*
*Der mich zur Freiheit hätt geführt.*
*Oh, daß ich auf den breiten Strassen*
*Der Eitelkeit mich nie verirrt!*

*Ich bin erwacht in einem Kerker,*
*Und Fesseln sind an meiner Hand.*
*Und meine Sehnsucht immer stärker*
*Und Freiheit, du mir abgewandt!*

Welche Gefühle diese Gedichte bei Erzherzogin Sophie auslösen, kann man sich leicht vorstellen!

Natürlich sind diese Zeilen nicht für ihre Augen. Auch hat Sissi ihr Tagebuch immer im Schreibtisch verwahrt, den der junge Kaiser nie berührt, wenn er im Salon ist.

Franz Joseph ist viel zu diskret und viel zu verliebt, um überhaupt den Wunsch zu haben, in Sissis Privatsachen herumzuschnüffeln. Diese Gedichte sind vielleicht auch ein gutes Rezept von Sissi, um sich gegen das Heimweh zu wappnen. Vielleicht ist die Traurigkeit, die sie manchmal unversehens überfällt, verflogen, wenn sie ein solches Gedicht zu Papier gebracht hat. Und sie kann ihrem geliebten Mann wieder lächelnd und mit strahlenden Augen entgegentreten.

Aber Sophie denkt an so etwas nicht. Sie wittert Abgründe, Verrat.

Eine Kaiserin, die sich aus ihrem eigenen Land wegsehnt! Die sich in ihrem eigenen Land wie in einem Kerker fühlt!

Dabei vergißt Sophie, daß Sissi erst seit drei Wochen in diesem Land lebt. Daß sie von diesem Land noch nicht viel gesehen hat, außer das Donauufer auf der zweitägigen Schiffsreise, die sie als Braut nach Wien führte. Aber auch damals hat sie nur Menschentrauben gesehen, die am Ufer jubelten, hat Bürgermeistern die Hände geschüttelt, hat Abordnungen empfangen, hat tapfer stundenlang stehend ausgehalten, wenn wildfremde Menschen ihr die Aufwartung machten. Sieht so ein Land aus, das man lieben kann?

Sophie sitzt in ihrem Salon und blättert in dem Tagebuch. Saugt alles in sich hinein.

Es ist, als habe sie gewaltsam eine Tür zu Sissis Seele aufgestoßen, als habe sie sich jetzt in Sissis Innerem festgesetzt wie ein Parasit, ein Virus.

Seite um Seite liest sie, was Sissi gefühlt und gedacht, gewünscht und erhofft hat seit ihrer Hochzeit. Liest von den Gefühlen, die Sissi in der Brautnacht hatte, als die Schwiegermutter sie zum Bett ihres Bräutigams führte. Wie sie sich quält, als die Schwiegermutter am Morgen beim Frühstück wissen wollte, ob in dieser Nacht „die Ehe vollzogen worden ist" . Ob sie sexuellen Kontakt hatten.

Was für eine Schmach für ein junges Mädchen, das sich bislang um Sex nicht gekümmert hatte. Was für eine Beschämung, von der Schwiegermutter mit Vorwürfen überhäuft zu werden, weil sie sich, nach einer unglaublich anstrengenden Hochzeit, bei der sie 2000 Menschen begrüßt hatte, nicht in der Lage fühlte, ihren Mann körperlich zu befriedigen. Einfach viel zu verängstigt ist, verwirrt, erschöpft.

Franz Joseph hat Erfahrungen in der Liebe, im Sex. Ihm wurden immer Frauen zugeführt, die ihn in die hohe Kunst körperlicher Liebe einwiesen.

Sissi hingegen hat nichts gewußt.

Aber drei Tage nach der Hochzeit war es dann soweit. Die Ehe war vollzogen.

Und Kaiser Franz Joseph konnte strahlend beim Frühstück der Mutter die Nachricht überbringen, während Sissi mit schamrotem Kopf in ihrem Zimmer blieb...

Auch davon schreibt Sissi in ihrem Tagebuch, das die Erzherzogin jetzt in ihrem Zimmer liest.

Sie ist so gefesselt und gleichzeitig empört und abgestoßen, daß sie gar nicht hört, wie der Ministerpräsident angekündigt wird. Auf einmal steht er in ihrem Zimmer. Verbeugt sich. Salutiert.

Der Ministerpräsident kommt gerade vom Kaiser. Auch er ist empört, und entsetzt.

Er muß Erzherzogin Sophie, der er sich eng verbunden fühlt, berichten, daß der junge Kaiser gegen ihre Empfehlung handelt. Daß er die Amnestie für Ungarn verkünden läßt, obwohl der Ministerrat dringend davon abgeraten hat. Natürlich ist auch die Erzherzogin dagegen. Sie gehört ja zu den Mächtigen im Land, die glauben, daß man ein abtrünniges Volk nur mit Härte und Strenge regieren kann. Niemals Milde walten lassen! Nie das Herz sprechen lassen! Das wäre ein Eingeständnis von Schwäche.

So denkt Sophie.

Fassungslos läßt sie sich berichten.

Dann nimmt sie das Tagebuch und macht sich über lange Flure auf den Weg zum Arbeitszimmer des Kaisers.

Während alle anderen um eine Audienz bitten müssen, hat die Mutter von Franz Joseph immer Zutritt zu seinem Zimmer.

Sie rauscht herein. Das Gesicht gerötet. Die Augen blitzen vor Empörung.

„Was höre ich, Franz?" ruft sie, noch ehe die Türen sich hinter ihr schließen, „Du hast den Belagerungszustand von Ungarn aufgehoben?"

Franz Joseph verbeugt sich höflich und sagt sanft, aber bestimmt: „Ja, Mama." Mehr nicht.

Die Erzherzogin schäumt. „Aber Franz! Man kann doch nicht aus einer Sentimentalität heraus regieren! Wir waren uns doch einig, daß ein Aufstand nur durch Strenge und äußerste Härte gebrochen werden kann!"

Franz Joseph lächelt versöhnlich. Er erhofft vielleicht in diesem Augenblick, daß er seine Mutter von der neuen Diplomatie überzeugen kann. „Aber Mama, versöhnen kann man nur durch Güte!"

„Ich kann mir denken, auf welchen Einfluß diese Entscheidung zurückzuführen ist", ruft die Erzherzogin empört.

Franz Joseph lächelt, sehr heiter. „Sie haben Recht, Mama. Es ist Sissi. Und ich bin ihr unendlich dankbar dafür."

Der Erzherzogin verschlägt es für einen Augenblick die Sprache. Sie muß sich erst daran gewöhnen, daß ihr Sohn rebellisch geworden ist. Viel selbstbewußter. Daß er eigene Entscheidungen trifft. Sie nicht mehr fragt. Manchmal sogar ganz ausdrücklich gegen ihren Rat und ihre weise Erfahrung handelt. Angefangen hat das alles an jenem unglückseligen Tag, als Sophies Schwester Ludovika mit Prinzessin Helene nach Ischl kam. Statt, wie vereinbart, allein mit Nene zu kommen, hat sie auch noch dieses Kind mitgebracht, dieses junge Ding, die Sissi. Und durch eine Verkettung äußerst unglücklicher Zufälle ist Sissi dem Kaiser über den Weg gelaufen. Dieser hat sich in der gleichen Sekunde in sie verliebt. Unsterblich. Und war mit nichts dazu zu überreden, Helene zur Braut zu nehmen, wie es zwischen den beiden Schwestern Ludovika und Sophie geplant gewesen ist. An dem Tag, als Sissi in das Leben von Franz Joseph trat, hat sich alles geändert. Das ganze Leben. In Wien, am Hofe. Alles. Auch das Verhältnis zwischen Mutter und Sohn.

Dabei hat sich die Erzherzogin immer geopfert für ihren Sohn. Hat ihm den Weg geebnet, ihm die Krone verschafft...

Sie könnte rasend werden, wenn sie darüber nachdenkt. Wütend knallt sie das Tagebuch auf den Schreibtisch.

Franz Joseph sieht das rote Büchlein, runzelt die Stirn. „Was ist das, Mama?"

„Ihr Tagebuch", schnaubt die Erzherzogin.

Franz Joseph hebt den Blick. Er versteht nicht. Er möchte nicht verstehen. Das ist eine Ungeheuerlichkeit. Seine Mutter hat das Tagebuch von Sissi?

„Wie kommen Sie zu Sissis Tagebuch, Mama?" fragt er streng.

Aber Sophie hat kein schlechtes Gewissen. Immerhin ist der Inhalt des Tagebuches so brisant, daß Franz Joseph, wenn er erst einmal den Text kennt, nicht mehr fragt, auf welche Weise seine Mutter daran gekommen ist.

„Das ist doch gleichgültig." Sie drückt ihm das Buch in die Hand, aber er will es nicht anfassen. Er kreuzt die Hände auf dem Rücken.

„Nein, Mama. Ich möchte es nicht lesen, bevor Sissi es mir ausdrücklich gestattet hat."

„Dann werde ich es dir vorlesen!"

Sophie schlägt die Seite auf mit dem Gedicht, das „Sehnsucht" betitelt ist.

Sie liest.

Ihre Stimme ist messerscharf. So liest man keine Gedichte. Aber sie will ja auch nicht, daß es dem Kaiser gefällt.

Er hört zu, atmet tief durch, als die erste Strophe beendet ist.

*„Aber das ist doch sehr hübsch, Mama."*

Sophie liest unbeirrt weiter:

*Doch was ist mir die Frühlingswonne*
*Hier in dem fremden, fernen Land?*

*Ich sehn mich nach der Heimatsonne,*
*Ich sehn mich nach der Isar Strand!"*

Sie schaut auf. „Soll ich weiterlesen?"

Franz Joseph kann nicht antworten. Der Schmerz, der aus diesen Versen spricht, hat ihn zutiefst erschüttert. Er hat sofort gefühlt, wie unglücklich seine geliebte Frau ist. Damit hat er nicht gerechnet, er ist so glücklich, so befreit. Seit Sissi in seiner Nähe ist, fühlt er sich wie ein anderer Mensch. Neugeboren. Er dankt seinem Schöpfer jeden Morgen, daß er ihm diesen Menschen zugeführt hat.

Aber er ist so glücklich. Wieso ist Sissi es dann nicht auch?

Warum schreibt sie solche schmerzvollen Dinge? Warum ist ihr Herz so voller Trauer?

„Bitte, Mama", sagt Franz Joseph nach langem Schweigen. „Ich möchte allein sein."

Sophie lächelt. Sie genießt ihren Triumph. Sie sieht, daß ihr Sohn betroffen ist. Daß sein Bild von der süßen, fröhlichen Sissi einen Riß bekommen hat. Das gefällt ihr.

Sie rafft ihr Kleid und sagt, schnippisch, im Hinausgehen: „Es sind eben neue Sitten bei uns eingezogen."

Früher hätte Franz Joseph nicht gewagt, seiner Mutter die Tür zu weisen.

Sissi, in einem der neunzehn Sommerkleider, die sie als Brautausstattung mit nach Wien gebracht hat,

einem hellblauen Seidenkleid mit Rüschen am Ausschnitt und winzigen Ärmelchen, sitzt in ihrem
Salon und lernt Kroatisch. Es ist eine Sprache, mit
der sie sich nicht anfreunden kann. Ganz erschöpft
vom Vokabellernen, von dem täglichen Zwang,
unentwegt etwas Neues erarbeiten zu müssen,
klappt sie das Buch zu und fragt ihre Hofdame,
Gräfin Bellegarde: „Was kommt jetzt? Kroatisch
werde ich nie lernen."

Die Gräfin Bellegarde ist Sissi viel lieber als die
erste strenge Hofdame Gräfin Esterhazy, die eine
enge Vertraute ihrer Schwiegermutter ist. Schon aus
diesem Grund können die beiden niemals wirklich
miteinander warm werden. Ganz abgesehen davon,
daß wirklich Nähe zwischen Sissi und irgendwelchen
anderen Damen am Wiener Hof ohnehin nicht
möglich ist. Die äußerste Intimität ist der Handkuß,
den Sissi einer Hofdame gestatten kann.
Niemals eine Umarmung, niemals ein Kuß, ein
Streicheln. Nur einer einzigen Person ist es gestattet,
Sissi zu küssen: der Erzherzogin Sophie.

Aber vor diesen Küssen fürchtet sich Sophie
genauso wie Sissi.

Nur einmal, um ihrem Sohn den Gefallen zu tun,
hat Sophie Sissis Gesicht in die Hände genommen
und ihre Stirn mit den Lippen berührt.

Sissi hielt dabei die Augen gesenkt.

„Gleich folgt leider noch eine Sprachstunde,
Majestät", sagt Gräfin Bellegarde. „Ungarisch."

Sissis Augen leuchten. Sie lacht. Ganz befreit. „Ach, diese Stunde liebe ich!" ruft sie. „Ich liebe überhaupt alles, was Ungarisch ist."

Einen Augenblick ist Sissi verwirrt. Die Gräfin wendet sich ab, verbirgt ihr Gesicht.

Da fällt Sissi ein: Graf Bellegarde ist bei der Niederschlagung der ungarischen Unruhen ums Leben gekommen.

Sissi geht zu der Gräfin, reicht ihr die Hand, und die Gräfin versinkt in einen Hofknicks, küßt die Hand. „Es tut mir leid", sagt Sissi warm und voller Mitgefühl, „ich weiß, daß die Erwähnung Ungarns Sie traurig machen muß. Verzeihen Sie mir?"

Bevor Gräfin Bellegarde etwas erwidern kann, erscheint Sissis erste Hofdame, Gräfin Esterhazy. Sie trägt ein Heft, eng beschrieben, bei sich und überreicht es der jungen Kaiserin.

„Ihr Kaiserliche Hoheit, Erzherzogin Sophie, hat mich beauftragt, Eurer Majestät diese Erläuterungen des spanischen Hofzeremoniells zu überbringen."

„Was soll ich damit?" fragt Sissi, als sie die Papierrolle in die Hand nimmt.

„Ihre Majestät mögen den Text auswendig lernen."

„Neunzehn Seiten?" ruft Sissi. „Auswendig lernen?" sie blättert in den Seiten, liest hier einen Satz, dort einen.

Stutzt.

„Was heißt das? Zutritt haben nur die allerhöchsten Frauen und appartementmäßigen Damen?"

Gräfin Esterhazy, für die solche befremdlichen Ausdrücke ganz selbstverständlich sind, erklärt es der jungen Kaiserin. Nicht sehr geduldig. Eher streng. So erfährt Sissi, daß 229 Damen aus den besten christlichen Familien jederzeit Zutritt zu Sissis privaten Gemächern haben.

Es ist dies ein Privileg, das der österreichische Adel mit dem Kaiserhaus ausgehandelt hat. Ein Privileg, das eifrig genutzt wird. Denn die Damen aus den allerbesten christlichen Familien, haben ja nichts zu tun. Außer sich zu putzen, mit der Kutsche auszufahren, mit Freundinnen zu tratschen, und auf große Ereignisse wie den Hofball, eine Premiere im Burgtheater, eine neue Oper hinzuleben.

Natürlich wollen sie, so oft es geht und so lange wie möglich in der Nähe der jungen Kaiserin sein. Nach allem, was man hört, was herumgetratscht wird, ist dieses bayerische Mädchen eine Quelle für viele gute Klatschgeschichten.

Sissi kann mit Mühe Haltung bewahren bei der Vorstellung, daß sie 229 Damen der Gesellschaft unterhalten soll. Sich deren dumme Geschichten, deren hohlen Klatsch anhören soll. Das Lieblingsthema der Wiener Gesellschaft ist die Wiener Gesellschaft. Wer mit wem und warum. Wer eine Geliebte hat, wer seine Frau betrügt, wer seine Kinder mit welchem Haus verheiraten will. Solche Dinge. Sissi interessiert das alles überhaupt nicht. Sie schaut ihre erste Hofdame trotzig an und sagt: „Schön.

Ich werde diesen Unsinn auswendig lernen."

Natürlich weiß sie, daß Gräfin Esterhazy sofort der Erzherzogin davon Meldung machen wird.

Das spanische Hofprotokoll nennt die Kaiserin einen Unsinn! Dann sagt sie zu Gräfin Bellegarde gewandt, „Lassen Sie Dr. Falk eintreten."

Dr. Falk ist ihr Ungarisch-Lehrer. Sie mag ihn sehr gern, aber nicht so gern wie ihren Ungarisch-Lehrer in Possenhofen, Graf Maijlath. Der hat sie eingeführt in die ungarische Geschichte, in das Wesen, die Seele der Ungarn. Der hat erreicht, daß Sissi eine tiefe innere Beziehung zu Ungarn spürt. Dr. Falk wußte vom ersten Augenblick an, daß Sissi für sein Volk ein Glücksfall ist.

Er schreibt in ungarischen Zeitungen und berichtet über die junge Kaiserin.

Natürlich schreibt er nur Gutes, ihm fällt auch nur Gutes ein. Die Kaiserin lernt leicht und schnell die ungarische Sprache, sie interessiert sich für alles, was das ungarische Volk bewegt. Und außerdem - auch das ist Dr. Falk nicht verborgen geblieben - hat sie es erreicht, daß der Kaiser die Amnestie aufgehoben hat.

Als Dr. Falk mit einer tiefen devoten Verbeugung den Raum betritt, geht Sissi ihm lächelnd entgegen.

„Wenn Sie hier hereinkommen", sagt sie, „lieber Dr. Falk, dann ist es, als käme ein frischer Wind in dieses Zimmer. Als könnte ich wieder atmen!"

Dr. Falk lächelt.

Er ahnt, was in der jungen Kaiserin vorgeht. Er hat Augen im Kopf. Er ist nicht so vom Adel und Protokoll verblendet, daß er nicht sehen kann, was in den Mauern der kaiserlichen Räume getuschelt und intrigiert wird.

Dieses junge sechzehnjährige Mädchen mit dem großen Herzen tut ihm leid. Er liebt sie, vielleicht genauso wie Oberst Böckl aus Ischl, der jetzt als Sissis persönlicher Adjutant abkommandiert ist. Er soll für Sissis Sicherheit sorgen, sie immer auf allen Wegen begleiten.

Nichts Schöneres im Leben wünscht sich Oberst Böckl. Und vielleicht ist auch dem Ungarn Dr. Falk in seinem ganzen Leben nichts Schöneres passiert, als diese Stunden im Salon von Schloß Schönbrunn, in denen er Sissi die ungarische Grammatik, die Aussprache beibringen kann. Manchmal bringt er Bilder mit von der Unendlichkeit der ungarischen Puszta, der weiten Tiefebene, die bevölkert ist mit riesigen Rinder- und Schafherden.

Sissi sieht sich diese Bilder an und sagt: „Ach, ist das schön." Und sie fügt hinzu: „Ich freue mich schon auf den Tag, an dem ich mit dem Kaiser das schöne Ungarn besuchen werde."

Dr. Falk verbeugt sich.

Er ist schon jetzt sicher, daß Sissi die Herzen der Ungarn im Sturm erobern wird. Sie hat es ja jetzt, nur durch die Nachrichten, die über sie bis in die Puszta dringen, schon fast geschafft.

Sissi möchte ihren Pflichten nur einen Augenblick entkommen: Sie möchte wenigstens einmal, für ein paar winzige Minuten, mit ihrem Franz zusammen sein!

Da der Kaiser vom frühen Morgen bis zum Abend in seinem Arbeitszimmer an den Schreibtisch gefesselt ist, hat sie nur eine Möglichkeit: Sie muß ihn besuchen. Dazu muß sie viel überwinden, vor allem das Protokoll, das kaum einmal eine Minute Luft zwischen den Audienzen läßt, die der Kaiser zu absolvieren hat. Gesandte aus aller Herren Länder wohnen in Wien und wollen die Interessen ihres Landes, ihrer Regierungen dem Kaiser vortragen.

Manchmal Beschwerden, manchmal Befürchtungen, aber auch wirtschaftliche Interessen über eine Zusammenarbeit, über den Ausbau der Handelsbeziehungen.

Dann natürlich die Generäle. Die Generäle, die immer auf dem Sprung sind, über irgendeinen Konflikt zu berichten, die sich am liebsten einmischen wollen.

Franz Joseph, der militärisch erzogen wurde, hat viel Vertrauen in seine Generäle. Interessiert sich für seine Soldaten. Muß sich zwangsläufig auch für alle Krisen interessieren und die Vorbereitungen, welche die Generalität immerzu treffen muß, im Falle, eine Krise weitet sich zum Krieg aus.

In all die Audienzen, Konferenzen, Diskussionen, kommt manchmal ein Lichtstrahl der Freude.

Dann, wenn Sissi es geschafft hat, den Grafen Grünne, der der Herr über den Terminkalender des Kaisers ist, zu überreden, so wie jetzt. Einen Arm voller frisch gepflückter roter Rosen - rote Rosen sind die Lieblingsblumen des Kaisers und auch der Kaiserin - schlendert sie, mit dem liebreizendsten Lächeln der Welt, zu General Grünne, der auf der Terrasse vor dem Audienzzimmer Wache hält und fragt: „Und wer ist der nächste Audienzbesucher, Graf Grünne?"

Graf Grünne weiß um die Liebe, die das junge Paar verbindet. Er weiß, wie gut es dem Kaiser tut, hin und wieder nur Sissis Lachen zu hören, einen Blick in ihre zärtlichen, strahlenden Augen zu werfen. Er weiß aber auch, daß der Kaiser eigentlich gar keine freie Minute hat.

„Unser Gesandter in Paris ist der nächste Besucher, Majestät."

„Bitte, dann lassen Sie ihn zwei Minuten warten, ja?"

Vor diesem Charme hat Graf Grünne ganz oft kapituliert. Er lächelt: „Zu Befehl, Majestät!"

Und Sissi huscht, von den anderen Lakaien unbemerkt, schnell ins Audienzzimmer, in dem Franz Joseph seinen nächsten Gast erwartet.

„Servus, Franz!" sagt sie leise.

Franz Joseph, eben noch in Gedanken bei seinem letzten Gespräch, schaut auf, erkennt Sissi.

Sein Gesicht erhellt sich. „Sissi!"

Sie gehen aufeinander zu. Sie schauen sich an. Ein verliebtes Paar, das immerzu Sehnsucht nacheinander hat, sich eigentlich gar nicht loslassen möchte. Eigentlich jede Minute des Tages und der Nacht eng umschlungen miteinander verbringen würde.

„Ich geh auch gleich wieder", flüstert Sissi. „Ich hab nur solche Sehnsucht nach dir gehabt."

„Und ich? Denkst Du, ich hab keine Sehnsucht?" Sie küssen sich. „Ich habe immerzu Sehnsucht nach dir, Sissi."

„Und ich wollte Dich fragen, ob Du mich vielleicht gar nicht mehr magst."

Franz Joseph weiß, daß sie diese Frage nicht ernst meint. Die Frage ist reine Koketterie einer verliebten jungen Frau. Er antwortet entsprechend: „Nein, gar nicht mehr."

Sissi strahlt. Sie küßt ihn. Ein Spiel unter Verliebten. „Und warum nicht?"

„Weil Du Dich den ganzen Tag nicht um mich kümmerst!" schmollt Franz Joseph.

Sie lachen wieder. Ein Kuß. Und noch einer. Man möchte sich nicht loslassen.

„Du kümmerst Dich nicht um mich!" sagt Sissi. „Immer sitzt Du an diesem dummen Schreibtisch und regierst!"

Sie geht um den Schreibtisch herum, nimmt die noch gar nicht verblühten Rosen aus der Vase und sagt. „Die sind schon ganz verwelkt. Ich hab dir frische Rosen mitgebracht."

Er schaut zu, wie sie die Rosen arrangiert. Er schaut ihr immer gerne zu, egal, was sie tut. Ihr Bild ist für ihn ein Labsal. Er könnte sie immerfort nur ansehen. Weil sie einen solchen Liebreiz hat, der sein Herz anrührt. Und sie? Sie weiß das natürlich. Lächelt ihm kokett zu und sagt. „Ja. Ich bin eifersüchtig."

„Ah, geh", er lacht, „auf wen denn eifersüchtig?"

„Auf den Schreibtisch da." Sie wendet den Kopf, läßt ihre Augen über diese Berge von Akten gleiten, die sich auf der Tischplatte stapeln... Dann bleibt ihr Blick an einem kleinen, roten Büchlein hängen, das da liegt. Ganz an der Kante.

Das Lächeln erlischt. „Mein Tagebuch?" fragt sie verwirrt.

Franz Joseph reagiert fast schuldbewußt. Verlegen. „Ja, Mama hat es hergebracht."

Sie schauen sich an. Sie denken beide dasselbe. Das war nicht Recht. Das hätte die Erzherzogin Sophie nicht tun dürfen. Aber nun ist es einmal da. Und vielleicht hat er alles gelesen. „Dann hat sie es aus meiner Schublade genommen", sagt Sissi gedehnt.

Franz Joseph nickt. Tief Luft holend sagt er. „Das mag sein. Aber ich hab es jedenfalls nicht angerührt."

„Das hätte mich auch gewundert, wenn es anders gewesen wäre", sagt Sissi.

Franz Joseph verschränkt die Hände auf dem Rücken, schaut Sissi an, dann zum Fenster. Er hat

Angst vor dem, was er jetzt ansprechen muß.

„Mama", sagt er, „hat mir eines Deiner Gedichte vorgelesen. Ein sehr hübsches Gedicht. Nur..." er zögert, wartet, bis sie ihm in die Augen schaut: „Hast Du Heimweh nach Bayern, Sissi?"

Sissi lächelt traurig, hilflos, sie hat ein schlechtes Gewissen, ihrem geliebten Franz das zu sagen, aber wenn es die Wahrheit ist. „Nur, wenn ich allein bin, Franz. Wenn Du bei mir bist, dann nicht."

„Aber Sissi! Deine Heimat ist doch Österreich! Du bist die Kaiserin von Österreich."

„Das weiß ich doch, Franz. Aber ich kann doch nichts dafür, wenn ich mich manchmal nach Possenhofen sehne, nach den Bergen! Nach meinen Geschwistern, den Eltern! Verstehst Du das nicht?"

„Ich verstehe es, Sissi, und ich verstehe es auch wieder nicht. „Ich tu doch alles, um dir das Leben hier so schön wie möglich zu machen. Ich dachte, Du bist glücklich."

„Bin ich doch auch. Aber nur, wenn Du bei mir bist."

Sie fällt ihm in die Arme, bittet ihn mit ihren Augen um Verzeihung. Küßt ihn. Ein langer inniger Kuß. Sie möchte nicht, daß auch er jetzt traurig ist.

Mit ihm hat es ja gar nichts zu tun. Ihn liebt sie doch. Wenn nur die anderen nicht wären. Die Schwiegermutter. Die Esterhazy. Die 229 appartementmäßigen Damen! Die 19 Seiten spanisches Hofprotokoll, die es auswendig zu lernen gilt!

Während sie sich noch in den Armen liegen, tritt, von Graf Grünne annonciert, der österreichische Gesandte in Paris, Freiherr von Hübner, ein.

Was er sieht, muß ihn entzücken: ein schönes, sehr junges, sehr verliebtes Kaiserpaar in inniger Umarmung.

Er lächelt. Da kann er in Paris etwas Nettes an seine Frau rapportieren .

Die wird Tränen der Rührung in den Augen haben, wenn sie erfährt, wie die junge Kaiserin sich heimlich in das Audienzzimmer ihres Mannes stiehlt, um einen kleinen Kuß zu rauben.

Wie süß.

Er räuspert sich schließlich.

Die beiden fahren auseinander wie ertappte Kinder.

Und werden auch noch rot.

Wirklich, seine Frau wird Tränen in den Augen haben, denkt der Freiherr von Hübner.

Was für ein Glück für Österreich dieses hin-reißende Geschöpf doch ist. Er schaut ihr nach, als sie durch die Seitentür verschwindet.

Ein Glück für Österreich.

Nicht wahr?


Die Erzherzogin ist gereizter Stimmung.

Das, was sie lange schon befürchtete, bewahrheitet sich immer mehr: Sissi ist  als Kaiserin eine glatte Fehlbesetzung. Jedenfalls in ihren Augen.

Dieses Tagebuch!

Wenn das in falsche Hände käme!

Eine Kaiserin, die sich aus ihrem Land wegsehnt!

Wie ein kleines Mädchen Heimweh hat nach Mami und Papi. Als ginge es immer nur darum, glücklich zu sein, und alle Wünsche erfüllt zu bekommen.

Ihr, der Erzherzogin ist nichts geschenkt worden. Niemals.

Alles, was sie erreicht hat für sich, für ihren Mann, für ihren Sohn, für Österreich, ist ganz allein auf ihre Tüchtigkeit und ihre Disziplin zurückzuführen.

Hätte sie sich nicht manchmal auch gerne einfach in ihr Zimmer verkrochen und bittere Tränen vergossen?

Hatte sich nicht genug Grund, mit ihrem Schicksal zu hadern, das ihr einen tölpelhaften Mann wie Franz Karl zugedacht hat?

Ihre Eltern haben diesen Mann damals für sie ausgesucht, und sie hat ja gesagt.

Hat ihr Schicksal ertragen, mit erhobenem Kopf.

Aber diese Sissi schluchzt in ihr Tagebuch. Träumt von Bergen und Seen, von Hirsch und Reh im heimischen Wald. Ist das nicht lächerlich?

Sie sitzt mit ihrem Mann beim Frühstück und klopft wütend mit dem Löffel gegen die Tasse. So lange, bis auch Franz Karl begreift, daß seine Frau sehr schlechter Laune ist an diesem Tag.

Er legt die Zeitung weg und fragt freundlich: „Ja,

was ist denn? Ist mein Weiberl schlecht aufgelegt?"

Die Erzherzogin verdreht die Augen. Wie er redet, dieser Mann, der beinahe Kaiser von Österreich geworden wäre. Wie ein Mann aus den Gassen.

„Erstens", sagt sie scharf, „bin ich nicht dein Weiberl und zweitens bin ich glänzender Laune."

Franz Karl schaut sie an. Dazu gehört schon viel Phantasie, sich vorzustellen, daß die Erzherzogin glänzender Laune ist, wenn sie so ein Gesicht macht!

Er tut, als habe er nichts verstanden. „Bitte, was hast Du gesagt?"

Sophie schreit. „Ich bin glänzender Laune!"

Franz Karl lächelt. „Na, bravo."

Da tritt die Gräfin Esterhazy ein und versinkt in einen Hofknicks.

Die Erzherzogin ist so ungeduldig, daß sie kaum erwarten kann, bis die Gräfin sich wieder erhoben hat. Schon vor einer halben Stunde hat sie nach Sissis Hofdame schicken lassen und jetzt erst kommt sie!

„Ich möchte wissen", sagt sie scharf, „ob Ihre Majestät endlich angefangen hat, das Hofzeremoniell zu studieren."

„Noch nicht, Kaiserliche Hoheit", sagt die Gräfin Esterhazy bekümmert.

„Und wieso nicht?"

„Ihre Majestät ist ausgeritten."

Die beiden Damen wechseln einen Blick. In dem Blick liegt alles, Empörung, Verachtung, Verzweiflung. Ausgeritten! Immer nur das Vergnügen im

Kopf. Und da liegen auf ihrem Schreibtisch irgend-wo 19 wichtige Seiten über das Protokoll, die Sissi immer noch nicht gelernt hat.

Aber für sie ist das ja Unsinn. Sie nimmt das alles ja nicht ernst. Österreich lebt seit Jahrhunderten von seiner Tradition, das Haus Habsburg von seiner Etikette, seinen festgefügten Regularien, und immerhin leben sie nicht schlecht in ihren Schlössern, mit all dem Prunk und Protz. Aber diese kleine, bayerische Prinzessin aus der Provinz sagt: Das ist alles Unsinn.

„Ich hab's gewußt", seufzt die Erzherzogin gereizt. „Die Pferde sind ihr wichtiger als alles andere."

Franz Karl hat keine Lust, sich diesem Gespräch anzuschließen. Er erhebt sich, zieht seinen Gehrock glatt und sagt: „Weißt Du was, ich geh ein bißchen im Prater spazieren."

Die Prinzessin Sissi reitet auch immer im Prater aus, einem herrlichen Naturpark ganz in der Nähe der Hofburg.

Vielleicht, wenn er Glück hat, trifft er sie.

Er freut sich immer, wenn er dieses süße Mädel sieht. Mit ihrem frischen Lachen. Mit ihrer Natür-lichkeit. Es geht ihm das Herz auf, wenn er sie sieht.

Aber das darf er seiner Frau nicht sagen.

Sissis schönste Stunde: Sie reitet im schwarzen Reitdreß mit ihrem Lieblings-Schimmel über die schattigen Parkwege und durch die Auen, springt über Gräben, tollkühn, und nachher werden die Adjutanten, die sie begleiten, wieder sagen, Kaiserliche Hoheit sei geritten wie der Teufel. Habe sie alle abgehängt mit ihrem verrückten Vollblut.

Wenn sie reitet, hat Sissi einen ganz klaren Kopf. Dann spürt sie nichts von Traurigkeit und Depression. Keine Ängste schnüren ihr die Kehle zusammen. Alles ist gut.

Sie sitzt auf dem Pferd, atmet tief die würzige Luft der Heuwiesen, und denkt für einen kurzen Augenblick, sie wäre wieder daheim, in ihrem geliebten Bayern.

Alles wäre gut.

Plötzlich tritt der Erzherzog Franz Karl aus dem Schatten eines alten Akazienbaumes.

Er lacht. Er winkt.

So ein fesches Mädel auf dem Pferd, auf so einem Teufelskerl. Als er jung war, ist er auch gern so durch die Wälder geritten. Er versteht, was in Sissi vorgeht.

Sissi zügelt das Pferd und grüßt den Schwiegervater. Die beiden mögen sich. Sie freut sich immer, wenn sie den alten Herrn mit seiner eindrucksvollen Pfeife sieht.

An diesem Morgen verrät Franz Karl seiner Schwiegertochter ein Geheimnis: Er kann sehr gut hören. Er ist gar nicht taub. Er hat sich das nur angewöhnt, ein Selbstschutz. Damit Sophie ihn nicht unentwegt mit all dem Tratsch und ihren Problemen belästigt. Die interessieren ihn nicht. Er will seine Ruhe. Er will seinen Cognac im Tee, seine Pfeife, sein Sofa und einen gemütlichen Spaziergang im Prater. Mehr nicht. Kein Ehrgeiz. Keine Intrigen. Nur Ruhe und Frieden.

Die beiden verstehen sich. Sissi verspricht ihrem Schwiegervater, sein Geheimnis niemandem zu verraten. Und gibt ihrem Pferd die Sporen.

Der Erzherzog Franz Karl schaut ihr schmunzelnd hinterher.


Am Nachmittag ist Gräfin Esterhazy schon wieder bei Erzherzogin Sophie. Schon wieder hat sie etwas Unglaubliches zu berichten: Die Kaiserin hat anspannen lassen und ist mit der Kutsche aus Schloß Schönbrunn gefahren. Durch den Graben zum Kohlmarkt gefahren. Mitten unter das Volk. Mitten zwischen den Marktständen hindurch ist die Kaiserin gefahren und hat vor einem ganz normalen Geschäft anhalten lassen, ist ausgestiegen, hat eingekauft, und ist dann mit der Kutsche zurückgekehrt.

Die Erzherzogin ist sprachlos.

Sie kann es nicht glauben. Sie will es einfach nicht glauben. Weiß dieses Kind denn nicht, daß eine Kaiserin so etwas niemals tut?

„Sie sagen, Ihre Majestät hat Einkäufe gemacht?"

Gräfin Esterhazy nickt. „Ja, Kaiserliche Hoheit waren auf dem Kohlmarkt."

„Und woher weiß man das?"

„Vom Kutscher. Er hat erzählt, daß Kaiserliche Majestät kaum zurück zum Wagen gelangen konnte. Und daß die Menschenmenge in ihrer Begeisterung das Kleid Ihrer Majestät zerrissen hat."

Die Erzherzogin starrt ihre Vertraute an. Sie schüttelt den Kopf immer wieder.

„Unfaßbar", murmelt sie.

Sie kann sich nicht erinnern, wann zuletzt das Volk von Wien ihr zugejubelt hätte.

Überhaupt das Volk ihr einmal so nahe gekommen ist, daß es ihr das Kleid hätte zerreißen können.

„Unfaßbar", sagt sie ein zweites Mal.


In ihrem Salon wartet Sissi auf ihren Franz.

Sie ist am Nachmittag in der Stadt gewesen, am Kohlmarkt. Sie hat eingekauft wie eine ganz normale Wienerin, und das hat ihr gefallen. Ihre Augen strahlen immer noch, sie sieht in diesem blaßgrauen, bauschigen Taftkleid noch jünger und strahlender aus. Sie läuft ihrem Franz entgegen und fällt ihm um den Hals. „Du bist schon da!"

Er küßt sie zärtlich. Seine Augen können sich nicht sattsehen an Sissis Schönheit.

„Ich habe mich beeilt", sagt er, „weil ich neugierig war, was Du mir so Wichtiges zu sagen hast!"

Sissi läuft um den Tisch herum und versteckt schnell etwas hinter ihrem Rücken. Sie lacht schelmisch. „Ich wollte Dich fragen, ob Du weißt, was heute für ein Tag ist?"

„Heute?"

„Ja, heute. Was für ein Tag ist heute?"

„Donnerstag?" fragt Franz Joseph. Er tut, als müsse er überlegen. Sissi läßt sich ihre Enttäuschung nicht anmerken. Natürlich hat Franz es vergessen. Sie darf es ihm nicht übelnehmen. „Na ja. Du hast so viel zu tun. Du darfst so etwas vergessen." Sie geht zu ihm und strahlt ihn an. „Heute sind wir vier Wochen verheiratet, Franz!"

„Tatsächlich? So lange ist das schon her?"

Sie gibt ihm einen Kuß und hält ihm dann das Geschenk hin. Ein silbern gerahmtes Bild mit Porzellanmalerei, kleinen Vignetten, die einzeln noch einmal gefaßt sind. Eine schöne Arbeit.

„Ein kleines Hochzeitsgeschenk von mir", sagt Sissi bescheiden. „Ich hoffe, es macht dir Freude."

„Daß Du daran gedacht hast", sagt Franz Joseph glücklich. Beide bestaunen die Bildchen, die hübsch sind, aber nicht wirklich etwas Besonderes. Es geht ja auch nur um die Geste. Der Kaiser kann alles haben, was er haben möchte. Aber ein Geschenk, daß seine kleine, junge Frau allein auf dem Kohlmarkt für ihn erstanden hat... das ist schon etwas Besonderes.

„Das habe ich auf dem Kohlmarkt entdeckt", sagt Sissi.

„Du warst auf dem Kohlmarkt?"

„Ja, stell dir vor, und ich wäre beinahe nicht mehr nach Hause gekommen! Die Wiener sind schon sehr nett. Die haben mir vor Freude das Kleid zerfetzt."

Franz Joseph hebt, amüsiert, aber ein bißchen vorwurfsvoll die Augenbrauen und räuspert sich. Schnell korrigiert sich Sissi: „Ich wollte sagen, sie haben mir das Kleid beinahe zerrissen."

Sie geht ganz nahe zu ihm. Er steht hinter ihr, schaut ihr über die Schulter, beide betrachten das Bild. „Schau. Das sind alles Bilder vom Maler Wigand. Da das Burgtor, das Schloß Laxenburg, wo wir die Flitterwochen verbracht haben. Ist das nicht schön?"

„Entzückend." Franz Joseph hat die Hände immer noch auf dem Rücken.

Sissi erläutert weiter das Bild. „Und wie bezaubernd das alles gemacht ist! Diese winzigen Figuren! Wie duftig die Bäume gemalt sind!"

Franz Joseph hat ihr unbemerkt ein Brillantkollier um den Hals gelegt, während Sissi sprach. Jetzt spürt sie das Geschmeide an ihrer nackten Haut. Sie schaut sich um. „Was ist das?"

„Das ist mein kleines Hochzeitsgeschenk."

Sissi faßt nach dem Schmuck, während Franz Joseph noch mit dem Verschluß beschäftigt ist.

„Du hast es also doch nicht vergessen!" flüstert Sissi zärtlich. In diesem Augenblick liebt sie ihren Franz noch mehr, noch inniger.

„Ich werde nie vergessen", sagt Franz Joseph, als er seine junge Frau an den Schultern zu sich herumdreht, „wie glücklich Du mich - in jeder Minute - gemacht hast, nie..."

„Ich bin auch so glücklich", flüstert Sissi. Sie fürchtet, ihr könnten vor Rührung und Glück die Tränen in die Augen steigen. Sie muß sich zusammennehmen.

Franz Joseph küßt sie und schiebt sie sanft von sich weg.

„So", sagt er, „jetzt müssen wir leider weg. Wir haben Gäste."

Ein Schatten fällt über Sissis Gesicht. Gäste, schon wieder Gäste. Immerzu haben wir Gäste. Immer irgendwelche Leute, für die Sissi sich kaum interessiert.

Und die Schwiegermutter, selbstverständlich, ist immer dabei. Die Schwiegermutter, Erzherzogin Sophie hat zwar alles Erdenkliche getan, um die Zimmer für das junge Paar schön auszustaffieren, aber ein eigenes Eßzimmer hat sie den beiden nicht gegönnt. Dabei wären die Mahlzeiten die einzige Möglichkeit für Sissi und Franz, ein bißchen ungestört ihr privates Glück zu genießen.

An diesem Abend ist der französische Gesandte zu Gast und der Kardinal von Wien.

Es wird langweilig werden wie immer.

Sie wird sich die ganze Zeit wünschen, daß das Souper bald vorbei ist und Franz Joseph sie zurück in den Salon bringt, um sich sein Hochzeitsgeschenk abzuholen.

Aber dann wird es doch nicht so langweilig, denn Franz Joseph hat sich noch eine Überraschung ausgedacht. Eine ganz spontane Überraschung. Die Idee ist ihm gekommen, als er das traurige Gedicht von Sissi anhören mußte.

Sissis Heimweh nach Bayern. Also hat er ins Worthaus schicken lassen und bayerisches Bier besorgt. Auch bayerische Maßkrüge aus Ton. Und Schweinshaxen mußte der Koch zubereiten. Eine Speise, bei deren Anblick der Erzherzogin ganz anders wird. So grob sieht das aus. Wie die Speise von Barbaren. Und diese riesigen Trinkgefäße. Sie sind doch keine Landsknechte!

Aber Sissi strahlt vor Glück, als der Lakai den Maßkrug vor sie hinstellt.

Sie bieten der Schwiegermutter Bier an, aber die lehnt mit hochgezogenen Augenbrauen ab.

Ihren Mann Franz Karl kann sie jedoch nicht dazu bringen, die Hofetikette zu wahren. Auch er möchte ein Bier. Und der Kardinal erst! Franz Joseph amüsiert, „Warum nicht?", als Sissi ihn fragt, ob er nicht wenigstens einmal probieren möchte.

So sitzt die Erzherzogin in dem feinsten Speisezimmer von Wien in Schloß Schönbrunn, an einem runden, festlich gedeckten Rokokotisch und muß mit ansehen, wie alle um sie herum ihr Gesicht hinter billigen Maßkrügen verstecken!

Wie dem Kardinal der Gerstensaft durch die Kehle rinnt, wie er genießerisch die Augen schließt und gar nicht aufhört, den Krug überhaupt nicht absetzt. Und ihr Mann erst. Wahrscheinlich will er den Krug in einem Zug leeren!

„Aber Franz Karl!" ruft sie vorwurfsvoll.

Da erst setzt er den Krug ab, aber mit einem seligen Lächeln auf dem Gesicht.

„Ich hoffe nur", sagt die Erzherzogin, „daß dieses eine einmalige Überraschung ist, Franz, für deine junge Frau. Und daß Du die Wiener Hofburg und das Schloß Schönbrunn nicht in ein Hofbräuhaus verwandeln willst."

Franz Joseph lacht. Er versteht nicht, warum seine Mutter auch jetzt wieder pikiert ist. Warum sie auch daraus am liebsten eine Staatsaffäre machen würde. Oder soll das heißen, daß sie Sissi für einen bayerischen Trampel hält?

Er möchte das nicht glauben.

Er lacht, tupft den Bierschaum von den Lippen und sagt gutmütig: „Nein, bestimmt nicht, liebe Mama."

Der Kardinal macht eine Miene, als wollte er sagen: Oh, schade. Aber er sagt es lieber nicht.

Er ist bei Hofe.

Vielleicht wird er sich, zurück in seinem Refektorium, noch ein weiteres Bier kommen lassen. Jetzt, wo er auf den Geschmack gekommen ist...

Abende wie dieser sind aber selten. Und werden immer noch seltener.

Franz Joseph, der junge Kaiser, hat große Sorgen.

Durch den Krimkrieg verliert Rußland nach und nach seine Vormachtstellung in Europa. Das mächtigste Land ist jetzt Frankreich.

Und zwischen den einstigen Freunden Rußland und Österreich herrscht Feindschaft. Österreich hat sich mit Preußen verbunden, aber niemand wagt zu sagen, ob das ein richtiger oder falscher Schachzug war.

Sissi wird immer einsamer. Das Warten auf ihren Franz verbringt sie mit Studien (ihr Ungarisch wird von Monat zu Monat besser), mit Tees für die Damen der Gesellschaft, mit Reiten. Sie kümmert sich liebevoll um ihre Papageien, deren Schar immer weiter anwächst . Auch ihre Tante Marie, die Königin von Preußen, hat einen seltenen Papagei auf Reisen nach Wien geschickt: einen leuchtend roten Ara. Die Gesellschaft dieser krächzenden, putzigen Vögel tröstet Sissi über manche traurige Stunde hinweg.

Sie versucht, ihre Melancholie und ihr Heimweh nach dem freien Leben von München und Schloß Possenhofen am Starnberger See vor ihrem Personal zu verbergen. Aber das gelingt nicht immer. Schließlich läßt man sie kaum allein. Selbst in ihrem Schlafzimmer gehen die Leute ein und aus. Diese 229 Damen der höchsten Gesellschaft dürfen ihr ja sogar bei der Toilette zuschauen, die manchmal, wenn Sissi sich für ein großes Ereignis ankleiden muß, Stunden dauert.

Sissis persönlicher „Haushalt" besteht aus folgenden Personen: Oberhofmeister Fürst Lobkowitz - zu ihm hat Sissi großes Vertrauen -, ihrem persönlichen Adjutanten Oberst Böckl, der Oberhofmeisterin Gräfin Esterhazy, geborene Fürstin Liechtenstein und Vertrauten der Erzherzogin Sophie.

Außerdem die beiden jungen Hofdamen Gräfin Bellegarde und Gräfin Lamberg, ein Sekretär, eine Kammerfrau, zwei Kammerdiener, ein Kammertürhüter, vier Leiblakaien, ein Hausknecht und ein Kammerweib - es mußten ja auch solch niederen Arbeiten erledigt werden, wie das Leeren des Nachtgeschirr und das Putzen der Badewannen. Sissi beschwert sich immer wieder über den schlechten Zustand der sanitären Anlagen in Schönbrunn und der Wiener Hofburg. In München ist man da schon viel fortschrittlicher. Aber die Erzherzogin erwidert auf Verbesserungsvorschläge der Waschräume immer nur: „Was für die Kaiserin Maria Theresia gut genug war, wird ja wohl auch für eine kleine bayerische Prinzessin ausreichen."

Sie vergißt dabei nur, daß die Kaiserin Maria Theresia hundert Jahre früher gelebt hat.

Stundenlang berät Franz Joseph sich in der heiklen politischen Situation mit seiner Mutter. Sie hat einen scharfen politischen Verstand, er schätzt ihre Analysen, selbst wenn er durchaus anfällig ist für Sissis sanfte liberale Gesinnung.

Aber Sissi ist siebzehn und weiß über Geschichte

nur, was die Hauslehrer ihr beigebracht haben.

Man nimmt sie nicht ernst. Die Erzherzogin schon gar nicht, aber es schmerzt Sissi, daß auch ihr Mann sie nicht zu diesen intimen politischen Debatten hinzuzieht.

So sitzt sie stundenlang an ihrem Schreibtisch und verfaßt melancholische Gedichte, während ihr Mann und ihre Schwiegermutter Weltpolitik machen.

Sie liest viel. Sie war schon immer in Bücher vernarrt, und ihre Bildung ist die Bildung einer humanistisch erzogenen Literatin. Sie verehrt Shakespeare, für den der militärisch erzogene junge Kaiser gar nichts übrig hat. Der junge Kaiser möchte sich mit leichten Komödien und heiteren Opern entspannen. Sissi hingegen besucht viel lieber die schwere Theaterkost, die im Burgtheater serviert wird.

Die schüchterne, junge Sissi wagt nicht, ihrem Ehemann von ihrem Kummer zu berichten. Sie ist ihm demütig und still ergeben, sie liebt ihn ja, und er liebt sie auch, über alle Maßen.

Wenn sie jedoch Briefe nach daheim schreibt, sind die Zeilen oft ganz verwischt von ihren Tränen. Und zwischen all den schönen und lieben Worten, die sie für ihr Leben und ihren Mann findet, mischt sich auch manch kleiner Satz, der die Eltern in München unruhig macht.

Zum Beispiel: „Meine Sehnsucht nach euch und unseren Bergen wird von Tag zu Tag größer! Ich habe hier alles und eigentlich nichts."

Sie selbst sagt später einmal, als sie ihrer Tochter Valerie den Schreibtisch in ihrem Arbeitszimmer in Schloß Schönbrunn zeigt:

„Hier habe ich viel geweint."

Aber davon erfährt die Außenwelt, die Sissi so sehr verehrt, nichts. Gar nichts.


Und die Eltern in München? Die Geschwister in Possenhofen? Wenn ein Brief aus Wien kommt, läuft die Familie zusammen und Ludovika liest laut alles vor.

Herzog Max zieht an seiner Pfeife, während er lauscht, trinkt er ein Stamperl Bier oder ein Glas Wein, und sinniert.

Manchmal, bei einer traurigen und sentimentalen Stelle in Sissis Brief, schauen die Eltern sich an. Ein bißchen furchtsam, ein bißchen erschrocken.

Sie möchten ja vor allen Dingen, daß Sissi glücklich ist.

Andererseits wissen Sie auch, daß eine Kaiserin von Österreich nicht immer nur glücklich sein kann. Sie hat ihre Pflichten, sie hat ein Amt übernommen.

Und schließlich ist da noch etwas. Sissis Vater, Herzog Max, der seine Tochter so innig liebt, versucht es in Worte zu fassen, wenn er sagt: „Ich glaube, das ist alles Schicksal. Umsonst geschieht nichts auf dieser Welt.

Auch nicht, daß unsere Sissi Kaiserin geworden ist. Ich glaube, sie hat eine Mission zu erfüllen."

Graf Guyla Andrassy, ein Ungar, der die letzten Jahre im Exil in Paris verbringen mußte, hat durch die Amnestie, die der Kaiser erlassen hat, die Erlaubnis, in seine Heimat zurückzukehren.

Graf Gyula Andrassy ist ein hochgewachsener, stolzer, gut aussehender Ungar. Er hat brillante Manieren und einen scharfen Verstand. Er kommt aus einer alten aristokratischen Familie. Die Güter, die ihm gehörten, werden ihm durch die Amnestie automatisch wieder zurückgegeben. Er ist reich.

Die Erzherzogin hält diesen Schritt, die ganze Amnestie überhaupt, für einen großen politischen Fehler. Sie hat mehrfach in stundenlangen Unterredungen versucht, den Ministerrat und ihren Sohn auf die Gefahren aufmerksam zu machen, die dieser Schritt bedeutet. Ein Mann, der zu den Aufrührern gehörte, zu den Menschen, die offen gegen Franz Joseph opponiert haben, wird in Ehren wieder in sein Land zurückkehren dürfen! Wird seine alten Besitzungen wieder haben, die gesperrten Konten stehen ihm wieder zur Verfügung!

Und was ist, wenn er von den Geldern Waffen kauft und Söldner, wenn er irgendwelchen Kriminellen hohe Summen dafür bezahlt, daß sie den Kaiser töten?

Auf seiner Rückreise von Paris in die Heimat macht Graf Andrassy mit einer Delegation von Freunden in Wien Station.

Er hat um eine Audienz in der Hofburg gebeten.

Er möchte weder den jungen Kaiser sehen noch seine Mutter. Er hat um eine Audienz bei Kaiserin Sissi gebeten.

Und Sissi erwartet ihn in ihrem Salon, in einem moosgrünen Samtkleid, sehr schlicht, ganz ohne Rüschen, aber mit wunderschönem Schmuck in den Haarflechten.

Natürlich weiß sie, daß sie atemberaubend schön ist.

Aber auch der Graf, der vom Zeremonienmeister angekündigt wird, verfehlt seine Wirkung nicht.

Er präsentiert sich in der Uniform eines ungarischen Husaren: in weichen roten Lederstiefeln, einer roten Uniform, einem grünen, mit Zobel besetztem Cape, das er von Schnallen gehalten, über der linken Schulter trägt.

Sissi geht ihm nicht entgegen, als er eintritt, sie steht am Fenster, er verbeugt sich gleich an der Tür, die sich hinter ihm schließt.

Sissi, der Wichtigkeit dieser Audienz, dieser Stunde, sich durchaus bewußt, ist sehr ernst. Aber ihre Augen deuten ein Lächeln an. Freundlich sagt sie: „Graf Andrassy. Ich freue mich, Sie in Wien begrüßen zu können! Treten Sie näher!"

Andrassy tritt näher, salutiert. „Majestät, mein erster Weg, nachdem ich aus dem Exil zurückkehren durfte, war zu Eurer Majestät, um Eurer Majestät zu danken für das, was Eure Majestät für Ungarn getan haben."

Er versinkt in eine tiefe Verbeugung.

Sissi lächelt. „Stehen Sie auf, Graf Andrassy", sagt sie sanft. „Die Amnestie hat der Kaiser erlassen, nicht ich. Bei ihm sollten Sie sich bedanken."

„Ich spreche nicht von der Amnestie, Majestät. Eine Amnestie kann den Hingerichteten nicht das Leben und den heimgesuchten Familien nicht das Glück zurückgeben." Er schaut sie an. „Aber ein Herz, das für eine Nation schlägt, kann alles wieder- gutmachen. Und für diese Liebe möchte ich Eurer Majestät von Herzen danken."

Es ist kein Wunder, daß Graf Andrassy so genau weiß, woher die neue Öffnung Österreichs gegenüber Ungarn kommt. Man weiß nur zu genau, daß die Erzherzogin das ungarische Volk immer noch für das Attentat auf Franz Joseph verantwortlich macht. Daß sie nicht entschuldigen und nicht verzeihen will. Sie mag überhaupt - und damit trifft sie den Geschmack der Wiener Aristokratie - die Ungarn nicht besonders. Sie sind zu stolz. Zu unabhängig. Aber Sissi liebt gerade das. Mit ihrer unendlichen Sehnsucht nach Freiheit versteht sie jeden, der in einem Käfig oder Kerker eingesperrt ist. Ihr Herz schlägt für jeden, der gehorchen muß, auch wenn er nicht will, der den Kopf und das Knie beugen muß vor jemandem, den er haßt. Oder, schlimmer noch, verachtet.

Als Graf Andrassy die Audienz schon für beendet hält, sagt Sissi, „Damit diese Begegnung nicht nur flüchtig bleibt, möchte ich Sie und die anderen Familien, die aus dem Exil heimkehren, als Gäste auf den Hofball einladen. Damit unsere Freundschaft auch nach außen besiegelt ist."

Graf Andrassy ist gerührt. Er küßt die Hand, die Sissi ihm reicht. Salutiert. Und geht.

Natürlich muß Sissi diese eigenmächtige Entscheidung, die sie aus der Laune eines Augenblicks getroffen hat, aber genau ihrem Herzenswunsch entspricht, ihrem Mann verständlich machen. Franz Joseph liebt seine Frau viel zu sehr, um ihr einen Wunsch abzuschlagen. Außerdem erkennt er sofort, daß diese Einladung einen hohen diplomatischen Wert hat und der Beziehung der beiden Länder nur gut tun kann.

Früher hätten die Ungarn eine solche Einladung vielleicht gar nicht angenommen.

Bevor eine junge Kaiserin wie Sissi in Wien auftauchte, hat man sich in Ungarn für nichts weniger interessiert als den Hofball... Und die Wiener Gesellschaft.

Die Verachtung dieser beiden hohen Adelskreise war auf beiden Seiten gleich groß.

Nur mit dem einen Unterschied: Österreich hatte die Macht und Ungarn hatte nichts.

Ungarn war ein in Unabhängigkeit lebendes Volk, das sich nach Freiheit sehnte. Und nach einem König, der endlich wieder auf dem Thron von Budapest saß und mit Liebe das Volk regierte.

*

Der Hofball findet traditionsgemäß in der Hofburg statt, in dem Ballsaal, der immer ein wenig zu eng ist für all die Gäste, die sich drängeln. Mit ihren Ballkleidern und den weiten Krinolinen beanspruchen die Damen ja immer fast vier Quadratmeter Platz beim Tanzen!

Der junge Kaiser war früher der begehrteste Tänzer beim Hofball. Die jungen Prinzessinnen und Comtessen, die Baronessen und Fürstinnen fieberten dem Augenblick entgegen, in dem der Zeremonienmeister ihnen den Wunsch des Kaisers für einen Tanz überbrachte.

Aber das ist lange vorbei. Jetzt ist der Kaiser nicht mehr Junggeselle. Er ist verheiratet, und er vergöttert diese kleine, zierliche Frau mit der Wespentaille, die an seinem Arm dahinschwebt wie ein Vögelchen.

Erzherzogin Sophie vermerkt zwar in jedem Brief, den sie an ihre Schwester schreibt, daß Sissi immer noch nicht die Tanzschritte gelernt hat, aber Franz Joseph kümmert das wenig. Wenn er mit den Damen tanzen muß, die nach strengem Protokoll ausgesucht werden, so tut er das immer noch mit Grazie, aber mit dem Herzen ist er nicht dabei. Und seine Augen suchen immerzu seine junge Frau, die irgendwo entfernt von ihm, am Arm eines Fremden ihre Runden dreht.

Beim Hofball ist dem Kaiserpaar ein besonderer Platz zugedacht: Unter einem roten Samtbaldachin stehen zwei mit rotem Samt bespannte goldene Sessel, auf denen Sissi und Franz Joseph nach jedem Tanz wieder Platz nehmen. Dieses Podest ist so erhöht, daß alle Gäste immer einen Blick auf das Paar werfen können. Sissi fühlt sich wie ein Ausstellungsstück, und es dauert Jahre, bis sie sich daran gewöhnt hat, daß es zu ihren Pflichten und Aufgaben gehört, einfach nur das Objekt der Neugierde zu sein. Angegafft zu werden. Sie haßt es. Aber wenn Franz Joseph an ihrer Seite ist, dann hält sie alles aus. Zumal in diesen Zeiten, wo beide so verliebt sind.

Auf der gegenüberliegenden Seite des festlich geschmückten, und von tausend Kerzen erhellten Saal sitzt die Erzherzogin Sophie. Sie trägt ein schlichtes, blaues Damastkleid und fächelt sich ständig Luft zu. Nicht, weil es so heiß ist, sondern aus Ungeduld, aus Gereiztheit. Neben ihr, in Galauniform, Franz Karl, ihr Mann, der mit mildem Lächeln auf die Tanzenden schaut. Es gefällt ihm, die jungen Menschen in den schönen Roben so vergnügt zu sehen. Franz Joseph Strauss hat zu Ehren der jungen Kaiserin Elisabeth einen neuen Walzer komponiert, den Elisabeth-Walzer, in den Teile der österreichischen Nationalhymne und des Bayernliedes verwoben sind.

Das freut ihn. Darüber würde er gerne mit seiner Gattin sprechen. Die Erzherzogin schlägt sich mit dem Fächer auf die Handfläche und knirscht mit den Zähnen. „Ich bin empört!" sagt sie.

„Aber warum denn, meine Liebe?"

„Daß Elisabeth unsere Feinde hierher eingeladen hat. In die Hofburg! Besonders diesen Anführer, diesen Aufrührer-Grafen Andrassy... Ja, ich kann einfach nicht vergessen, daß es ein Ungar war, der den Dolch gegen Franz Joseph erhoben hat. Und jetzt... jetzt ist er schutzlos seinen Feinden ausgeliefert.

In diesem Augenblick tritt General-Adjutant Graf Grünne, der mit der Einladung der ungarischen Delegation betraut war, vor das Paar. Er verbeugt sich vor den beiden.

„Kaiserliche Hoheit. Graf Guyla Andrassy bittet um die hohe Ehre, vorgestellt werden zu dürfen."

Franz Karl lächelt erfreut. „Na, bravo." Das sagt er immer, wenn ihm sonst nichts einfällt.

Die Erzherzogin haßt es, wenn ihr Mann wie ein Gassenjunge „Na bravo" ruft. Aber damit kann sie sich im Augenblick nicht beschäftigen.

Sie muß Graf Grünne eine passende Antwort auf den Weg geben. Sie zögert keine Sekunde. Ihre Stimme ist scharf, und entschlossen. „Ich habe keine Veranlassung, einem Rebellen die Hand zu reichen."

Graf Grünne verharrt eine Sekunde reglos. Hat er richtig verstanden?

Meint die Erzherzogin wirklich, was sie da sagt? Weiß sie nicht, daß diese Herrschaften aus Ungarn angereist sind für diesen Hofball? Daß es auch von den ungarischen Herrschaften ein großmütiger Schritt zur Versöhnung war?

Er zögert. Er sucht einen Ausweg. „Bitte", sagt er, „wie soll ich das dem Grafen sagen?"

Schnippisch und kalt bis ans Herz erwidert die Erzherzogin darauf: „Deutsch oder Ungarisch, das ist mir gleich."

Graf Grünne verneigt sich. Es steht nicht in der Macht eines einfachen Hofbeamten, die Entscheidungen der Kaiserlichen Hoheiten zu kritisieren oder zu kommentieren. Eigentlich darf man nicht einmal Fragen stellen.

Man ist Befehlsempfänger auf hohem Niveau. Man ist im Grunde nicht mehr als ein Lakai, der auch nur den Rücken krumm machen und Befehle ausführen darf.

Es gibt Sekunden, in denen Graf Grünne seinen hochangesehenen Beruf haßt, aus vollem Herzen. Dies ist einer der Momente. Aber er hat keine Wahl.

Er muß zu Graf Andrassy gehen und ihm - in etwas milderer Form - die Ablehnung der Erzherzogin überbringen.

Natürlich ahnt er, was seine Nachricht bewirkt: Graf Andrassy ist verletzt. Gedemütigt. Beleidigt.

Eine derartige Ungeheuerlichkeit kann er nicht hinnehmen. Unmöglich.

Dieser Affront ist eine derartige Beleidigung, die fast einer Kriegserklärung gleichkommt. Also ist mit diesem Besuch in Wien nichts gewonnen, sondern alles verloren. Und dafür hat er in vielen Nächten und langen Diskussionen seine Freunde überredet, nach Wien zu kommen! Hat ihnen erzählt von dem neuen Klima, das herrscht, von dem Klima der Freundschaft und Versöhnung, die zwischen Österreich und Ungarn entstanden ist. Alles falsch. Alles Lug und Trug.

Graf Andrassy entschließt sich, mit dem ganzen Gefolge sofort abzureisen. Keine Sekunde länger will er in diesem Haus bleiben.

Graf Grünne ist verzweifelt. Er weiß nicht, was er tun soll. Was er tun darf.

Doch, er weiß es: Den Mund halten und die Augen schließen und an nichts denken. Aber das kann er nicht.

Er geht zu Kaiserin Sissi, wartet, bis sie einen Augenblick allein ist, weil Franz Joseph gerade den Cercle halten muß, und schickt Sissis Ungarisch-Lehrer Dr. Falk nach vorn. Er soll mit Sissi sprechen.

Zu ihm hat Sissi großes Vertrauen.

Dr. Falk ist verzweifelt. Er war so glücklich, daß endlich ein Band der Verständigung zwischen den Völkern entstanden ist. All die Arbeit, die dem vorausging. Niemand  hier im Schloß ahnt ja, wieviel Mühe sich Dr. Falk gegeben hat, um den Ungarn die junge Kaiserin näher zu bringen.

Und jetzt soll alles umsonst gewesen sein?

„Majestät", sagt Dr. Falk voller Demut, als er sich vor Sissi verbeugt, „ich bitte untertänigst um Verzeihung, daß ich es wage, Eure Majestät anzusprechen."

Das war der normale Umgangston.

Sissi fragt erschrocken, „Aber was ist denn geschehen?"

Dr. Falk erzählt ihr, was vorgefallen ist. Die ungarischen Gäste sind von der Erzherzogin brüskiert worden und Graf Andrassy hat zum sofortigen Aufbruch aufgerufen. Die Damen werden schon versammelt, man will gemeinsam gehen. Das wird einen Eklat geben. Eine Katastrophe.

„Majestät", flüstert Dr. Falk verzweifelt, „ein Verlassen des Festes würde einem Bruch der neuen freundschaftlichen Beziehungen gleichkommen!"

„Aber wie kann man sie denn zurückhalten?" fragt Sissi hilflos. Weiß sie ja genau, wie wenig Macht sie letztendlich in einem solchen Kreis hat. Ihre Aufgabe ist es, schön auszusehen und freundlich zu lächeln. Viel mehr aber nicht. Die Augen ihrer Schwiegermutter sind überall. Und ihre Schwiegermutter ist es, die über den Verlauf des Festes wacht.

Sie ist nichts als ein sechzehnjähriges, hübsches Prinzesschen vom Lande, immer noch. Jedenfalls in den Augen der Erzherzogin Sophie.

„Bitte", murmelt Dr. Falk flehend, „Majestät müssen etwas unternehmen!"

Als Franz Joseph wieder neben Sissi auf dem Thronsessel Platz nimmt, ist Dr. Falk verschwunden. „Was ist, Sissi?" fragt er, „wieso bist Du so blaß?"

„Franz, bitte verzeih mir, wenn ich jetzt etwas tue, das gegen das Spanische Hofzeremoniell verstößt."

Franz Joseph zuckt zusammen. „Aber was willst Du denn tun?"

„Alles, was ich tue, tue ich für Dich und dein Land."

Franz Joseph zögert. Er wartet, daß Sissi ihm nähere Erklärungen gibt, im Hintergrund sieht er seine Frau, mit ihrer Hofdame sprechen. Er bemerkt eine gewisse Unruhe am Saalausgang, kann aber nicht recht erkennen, was die Ursache ist.

„Der Zeremonienmeister möchte bitte kommen", sagt Sissi. Sie ist nun tatsächlich blaß, sitzt sehr aufrecht und versucht, ihre Aufregung zu verbergen, die Hände in den weißen Glacéhandschuhen fest um die Armlehne gepreßt.

„Sissi" fragt Franz Joseph, „was ist denn nur geschehen?"

„Bitte, Franz Joseph, kann der Zeremonienmeister schnell kommen?"

Natürlich ist er auf den Wink Seiner Majestät da.

„Ich möchte," sagt Sissi mit bebender Stimme, weil sie die Augen des Zeremonienmeisters auf sich spürt, „daß der nächste Tanz Damenwahl ist."

Der Zeremonienmeister hat Mühe, Haltung zu bewahren. Aber er sagt nichts.

„Und dann möchte ich Sie bitten, Oberst Böckl zu beauftragen, für mich bei Graf Andrassy um den nächsten Tanz zu bitten."

Der Zeremonienmeister ist erschüttert. Er ist nun schon fünfzig Jahre im Dienst der Kaiserhauses, aber noch nie, noch niemals bei einer so offiziellen, festlichen Gelegenheit ist jemand auf die Idee gekommen, eine Damenwahl auszurufen! Als wären sie in irgendeinem billigen Tanzlokal in der Altstadt, in dem so was ja angehen mag, damit die jungen Mädchen auch eine Chance haben, sich einen Mann zu angeln!

Aber beim Hofball!

Dort wird sorgfältig protokolliert, wer wen zum Tanz auffordern dar, dort müssen Tanzwünsche vorher angemeldet werden, dort brütet der Zeremonienmeister tagelang darüber, wer mit wem welchen Tanz eröffnet, wie viele Minuten sich das Kaiserpaar allein im Kreis drehen muß, bevor die anderen Gäste aufs Parkett dürfen. Alles ist vorgeschrieben. Nichts ist dem Zufall überlassen. Und nun auf einmal: Damenwahl!

Dieses Wort allein ist schon so ordinär, so proletarisch. Ein Schauder läuft ihm über den Rücken und seine goldbetreßte Uniform fühlt sich an wie ein Kettenhemd, so schwer.

Er versucht noch ein Letztes. Er geht zu Sissis erster Hofdame, Gräfin Esterhazy, und bittet sie, der Kaiserin diese Marotte ausreden zu wollen. Eine Grille, eine Laune eines jungen Mädchens. Aber doch nicht einer Kaiserin würdig! Ich bitte Sie, Gräfin Esterhazy!

Die Gräfin lächelt. Bitter. Sie zieht die Augenbrauen hoch. „Ich weiß, daß das eine unmögliche

Idee ist", sagt sie. „Aber wenn es nun mal der ausdrückliche Wunsch der Kaiserin ist."

Graf Andrassy hat seine Landsleute um sich versammelt. Die Damen in ihren allerteuersten Roben. Die Herren in Galauniform, mit Gold und Zobelbesatz und blinkenden Säbeln am Gürtel. Sie sehen alle fabelhaft aus.

Die Kleider werden ein Vermögen gekostet haben, und die Damen genossen bislang jeden Augenblick des glanzvollen Festes.

Sie schmollen. Sie möchten nicht so ohne weiteres gehen, nur wieder aus Männerstolz! Männer sind so schnell beleidigt.

Warum soll man nicht erst das schöne Fest zu Ende feiern und dann beleidigt sein?

Außerdem, wenn die Schwiegermutter der Kaiserin den Grafen nicht empfangen will- was ist schon so schlimm daran ?

Sie sind ja nicht von der Erzherzogin Sophie eingeladen, sondern von der Kaiserin Elisabeth. Von Sissi, wie sie auch schon im ungarischen Volksmund heißt. Niemand dort sagt Elisabeth. Sissi klingt viel lieber. Eine Kosewort.

Die Ungarn fangen gerade an, Sissi zu lieben, und nun will man ihnen erklären: Alles vorbei?

Die Auseinandersetzung wird schärfer. Dr. Falk beschwört Graf Andrassy ein letztes Mal, nicht einfach zu gehen. Er schaut sich immer wieder um. Er wartet noch auf ein Wunder.

Aber das Wunder geschieht nicht.

Der Graf zieht seine Handschuhe an und wendet sich zum Ausgang. Seine Gefolgschaft schließt sich an.

In diesem Augenblick tritt Oberst Böckl in die Runde. Er breitet die Arme aus, als wolle er die Gesellschaft hindern, einfach den Saal zu verlassen.

Graf Andrassy, äußerst wütend und erregt, schiebt ihn unwirsch zur Seite.

Aber der Oberst hält ihn nochmals zurück. „Entschuldigung, Graf Andrassy, aber Ihre Majestät läßt Sie durch mich zum nächsten Tanz bitten!"

Graf Andrassy bleibt verwirrt stehen. Hat er richtig gehört?

Oberst Böckl ahnt, daß es in dieser Sekunde um viel geht, um hohe Politik, und sagt bekräftigend. „Sie hat mich beauftragt, Ihnen diesen kaiserlichen Wunsch zu übermitteln."

In selben Augenblick verstummt die Musik, der Zeremonienmeister klopft mit dem Stab auf das Parkett und ruft laut in den Saal: „Damenwahl!"

„Da hören Sie es", flüstert Böckl.

Graf Andrassy ist verwirrt. Er schaut sich um in seinem Kreis.

Einer seiner Emigranten-Freunde, Graf Szechenyi, sagt: „Glaubst Du nicht, Guyla, daß diese Auszeichnung der Kaiser größer ist, als die Beleidigung der Schwiegermutter?"

Graf Karoly stimmt sofort zu. Er faßt seinen

Freund am Arm. „Wir müssen bleiben, Guyla. Du mußt tanzen."

Bevor Graf Andrassy etwas sagen kann, haben die anderen das Heft in die Hand genommen. Graf Szechenyi erwählt die Gräfin Karoly. Sie gehört dem ältesten russischen Adel an, ist klug und schön, und spricht perfekt Deutsch.

„Gräfin, fordern Sie Seine Kaiserliche Majestät auf, wenn die Kaiserin mit Graf Andrassy tanzt."

Man nimmt Graf Andrassy Säbel und Handschuhe ab und führt ihn zu dem Baldachin aus Purpursamt, unter dem eine bebende, totenbleiche junge Kaiserin wartet.

Neben ihr Franz Joseph. Versteinert.

Wenn Graf Andrassy dieses Friedensangebot in letzter Sekunde nun ablehnt!

Wenn er Sissi ebenso beleidigt, wie er eben von der Erzherzogin beleidigt wurde? Was dann?

Dann hat sie den Ruf des Wiener Hofes ruiniert!

Immerhin handelt es sich bei diesen Ungarn um Rebellen. Um Aufrührer. Um Leute, die viele Jahrzehnte unter österreichischer Herrschaft und Willkür gelitten haben. Graf Andrassy und Gräfin Karoly, die jetzt quer über den Tanzboden, der auf einmal wie leer gefegt ist, auf das Kaiserpaar zugehen, haben mehr gelitten in den letzten Jahren, als Sissi ahnen kann.

Man hat ihr Vermögen geraubt, ihnen die Ländereien genommen, sie wurden gefoltert und in Kerker gesperrt, sie sind auf abenteuerlichen Wegen geflüchtet und haben in der Verbannung leben müssen...

Franz Joseph kann nichts sagen. Er ahnt, wie Sissis Herz jetzt schlägt. Aber schlägt seines nicht ebenso?

Die Augen seiner Mutter liegen glühend vor Zorn auf ihm. Er weiß, daß seine Mutter außer sich ist. Wie kann dieses junge Ding das Spanische Protokoll verletzen?

Wegen eines Rebellen?

Wie kommt sie dazu, sich dermaßen aufzuspielen?

Graf Andrassy bleibt vor der Kaiserin stehen. Er verbeugt sich.

Sissi steht auf und reicht dem Grafen lächelnd ihren Arm. Gleichzeitig fällt die Gräfin Karoly in einen tiefen Hofknicks und sagt in perfektem Deutsch: „Majestät, darf ich um diesen Tanz bitten?"

Franz Joseph fühlt, wie eine Zentnerlast von seinen Schultern fällt.

Es ist noch einmal gutgegangen.

Das war ein Vabanquespiel. Sissi hat auf Risiko gesetzt, um in letzter Sekunde die Sache zu retten. Die Sache Ungarns. Aber auch die Sache Österreichs.

Was ich jetzt tue, tue ich für dich und dein Land, hat sie gesagt. Dieser Satz geht ihm nicht aus dem Kopf.

Er steht auf, er lächelt galant. Er reicht der Gräfin den Arm, um sie aus dem Hofknicks zu erlösen.

„Gern", sagt er und geht mit ihr aufs Parkett.

*

Die Festgesellschaft hat sich weit zurückgezogen. Das Stimmengemurmel wurde immer leiser.

Die Spannung war fast zum Greifen nah. Da hebt der Kapellmeister den Taktstock und spielt den Elisabeth-Walzer und Graf Andrassy legt seine Hand um die Taille der jungen Kaiserin und führt sie herum im Dreivierteltakt.

Sie sprechen kein Wort. Sie schauen sich an. Sie brauchen nichts zu sagen. Sissi kann in seinen Augen lesen: Das werde ich Ihnen nie vergessen, Majestät.

Und Franz Joseph, der mit Gräfin Karoly tanzt, denkt: Warum hat Sissi gesagt: Ich tue das für dich und dein Land?

Warum hat sie nicht gesagt: Ich tue es für uns und für unser Land?

Der Zeremonienmeister gibt diskret Anweisungen, und jetzt gleiten auch die anderen Paare aufs Parkett, und bald ist es ein Bild wie sonst: tanzende Paare, Walzermusik, Kerzenschimmer in den Kristallüstern, der Glanz edler Juwelen, der Geruch teuren Parfums, Lachen... und dann ein Aufschrei: „Ihre Majestät ist ohnmächtig!" und im nächsten Augenblick hat sich die Menge der Tanzenden wieder geteilt und man sieht Franz Joseph in seiner weißen Galauniform mit roten Streifen, wie er seine junge zarte Frau, in einem Tüllkleid mit applizierten Rosen, auf dem Arm trägt.

Sissi ist so weiß wie ihr Kleid. Sie hat die Augen geschlossen.

Jemand ruft: „Ein Arzt!"

Und dann sind sie weg.


Aufregung in der Hofburg.

Der Ball wurde noch ein wenig weitergeführt, um die Gäste nicht zu enttäuschen.

Aber natürlich hatte niemand mehr Spaß am Tanzen.

Die Kaiserin ist ohnmächtig geworden!

Was hat das zu bedeuten?

Blaß ist sie ja immer gewesen, eigentlich immer blasser, je länger sie in Wien lebt. Als sie hier ankam, so redet man, war sie das blühende Leben. Ein Mädchen vom Land mit rosigen Wangen und leuchten Augen.

Jetzt sind ihre Augen oft stumpf. Und manchmal rot, fügt jemand hinzu, vom Weinen...

Ob sie so unglücklich ist?

Ob die Ehe doch nicht so gut verläuft, wie man immer hört?

Ist alles nur Schwindel, um das Volk ruhig zu halten?

Es wird getuschelt und gerätselt.

Der Kaiser hat Sissi in ihr Schlafgemach gebracht und war bei ihr, bis der Arzt kam.

Dann mußte er zurück in sein Arbeitszimmer, der russische Gesandte hatte dringend um eine Audienz gebeten. Es war eine Depesche gekommen aus Moskau. Eine sehr eilige Depesche, höchst geheim, die nichts Gutes verheißt. Man spricht immer lauter von Krieg... von einem Krieg, in den auch Österreich hineingezogen werden könnte.

Die Hofdamen halten vor Sissis Schlafzimmer Wache. Keine weiß etwas.

Man spricht darüber, daß das Reiten nicht gut sein kann für die junge Kaiserin.

Die vielen Stunden auf einem wilden Pferd! Vielleicht ist sie gestürzt!

Sie würde es niemandem erzählen, nur damit man ihr das Reiten nicht verbietet. Die Reiter, die eigentlich von Franz Joseph den Befehl haben, Sissi im Prater bei ihren Ausritten zu begleiten, werden meist schon nach einigen Kilometern von Sissi abgeschüttelt. Sie hat das schnellste Pferd. Und ist die kühnste Reiterin. Selbst im Damensattel kann sie ihr Pferd besser bändigen, als die Offiziere in ihren bequemen Sätteln.

Der Arzt ist nun schon seit Stunden bei der jungen Kaiserin. Er kommt gar nicht wieder heraus. Er hat sie gründlich untersucht, dann ist Sissi eingeschlafen. Er hat bei ihr gewacht.

Einmal hat er um eine Wasserschüssel gebeten, dann wieder um ein frisches Handtuch, was ihm sofort gebracht wurde, aber gesagt hat er nichts. Und seine Miene war ernst gewesen.

Gräfin Bellegarde, die Sissi von allen Hofdamen am nächsten steht, sagt ängstlich: „Sollte man nicht

Seine Majestät verständigen, daß der Arzt noch bei Ihrer Majestät ist?"

Gräfin Lamberg nickt. Ja, das ist richtig. Man muß den Kaiser holen.

Er wird es ihnen verzeihen, wenn etwas Ernstes sich anbahnt und man hat ihn nicht in Kenntnis gesetzt...

Aber in diesem Augenblick tritt Erzherzogin Sophie ein. Streng sagt sie: „Seine Majestät darf augenblicklich nicht gestört werden. Eben ist der russische Gesandte zum zweiten Mal in Audienz. Der Kaiser steht vor einer schweren Entscheidung, die möglicherweise Krieg bedeuten könnte."

Die Hofdamen schauen sich erschrocken an. Auch ihre Männer sind Offiziere, Generäle, auch ihre Männer müssen dann an die Front. Einen Augenblick lang herrscht angstvolles Schweigen. Dann fragt die Erzherzogin: „Ist Hofrat Dr. Seeberger noch bei Ihrer Majestät?"

Die Hofdamen nicken.

„So lange schon?" fragt Sophie weiter.

Wieder nicken die Damen stumm.

„Und man weiß nichts?"

„Nein", sagt Gräfin Esterhazy. „Man weiß nichts."


In ihrem breiten Bett, unter einem Himmel aus blauem Damast, liegt eine sehr blasse, junge Sissi mit aufgelöstem Haar und einem hellgelben Nacht-hemd, das gesäumt ist mit Spitzen.

Hofrat Dr. Seeberger packt seine Arzttasche.

Sissi schlägt die Augen auf. Dr. Seeberger knöpft gerade seinen schwarzen Gehrock zu.

„Bin ich sehr krank, Herr Hofrat?" fragt Sissi schüchtern.

Der Arzt lächelt. „Ich glaube nicht, Majestät."

Er geht um das Bett herum, begleitet von Sissis ängstlichen Augen. „Nur das Reiten, das müssen Majestät in der nächsten Zeit lassen. Wäre das ein großes Opfer?"

Sissi sagt nichts. Sie wartet gebannt, was noch kommen mag. „Das muß aber sein, Majestät."

„Hat es mir denn so geschadet?" fragt Sissi angstvoll.

„Geschadet? Nein. Nein..."

„Ja, was fehlt mir denn? Was ist das für eine Krankheit? Sagen Sie es mir, lieber Hofrat, bitte, ich halte die Ungewißheit nicht aus..."

Der Hofrat stellt die Tasche ab. „Majestät", sagt er fröhlich, „sind guter Hoffnung."

Sissi richtet sich auf. Mit einem Mal kehrt Farbe in ihre Wangen zurück, Leuchten in ihre Augen. „Was? Nein! Wirklich?"

„Ja, Majestät."

Sissi, die unter dicken Seidendecken liegt, strampelt alles weg, schleudert die Kissen zur Seite, springt aus dem Bett, wirft sich dem verdutzten Hofrat an den Hals, busselt ihn ab, springt herum, sucht ihren Schlafrock, findet ihn nicht, schlüpft nicht richtig in den Ärmel, läuft wieder zurück, den Schlafrock wie eine Schleppe hinter sich herziehend, während der Hofrat immer noch nach seiner Brille sucht, die die Kaiserin ihm so ungestüm von der Nase gefegt hat. Sissi küßt ihn wieder. „Doktor! Doktor!"

Sie lacht. Sie jubelt. Endlich ist der Schlafrock richtig angezogen, aber immer noch sind die Schleifen über dem Busen nicht gebunden, aber das macht nichts, sie muß zum Kaiser, sie muß es ihm erzählen, jetzt, jetzt sofort, sie reißt die Tür auf. Der Hofrat hat seine Brille immer noch nicht gefunden. Die Hofdamen prallen zurück, als Sissi, ein Mädchen mit aufgelösten Haaren und offenem Schlafrock, barfuß an ihnen vorbeiläuft. Die Erzherzogin Sophie glaubt, ein Geist laufe an ihr vorbei, ein Gespenst in einem Nachthemd.

Vielleicht wird sie gleich ohnmächtig. Kein Wunder, wenn ihre Gesundheit Schaden nähme. Wer eine Schwiegertochter wie Sissi hat, der kann ja nicht gesund bleiben.

„Was hat das zu bedeuten?" fragt Sophie scharf. Aber Sissi hört sie nicht. Sie läuft schon die endlosen Flure entlang, vorbei an förmlich gekleideten Lakaien, die ihren Augen nicht trauen, öffnet eine Doppeltür nach der anderen, durchquert Säle, Audienzräume, wieder eine Treppe, wieder ein Flur, stößt, ehe der Türsteher sie überhaupt bemerkt, die Tür zum Audienzsaal auf und ruft: „Franz!"

Der Kaiser, natürlich korrekt gekleidet, steht an seinem Schreibtisch und um ihn herum Generäle und Minister.

Es ist ein kritischer Augenblick. Alle haben finstere, besorgte Mienen. Es geht um die Zukunft Österreichs. Um das Schicksal der Völker. Es geht um Krieg oder Frieden. Es geht darum, wie man ein Land vor dem Elend, vor der Armut retten kann. Es geht um alles.

Und da steht ein junges Mädchen, aufgelöst, das ganze Gesicht ein einziger Jubel, und bemerkt gar nicht, was los ist.

Sie will nichts anderes wissen, sie will einfach nur eine Minute mit ihrem Franz allein sein, um ihm die große Neuigkeit zu verkünden. Franz ist erschrocken. Eigentlich müßte er zum ersten Mal wirklich böse auf Sissi sein.

Wie kann sie das tun? So aufgelöst hier hereinplatzen? Alle anderen arbeiten seit Stunden!

Was macht das für einen Eindruck!

„Sissi!" sagt Franz Joseph, und in seinem Ton klingt durchaus ein milder Vorwurf mit.

„Franz! Ich muß Dich unbedingt sprechen!"

Es geht nicht anders. Die Minister und Generäle müssen den Raum verlassen, damit es nicht noch peinlicher wird. Sissi hat ja offenbar nicht die Eingebung, von sich aus wieder umzudrehen und schnell die Tür hinter sich zu schließen.

„Bitte meine Herren... entschuldigen Sie,

Exzellenz..." Franz Joseph bewahrt nur mit Mühe Contenance. Aber die Minister haben schon verstanden. Sie werden sich zurückziehen. Das ist aber nicht so einfach, wenn man bedenkt, daß man das Zimmer, in dem sich eine Kaiserliche Hoheit befindet, nur rückwärts verlassen darf, mit dem Gesicht zu Seiner Kaiserlichen Hoheit.

Was aber, wenn es zwei sind? Und wenn sie in gegensätzlichen Ecken des Saales stehen?

Und darf man eine Kaiserliche Hoheit ansprechen und grüßen, wenn sie aussieht wie ein Mädchen aus einem Pensionat? Ungekämmt und fast unbekleidet?

Endlich, endlich ist dieser peinliche Augenblick überstanden. Die Türen haben sich geschlossen. Sissi fliegt auf ihren Franz zu.

Aber der lächelt nicht. Er muß Sissi jetzt ermahnen. Er muß ihr ein für allemal sagen, daß es nicht angeht, wenn sie ihn mitten in wichtigen Audienzen stört.

So etwas spricht sich herum.

Man wird ihn nicht ernst nehmen, in Zukunft, und das kann gefährlich sein für seine Machtposition.

Er wird ihr das jetzt alles sagen müssen, jetzt sofort, bevor sie ihn mit ihrem Charme und ihrem Liebreiz schon wieder überwältigt hat.

Sissi strahlt ihn an. Hängt sich an seinen Hals. Küßt ihn.

„Franz! Wir bekommen ein Kind!"

Wenn er mit allem gerechnet hätte in diesem Augenblick... aber so eine Nachricht!

Ein Kind!

Das ist ja sogar eine Staatssache, wenn ein junges Kaiserpaar Nachwuchs erwartet. Vielleicht wird es sogar ein Junge. Ein kleiner Kronprinz, der die Monarchie rettet...

„Sissi!" Franz Joseph atmet tief durch. Jetzt strahlt auch er. Jetzt küßt auch er sie.

„Ist das wirklich wahr?"

„Ja, es ist wahr, Franz. Es ist wahr! Wir bekommen ein Kind!"

Sie halten sich im Arm. Ganz fest. Aber nicht zu fest, denn sie müssen jetzt aufpassen auf das kleine Wesen, das in Sissis Bauch heranwächst.

Sie halten sich fest. Zärtlich und innig.

Ein Augenblick des vollkommenen Glücks.

Ach, daß man solche Augenblicke nicht festhalten kann...

Den Winter verbringen Sissi und Franz Joseph nicht in der Hofburg, in der die düsteren Räume und die modrige, kalte Luft der Schwangeren stark zugesetzt haben, sondern in Schloß Schönbrunn, umgeben von Gärten, Wiesen und Wäldern.

Sissi leidet sehr in den ersten Schwangerschaftsmonaten, an Übelkeit, Erbrechen und Kopfschmerzen.

Franz Joseph kann es kaum ertragen, seine junge Frau so leiden zu sehen.

Er versucht, ihr jeden erdenklichen Wunsch von den Augen abzulesen.

Sissi versucht, tapfer zu sein.

Die Reitstunden, die ihr größtes Vergnügen waren, müssen nun ausfallen.

Natürlich bringt sie das Opfer gern für ihr Kind.

Aber: Sie ist ja selber fast noch ein Kind. Immer noch sechzehn, der Körper sportlich, aber noch gar nicht ganz ausgewachsen.

Wenn ihr schon in der Früh beim Aufwachen übel ist, kleidet Sissi sich gar nicht an, sondern bleibt im Bett.

Dann frühstückt der junge Kaiser mit seiner Mutter, und das gibt der Erzherzogin reichlich Gelegenheit, gegen Sissi Stimmung zu machen.

Ja, wenn alle jungen Frauen sich so anstellen würden!

Sie selbst hat ja auch Kinder in die Welt gesetzt. Und ihr ist es auch schlecht gegangen während der Schwangerschaft. Aber so ein Aufhebens wurde damals nicht gemacht!

Es ist natürlich, daß eine Schwangere Beschwerden hat. Das nimmt man zur Kenntnis und versucht mit Disziplin und Tapferkeit dagegen anzugehen.

Sissi aber läßt sich gehen. Versinkt manchmal in Depressionsschüben in eine tiefe Traurigkeit. Sitzt stundenlang in ihrem Boudoir an dem kleinen

Schreibtisch und schickt sehnsüchtige Briefe an ihre Mutter, an Nene, an Marie.

Sie wagt nicht, ihre Mutter nach Wien einzuladen. Sie weiß, es würde der Schwiegermutter nicht gefallen. Manchmal, in den Nächten, bittet sie Franz Joseph, ihr zu erlauben, nach Possenhofen zu fahren. Nur eine kurze Zeit, nur um Luft zu schöpfen, Kraft bei der Familie.

Aber wir sind doch jetzt die Familie, sagt Franz Joseph dann verständnislos. Hier hast du doch alles, was du brauchst.

Ich möchte, daß Mama kommt, flüstert Sissi. Bitte, versprich mir, daß du es erlaubst.

Das sind Dinge, sagt ihr Mann dann verlegen, die Frauen unter sich ausmachen müssen.

Manchmal nimmt Sissi allen Mut zusammen und will die Erzherzogin zur Rede stellen: Warum wird Herzogin Ludovika nicht eingeladen?

An jedem Hofe ist es üblich, daß bei der Niederkunft der Monarchin die leibliche Mutter anwesend ist. Um Trost zu spenden, um Hilfe zu geben, Nähe, Zärtlichkeit, Sicherheit. Eine Schwiegermutter ist nicht der richtige Ersatz, schon gar nicht, wenn es so schlecht steht um die Beziehung wie zwischen Sissi und Sophie.

In Possenhofen sitzt Sissis Mutter und wartet täglich auf eine Einladung aus Wien. Sie hat vorsorglich die Koffer gepackt, ihre kleinen Kinder bedrängen sie jeden Tag: Wann kommt unsere

Nichte? Wann werde ich Onkel? Wann fährst du nach Wien, Mama? Bringst du Sissi und das Baby mit?

Aber eine Einladung aus Wien kommt nicht, und der Winter vergeht.

Die Erzherzogin ist unzufrieden mit ihrer Schwiegertochter. Die Schwangerschaft ist natürlich nützlich und gut für die Monarchie. Aber was hilft es, wenn Sissi sich vor der Öffentlichkeit verbirgt?

Keine Kutschfahrten mehr, keine Audienzen, immer wieder sagt Sissi alles ab.

Nicht einmal mehr zu den geliebten Ungarisch-Lektionen hat sie Lust.

Sie ist am liebsten allein mit ihren Papageien im Schlafzimmer, sie liest, schreibt, Gedichte, Briefe, und wartet auf ihren Mann.

Aber der ist beschäftigt, jeden Monat mehr. Sein Gesicht ist blaß, sorgenvoll, er braucht jetzt eine starke, junge Frau, die ihn stützt, die ihm hilft, Trost spendet und Zuversicht.

Aber Sissi kann ihn nur mit ihrer scheuen Liebe überschütten. Eine schüchterne, junge Frau, in deren Bauch ein Kind heranwächst.

Das rührt Franz Joseph. Wenn er bei ihr ist, geht es ihm gut.

Dann wünscht er, sie wären weit fort, er nicht Kaiser und sie nicht Kaiserin. Zwei einfache Leute, die ein Baby erwarten und den ganzen Tagen beieinander sein können.

Was hatte Sissi schon damals gesagt, bei der Verlobung: „Ach, wenn Du nur kein Kaiser wärst, Franz!"

Manchmal, in den kleinen Augenblicken der Schwäche, wünscht er sich das jetzt auch...

Sissi muß im Prater spazierengehen. Sie muß enge Kleider tragen, die ihren schwellenden Bauch sichtbar machen, und mit ihren Hofdamen zwischen anderen adligen Spaziergängern herumflanieren.

Sie muß lächeln, stehenbleiben, Gespräche führen, unwichtiges Blabla über die neue Mode, neuen Klatsch.

Die Erzherzogin wünscht, daß Sissi ihren Bauch zeigt wie eine Trophäe.

Dabei ist dieses Kind doch ihr ganz privates Glück!

Sie ist doch keine Gebärmaschine für die österreichische Monarchie!

Sie bekommt dieses Baby doch, weil Franz und sie sich lieben!

Oder nicht?

Ist sie doch nur eine Gebärmaschine in den Augen von Sophie? Und in den Augen der Wiener?

Sie schämt sich manchmal so, daß sie sich im Bett unter der Decke verkriecht. Tagelang.

Sie hat Angst vor der Geburt.

Hofrat Dr. Seeberger sagt, daß ihr Körper noch gar nicht ganz ausgereift ist. Daß es Probleme geben könnte, wenn das Baby groß und schwer ist.

Zu der Zeit kennt man noch keine Methoden, um herauszufinden, ob es ein Mädchen oder ein Junge wird.

Die Erzherzogin wünscht sich nichts sehnlicher als einen Thronfolger. Franz Joseph ist eben Kaiser und schon denkt sie an die nächste Generation! Sie ist erzogen worden, in Dynastien zu denken, sie kann nicht anders.

Sissi ist es ganz egal, ob es ein Mädchen wird oder ein Junge. Ein bißchen mehr wünscht sie sich einen Jungen, nur, damit Franz Joseph glücklich ist. Und ihre Schwiegermutter zufrieden. Vielleicht gibt ihr das eine kleine Atempause. Vielleicht verlangt man dann nicht mehr so viel von ihr, wenn sie das geleistet hat, was das Allerwichtigste ist: einen Sohn geboren.

Franz Joseph verspricht ihr, die ganze Zeit bei der Geburt dabei zu sein. Ihre Hand zu halten, den Schweiß von der Stirn zu wischen, sie zu trösten.

Ein ungewöhnlicher Entschluß zu der Zeit, als das Kinderkriegen reine Frauensache war. Vielleicht ist dieses Versprechen von Franz Joseph auch ein Grund, warum Sissi nicht dringender nach Possenhofen schreibt, nicht stärker darauf dringt, daß ihre Mutter kommt, um die Zeit des Wochenbettes bei ihr zu verbringen.

Während der letzten Monate sind im Krimkrieg mehr als zweihunderttausend Soldaten gefallen. Allein die Belagerung der Halbinsel Sewastopol hat mehr als hunderttausend Opfer gefordert.

Täglich zweimal ruft Franz Joseph seine Generäle zusammen, um mit ihnen die Lage zu debattieren.

Die Russen werden besiegt, aber auch die Engländer und Franzosen (Österreich hat sich neutral verhalten) beklagen große Verluste. Ein schreckliches Blutvergießen.

Am 1. März stirbt Zar Nikolaus von Rußland. Er hat dem österreichischen Kaiser nicht verziehen, daß er Rußland nicht zu Hilfe gekommen ist. Damals, als Zar Nikolaus ihm geholfen hatte, den ungarischen Aufstand niederzuschlagen, haben die beiden sich auch in Zukunft gegenseitige Hilfe versprochen.

Aber die Ratgeber von Franz Joseph rieten ihm ab, sich einzumischen.

Auf seinem Totenbett verflucht der Zar den österreichischen Kaiser.

Es dauert keinen Tag und Franz Joseph erfährt die Nachricht.

Bei Sissi setzen die Vorwehen ein.

Der Kaiser ist voller Angst um seine junge Frau. Um Österreich. Um alles.

Er bleibt Tag und Nacht in Sissis Nähe.

Am 5. März, frühmorgens, setzen bei Sissi die Preßwehen ein. Sissi schreit vor Schmerzen.

Der junge Kaiser läßt nach seiner Mutter schicken. Die ist auf alles vorbereitet. Die Hebamme wartet. Der Arzt.

Alles ist gut.

Während der nächsten Stunden, die für Sissi eine schreckliche Quälerei werden, weicht Franz Joseph nicht eine Sekunde von Sissis Seite.

Auch die Erzherzogin ist immer bei Sissi, sitzt am Kopfende und kühlt die Stirn.

In ihrem Tagebuch schreibt sie über diese schlimmen Stunden:

„Sissi hielt die Hand meines Sohnes in ihren und küßte sie einmal mit einer respektvollen Zärtlichkeit.

Das war so rührend und machte ihn weinen. Er küßte sie ohne Unterlaß, tröstete sie und klagte mit ihr und schaute mich bei jeder Wehe an, um zu sehen, ob ich zufrieden war."

Als die Geburt endlich vorbei ist, bricht der junge Kaiser in Tränen aus, und Sophie schreibt weiter in ihr Tagebuch: „Franz und Sissi hörten nicht auf, sich zu küssen, und beide umarmten mich mit lebhafter Zärtlichkeit. Sissi und der junge Vater waren voller Sorge um ihr Kind, ein großes, kräftiges Mädchen.

Also ein Mädchen.

Kurz vorher, als das Baby von der Hebamme und der Kammerfrau behutsam gebadet und trocken gerieben wurde, hatte Sissi, noch ganz erschöpft von den letzten schmerzhaften Wehen, ihren Franz gefragt:

„Ist es ein Bub?" sie hatte das Baby noch nicht sehen dürfen.

Franz Joseph hat zärtlich gelächelt, den Kopf geschüttelt: „Es ist eine Prinzessin! Ich bin sehr, sehr glücklich!"

Sie hat ihn angesehen und leise gesagt. „Wie glücklich würdest Du erst sein, wenn es ein kleiner Kronprinz wäre."

Statt einer Antwort hat Franz Joseph nur den Kopf über ihre Hand gebeugt und sie geküßt...

In den ersten Wochen nach der Geburt darf Sissi ihr Baby bei sich haben.

Natürlich ist immer eine Amme da, denn das spanische Protokoll erlaubt aus unerfindlichen Gründen nicht, daß die Monarchin ihr Kind selber stillt.

Vielleicht hält man das bei einer Kaiserin „von Gottes Gnaden" für zu profan. Damit wird sie auf eine Stufe mit einer Bäuerin oder Kammerfrau gestellt.

Außerdem ist es ja nicht die wichtigste Aufgabe einer Kaiserin, ihr Kind aufzuziehen. Dafür gibt es genug geschultes Personal. Sie soll zwar Kinder gebären, um die Fortführung der Monarchie zu gewährleisten, sich aber dann wieder um die vielfältigen Aufgaben und Pflichten einer Kaiserin kümmern. Und dafür braucht sie Zeit.

In den Augen der Erzherzogin verbringt Sissi ohnehin viel zu viel Zeit mit ihrem Töchterchen.

Ihr hat man das damals nicht gestattet. Sie mußte gleich wieder Pflichten erfüllen, und hat ihre Kinder nur selten zu Gesicht bekommen, schon gewaschen, gekleidet und gefüttert. Alles von fremden Menschen...

Sissi ist ganz entzückt von diesem kleinen Wesen, das sie im Arm hält. Sie kann stundenlang an der kaiserlich ausstaffierten Wiege sitzen und ihrem Baby beim Schlafen zusehen.

An die Eltern nach Possenhofen schreibt sie: „Meine Kleine ist wirklich ganz süß und macht dem Kaiser und mir ungeheuer viel Freude. Anfangs kam es mir recht sonderbar vor, ein eigenes Kind zu haben. Es ist wie eine ganz neue Freude, auch habe ich das Kleine den ganzen Tag bei mir, außer wenn sie spazierengetragen wird, was bei dem schönen Wetter oft möglich ist.

Die Briefe aus Wien sind für die Familie in Possenhofen immer ein Glanzlicht. Herzogin Ludovika läuft mit dem Brief, noch immer durch ein Siegel verschlossen, durch die Räume und sucht ihren Mann. Alle kleinen Geschwister von Sissi kommen lärmend herbeigestürmt, wenn es heißt: „Ein Brief von der Sissi aus Wien!"

Und dann schubsen und drängeln sich die Kinder um die Eltern und wollen ganz genau alles hören, was es von dem kleinen Prinzesschen Sophie zu berichten gibt.

So stolz sind die Geschwister, daß sie nun Onkel und Tanten sind.

Franz Joseph, der junge Kaiser, ist ganz erfüllt von seinen Vaterfreuden und erträgt die täglichen Hiobsbotschaften aus den Kriegsgebieten nur mit so viel innerer Ruhe, weil er abends, nach einem harten vierzehn Stunden Tag Ruhe und Ausgleich bei seiner kleinen Familie findet.

„Gräfin, ist sie nicht süß", schwärmt Sissi, während sie ihre Kleine zärtlich auf dem Arm hält.

Sie fragt das hundertmal, jeden Besucher, jede Kammerfrau, jeden Lakaien. Nichts macht ihr mehr Freude, als wenn Besucher und Hofbedienstete sich über das Baby beugen und voller Hingabe sagen: „Sie ist so süß."

Sissi ist wie jede Mutter. Sie hält ihr Kind für das bezauberndste der ganzen Welt.

Sie möchte es gar nicht hergeben, aber die Hofdame, Gräfin Bellegarde, muß darauf achten, daß Sissi ihre Termine und Aufgaben wahrnimmt.

„Sie ist bezaubernd, Majestät", sagt sie. „Aber ich muß Majestät jetzt bitten..."

Und die Gräfin Lamberg, die Sissis Terminplan immer im Kopf hat, drängt zur Eile. „Es ist höchste Zeit! In einer Stunde erwartet man Sie im neuen Kinderheim. Man hat dort alles für den Besuch Ihrer Majestät vorbereitet. Alle sind ganz aufgeregt."

Sissi küßt ihr kleines Wesen und legt es behutsam in die Wiege zurück. Drückt ihm eine silberne Rassel in die winzigen Händchen.

„So ein kleines Wesen", sagt sie gerührt. „Und so süß, nicht wahr?"

„Ja, ja", drängt Gräfin Bellegarde, „aber jetzt ist es wirklich Zeit. Die Kutsche wartet schon..."

Es ist Sissi jedesmal ganz weh ums Herz, wenn sie ihr Kleine verlassen muß.

Aber Franz Joseph hat ihr immer wieder erklärt, wie wichtig ihr Erscheinen in der Öffentlichkeit ist. Auch bei Hofe ist es kein Geheimnis mehr, daß die junge Kaiserin das beliebteste Mitglied aus der Familie Habsburg ist. Überall in den Geschäften hängt ihr Porträt, blumenbekränzt, und in den Zeitungen werden immer neue Hymnen und Lieder auf Sissi gedruckt, die Rose aus Bayern. Die Schneider in ihren Ateliers sitzen an den Nähmaschinen und nähen die Kleider nach, mit denen Sissi sich in der Öffentlichkeit gezeigt hat. Alles, was sie trägt, wird sofort Mode. Ihre Hüte, ihre Capes, ihre Kleider.

Sonnenschirme und Schnürstiefelchen aus Satin, Farbe und Muster der Stoffe, einfach alles. Der Haarschmuck, die Art, wie sie die Handschuhe trägt, man findet alles ganz einfach entzückend.

Jedoch gibt es keine junge Adlige in ganz Wien, die eine so schlanke Taille hat, eine so zierliche Figur, wie die Kaiserin: Man fragt sich, wie sie es schafft, so schlank zu bleiben. Wie sie es fertigbrachte, daß sie schon wenige Monate nach der Geburt ihrer Tochter wieder aussieht wie ein junges Mädchen, wie eine Amazone.

Es heißt, Hofrat Dr. Seeberger habe ihr immer noch nicht erlaubt, wieder aufs Pferd zu steigen, aber Sissi kann den Augenblick nicht erwarten.

Sie hat sich inzwischen Gymnastikgeräte anfertigen lassen. In einem der hinteren Säle der Hofburg sind sie jetzt festgeschraubt. Stangen, Recks, eine Kletterleiter aus Holz, Ringe hängen von der Decke. Es gibt sogar einen hölzernen, mit Leder bespannten Kasten, auf dem Sissi ihre Übungen macht. Turnvater Jahn hat gerade ein Programm zur Volksgesundung publik gemacht.

Sissi trainiert eisern, jeden Morgen, nachdem sie ihr Baby bei sich hatte (gewickelt und gebadet wird es natürlich von der Amme und der Kinderfrau), verschwindet sie in ihrem Gymnastikraum und trainiert den Geburtsspeck weg.

Der Besuch von Heimen und karitativen Organisationen gehört seit jeher zum festen Pflichtprogramm einer Monarchin.

Überall, in England, Frankreich, Spanien und Rußland, war es Aufgabe der weiblichen Mitglieder eines Herrscherhauses, sich um die Armen und Bedürftigen zu kümmern.

Natürlich sind diese Besuche Routine. Manche Frauen erfüllen ihre Pflichten nur mit kalter Routine, andere entdecken wirklich angesichts des Elends, das im Volk herrscht, ihr Herz für die Armen. Und das spüren die Menschen sofort. In den

Armenhäusern, den Krankenstationen, in den Lazaretten, in denen schrecklich verstümmelte Soldaten liegen, die von der Front heimkehren, in Waisenhäusern, in denen die Kinder aufgezogen werden, die auf Kirchentreppen und vor Spitälern abgelegt wurden. Halb verhungert und erfroren. Kinder die ein Recht auf Leben, eine Zukunft haben, genau wie die kleine Prinzessin, die so liebevoll in ihrem Kinderzimmer in der Hofburg umsorgt wird...

Sissi gehört zu den Monarchinnen, denen man die Herzensgüte ansieht, die man bei jedem Wort, bei jeder Geste spürt. Deshalb bewerben sich alle Krankenhäuser und Heime darum, auf die Besuchsliste zu kommen.

Sie wissen, daß Sissi sie nie vergessen wird und bei künftigen Geschenken des Kaiserhauses immer berücksichtigen wird.

Anläßlich der Geburt der kleinen Prinzessin Sophie hat Franz Joseph eine große Menge Geld aus seiner Privatschatulle für das österreichische Volk gespendet. Das ist Tradition. Mehr Geld wäre es gewesen, wenn ein kleiner Kronprinz geboren wäre. Aber das kann ja noch kommen.

Für den Besuch der Kaiserin ist das neue Kinderheim besonders eifrig herausgeputzt worden.

Dennoch können auch die blitzenden Fußböden, die akkurat gefalteten Bettlaken, die sauber gewaschenen Kinder nicht über die Armut hinwegtäuschen, die in den Heimen herrscht.

Dieses Kinderheim, das Sissi besucht, ist neu. Dennoch liegen die Kinder Bett an Bett, Säle mit zwanzig oder dreißig kranken Kindern, die Schmerzen haben, vielleicht sterben müssen.

Die Schwestern, in blitzsauberer, steifer Tracht, empfangen die junge Kaiserin.

Eine junge Mutter, deren Herz seltsam angerührt wird beim Anblick all der kleinen hilflosen Wesen. Die Kinder liegen da und blicken mit großen Augen auf die Pracht, die sich vor ihnen auftut. Obwohl die Kaiserin ohne Schmuck und Spitzenkleid gekommen ist, sieht man ihr dennoch den Reichtum an. Sie riecht anders, sie bewegt sich anders als die Frauen, von denen die Kinder sonst umsorgt und gehätschelt werden.

Vielleicht werden sie auch gar nicht gehätschelt und alles ist nur eine große Zurschaustellung für die Kaiserin.

Sissi wird von ihren Hofdamen und Oberst Böckl, der für ihre Sicherheit sorgt, begleitet.

Es gefällt ihr, so nah bei kleinen Kinder zu sein. Sie bleibt länger bei jedem Kinderbett stehen, als das Protokoll es vorgesehen hat. Sie herzt die Babys, spricht mit ihnen, tröstet sie. Läßt sich ihre Krankengeschichte erzählen. Und immer wieder spricht sie über ihr eigenes Kind. So erfüllt ist sie von ihrem Mutterglück.

Sie bleibt neben einem Bettchen stehen, in dem ein kleiner Säugling liegt. Die Oberschwester, immer an ihrer Seite, eifrig bemüht, jede Frage zu beantworten.

Sissi streckt dem Baby ihren Finger hin, und das Baby umklammert ihn sofort mit seinen Händchen.

„Na, wie alt ist es denn?" fragt die Kaiserin.

„Zwei Monate, Majestät."

„Ein Mäderl?"

„Ja, Majestät, ein Mäderl."

Die Kinder sind alle traditionsgemäß in Steckkissen gewickelt, und für den Besuch der Kaiserin hat man die Steckkissen noch mit hellblauen und rosa Taftbändern umwickelt.

„Und wie schwer?" fragt die Kaiserin.

„5000 Gramm, Majestät."

„Oh, schon schwerer als meines. Meine Kleine ist aber auch noch nicht so alt." Sie geht zum nächsten Bettchen, beugt sich darüber. Das Baby schreit kläglich. „Ah", sagt sie mitfühlend, „der hat Hunger. Der will seine Milch, Schwester."

„Er hat schon getrunken, Majestät."

Sissi: „Ah ja, wirklich?"

So geht sie von Bettchen zu Bettchen, hat für jeden ein Wort, interessiert sich für alles, was die Schwestern über die kleinen Wesen erzählen.

Sie kann gar nicht genug bekommen, als die beiden Hofdamen schon längst ganz erschöpft wirken. Und angestrengt von der Luft, und dem ganzen kargen und ärmlichen Ambiente eines Heimes.

„Schade", sagt die Kaiserin zum Abschied, als sie
der Oberschwester die Hand zum Kuß reicht, „daß
der Kaiser nicht da ist." Die Oberschwester versinkt
im Hofknicks. Sissi lächelt. Der Kaiser hat Kinder
auch so gern wie ich."

Später wird es die Oberschwester allen Schwestern,
die bei der kaiserlichen Visite nicht dabei waren,
erzählen, wie zauberhaft die Kaiserin gewesen sei,
wie liebevoll und herzlich mit den Kleinen. Sie wird
sagen, daß die Erzherzogin niemals auch nur eines
der Babys angefaßt habe, daß sie sich vielleicht für
den Zustand der Zimmersauberkeit und Ordnung,
aber niemals für die kleinen hilflosen Würmer selbst
interessiert habe.

Und dann wird sie erzählen, wie die Kaiserin
zum Abschluß gesagt habe: „Der Kaiser hat Kinder
auch so gern wie ich."

Und es wird dazu führen, daß man den Kaiser,
den man als strengen und gefühlsarmen Monarchen fürchten gelernt hat, ein bißchen mehr liebt
als vorher.

So kann Sissi auf ihre Art, mit kleinen Gesten und
Liebesbeweisen, mehr für den Kaiser Franz Joseph
tun, als er ahnt.


Eigentlich sollte Sissi von ihrem Besuch im
Wiener Säuglingsheim direkt nach Schönbrunn
fahren.

Die Hofdamen sitzen schon in der Kutsche, Oberst Böckl, in seiner übertriebenen Vorsicht, sichert die Gassen, während Sissi sich noch von der Oberin und den Schwestern verabschiedet.

Das Volk drängt sich, wie immer, wenn Sissi irgendwo in Wien unterwegs ist, um die kaiserliche Kutsche und staunt.

Die Hofdamen ziehen die Vorhänge der Kutsche zu. Sie hassen die Nähe der einfachen Leute.

Der Adel in Wien hat es immer schon verstanden, Abstand zum Volk zu halten. Der Adel hält sich für eine besondere Kaste, eine Elite, die andere Rechte und Aufgaben hat, und sich eigentlich überhaupt nicht mischen sollte mit „denen da unten".

Sissi ist vollkommen anders erzogen worden von ihrem liberalen Vater, dem alles aristokratische Getue zuwider war. Und höchst suspekt.

Herzog Max war in dieser Hinsicht unbestechlich: Er hat dem Adel keine anderen Rechte zugebilligt als dem Volk. Er hat sie mit der gleichen Elle gemessen und dabei festgestellt, daß mancher Bürger über besseren Charakter und bessere Talente verfügt als irgend jemand aus adliger Familie, oder seiner angeheirateten Aristokratie.

Sissi ist die Tochter ihres Vaters. Sie denkt wie er, sie fühlt wie er. Sie haßt alles Starre, Protokollarische, alle Rituale und Gesetze.

Das Wort, das ihr am besten gefällt, heißt: Freiheit.

Über die Freiheit hat sie viele Gedichte gemacht. Und besonders, seit sie als Kaiserin in dieses strenge Schema eingebunden ist, seit jede Stunde ihres Tages verplant und organisiert ist, ist die Freiheit für sie so etwas geworden wie der Ersatz einer Religion.

Nachts träumt sie davon, ein Vogel zu sein und sich über die Dächer von Wien zu erheben, weit wegzufliegen zu fernen Ländern, fernen Küsten am Meer. Nie ist sie bisher am Meer gewesen, aber sie hat so viel darüber gelesen, und sie weiß, ohne das Meer je gesehen zu haben, daß sie dort Wesensverwandte findet.

In einem Gedicht schreibt sie:

*Die Möwen, das sind meine Schwestern,*
*Die Adler sind Brüder mir,*
*Die einen verließ ich gestern,*
*Die anderen sind weit von hier...*

Nur einer ist nah und trotzdem immer fern. Ihr geliebter Franz.

Sie weiß, daß sie ihn während der Arbeitsstunden nicht stören darf, sie weiß, daß die politische Situation heikel ist und der Kaiser viele, sehr viele Probleme hat.

Aber dennoch entscheidet sie sich manchmal spontan und läßt die Kutsche nicht, wie vorgesehen, nach Schloß Schönbrunn zurückfahren, sondern einen Umweg über die Hofburg machen.

Jedesmal sind alle Hofdamen äußerst verwirrt.

Diese Leute, die Jahrzehnte im Dienst verschiedener Majestäten standen, haben viel erlebt, sind an vieles gewöhnt. Was sie aber nicht gekannt haben bislang ist die Liebe. Sie haben nicht damit gerechnet, daß eines Tages ein Kaiser auf dem Thron sitzen wird, für den das Volk zwar wichtig, aber das private Liebesglück mindestens ebenso wichtig ist.

Anfangs, als Sissi unerwartet im Schloßhof aus der Kutsche stieg, hat der Oberhofmarschall versucht, Sissi davon abzuhalten, einfach eine Sitzung zu stören.

Er hat beschwörend gemurmelt: „Aber ein Gesandter aus Frankreich ist da!" oder: „Der Generalstab tagt bei Seiner Majestät." Oder „Es geht um ganz wichtige Finanzdinge, die Seine Majestät mit der Staatskämmerei besprechen muß."

„Na und?" hat Sissi gesagt, „das kann er doch. Ich möchte ihm nur ganz schnell guten Tag sagen. Nachher kann er doch weiterreden" und ist einfach an ihm vorbei durch die Flure, die Salons, bis ins Zimmer des Kaisers.

Genauso macht sie es an dem Tag, als sie das neue Säuglingsheim besucht hat.

Franz Joseph, gebeutelt von Sorgen, sitzt über den Akten. Graf Grünne hat eben wieder Bericht erstattet über den Zustand des Heeres. Er hat mit dem Schatzmeister gesprochen, er hat Diplomaten empfangen, und nicht einer konnte ihn aufheitern, nicht einer konnte positive, erfreuliche Nachrichten bringen. Er ist so jung, erst 24 Jahre alt. Andere in seinem Alter haben eben ihr Studium beendet. Reisen in ferne Länder, genießen ihr Erbe ohne Aufgaben und Pflichten, leben in den Tag hinein. Ihren Liebschaften gehört der Tag und die Nacht, sie tanzen bis in den Morgen, schlafen, solange der Schlaf sie umfängt, lassen sich bedienen, spielen die großen Herren und verbringen die Tage sorglos.

Der Herrscher jedoch hat ein schlechtes Los gezogen. Er muß immer arbeiten, wenn er seinen Beruf ernst nimmt.

Franz Joseph fühlt die Verantwortung und die Pflicht wie eine schwere Last auf seinen Schultern. Aber will sich nicht beklagen. Stöhnt nie. Weicht keiner Krise aus. Ist morgens der erste am Schreibtisch. Schläft auf einer schmalen Pritsche, wie er es als Soldat gelernt hat. Ist eigentlich immer noch Soldat, voller Pflichtbewußtsein und Ergebenheit dem großen Ganzen gegenüber, das man Vaterland nennt. Oder Nation.

Plötzlich gehen die schönen goldverzierten Flügeltüren auf und Sissi steht da. Eine strahlende, junge Mutter, ein junges Mädchen eigentlich, rosig und schön. Weil sie immer schön ist, wenn sie ihren geliebten Franz sieht, und wenn sie nicht schön ist, dann denkt er, sie sei schön, denn er liebt sie mit seinem ganzen Herzen.

Er steht sofort auf und geht ihr mit offenen Armen entgegen. Er ist froh und gleichzeitig verwundert, sie in der Hofburg zu sehen. Natürlich stört sie, aber er freut sich über die Störung.

„Sissi!" ruft er und nimmt sie in die Arme.

Sie bleiben einen Augenblick so stehen, und wieder denkt Sissi: Wenn er nur kein Kaiser wäre. Wenn dieser Augenblick nicht gestohlen werden müßte. Wenn ich ihn nicht teilen müßte mit 27 Millionen Menschen! Er ist mein Mann, mein Geliebter, der Vater meines Kindes! Ich brauche ihn so sehr!

Sie lacht. Sie küßt ihn, streichelt ihn. „Wo findet man Dich?", sagt sie mit kokettem Lächeln, „An deinem Schreibtisch. Er macht mich eifersüchtig, dieser dumme Schreibtisch."

Das denkt sie oft. Warum, denkt sie, klebt er so an diesem Schreibtisch. Warum kann er die dummen Akten nicht einmal einfach beiseite legen und aufstehen und zu mir kommen? Immer diese Pflichten! Ein Mensch besteht doch nicht nur aus Pflichten!

Franz Joseph lacht. Er freut sich so, Sissi zu sehen.

„Wo kommst Du her?" fragt er.

Sie erzählt von dem Säuglingsheim, von den vielen kleinen Babys, die sie dort gesehen hat, eines süßer als das andere, aber natürlich keines so süß wie ihr Kind, die kleine Sophie.

Franz Joseph lacht. „Aber das ist doch selbstverständlich!" Auch er ist vernarrt in sein Kind, ein liebevoller Vater. Auch er würde gerne mehr Zeit für sein Kind haben. Auch er möchte manchmal einfach alles hinwerfen und sich flüchten in die Idylle der kleinen heilen Welt einer Familie. Aber er darf nicht. Er ist so erzogen, daß er sich nur den Anflug einer Sehnsucht erlaubt, mehr nicht.

Er fragt Sissi, was sie von dem neuen Säuglingsheim hält.

Es wurde mit den Mitteln der Staatskasse gebaut. Natürlich ist man in Wien dankbar, daß überhaupt Geld für Soziales ausgegeben wird, aber wie immer und überall ist es zu wenig.

„Es ist schön, Franz", sagt Sissi, „aber es könnte freundlicher sein. Weißt Du, in so ein Haus gehört Licht und Sonne!"

Sissi nutzt jede Gelegenheit, um ihren Mann daran zu erinnern, daß er sich nicht nur um die großen Belange der Welt, um die große Politik, kümmern muß, sondern auch um das Naheliegende: Das Elend, die Armut der Stadt Wien zu verbessern, die städtischen Einrichtungen zu fördern. Die Augen nicht zu verschließen vor den Bedürfnissen seiner einfachen und mittellosen Bürger. Immer wieder spricht Sissi ihn darauf an. Und sie hat schon viel erreicht und wird auch dieses Mal etwas erreichen.

„Du hast Recht", sagt Franz Joseph, „Ich werde veranlassen, daß man das in Zukunft berücksichtigen wird."

Sissi ist glücklich. Sie sieht, daß Franz blaß ist und überarbeitet, sie will ihn auf andere Gedanken bringen.

„Komm, wir besuchen gemeinsam unseren Schatz", sagt sie „Unsere süße Kleine."

Franz Joseph willigt ein.

Sissi ist glücklich, Franz Joseph ist an ihrer Seite, ganz unprotokollarisch, und sie werden einen Nachmittag mit ihrer Sophie verbringen.

Vielleicht im Prater eine Spazierfahrt machen oder ein Lammfell auf dem Fußboden ausbreiten, vor dem Kamin, und mit der kleinen Sophie spielen.

Viele Spiele kann sie noch nicht. Sie ist ja erst ein paar Monate alt, aber lachen kann sie schon, glucksen und Freude zeigen, wenn sie den Papa sieht, lacht sie immer.

Und beim Anblick ihrer Mama sowieso...

„Psst", macht Sissi, als sie die Tür zum Kinderzimmer öffnet, „ganz leise, vielleicht schläft sie... keinen Lärm machen, ja?"

Franz Joseph nickt. Er geht auf Zehenspitzen. Der Kaiser von Österreich und Ungarn schleicht sich demütig in das Zimmer eines kleinen Babys. Das ist immer wieder rührend und ergreifend. Und Sissi empfindet es genauso. Sie nimmt seine Hand. Sie ist wie ein Kind, ein junges Mädchen, das sich einen Streich erlaubt. Sie und Franz Joseph werden jetzt ihr Kind besuchen, zu einer unvorhergesehenen Zeit, und es wird ein Spaß sein!

Aber es ist kein Spaß.

Denn das Kinderzimmer sieht aus wie immer. Gelbe Seidenvorhänge, Tapeten mit barocken Blumenmustern. Alles wie immer. Nur die Wiege fehlt. Mit dem Himmelbett aus weißem Tüll und der Kaiserkrone, eingestickt ins Babykissen.

Sissi erstarrt. Sie blickt sich um. Sie versteht nicht.

„Die Wiege ist weg! Franz!"

Sie schaut zu ihm.

Franz sagt nichts.

„Franz! Die Wiege ist weg" Unser Kind! Wo ist unser Kind?!"

Franz begreift, daß etwas passiert ist, von dem er zwar wußte, es aber noch in ferne Zukunft geschoben hatte.

Er fühlt sich elend. Wie ein Schurke. Er weiß nicht, was er sagen soll. Er räuspert sich.

Sissi ist kreidebleich, läuft herum, hebt die Hände, schreit.

„Franz! Sag etwas!"

„Ja, also", flüstert Franz, seine Stimme ist belegt, nur ein Flüstern, „ich wußte nicht, daß Mama... ich wollte es dir eigentlich erst heute abend sagen..."

Sissi rennt zu ihm, schlägt ihre Fäuste gegen seine Brust, mit Orden übersäte Brust. „Was, Franz? Was wolltest Du mir sagen?"

„Sissi." Franz Joseph hält Sissis zitternde, geballte Fäuste fest. Ihre Augen sind groß vor Panik. Ihre Lippen zittern, das Kinn auch. Sie bekommt kaum Luft. Sie möchte schreien, aber ihr Mann hält sie fest, unerbittlich, wie ein Schraubstock.

„Sei ruhig, Sissi, ich bitte Dich. Sei ruhig."

„Was willst Du mir sagen, Franz? Was hast Du gewußt?" schreit Sissi.

„Mama hat beschlossen, die Erziehung unseres Kindes zu übernehmen und das Kinderzimmer im anderen Trakt des Schlosses einzurichten."

Sissi reagiert panisch. Sie starrt ihren Mann verständnislos an. „Im anderen Trakt?" schreit sie. „Wo? Wo?"

Franz Joseph schließt die Augen. „Bei den Gemächern meiner Mutter", sagt er leise. Er fühlt sich so elend. Ihm ist schlecht. Erst in diesem Augenblick weiß er, was er da zugestimmt hat. Welchem teuflischen Plan.

Man hat einer jungen Mutter das Kind weggenommen! Ohne sie zu informieren. Ohne sie zu fragen. Man hat ihr einfach das Kind genommen! Und er, der Vater, hat dem zugestimmt.

Er ist ein Verräter.

Seine Frau hat recht, wenn sie ihn jetzt haßt. Sie muß ihn jetzt hassen.

Gott, was für ein Elend.

Er hat das nicht gewollt, er wollte es nur allen recht machen. Seine Mutter hat es ihm so gut erklärt, so vernünftig. Er hat sofort verstanden, was seine Mutter meinte. Seine Mutter ist klug. Und sie liebt das Baby doch. Mehr als sie je ein Wesen geliebt hat, das weiß jeder. Im Schloß spricht man darüber, mit welchem Glück in den Augen die Erzherzogin immer das kleine Wesen in der Wiege betrachtet, wie sie Seite um Seite ihres Tagebuches füllt mit Eintragungen über die Entwicklung der kleinen Sophie. Er hat gedacht, seine Mutter habe diese Anordnung aus Liebe getroffen.

Vielleicht ist es sogar wahr.

Aber wie konnte er vergessen, daß eine Mutter ihr Kind noch mehr liebt als eine Großmutter.

Wieso hat er das vergessen?

Sissi schreit. Sie ist außer sich. Zum ersten Mal, seit sie in dieses Wien gekommen ist, seit sie Kaiserin von Österreich ist, schreit sie sich die Kehle aus dem Leib. „Ich kann selbst für mein Kind sorgen! Das habe ich von meiner Mutter gelernt! Ich habe mich immer um meine kleinen Geschwister gekümmert! Meine Mutter hat acht Kinder großgezogen!"

„Sissi", murmelt Franz eindringlich, ganz krank vor Verzweiflung, „Mama wollte dir doch das Kind nicht wegnehmen."

„Warum habt ihr das getan, Franz? Wieso hast Du davon gewußt? Was macht ihr mit mir?"

„Sissi, bitte, beruhige Dich. Es war vielleicht falsch, daß wir es dir nicht vorher gesagt haben..."

„Du und Deine Mutter! Du und Deine Mutter! Ihr beschließt, was gut ist für mich? Und für mein Kind, ja? Ihr beschließt das, und ich sag ja und amen?"

„Sissi, ich will dir doch nicht weh tun. Ich schon gar nicht. Ich liebe Dich doch."

„Ach ja? Und woran merke ich das?"

„Bitte, nimm Dich zusammen. Schrei nicht so, Sissi. Ich will es dir erklären. Schau. Wir haben so viele Empfänge und Reisen vor uns. Einen Terminkalender voller Pläne. Du hättest doch gar nicht die Zeit, Dich um Sophie zu kümmern!"

„Für mein Kind würde ich immer Zeit haben, hörst Du, Franz! Immer! Mehr als für all die dummen Empfänge und für alle Reisen. Wieso versteht ihr das nicht? Wieso nicht?

Franz, ich lasse mir mein Kind nicht wegnehmen!"

Sie bricht schluchzend zusammen, lehnt sich an ihren Mann. Sie ist auf einmal so müde, so erschöpft, als wenn all die Alpträume, die sie in den langen Nächten gequält haben, plötzlich Wirklichkeit geworden sind. Sie hat immer gewußt, daß etwas Schreckliches passiert. Immer, wenn die Traurigkeit kam, die Depression, hat sie gewußt: Das hat einen Grund. Etwas wird passieren, irgendwann. Aber ist es dies? Daß sie ihr das Kind weggenommen haben?

„Aber Sissi", sagt Franz Joseph beschwörend, „es will dir doch niemand das Kind wegnehmen!"

„Sie hat es doch schon getan!" schreit Sissi, schlägt ihm gegen die Brust, würde auch ihre Schwiegermutter schlagen, wenn sie jetzt da wäre. „Sie hat es doch getan!"

Sie läßt ihn los, stößt ihn zurück, sie ist außer sich, ganz wirr. Ihr ist elend und gleichzeitig spürt sie eine große Energie. Sie läuft zur Tür, Franz Joseph folgt ihr, aber kann sie nicht einholen, „Sissi!" ruft er, „wo willst Du denn hin?"

„Mein Kind holen!"


In ihrem schwarzen, schlichten Kleid, das sie für den Besuch im Säuglingsheim gewählt hat, läuft Sissi durch die Flure von Schloß Schönbrunn, einem schwarzen Falter gleich.

Die Zimmerfluchten der Erzherzogin sind vollkommen getrennt von den Privatgemächern des Kaiserpaares.

Sie befinden sich im anderen Flügel auf einem anderen Stockwerk. Die Treppe, die zu Sophies Privatgemächern führt, ist in Wahrheit eine sehr schmale Stiege gewesen, eine Verbringung zwischen den beiden Trakten, die nur für das Personal und die kaiserliche Familie gedacht war, nicht für Besucher.

Sissi ist ganz atemlos, als sie an dem kaiserlichen Türsteher, der in Hellebarde und aufgepflanztem Bajonett Wache hält, vorbeirauscht.

Im Vorzimmer sitzt die Erzherzogin Sophie an ihrem kleinen Sekretär und schreibt.

Seit Sophie geboren ist, hat die Erzherzogin sich zu einer fast besessenen Tagebuchschreiberin entwickelt. Jedes Detail von Sophies Entwicklung wird festgehalten, das erste Lachen, der erste Zahn, Unwohlsein und Hustenkrämpfe.

Es hat den Anschein, als habe die Erzherzogin dieses kleine Mädchen, das auf ihren Namen getauft wurde, mehr ins Herz geschlossen als ihre eigenen Kinder.

Aber Sissi will davon nichts wissen.

Sie platzt ins Zimmer, baut sich vor ihrer Schwiegermutter auf und ruft: „Wo ist mein Kind?!"

Die Erzherzogin läßt sich ihre innere Unruhe nicht anmerken. Natürlich ist sie auf diesen Augenblick vorbereitet. Diese Auseinandersetzung muß irgendwann geführt werden, sie hat nur gehofft, daß Franz Joseph ihr das Schlimmste abnehmen würde. Daß er mit Sissi über diese Entscheidung spricht, ihr die Gründe erklärt... Das aber hat er offensichtlich nicht getan, sonst wäre Sissi nicht so erregt und zornig.

„Die Kleine ist in ihrem Zimmer", sagt die Erzherzogin ruhig.

„Nein! Das ist sie eben nicht!"

„In ihrem neuen Zimmer. Hier nebenan."

Die Erzherzogin legt ruhig ihre Feder beiseite. Sie schaut Sissi an. Sissi will zur Tür, sie aufreißen. Scharf sagt die Erzherzogin: „Du kannst jetzt nicht zu ihr. Sie schläft."

Sissi wirbelt herum. Sie ist totenbleich. Sie zittert. „Ich wünsche, daß das Kinderzimmer sofort wieder dahin verlegt wird, wo es war! Und das Kind nehme ich gleich mit!"

Die Erzherzogin steht auf und stellt sich mit ausgebreiteten Armen vor die Tür. Sie wird Sissi nicht in das Zimmer lassen.

Sie muß jetzt streng bleiben. Keinesfalls darf sie nachgeben. Lange hat sie diesen Schritt überlegt, mit Franz Joseph besprochen. Sie hat geahnt, daß man mit Sissi nicht vernünftig über so etwas reden kann. Sissi ist ja selbst noch ein Kind. Weiß von Kindererziehung gar nichts. Sie hat das oft genug beobachten können. Sissi geht mit der kleinen Sophie um wie mit einer Puppe. Herzt und küßt sie den ganzen Tag. Aber was ein Baby braucht, ist Ruhe. Regelmäßige Mahlzeiten, regelmäßige Spaziergänge an frischer Luft. Einen geregelten Tagesablauf unter der Überwachung einer Säuglingsschwester und von Dr. Seehofer. Sissi war ja der Meinung, sie brauche weder einen Arzt noch eine Säuglingsschwester. Nur weil sie ihre eigenen kleinen Geschwister hat aufwachsen sehen, glaubt sie, alles zu wissen.

Die Tochter eines Kaisers ist etwas anderes als irgendwelche Prinzen und Prinzessinnen auf Possenhofen, die wie halbe Wilde heranwachsen.

Es sieht aus, als würde Sissi ihre Schwiegermutter an den Armen von der Tür wegreißen. Nur mit Mühe kann Sissi sich beherrschen. Ihre Schwiegermutter ist eiskalt.

Scharf sagt sie: „Ich habe dir bereits gesagt, Du kannst jetzt nicht hinein. Denn das Kind schläft."

„Wenn ich meine Kleine nehme, wacht sie nicht auf. Ich bin ihre Mutter! Ich weiß, wie man ein Kind trägt, ohne daß es aufwacht und zu weinen anfängt. Lassen Sie mich durch. Bitte, geben Sie mir den Weg frei!"

Die Erzherzogin seufzt. Sie ist gereizt und aufgeregt. Sie wünschte, sie könnte sich das hier ersparen. Eine Szene zwischen Schwiegertochter und der Kaiserinmutter. Wie peinlich.

Und ganz und gar überflüssig. Ein Glück, daß die Hofdamen nicht da sind. Sophie kann nur hoffen, daß man sich nicht draußen vor der Tür versammelt hat und lauscht!

Wie die Marktweiber, denkt Sophie, streiten wir hier um ein Baby. Wie würdelos.

Sie sagt noch einmal in aller Schärfe. „Das Kind steht unter meiner Obhut."

„Aber ich bin die Mutter!" ruft Sissi verzweifelt. Je länger dieser Streit dauert, desto mehr spürt Sissi, daß sie verlieren wird. Ihre Schwiegermutter ist so sicher, so kalt. So selbstbewußt. Alle ist lange geplant. Ein abgekartetes Spiel, das spürt sie.

Wieder einmal hat man über Sissis Kopf hinweg entschieden, ohne sie zu fragen, ohne ihre Zustimmung einzuholen.

Das also ist ihr Los als Kaiserin. Daß sie sich fügt, egal, welche Beschlüsse getroffen werden.

## 111

*

So wird das also in Zukunft immer sein: Ihr Ehemann und ihre Schwiegermutter bilden eine verschworene Gemeinschaft.

Franz Joseph hat sich so daran gewöhnt, seiner Mutter zu gehorchen, daß es ihm gar nicht mehr auffällt.

Er hat aber nicht bedacht, was es für Sissi bedeutet, wenn man ihr das Kind einfach nimmt? Die Papageien durfte sie behalten, aber das Kind nimmt man ihr weg!

Was für eine Farce!

„Hören Sie, Mama!" ruft Sissi. „Ich bin die Mutter! Die Mutter!"

Sophie möchte sich am liebsten die Ohren zuhalten. Wenn dieses junge Kind normal spricht, ist ihre Stimme schon etwas zu hoch, zu unmelodiös. Aber wenn sie aufgeregt ist und schreit, klingt es einfach nur schaurig.

„Du bist doch selbst noch ein Kind", sagt sie kalt. „Ich kann dir ja gar keinen Vorwurf machen. Woher sollst Du wissen, wie man ein Kind erzieht. Ich habe immer gewußt, daß es ein Fehler ist, ein so junges Ding zur Kaiserin zu machen. Du wirst die Erziehung der kleinen Sophie gefälligst mir überlassen."

Sissi starrt ihre Schwiegermutter an. Sie kann nicht glauben, was sie eben gehört hat. Dabei weiß sie, daß dies genau die Gedanken der Erzherzogin sind. Die Erzherzogin verachtet sie. Hält sie für ein Kind, einen Trampel, ein Bauernmädchen, ein dummes Ding, das sich nicht auskennt in der höfischen Etikette, nicht gut genug Französisch spricht, die Tanzfiguren nicht auswendig lernen kann und beim Abendessen oft unglaublich alberne Bemerkungen macht.

Sissi kämpft wie eine Löwin um ihr Junges. Sie weiß, daß sie keine Chance hat und dennoch ist sie es sich selbst schuldig, es wenigstens zu versuchen. Sie wird es o lange versuchen, immer wieder, bis ihre Schwiegermutter mürbe ist. Oder müde. Irgendwann wird sie die Schwiegermutter einfach beiseite stoßen, die Tür öffnen und ihr Kind nehmen... Und sei es nur für kurze Zeit, bis irgendeine Amme ihr das Kind wieder abnimmt.

Aber eine Mutter darf sich doch nicht so einfach ihr Kind nehmen lassen, oder? Das würde sie sich später doch nie verzeihen!

„Ich denke nicht daran,“, ruft sie, „die Erziehung meines Kindes jemandem anderen zu überlassen! Ich erziehe mein Kind, wie ich es will! Ich bitte Sie zum letzten Mal, lassen Sie mich zu meinem Kind!“

Da öffnet sich die Tür und Franz Joseph tritt ein. Er ist verlegen. Und irritiert. Er haßt diese Augenblicke, wo die Feindschaft zwischen den beiden Frauen so deutlich ist.

Natürlich ist es auch eine Sache der Eifersucht. Seine Mutter ist eifersüchtig auf Sissis Beliebtheit bei dem Volk, sie ist eifersüchtig darauf, daß ihr Sohn immer häufiger Sissis Rat folgt, daß er, wenn Sissi im

Raum ist, für niemanden mehr Augen und Ohren hat. Dennoch ist die Erzherzogin eine vernünftige und kluge Frau. Die Entscheidung, die sie getroffen hat, hat sie lange vorher überlegt. Für und Wider gegeneinander abgewogen. Es geht darum, die Monarchie zu retten. Ein kleines Baby ist ebenso Teil dieses Plans wie alles andere. Dieses Baby da in der kaiserlichen Wiege ist nicht irgendein kleines rosiges Kind, das gewickelt und gefüttert werden muß. Es ist ein Pfand. Ein Pfand des Hauses Habsburg. Es garantiert die Zukunft der Monarchie. Was zählen verglichen damit die kleinen Gefühle einer Mutter!

Die Erzherzogin schaut ihren Sohn an. Eindringlich, als wolle sie ihn hypnotisieren. Hoffentlich, denkt sie, macht er jetzt keine Fehler. Hoffentlich läßt er sich durch die süßen Lippen, die schönen Augen, den traurigen Blick seiner kleinen Frau nicht wieder zu einer Torheit hinreißen, wie sooft. Immer, wenn es wichtig ist, hat sie Angst, daß er Sissi nachgeben könnte, wie auf dem Hofball, als er auf einmal Damenwahl gestattet hat! In der Wiener Hofburg! Auf dem Hofball! Damenwahl! Nun gut, sie hat eingesehen, daß es sonst zu einem Eklat gekommen wäre. Aber dieser Eklat war ihr gerade recht. Wenn sie den Grafen Andrassy nur sieht, bekommt sie Migräne.

An den Abend, als der Kaiser für seine junge Frau Bier aus Maßkrügen servieren ließ, bei einem offiziellen Souper, will sie überhaupt nicht denken...

Hoffentlich, Franz, bist du jetzt vernünftig, denkt sie.

Franz richtet sich auf. Er räuspert sich. Er geht auf Sissi zu, aber die weicht zurück, bis zur Tür.

Ihre Augen sind die erschrockenen Augen eines Vogels, der auf einmal merkt, daß er sich verflogen hat, daß er in einem Zimmer gefangen ist. Den Ausweg nicht kennt.

Da steht ihre Schwiegermutter, streng wie eine Richterin, und da ihr Mann. Er lächelt nicht. Seine Augen sind nicht zärtlich. Er ist anders. Sie weiß, er wird etwas sagen, was ihr nicht gefällt, sie weiß, er ist auf der Seite seiner Mutter. Das ist entsetzlich.

Am liebsten würde sie nicht zuhören, was er sagt. Aber sie muß. Sie ist ein gefangener, schwarzer, trauriger Vogel, der noch ein bißchen mit den Flügeln schlägt, aber weiß, daß er nicht fliegen kann, ohne sich zu stoßen.

„Sissi, sei vernünftig", drängt der Kaiser, „Mama meint es doch nur gut."

Sophie atmet auf. „Da hörst Du es", sagt sie.

Sissi schaut ihren Mann an. Sie sind jetzt ein Jahr verheiratet. Sie lieben sich innig. Wenn sie zu zweit sind, ist jeder Augenblick eine große Freude, ein Glück. Aber sie sind zu selten nur zu zweit.

Sie entfernen sich voneinander, mit jedem Tag, den Franz Joseph hinter seinem Schreibtisch verbringt, mit jedem Tag, an dem Sissi ihr Pflichtprogramm als Kaiserin absolviert, im offenen Wagen durch Wien fährt und sich bestaunen läßt, in ihrem Gymnastikraum, an den Geräten turnt, bis sie schweißgebadet ist.

Jeden Tag entfernen sie sich ein bißchen mehr voneinander.

Der junge Kaiser verbringt am Tag viele Stunden mit seiner Mutter. Seine Mutter ist bei wichtigen politischen Gesprächen dabei. Ihr Wort hat Gewicht. Der Kaiser hört auf sie. Viel mehr als auf Sissi. Weil Sissi ja über die meisten politischen Dinge im unklaren gelassen wird. Absichtlich hält man sie dumm.

So ist die Erzherzogin Sophie immer noch die wichtigste Frau am Hofe. Und Sissi nur ein hübsches, zierliches, kleines Ding, das süß anzuschauen ist und Liebreiz hat, über den ganz Wien sich freut. Nun gut.

„Du stellst Dich also auf die Seite Deiner Mutter?" fragt Sissi bebend vor Erregung. „Gegen mich?"

Franz Joseph müßte sie jetzt in den Arm nehmen, das weiß er. Er müßte sie küssen, streicheln, trösten, ihr mit sanften Worten, sehr geduldig, seinen Standpunkt klarmachen. Vielleicht würde es einen Abend dauern und eine ganze Nacht. Irgendwann hätte Sissi es verstanden. Irgendwann hätte er sich so eingeschmeichelt, daß sie geseufzt hätte und gesagt: „Also gut, Franz, wenn Du wirklich meinst, daß es nicht anders geht..." und es wäre in Ordnung gewesen.

Man hätte die Wiege am nächsten Tag in den anderen Trakt gebracht, Sissi wäre dabei gewesen, hätte die Kleine selbst getragen, hätte geholfen, das Kinderzimmer einzurichten, die Wiege so zu stellen, daß das Morgenlicht durch die Tüllschleier fällt und mit den silbernen Kügelchen spielt, die vom Himmelchen hängen, genau so, daß die kleine Sophie sie betrachten kann, ohne den Kopf zu bewegen...

Aber Franz Joseph nimmt Sissi nicht in den Arm. Seine Mutter schaut zu. Streng. Fordernd. Sie fordert, daß Franz Joseph sich an die Absprache hält. Daß er einmal bei seiner Meinung bleibt. Daß er einmal das tut, was vernünftig ist. Ohne diesen ganzen romantischen, verliebten Firlefanz.

„Ich habe es mir angewöhnt, die Dinge nüchtern zu betrachten", sagt er spröde. Ein dummer Satz, er merkt es selbst.

Sissi starrt ihn an, versteht nicht. „Dinge nüchtern betrachten?" fragt sie gedehnt, „Was für Dinge? Und wieso nüchtern? Es geht um unser Kind, Franz."

„Davon rede ich doch."

„Und ich will wissen, ob Du auch findest, daß ich unser Kind nicht erziehen kann. Sag es mir Franz, findest Du das auch?"

„Ich habe dir schon gesagt", murmelt Franz Joseph, der nur mit Mühe dieses Gespräch aushalten kann, so sehr schmerzt ihn Sissis verzweifeltes Gesicht, „welche Gründe dagegen sprechen. Ich finde, es sind gute Gründe, und Du solltest einsehen, daß alles zu unserem Besten geschieht."

Sissi schaut ihn an. Sie weicht zurück vor ihrem Mann, den sie so sehr liebt, wie vor einem Fremden. Als habe sie Angst vor ihm. Oder vor der Schwiegermutter. Oder vor allen beiden.

Sie atmet tief durch, schüttelt das Dunkle, Schwere ab, das sich auf sie legt. Eine tiefe Traurigkeit kriecht in ihr hoch, legt sich wie eine Eisenklammer um ihren Kopf. Zum ersten Mal spürt sie eine Depression mit solcher Heftigkeit, so unabänderlich. Und die Angst dort, wo das Herz schlägt. Diese Angst.

Sie atmet tief. Es tut weh, wenn sie die Luft einzieht. Das Mieder schnürt ihr die Brust ab. Sie könnte jeden Augenblick ohnmächtig werden. Aber das will sie nicht. Jetzt nicht. Jetzt muß sie stark sein.

„Dann weiß ich, was ich zu tun habe", sagt sie und läuft davon.

„Sissi! Bleib da!" ruft Franz Joseph ihr nach, ängstlich, erschrocken über Sissis Reaktion. Aber sie hört ihn nicht.

Der schwarze Vogel ist schon wieder zurück über Stiegen und Flure, sie ruft Oberst Böckl und sagt ihm. „Wir reisen ab. Sagen Sie der Gräfin Bellegarde Bescheid. Nur Sie und die Gräfin begleiten mich. Sonst niemand!"

Eine Stunde später sitzt Sissi in einem hellblauen Reisekleid mit passendem Schleierhut in der rotgepolsterten Kutsche. Ihr Gesicht ist geschwollen von Tränen, jetzt weint sie nicht mehr. Ihr Blick ist verloren.

Die Kutsche schwankt hin und her auf dem holprigen Weg. Manchmal läßt Sissi den Kopf hängen, manchmal lehnt sie ihn ins Polster. Gräfin Bellegarde und Oberst Böckl sitzen ihr gegenüber.

Sie wagen nicht, die Kaiserin anzusprechen.

Und die Kaiserin sagt keinen Ton.

Stundenlang fahren sie so.

Man hört nur das Geräusch der großen Räder auf dem Pflaster, das Knallen der Peitsche und manchmal das Schnauben der Pferde. Sissi hat keinen Blick für die Landschaft, durch die sie fahren.

Die Gräfin Bellegarde denkt an ihren Mann, dem sie nicht einmal sagen konnte, daß sie abreisen muß.

Eine Hofdame hat kein Privatleben. Tag und Nacht muß sie der Kaiserin zur Verfügung stehen. Manchmal verflucht die Gräfin ihren Job. Auch wenn er mit vielen Privilegien verbunden ist.

Nur einmal wagt sie, der Kaiserin eine Frage zu stellen.

„Können Majestät uns sagen, wohin wir fahren?"

Sissi hebt die Augen. Tränen hängen in den Wimpern. Sie denkt an ihr Baby, das sie einfach im Stich gelassen hat. Sie hat sich gerade vorgestellt, wie dieses Baby in seinem neuen Kinderzimmer jetzt aufwacht und weint... um diese Stunde war sie immer bei ihrer Kleinen... hat mit ihr gespielt... und jetzt bringt die Kutsche, gezogen von vier Schimmeln, sie immer weiter von ihrer Kleinen weg.

Und sie weiß nicht, wann sie ihre süße Kleine je wiedersehen wird...

„Wir fahren nach Hause", sagt Sissi leise, „nach Schloß Possenhofen."

An der nächsten Poststation, als die Pferde ausgewechselt werden, gibt Oberst Böckl ein geheimes Telegramm auf an Seine Majestät, Kaiser Franz Joseph: „Ihre Majestät, die Kaiserin, ist auf dem Weg nach Possenhofen."

Die Erzherzogin sitzt ruhig an ihrem Schreibtisch. Nebenan, im Kinderzimmer, stillt die Amme die kleine Sophie. Das Baby ist gesund und kräftig und kräht fröhlich. Sie kann es durch die Tür hören. Alles ist in Ordnung.

Von ihrem Sohn und von Sissi hat sie nichts gehört und gesehen.

Das ist auch gut so.

Vielleicht haben die beiden sich am Abend schon beruhigt. Wenn nicht, wird Sissi wieder einmal das Souper schwänzen und in ihrem Zimmer bleiben. Auch gut, dann hat sie ihren Sohn ganz für sich allein.

Irgendwann wird Sissi vernünftig werden. Man muß ihr Zeit geben.

Unangemeldet steht die Gräfin Esterhazy, Sissis erste Hofdame, plötzlich im Zimmer.

Sophie schaut irritiert auf. Sie hat es nicht gerne, wenn sie beim Briefeschreiben gestört wird. „Was gibt es denn?" sagt sie verwirrt.

„Kaiserliche Hoheit", flüstert Gräfin Esterhazy, „ich bin äußerst bestürzt."

„So, und warum?"

„Ihre Majestät ist abgereist."

Sophie richtet sich auf. Sie hält sich ganz gerade. Sie muß unter allen Umständen vermeiden, daß man ihr die Aufregung ansieht. Sissi ist abgereist! Was hat das zu bedeuten?"

„Weiß man, wohin?" fragt sie, nachdem sie sich wieder gefangen hat.

Die Gräfin schüttelt den Kopf.

„Hat denn der Kaiser sich von Seiner Majestät verabschiedet?"

Wieder Kopfschütteln.

Das allerdings ist bedenklich. Ein Zerwürfnis zwischen den beiden ist nicht gut. Nicht, wenn es solche Formen annimmt. Gräfin Esterhazy denkt das gleiche. Die beiden Frauen schauen sich an. „Soll ich Seine Majestät von der Abreise verständigen?" fragt die Gräfin.

Erzherzogin Sophie schüttelt den Kopf. „Nein", sagt sie entschlossen, „das werde ich tun."

Franz Josef trifft die Nachricht von Sissis Abreise wie ein Schock. Niemand hat ihn gewarnt! Wieso ist keiner aus dem Hofstaat gekommen und hat ihm die Nachricht zugesteckt? Er hätte Sissi aufgehalten, unter allen Umständen! Sie kann doch nicht einfach so wegfahren! Ohne ein Wort! Nach einem solch furchtbaren Streit!

Sie hat ihre Koffer gepackt. Oberst Böckl und Gräfin Bellegarde sind bei ihr. Mehr weiß man nicht. Niemand ist unterrichtet, wohin die Kaiserin fährt. Niemand kennt das Ziel.

Franz Joseph geht in seinem Salon auf und ab. Er weiß keinen Rat. Er ist verzweifelt. Aber mit seiner Mutter möchte er eigentlich darüber nicht sprechen.

Mutter hat das alles angerichtet. Natürlich hat er nachgegeben, aber in diesem Augenblick spürt er nur Zorn auf seine Mutter.

„Wir haben nicht richtig gehandelt", sagt er bedrückt, „wir hätten die Kleine doch bei Sissi lassen sollen."

Sophie zieht die Augenbrauen hoch. „Bei einem Geschöpf, das so unbesonnen ist, einfach sang- und klanglos abzureisen? Ein Geschöpf, das einfach durchdreht, die Nerven verliert... wie jede... jede X-beliebige Bürgerin..."

Franz Joseph seufzt. Er schließt die Augen. Er preßt die Hände gegen die Schläfen. Er hat so viel Probleme. Was er sich überhaupt nicht leisten kann, sind auch noch private Katastrophen.

„Ich habe Dich immer vor dieser Heirat gewarnt", sagt seine Mutter scharf.

Franz Joseph zuckt zusammen. „Mama. Ich bitte Sie, derartige Bemerkungen zu unterlassen."

Seine Stimme ist auf einmal schneidend. So ist das also. Doch nicht nur ein vernünftiger, liebevoller Vorschlag seiner Mutter, sondern eine perfekte Aktion, mit der sie Sissi in ihre Schranken weisen will. Sissi kleinhalten.

„Vergessen Sie nicht, Mama, daß ich mit Sissi sehr glücklich verheiratet bin und mir ein Leben ohne sie nicht mehr vorstellen kann."

Als endlich die telegraphische Nachricht in Wien eintrifft, daß Sissi auf dem Weg zu ihren Eltern nach Schloß Possenhofen ist, erklärt Franz Joseph seiner Mutter, daß er ihr nachfahren will.

Seine Mutter ist fassungslos. „Aber Du kannst doch Wien jetzt nicht verlassen! In dieser Situation!"

„Es gibt im Augenblick nichts wichtigeres als Sissi.

Ich hole sie unter allen Umständen selbst zurück. Aber Sie können versichert sein, Mama, daß ich ihr Vorwürfe nicht ersparen werde."

Es ist eine lange und beschwerliche Reise von Wien zum Starnberger See.

Aber je mehr Kilometer Sissi zwischen sich und Wien bringt, desto besser wird ihre Stimmung.

Auf dem Weg von München nach Possenhofen, als alles um sie herum wieder vertraut ist, beginnt Sissi ein wenig zu erzählen.

Nicht über ihre Probleme, aber über das Leben in Bayern. Ihre Kindheit.

Oberst Böckl, der Sissi immer noch verehrt wie ein schwärmerischer Jüngling, hört gebannt zu. Er weiß schon jetzt, daß ihm alles gefallen wird: das Schloß, in dem Sissi aufgewachsen ist, ihre Eltern, die Geschwister, die Landschaft.

Die Gräfin Bellegarde ist stumm. Sie hat sich in die Ecke der Kutsche gesetzt und versucht, eine möglichst ausdruckslose Miene aufzusetzen. Sie möchte die Kaiserin nicht beleidigen, aber sie findet alles, was sie bisher in Bayern gesehen hat, nicht eben ergötzlich. Alles ein bißchen größer als in Wien, ein bißchen deftiger. Selbst die Misthaufen stinken mehr, so scheint es ihr.

Sissi hat sich bei ihren Eltern nicht angemeldet. Sie hätte telegrafieren können, aber dann hätte sie womöglich irgendeine Hektik bei den Eltern ausgelöst. Sie hätten nach Wien telegrafiert oder große Vorbereitungen für den Empfang getroffen: Immerhin ist sie jetzt eine Kaiserin und eine der wichtigsten Frauen von Europa. Das vergißt man in Possenhofen manchmal.

Da denkt man, wenn man über Sissi redet, immer noch an dieses Mädel, das reiten kann wie der Teufel und am liebsten mit dem Papa auf die Pirsch geht, morgens vor Tau und Tag, in deftiger Kleidung, bei Regen und Wind.

Erzherzogin Ludovika ist im Garten, als sie die Kutsche hört. Sie schneidet Gladiolen, einen ganzen Arm voll hat sie schon gepflückt. Wie meist, wenn kein hoher Besuch angesagt ist, trägt Ludovika ein Dirndl. Alle Fenster stehen offen, an den Balkonen blühen die Geranien. Aus der Ferne hört man das Lachen und Johlen der Kinder, die mit ihrem Vater unterwegs sind. Was für eine Kindheit, wenn der Papa immer Zeit hat und nicht wegen dringender politischer Geschäfte Tag und Nacht am Schreibtisch verbringen muß!

Sissi bittet den Kutscher, um das Schloß herum gleich bis zum Garten zu fahren. Sie springt noch aus der fahrenden Kutsche und läuft mit ausgebreiteten Armen ihrer Mutter entgegen.

Die ist vollkommen sprachlos. Aber sie strahlt vor Glück. Wie oft hat sie sich das ausgemalt, daß Sissi plötzlich einfach da ist. Mit ihrem Lachen. Ihrer Natürlichkeit. Ihrer guten Laune.

Wie der Vater sich freuen würde, wenn er die Sissi mal wieder bei sich hätte, um mit ihr über die Jagd zu reden, die herrlichen Zwölfender, die jetzt im Revier stehen, so oft hat er abends beim Wein der Ludovika gesagt: „Schad, daß die Sissi so weit weg ist. Heute habe ich was Herrliches im Wald erlebt. Der Auerhahn auf der Balz, weißt..."

Und nun ist Sissi auf einmal da.

Ludovika läßt die Blumen fallen und läuft ihrer Tochter entgegen. Die beiden fallen sich in die Arme.

Seit der Hochzeit hat Ludovika ihre Tochter nicht gesehen.

„Ja, Sissi!" ruft sie, „Wie ich mich freue! Ja so etwas! Wenn ich mit allem gerechnet hätte! Aber daß Du auf einmal da bist!"

Inzwischen sind auch die Gräfin Bellegarde und Oberst Böckl aus der Kutsche gestiegen. Die Gräfin schaut sich um, ein bißchen pikiert. Das soll ein Schloß sein? Es sieht eher wie ein größeres Gutshaus aus! Man hört das Brüllen der Kühe und das Gackern der Hühner ja noch von der Terrasse aus! Und das Personal läuft hin und her, ohne Hofknicks und Verbeugungen. Gerade wie das Dienstpersonal auf einem Gutshof.

Oberst Böckl hingegen mit seiner blinden Verehrung für die Kaiserin findet das Schloß Possenhofen einfach hinreißend.

Diese Heiterkeit. Diese natürliche Schönheit des Gartens! Diese fröhlichen Menschen!

„Genauso", sagt er zu der Gräfin, „hab ich mir das Schloß vorgestellt, in dem unsere Kaiserin aufgewachsen ist."

Die Gräfin zieht nur die Nase hoch. Der Oberst Böckl hat eben keinen Stil.

Sissi hat sich vorgenommen, ihrer Mutter erst einmal nichts von den Schwierigkeiten zu erzählen. Sie will nicht gleich ihre Probleme auf die Eltern abladen. Erst einmal luftholen, durchatmen. Sich frei fühlen.

Wieder Kind sein, und sei es nur für einen kurzen Augenblick. Sissi weiß natürlich, daß es eine Flucht war, die überhaupt nicht mit den Pflichten einer Kaiserin in Einklang zu bringen ist.

Sie hat etwas Frevelhaftes getan. Sie hat nicht nur ihr Kind und ihren Mann, sondern auch Österreich im Stich gelassen.

Wenn eine Kaiserin etwas ganz bestimmt nicht darf, dann ist es flüchten.

Aber was soll man machen, wenn man glaubt, sonst sterben zu müssen? Wenn man einfach keine Luft mehr bekommt vor lauter Elend?

Ihre Mutter schaut sie an, prüfend, sorgenvoll. Fragt immer wieder, ganz vorsichtig und behutsam, ob etwas vorgefallen sei.

Aber Sissi lächelt und schüttelt den Kopf, dabei sieht die Mutter, daß Sissi tiefe Augenränder hat, daß die Lider vom Weinen geschwollen sind, daß Sissi blaß ist wie der Tod. Und zittert.

Ludovika fragt behutsam nach dem Baby, warum Sissi es nicht mitgenommen hat, aber Sissi redet sich heraus.

„Ach, weißt, Mamilein, sie ist für so eine anstrengende Reise doch noch zu klein."

Ludovika ahnt, daß das nur eine Ausrede sein kann. Eine junge Mutter kann ihr Kind überall mithinnehmen, schon erst recht die Kaiserin, die über so viel Personal verfügt. Sie hätte ja die Amme und die Kinderfrau mitbringen können... Aber nein.

„Und dein Mann?" fragt die Ludovika vorsichtig.

Wieder weicht Sissi aus, wieder vermeidet sie es, ihre Mutter dabei anzusehen. „Ach, der Franz, der hat so viel Arbeit, der sitzt jeden Tag an seinem Schreibtisch. Ich sehe ihn oft den ganzen Tag nicht."

Sissis Stimme ist eigenartig, gedämpft. Irgend etwas ist vorgefallen, das spürt ihre Mutter. Aber sie hofft, daß es nicht wirklich schlimm ist. Sie kann sich nicht vorstellen, daß ihre Tochter auf der Flucht ist. Daß sie sich nach Hause gerettet hat, aus Angst, sonst verrückt zu werden.

Im Schloß ist Sissis Zimmer noch genau so wie sie es vor mehr als einem Jahr verlassen hat, sogar das Buch, welches sie ganz zum Schluß gelesen hat, liegt noch auf ihrem Nachttisch. Sissi schlägt es auf, blättert darin herum. Welche Gefühle sie auf einmal übermannen. Die Erinnerung an jene Wochen, als sie sich auf die Abreise nach Wien vorbereiten mußte. Als das alles auf sie einstürzte, all die Aufregungen, das Packen, die Kleider, die Unterrichtsstunden, die unendlichen Depeschen und Geschenke aus Wien... Damals wußte sie nicht, was sie erwartet.

Sie hatte Angst, das ist wahr, immer hat sie Angst gehabt, daß das Leben in Wien düster sein würde, daß ihre geliebte Freiheit vorbei ist.

Aber sie war so verliebt in Franz Joseph. Wann immer die Ängste und Ahnungen kamen, hat sie sich gesagt: Aber ich liebe ihn doch. Ich sehne mich doch so sehr nach meinem Franz.

Und dann war alles gut gewesen...

Sissi öffnet den Schrank und sieht, daß ihre Dirndl alle noch da hängen, gerade so, als erwartete die Mutter sie jeden Augenblick zurück.

Wie merkwürdig das ist.

Hier ist alles auf ihr Heimkommen ausgerichtet. Alle haben auf sie gewartet, alle sind so glücklich.

Die Geschwister, der Vater, der sie gar nicht loslassen wollte bei der Begrüßung und ihr so tief in die Augen geschaut hat, als wollte er den Grund erforschen, den Grund ihrer Seele, als hätte er sofort die Traurigkeit in ihren Augen entdeckt.

Sogar die Vögel, denen Sissi die Freiheit geschenkt hatte, sind in die Voliere zurückgekehrt, und Sissis Vater füttert sie jeden Tag. Ein Liebesdienst für seine Tochter.

Und Thomas, der Diener, freut sich so, daß er es kaum sagen kann, und die Kammerfrauen und die Dienstboten. Alle lachen und möchten Sissi am liebsten umarmen, wie damals, als sie noch ein Kind gewesen ist.

Warum nur, denkt Sissi, geht es mir hier in Possi so gut und in Wien so schlecht?

Warum bin ich hier sofort auf einmal ganz glücklich? Ganz heiter? Und in Wien immer so bedrückt? Was ist das nur?

„Ach", sagt Sissi, als sie im Dirndl ihrer Mutter wieder um den Hals fällt, „ich bin so glücklich, daß ich hier bin. Daß ich wieder da bin!"

Ihre Mutter sagt nichts. Beobachtet nur. Mustert die Tochter und denkt: Wieso sagt sie, daß ich wieder da bin?

„Ich lebe förmlich auf!" ruft Sissi und schwenkt ihre Mutter herum, wie früher, wenn sie ausgelassen war.

Ludovika stellt noch eine Frage. Eine Frage, die ihr auf der Seele brennt: „Und wie verstehst Du Dich denn mit Tante Sophie? Versteht ihr euch schon besser? Weißt Du, ich habe sie gebeten, nett zu dir zu sein."

Die Erzherzogin Sophie ist die Schwester von Ludovika. Aber wegen ihrer ungleich höheren Stellung wagt Ludovika nicht wirklich, Sophie irgendwelche Ratschläge zu geben in Bezug auf ihre Tochter. Ludovika fühlt sich Sophie unterlegen. Immer schon. Das ist ein Problem.

Wenn Ludovika mehr Kraft hätte, mehr Selbstbewußtsein, wäre sie vielleicht auch zur Geburt der kleinen Sophie nach Wien gereist und hätte die ersten Wochen mit Sissi verbracht. Das hätte Sissi unglaublich geholfen. Aber Ludovika wollte ihrer Schwester wahrscheinlich keine Schwierigkeiten machen.

So hat sie zu Hause gesessen während der letzten Wochen der Schwangerschaft, hat gehofft und gebetet, lange Briefe nach Wien geschrieben und dennoch immer die Ahnung gehabt: Mein Kind ist unglücklich.

Sissi gibt eine ausweichende Antwort auf die Frage ihrer Mutter. „Ja doch," murmelt sie, „wir verstehen uns ganz gut. Schon viel besser."

Glaubt ihre Mutter das?

Sie tut jedenfalls so. Sie lacht und streichelt Sissi. „Gott sei Dank! Weißt Du, daß es schrecklich für mich wäre zu wissen, daß Du Dich mit Tante Sophie nicht verstehst? Ganz schrecklich!"

Sissi umarmt ihre Mutter. Aber sie schweigt.


Erst als sie mit dem Vater auf die Pirsch geht - es geht um einen Auerhahn, den der Vater schießen möchte - öffnet sich Sissi. Bei dem Vater geht es merkwürdigerweise leichter. Sie und der Vater haben sich ohnehin immer gut verstanden. Der Vater hat sofort gespürt, daß seine Lieblingstochter Kummer hat. Deshalb hat er ihr vorgeschlagen, in den Wald zu gehen.

Damals, als Sissi sich auf die Hochzeit vorbereitet hat, hat der Vater zu ihr gesagt:

„Wenn Du irgendwann einmal einen großen

Kummer hast, dann geh in den Wald. Das wird dir helfen."

Und jetzt, kaum daß er sie sah, seine zarte und bleiche Tochter, hat er gesagt: „Komm, laß uns in den Wald gehen."

Als wüßte er, daß etwas Schlimmes passiert ist, und daß seine Tochter etwas auf dem Gewissen hat, was sie loswerden muß...

„Weißt Du, Papi, so oft denke ich daran, wie Du mir damals gesagt hast: Wenn Du einmal Sorgen hast, dann geh mit offenen Augen durch den Wald..."

Herzog Max bleibt stehen. Er schaut seine Tochter an. „Hast Du denn Sorgen?"

„Große, Papi!"

Herzog Max ist erschrocken. Er hat es befürchtet, aber gehofft, es könnte nicht wahr sein.

„Was denn für Sorgen? Um Himmels Willen. Kind. Komm, sag mir, schnell. Raus damit."

„Papi, ich bin nicht gekommen, um euch zu besuchen. Ich bin weggelaufen. Von Wien."

„Um Gottes Willen, Sissi! Warum denn?"

„Weil ich es nicht ausgehalten habe. Die Tante Sophie hat mich gequält und zuletzt hat sie mir mein Kind weggenommen."

Sissi kann ihre Tränen kaum noch zurückhalten.

Der Vater nimmt sie in den Arm. Sie legt ihren Kopf an seine Brust. Ihr ist so elend. So elend.

„Aber Sissi!" Der Vater tröstet sie. Streichelt sie. Sein Gesicht ist kummervoll. Das ist schlimmer als alles, was er sich ausgedacht hat. Alle Sorgen, die er sich vorstellen könnte. Sie ist weggelaufen! Aus Wien! Weg von ihrem Kind und ihrem Mann! Und das Baby ist erst ein paar Monate alt!

„Weißt Du, Sissi, ich verstehe alles, was Du sagst. Ich kann mir alles vorstellen. Wie schlimm es ist. Aber das weißt Du, einfach weglaufen, das hättest Du nicht tun dürfen!"

Er schiebt sie von sich, zwingt sie, ihm in die Augen zu schauen. Er liebt sie so, daß es weh tut. Seine kleine Sissi. Im Jagdkostüm wie damals. So zart. So blaß. Und so lieb. Mein Gott, denkt der Vater, was haben wir getan, als wir sie einfach nach Wien gelassen haben. Ich selbst mag Tante Sophie nicht eine Minute sehen und meine kleine Sissi muß sie jeden Tag aushalten!

„Du bist die Kaiserin von Österreich.", sagt ihr Vater eindringlich, „Hast Du vergessen, was das heißt? Du darfst doch nicht dein Land verlassen! Das ist ganz und gar unmöglich! Ich bitte Dich, Sissi! Hast Du darüber nachgedacht?"

Sissi schaut ihren Vater an. Sie weint. Sie schüttelt den Kopf. Sie weiß nicht weiter. Sie ist ja selbst so ungeheuer verzweifelt und traurig, und hin- und hergerissen vor Sehnsucht nach ihrem Kind, ihrem Franz, und vor Stolz und Wut. Sie weiß einfach nicht weiter.

„Und was hat die Mama dazu gesagt?" fragt Herzog Max.

Sissi schluchzt. „Die Mama weiß es ja noch gar nicht! Sie hat sich so gefreut über mein Kommen, da hab ich es nicht übers Herz gebracht. Bitte, sag ihr nichts, ja? Papi, versprichst Du mir das?"

Ihr Vater schaut sie an. Streichelt ihr Gesicht. Er macht sich Sorgen. Er sieht ganz bekümmert aus. Er nickt.

Sissi wischt sich die Tränen weg. „Vielleicht", flüstert sie, „wird ja alles wieder gut."

Aber das sieht nicht so aus.

Ein zorniger, aufgewühlter Kaiser ist auf dem Weg nach Possenhofen. Er wird nur von zwei Adjutanten begleitet, dies ist eine inoffizielle Reise, über die so wenig Aufhebens wie möglich gemacht werden soll.

In der Hofburg weiß bisher außer der Erzherzogin und ihrem Mann, den ersten Hofdamen und Graf Grünne, Kaiser Josephs engstem Vertrauten, niemand etwas von Sissis Flucht.

Die Erzherzogin hat ihren Hofdamen unter Androhung von Strafe verboten, aus diesem Thema eine Klatschgeschichte für die Salons zu machen.

Nicht auszudenken, wie man sich die Mäuler zerreißt, wenn sich das erst einmal herumgesprochen hat! Eine Kaiserin verläßt ihr Land!

Läßt den Kaiser wie einen Trottel dastehen!

Ja, wenn selbst in der eigenen Familie kein Respekt mehr vor der höchsten Person im Staate herrscht, was soll man denn da von den Untersten verlangen!

Der junge Kaiser treibt den Kutscher immer wieder an, schneller zu fahren. Die Pferde sind schweißgebadet. Einen Stop oder Pferdewechsel hat er nicht erlaubt. Er will keine Zeit verlieren, so schnell wie möglich Sissi zurückholen.

Auf dem Heimweg wird er ihr die Leviten lesen.

In seinem Geiste jagen sich schon die Sätze, die Vorwürfe, die er ihr machen will.

Keine Verantwortung für ihr Land. Kein Pflichtgefühl gegenüber ihrer Position. Keine Mutterliebe. Läßt ihr Kind im Stich. Und was ist mit der viel geschworenen Liebe zu ihm, ihrem Franz? War das alles immer nur Getue, immer nur Lüge, wenn sie ihm geschmeichelt hat und gesagt, daß sie so glücklich mit ihm sei? Wie paßt das zusammen, dieses angebliche Glück und die hastige Flucht?

Oh, er hat ihr so viele Dinge zu sagen.

Der schöne Sommertag, der weißblaue Himmel, die Wolken, die sich im klaren Starnberger See spiegeln, all das sieht er nicht. In der Ferne grüßt die Zugspitze mit einer weißen Schneehaube.

Die Bauern, die bei der Heumahd sind, halten ein, als die prächtige Kutsche, gezogen von vier Rössern, vorbei galoppiert.

Sie reiben sich den Schweiß von der Stirn und starren der Kutsche hinterher wie einer Erscheinung. Wer mag das gewesen sein? War das nicht das Kaiserwappen an dem Wagen? Das Wappen Österreichs?

In den Biergärten laufen die Leute von den Tischen weg und bestaunen die höllische Fahrt des Kutschers, der unentwegt die Peitsche knallt und nicht rechts und nicht links schaut. Der Kutscher ahnt, daß es bei dieser Reise um eine Sache von höchster Dringlichkeit geht.

Er hat den Kaiser noch nie so verschlossen, so ernst und ungeduldig erlebt. Fast zerrissen vor innerer Spannung sitzt er, aufrecht und starr, in der Kutsche. Eine Stunde um die andere. Und sagt kein Wort...

Sie fahren an Kloster Bernried vorbei, das mit seinen vergoldeten Türmen herüberwinkt, dann die Tutzinger Kirche unten am See, ein kleines Kircherl neben dem Nonnenkloster. Die Nonnen haben ein eigenes Badehäuschen, aus Holz mit hölzernen Klappen, die sich öffnen, wenn die Nonnen hinausschwimmen in den See. Mit weißen Badehauben. Ein merkwürdiges Schauspiel.

Dann Feldafing. Vorgelagert die Roseninsel, der Lieblingsplatz von Ludwig dem II., der gegenüber, auf der anderen Seite des Sees lebt, in Schloß Berg. Und zusammen mit Richard Wagner seine phantastischen Träume realisiert, Architekten empfängt, die ihm wundersame Baupläne ausbreiten von

Schlössern, die er bauen wird, Parks und Schwanen-
teichen, an lieblichen und ruhigen Orten...

Sissis Elternhaus, das Schloß Possenhofen,
„Possi" genannt, liegt nur noch eine halbe Stunde
weiter in Richtung Norden. Die Fahrt geht immer
am See entlang, durch Wälder und an schönen,
duftenden Wiesen vorbei.

Die Pferde scheinen zu ahnen, daß sie fast am Ziel
sind, noch einmal geben sie ihre letzten Kräfte.

Da endlich: das Schloß.

Und die Herzogin Ludovika, so glücklich, daß
ihre Sissi einmal wieder daheim ist, ist so mit ihren
Mittagsplänen beschäftigt, daß sie erst gar nicht
merkt, wie bedrückt ihr Max ist. Er geht herum
in der Empfangshalle, mürrisch und knurrend,
während Ludovika mit ihm plaudert. Sie denkt, er
sei grimmig, weil Sissi wieder einmal eine sichere
Jagdbeute verscheucht hat.

Dieses Mal hat sie keinen Niesanfall bekommen,
wie bei der Hirschjagd mit Franz Joseph, sie hat nur
ihren Hut geschwenkt und schon war der Auerhahn
verschwunden.

„Geh, mach dir doch nichts draus, Maxl", sagt sie
versöhnlich, „es werden andere Auerhähne kommen."

„Ja, ja", knurrt der Herzog „Ich weiß." Er hat ein
ganz kummervolles Gesicht. Das kennt seine Frau
nicht an ihm.

Sonst nimmt Max alles leicht, das ganze Leben ist
für ihn ein Spaziergang. Er hat es geschafft, seine

Frau bei guter Laune zu halten, trotz der vielen Liebschaften, die er in München hat, die Ludovika hat sich sogar daran gewöhnt, daß er zweimal in der Woche mittags mit seinen beiden unehelichen Kindern speist. Die liebt er ebenso wie seine eigenen. Es gehört eine Portion Großmut dazu von Ludovika, das alles hinzunehmen.

Und seine Trinkgelage, und seine Zirkusreiterei.

Für alles hat sie Verständnis gehabt, und das hat dem Herzog das Gefühl gegeben, im Leben sei alles leicht.

Aber nun hat Sissi ihn vor ein ernstes Problem gestellt. Sissi, eine junge Kaiserin, hat ihr Land und ihren Mann verlassen. Sogar ihr Kind.

Er weiß nicht, was er dazu sagen soll. Er liebt seine Tochter, er versucht, für sie Verständnis zu haben, aber das sie etwas getan hat, was im Grunde unverzeihlich ist, das wird ihm von Minute zu Minute klarer.

Er versucht, einen Plan zu überdenken. Er denkt fieberhaft nach, wie er diese verfahrene Situation retten kann...

Da erscheint Thomas, der erste Kammerdiener, und meldet die Ankunft Seiner Majestät, des Kaisers.

Max ist so erschrocken, daß er seine Frau bittet, den Schwiegersohn zu empfangen. Unter dem Vorwand, er müßte sich erst umziehen (als wenn er sonst auf solche Kleinigkeiten Rücksicht nähme), geht er zu Sissi hinauf.

Sissi zieht sich um. Ihre Hofdame, Gräfin Bellegarde ist bei ihr.

Sissi zieht das Jagdkostüm aus und trägt ein hellblaues, mädchenhaftes Sommerkleid. Eines ihrer Lieblingskleider, in denen sie sich freier fühlt als in den steifen Kleidern, die sie meist bei Hofe tragen muß.

Dennoch ist ihre Stimmung nicht heiter.

Die große Freude und Erleichterung, die sie bei ihrer Ankunft in Possi gespürt hat, ist verflogen. Seit sie ihrem Vater die Flucht gebeichtet hat, fühlt sie sich schlecht, hin- und hergerissen zwischen Schuldgefühlen und Zorn auf ihren Franz. Wie konnte er seiner Mutter beistehen in der wichtigen Frage! Wie konnte er zulassen, daß man ihr das Kind wegnimmt, ohne vorher mit ihr darüber zu reden!

Max kommt herein, ohne anzuklopfen. Er hat vor Aufregung einen roten Kopf. Er geht zu seiner Tochter, nimmt sie in den Arm und flüstert: „Der Kaiser ist gekommen, Sissi!"

Sissi dreht sich herum. Starrt ihren Vater an.

„Was?" murmelt sie. „Der Franz?"

Ihr Herz schlägt zum Zerspringen.

Wenn sie mit allem gerechnet hätte, aber daß der Franz ihr sofort nachreist - damit nicht.

„Was soll ich tun?" flüstert sie hilflos.

In der Schloßhalle begrüßt Franz Joseph seine Schwiegermutter. „Küß die Hand, liebe Tante."

Wie immer ist er formvollendet. Seine Manieren und seine gute Erziehung lassen ihn keinen Augenblick im Stich.

Das ist etwas, das er von Kind auf gelernt hat: Daß man seinen Gefühlen nicht einfach freien Lauf lassen darf. Sissi hat das Gegenteil gelernt in ihrer Kindheit. Deshalb hat Franz Joseph sich in sie verliebt. Und deshalb ist er heute so wütend auf sie, daß es ihn fast zerreißt. Sein Lächeln ist starr.

„Ich konnte mich vorher nicht ansagen,", sagt er mit einer höflichen Geste, während er seine Handschuhe abstreift, „aber Du hast ja sicherlich mit meinem Besuch gerechnet."

Ludovika schüttelt lächelnd den Kopf. Die Ereignisse überstürzen sich. Erst kommt Sissi unangemeldet und ein paar Stunden später der Kaiser. Und vorher hat sie ein Jahr lang auf diesen Besuch so sehnlich gewartet!

„Ich hatte keine Ahnung", sagt sie heiter. Sissi sagte, Du seist unabkömmlich. Du bist mit Arbeit überhäuft, Du Armer."

Kaiser Franz Joseph ist für einen Augenblick verwirrt. Er hatte fest damit gerechnet, daß Sissi ihre Eltern sofort eingeweiht hat. Bei den Eltern Schutz gesucht hat.

Weiß die Mutter etwa gar nichts?

Er macht einen zweiten Vorstoß.

„Es stimmt, ich habe furchtbar viel Arbeit. Aber die Erledigung dieser peinlichen Angelegenheit war mir wichtiger als alles andere."

Die Herzogin reagiert erschrocken. Jetzt erst merkt sie, wie steif und förmlich Franz Joseph sich benimmt. Sie hat ihm noch nicht einmal einen Platz angeboten, eine Erfrischung. Was ist nur los?

„Welche peinliche Angelegenheit?" fragt sie.

„Daß Sissi mir davongelaufen ist!"

„Was ist sie?!" Ludovika hält die Hand vor den Mund, ihre Augen weiten sich vor Schreck. O Gott, denkt sie, das ist eine Katastrophe. Das kann doch nicht sein!

„Hat sie dir denn nichts erzählt?" fragt Franz Joseph ungläubig. Er fragt sich, ob man ihm hier eine Komödie vorspielt. Er ist irritiert. Gereizt.

„Kein Wort hat Sissi gesagt!" ruft Ludovika. „Warum ist sie davongelaufen?"

Franz Joseph atmet tief durch. Jetzt kommt der peinliche Teil des Gespräches. Jetzt ist er an der Reihe, um die Gründe zu nennen. Er hätte lieber gehabt, daß Sissi darüber gesprochen hatte. So muß er sich zwischen seine Mutter und seine Frau stellen. Eine Rolle, die ihm gar nicht behagt und die ihn sein Leben lang quälen wird. Dieses ist erst der Anfang einer großen Tragödie. Aber das weiß er noch nicht. Im Augenblick streiten Liebe und Zorn in seinem Inneren. Die Sehnsucht, Sissi wieder zu haben und die Empörung über ihr tadelnswertes Verhalten.

„Sie versteht sich nicht mit meiner Mutter", sagt er zögernd, „mein Gott, es ist die alte Geschichte.

Ja, es stimmt, Mama behandelt sie nicht richtig." Er schaut seine Schwiegermutter an. „Aber das ist doch kein Grund, daß sie mich und das Land sang- und klanglos verläßt!"

Ludovika ist fassungslos. Sie muß sich einen Halt suchen, weil ihre Beine ganz weich werden. Der Schreck ist ihr wahrhaftig in die Glieder gefahren.

Ganz erschrocken sagt sie leise: „Du hast natür- lich vollkommen recht, Franz. So etwas hätte sie nie- mals tun dürfen. Aber ich verstehe etwas nicht. Was war denn die Ursache? Was hat den Anstoß gegeben, daß sie einfach weggelaufen ist?"

Franz Joseph seufzt. Jetzt kommt der peinlichste Teil. Etwas, das er sich selbst nicht verzeiht.

„Weil ich mein Einverständnis gegeben habe, daß meine Mutter die Erziehung unseres Kindes über- nimmt." Er reckt den Hals. Steht ganz gerade, wie ein Offizier beim Appell.

Er muß jetzt Haltung bewahren. Er ahnt, daß Ludovika, diese Frau, deren ganzes Leben nur der Pflege und Liebe ihrer Kinder gewidmet war, das nicht verstehen kann. Für Ludovika sind die Kinder der einzige wirkliche Lebensinhalt, das einzig Beständige in ihrem Leben. Auf ihren Mann Max hat sie nie vertrauen können. Max war nicht einmal eine gute Partie. Er gehörte zu der unwichtigen Linie des Wittelsbacher Hauses, er hatte nie ein Amt, nie eine wirkliche Aufgabe. Er hat das Leben eines Playboys und Genießers geführt, Jahrzehntelang, aber sie hat ihre acht Kinder aufgezogen. Hingebungsvoll und zärtlich. Das ist wahr.

„Was hast Du?" fragt Ludovika sprachlos, „Dein Einverständnis gegeben, daß Sophie die Erziehung Eures Kindes übernimmt?"

Franz Joseph nickt. Er räuspert sich. Er ist verlegen, fast beschämt. Aber er steht zu seinem Entschluß. Schließlich hat er ihn sich lange genug überlegt.

„Es war nach meiner und nach Ansicht meiner Mutter die einzig richtige und vernünftige Lösung..."

„Ja, habt ihr also Sissi das Kind weggenommen?" Ludovika vergißt allen Anstand und alle Etikette. Einen Kaiser mitten im Satz zu unterbrechen ist eigentlich eine Ungeheuerlichkeit. Selbst, wenn der Kaiser der eigene Schwiegersohn ist.

Aber das kümmert sie im Augenblick herzlich wenig. Sie denkt an ihr Kind, ihre kleine Sissi. Ihre geliebte Tochter, die so zärtlich und so anschmiegsam ist. Die so viel Liebe braucht und so viel Liebe geben kann. Ihr nimmt man einfach das Kind weg?

Sie denkt an die Hofburg, dieses finstere Gemäuer mit den tausend Zimmern, an Schloß Schönbrunn, so groß, daß man sich darin verlaufen kann. Sie denkt an eine sechzehnjährige bayrische Prinzessin, die in völliger Freiheit aufgewachsen war und auf einmal in einem finsteren kalten Schloß gefangen ist. Die einzige Freude sind ihr Mann, den sie aber kaum jemals sieht. Und das kleine Baby, das sie nach einer schweren und schmerzhaften Geburt zur Welt gebracht hat.

Und dann, nach zwei Monaten, nimmt man ihr das kleine Wesen einfach weg?

„Und da wundert ihr euch!" ruft Ludovika voller Empörung, „Wenn euch Sissi davonläuft?"

„Wir haben das Kinderzimmer verlegt. Neben die Privatgemächer meiner Mutter."

„Franz! Wie konntet ihr das tun!"

„Ich weiß. Ich weiß. Aber Sissi hätte doch wenigstens Rücksicht nehmen müssen auf das Ansehen unseres kaiserlichen Hauses!"

Ludovika hat es immer als das höchste und größte Ziel gesehen, ihre Kinder gut zu verheiraten, in die höchsten Häuser, die besten Adelsfamilien. Ihre beiden Schwestern sind Königinnen, die eine in Sachsen, die andere in Preußen. Ihre andere Schwester, Sophie, ist die Mutter des österreichischen Kaisers. Sie selbst hat nichts erreicht. Aber wenigstens für ihre Kinder soll das nicht gelten. Deshalb war sie so unsagbar stolz, daß Sissi Kaiserin von Österreich wurde. Das hat auch sie im Ansehen des Adels hochgehoben auf eine andere Stufe. Man begegnet ihr überall jetzt mit viel mehr Respekt, und wenn sie wollte, könnte sie die prachtvollsten Einladungen zu Bällen und Soupers annehmen. Auf einmal gehören sie dazu, Max und sie.

Darauf war sie immer stolz.

Aber jetzt ist das alles nicht mehr wichtig. Jetzt ist sie nur noch eine empörte und zornige Mutter. Jetzt denkt sie wie eine Mutter, wie jede einfache Bäuerin oder Bürgersfrau denken würde. Und sie schreit ihre Empörung dem Kaiser ins Gesicht. Ganz ohne Protokoll und Etikette: „Hier geht es nicht um das Ansehen des kaiserlichen Hauses, Franz, hier geht es lediglich darum, daß man einer Mutter das Kind weggenommen hat!"

„Aber, liebe Tante..."

„Unterbricht mich nicht. Jede Frau, auch ich, jede Mutter, die ein Herz im Leibe hat, hätte genauso gehandelt. Ich auch, ja Franz. Ich verstehe Sissi voll und ganz."

„Aber, Tante Ludovika..."

„Lieber Franz. Du wirst das nicht verstehen, weil Du ein Mann bist. Aber glaube mir: Jede Mutter wird Sissi recht geben."

Einen Augenblick herrscht Stille zwischen ihnen. Franz Joseph hat seine Schwiegereltern immer gern gemocht. Den Herzog Max noch lieber als die Herzogin Ludovika. Er hat sie geschätzt wegen ihrer unkonventionellen Lebensweise, ihrer natürlichen Fröhlichkeit, wegen der Heiterkeit, die in Schloß Possenhofen und in dem Palais in der Ludwigstraße in München herrscht. Während der Verlobungszeit ist er sehr gern nach München gekommen.

Nicht nur, um Sissi wiederzusehen, was natürlich der Hauptgrund war, aber auch, weil er sich auf diese ungezwungene Familienidylle gefreut hat, die herrschte. Ohne Steifheit und Pomp. So wenig Etikette wie nötig, so viel Herzlichkeit wie möglich, war die Devise des Hauses.

Franz Joseph war es ähnlich gegangen wie Sissi. In Possenhofen konnte er durchatmen, fühlte sich leicht, wie befreit. Aber das ist jetzt anders. Jetzt kommt er, und wird behandelt wie ein Feind.

„Wenn Du Sissi wiedergewinnen willst", sagt Ludovika streng, „dann geht es nur, indem Du ihr keine Vorwürfe machst!"

„Aber, liebe Tante..."

„Nicht die geringsten Vorwürfe, Franz!"

„Tut mir leid", sagt Franz Joseph kühl, „aber ich kann Sissi Vorwürfe nicht ersparen. Ich werde ihr klipp und klar sagen, daß..."

In diesem Augenblick hört man Schritte auf der Treppe. Die Herzogin dreht sich um.

Sissi steht auf der Treppe. Hinter ihr der Vater.

Beide sind ganz bleich. Max hat seine Tochter beschworen, lieb zu Franz Joseph zu sein. Sich bei ihm zu entschuldigen für ihr Verhalten, das er wirklich nicht gutheißen kann. Er hat versucht, Sissi zu erklären, was es für einen Kaiser bedeutet, wenn seine Frau auf einmal aus dem Land flieht. Welche Staatsaffäre so etwas auslösen kann...

Aber Sissi wollte nicht hören.

Sie fühlt sich im Recht. Wenn sie nur eine Sekunde an ihre kleine Sophie denkt, ihr kleines süßes Baby, dann steigen ihr schon wieder die Tränen in die Augen und sie könnte ihre Schwiegermutter und ihren Mann, und den ganzen Wiener Hofstaat, beuteln und schütteln.

„Sissi kommt!" wispert Herzogin Ludovika.

Sie tritt einen Schritt zurück. Sie faßt sich ans Herz, als habe sie Angst, vor Aufregung gleich ohnmächtig zu werden.

So ist das, wenn im eigenen Haus Weltgeschichte gemacht wird. Ein historischer Augenblick, dessen Ausgang völlig ungewiß ist.

Was wird, wenn Sissi nicht wieder nach Wien zurück will?

Wenn der Kaiser sie vielleicht verstößt?

Was bedeutet das alles für Sissi, für das kleine Baby, für das Haus Wittelsbach?

Das Baby, in jedem Falle, wird in Wien bleiben, bei der Erzherzogin Sophie... Sissi wird ihr Kind für immer verlieren, wenn sie jetzt nicht klug ist. Aber Franz Joseph kann seine Frau, die er schon so innig liebt und so sehnlichst wieder in Wien haben möchte, auch für immer verlieren...

Herzog Max steht noch auf der Treppe, er wagt sich keinen Schritt weiter. Sissi verharrt am Fuße der Treppe.

Franz steht neben dem großen Sessel, in dem der Herzog Max abends immer seine Pfeife raucht.

Niemand spricht.

Franz und Sissi schauen sich an.

Franz in seiner blauen Uniform, mit rotem Streifen und rotgoldenen Manschetten, Sissi in einem hellblauen Sommerkleid, weit ausgeschnitten, und einer winzigen, zierlichen Taille, die man mit zwei Händen umspannen kann. Sie sieht aus wie ein Kind. Es stimmt, denkt Franz Joseph, sie ist ja selbst fast noch ein Kind. Daß sie schon Mutter ist, sieht man ihr nicht an. Immer noch dieses klare, süße Gesicht, die leuchtenden Augen.

Und jetzt - wie sie lächelt.

Wie sie ihn anlächelt.

So lieb. Und zärtlich.

So voller Hingabe.

Auch er spürt auf einmal keinen Zorn mehr, keine Empörung, keine Wut. Die vielen Sätze, die er sich auf der langen Fahrt von Wien zurechtgelegt hat, alle verflogen. Nichts ist mehr in seinem Kopf.

Er sieht seine Sissi. Wie sie lächelt. Und hat alles vergessen.

Alles.

„Franz", sagt Sissi leise. Ihr Stimmchen ist ganz klein, fast ängstlich. Aber so innig. So zärtlich.

„Sissi!" flüstert er.

Und dann laufen sie einfach aufeinander zu und fallen sich in die Arme, küssen sich, streicheln sich, schauen sich an.

Ludovika und Max verschwinden still.

Die beiden haben sich wiedergefunden. Welch ein Glück. Welch eine Erlösung. Welche Erleichterung für die Eltern.

Eine Staatskrise ist abgewendet.

Max geht hinaus zu Oberst Böckl, der seit der Ankunft des Kaisers nur noch zittert. Wird man ihn entlassen? Wird man ihm die Orden wieder abnehmen, ihn zurück ins Regiment stoßen?

Max stellt sich neben den zitternden Oberst. „Sie haben telegraphiert?"

Oberst Böckl zuckt zusammen. „Ja", flüstert er.

„Das haben sie großartig gemacht", sagt Herzog Max.

Der Oberst Böckl starrt den Herzog an. Meint er das ernst?

„Ja? Wirklich?"

„Fast eine historische Tat", sagt Max und schlägt dem Oberst anerkennend auf die Schulter.

Der Oberst Böckl lacht. Zuerst ungläubig. Dann erleichtert.

Dann triumphierend. Wenn er das in seiner Heimatstadt Ischl erzählt? Eine fast historische Tat!

Irgendwann, wenn er seinen Kindern oder Enkelkindern davon berichtet, wird er das „fast" natürlich einfach weglassen...

Franz Joseph ist ebenso erleichtert wie Sissi, daß der erste große Ehestreit so schnell beigelegt werden konnte.

Beide hatten im Grunde keinen größeren Wunsch, als wieder gut miteinander zu sein.

„Ich bin so glücklich, daß ich Dich wieder habe", hat Franz Joseph bei der Begrüßung ihr ins Ohr geflüstert.

Und Sissi hat erwidert, „Was glaubst Du, wie froh ich bin?" Aber gleich hat sie nach der kleinen Sophie gefragt. „Geht es ihr gut? Hat sie zugenommen? Verträgt sie die andere Milch?"

Franz Joseph konnte berichten, daß das Baby 200 Gramm zugenommen hat, und Sissi ist ihm voller Dankbarkeit und Erleichterung um den Hals gefallen.

„Ich war dumm", murmelt sie unter Tränen, „so dumm. Verzeih mir, Franz."

„Nein, ich muß Dich um Verzeihung bitten. Ich habe dir so weh getan. Es tut mir so leid, Sissi."

„Mir auch. Ich war so dumm."

Sie küssen sich. Wieder und wieder. Es ist, als hätten sie sich ein zweites Mal gefunden. Und wollen einander nie wieder loslassen.

Es ist, als könne das Schicksal, das ihnen vorgezeichnet ist, doch noch abgewendet werden.

In diesem Augenblick scheint alles möglich. Sogar ein Wunder.

„Jetzt wird alles wieder gut", murmelt Franz Joseph glücklich.

Sie bleiben eine Nacht in Possenhofen, um den Pferden Gelegenheit zur Rast zu geben und den Eltern sich zu beruhigen. Ludovika sieht noch am Abend ganz mitgenommen aus. Daß ihre kleine Sissi so leiden mußte! Und diese Belastung für eine junge Ehe.

Es ist eben nie gut, wenn die Schwiegermutter mit ihm Haus lebt, wenn sie so nah ist, vor allen Dingen bei dem großen Einfluß, den Sophie ja auf Franz Joseph hat. Andererseits hat Ludovika eine große Hochachtung vor dem politischen Verstand ihrer Schwester.

Aber Herzog Max schafft es mit seinem Charme und seiner Leichtigkeit, die dunklen Wolken zu vertreiben. Sissi ist ohnehin so glücklich. Den ganzen Abend, bei Tisch und nachher, sitzen die beiden Hand in Hand.

Max läßt den besten Wein aus dem Keller holen und stößt ein ums andere Mal auf das Wohl des jungen Kaiserpaares an.

„So lang ihr euch liebt", sagt er, „kann euch gar nichts geschehen, hört ihr? Gar nichts..."

Für den kommenden Tag hat Franz Joseph eine Überraschung parat: „Wir fahren nicht gleich zurück nach Wien, Sissi", sagt er.

„Nein? Wohin fahren wir denn?"

Sissi hatte sich schon auf die Kleine gefreut, andererseits ist ihr jeder Tag willkommen, den sie nicht in Wien verbringen muß, unter den Augen des Hofes. Wie man sich dort das Maul zerreißt! Bestimmt ist die Neuigkeit inzwischen in allen Salons breitgetreten. Wie peinlich, all diesen dummen und geschwätzigen Adelsdamen wieder gegenübertreten zu müssen!

„Ich hab mir gedacht", sagt Franz Joseph, „daß Du endlich einmal unser Land kennenlernen mußt. Was kennst Du schon außer Wien und Ischl."

Sissi strahlt, „Oh, Franz, das wäre schön."

„Wo Du die Berge so liebst... und damit Du nicht immer Sehnsucht nach den bayerischen Bergen hast, möchte ich dir einmal unsere Berge zeigen. Kärnten. Und die Steiermark. Aber zuerst geht es nach Tirol!"

So werden also 16 Monate nach der Hochzeit, die Flitterwochen doch noch nachgeholt.

Die Flitterwochen, die das junge Paar auf Schloß Laxenburg verbracht hatte, waren vollgestopft gewesen mit Terminen, Empfängen, Bällen und Galadiners. Außerdem ist der junge Kaiser jeden Morgen mit der Kutsche in die Hofburg gefahren und hat an seinem Schreibtisch die wichtigsten Akten durchgesehen.

Aber jetzt gibt es keine Akten, keinen Hoftratsch, keine Intrigen. Bis auf die hohen Berge folgt ihnen kein Kurier mit wichtigen Depeschen. Die Politik, der Krimkrieg, Napoleon, Bismarck, alles ist weit weg.

Der junge Kaiser atmet auf. Je weiter sie in die Berge hineinfahren, desto befreiter fühlt er sich. Als lasse es sich auch für einen Kaiser in der dünnen Luft der Gipfel leichter atmen. Als wäre ihm ein Druck von der Brust genommen.

Mit Mauleseln erklimmen sie hohe Gipfel, nur begleitet von Oberst Böckl und einem Bergführer.

Die beiden sind diskret und lassen Franz Joseph und Sissi so viel wie möglich allein.

Sissi genießt jede Stunde mit ihrem geliebten Mann.

Es ist, als habe es all das andere gar nicht gegeben, als sei das nur ein böser Traum gewesen.

Hier oben ist das Leben, wie es sein sollte. Wie die Gemsen klettern die beiden auf gefährlichen Wegen bis zum Gipfelkreuz.

Franz Joseph begibt sich fast in Lebensgefahr, um seiner Sissi ein Edelweiß zu pflücken.

Oberst Böckl und der Bergführer können nur staunen. So haben sie Seine Majestät noch nie gesehen. Und die Kaiserin erst!

„Ein Mordskerl ist sie!" entfährt es dem Oberst.


Auf einer Bergtour oberhalb von Innsbruck werden sie von einem Gewitter überrascht. In den Bergen ziehen die Gewitter so schnell auf, daß von einer Sekunde zur anderen der Himmel sich verdunkelt und Blitze zucken.

Gewitter in den Bergen sind eine Urgewalt. Und gefährlich. Der Bergführer drängt zum Abstieg. Er hat schließlich die Verantwortung für das Paar. Die ganze Zeit schon ist er in Sorge um die beiden, die keine Gefahr zu kennen scheinen, die übermütig herumkraxeln, und die Kaiserin nicht einmal in Bergschuhen. Aber sie sagt ja, sie braucht keine, mit ihrem Papa sei sie als Kind überall herumgeklettert. Der Papa hat immer gesagt: Sie klettert wie eine Bergziege, die Sissi.

Ein Wind kommt auf. Die Wolken ziehen mit unglaublicher Geschwindigkeit herauf. Jetzt hüllen sie schon die ersten Gipfel ein.

„Gibt es in der Nähe eine Schutzhütte?" fragt Franz Joseph.

Der Bergführer bejaht. „Aber der Bergwirt wird unglücklich sein! Der hätte bestimmt ein gutes Essen hergerichtet, wenn er gewußt hätte, daß Eure Majestät kommen!"

Franz Joseph lacht. „Dann sagen wir ihm einfach nicht, wer wir sind."

„Und essen, was er anzubieten hat!" ruft Sissi fröhlich, „Du Franz, das wird ein Spaß!"

In der Schutzhütte ist es urig und warm. Ein offenes Feuer brennt, und der Wirt singt seine Stanzerln, während er die Fleckerl mit Speck brät.

Am anderen Tisch sitzen ein paar Bauern und Waldarbeiter beim Bier. Rauchschwaden ziehen durch die niedrige Stube.

Sissi und Franz sitzen an einem Tisch im Erker und genießen diese intime Zweisamkeit.

Franz Joseph kann sich nicht satt sehen an seiner Sissi. Wie sie aufblüht in dieser Umgebung! Wie alles Ernste und Melancholische auf einmal von ihr abgefallen ist! Für einen Augenblick hat er eine Vision, was aus Sissi geworden wäre, wenn er sie nicht zur Kaiserin gemacht hätte. Eine wunderschöne, fröhliche und selbstbewußte Frau. Ein Naturmädchen. Vielleicht hätte sie einen jungen Grafen geheiratet, dem viel Land gehört, und Vieh. Wahrscheinlich wäre sie mit den Knechten im Frühjahr hinauf in die Berge, zum Almauftrieb, und hätte selber noch die Kühe mit Blütenkränzen geschmückt. Das würde zu ihr passen.

Sissi hört dem Wirt zu. Sie lacht. „Der singt alles so falsch", sagt sie. „Hörst Du, und bei der Zither greift er immer daneben. Jetzt schon wieder."

„Ich hör es nicht", sagt Franz Joseph.

„Aber ich. Was meinst Du, wie oft wir mit dem Papa in den Bergen waren und in solchen Schutzhütten übernachtet haben. Damals hab ich oft die Zither gespielt..."

Der Wirt kommt mit der großen gußeisernen Pfanne. Franz Joseph schnuppert. „Das sieht ja großartig aus! Ist denn auch Speck drinnen?"

„Wohl, wohl, da ist Speck drin", sagt der Wirt. Er schaut aus dem Fenster. „Jetzt teufelts aber richtig", sagt er. Der Regen prasselt gegen die Scheiben. So ist es doch gemütlich in der Stube. Er stellt die Pfanne mitten auf den Tisch und geht wieder zum Feuer zurück.

„Bekommen wir denn keine Teller?", ruft Franz Joseph.

„Ihr habt doch eine Schüssel!" sagt der Wirt gleichmütig. „Und was wollt ihr trinken?"

Es gefällt Sissi so sehr, daß der Bergwirt sie einfach duzt.

Wann hat sie das zuletzt erlebt, daß einer einfach du zu ihr sagt. Als wäre sie eine von ihnen, eine ganz normale Bürgerin. Herrlich ist das!

Franz Joseph scheint das Versteckspiel auch zu genießen. Angesteckt von Sissis Unbekümmertheit wird er wieder jung.

Der Wirt erzählt ihm, warum es an diesem Tag keine Milch gibt. Weil die Geiß sich im Berg verirrt hat und nicht pünktlich heimgekommen ist. Er spricht im Tiroler Dialekt und Franz Joseph versteht kein Wort.

Sissi findet das wahnsinnig komisch.

Als der Wirt dann andere Getränke anbietet, einen „Rertel" oder einen „Brannten", muß Franz Joseph aufgeben.

„Ich würde wahnsinnig gern einen Rertel trinken", sagt er, „aber ich weiß leider nicht, was das ist. Ich versteh kein Wort."

Der Wirt hat sich wieder abgewandt. Mit den Leuten aus der Stadt ist es ihm zu mühsam. Die werden sich schon melden, wenn sie Durst bekommen. Und der Speck macht bestimmt durstig, soviel ist klar.

Sissi lacht. „Du verstehst die Sprache in Deinem eigenen Land nicht? Ja so was, Majestät." Sie lacht ihn aus. Franz Joseph macht gute Miene. Er ist einfach nur glücklich. Jetzt könnte Sissi sagen, was sie will, er würde ihr alles verzeihen. Aber die Sissi erklärt ihm nur, daß „Rertel" Rotwein ist und „Brannten" Branntwein.

Franz Joseph bestellt beim Wirt also den Wein, und der Wirt knurrt gutmütig, „Ja, den kannst haben."

„Jetzt sind wir sogar schon per Du", lacht der Kaiser.

Aber er sagt es ganz leise, damit der Wirt nicht mißtrauisch wird.

Der Bergführer und der Oberst Böckl sitzen an einem anderen Tisch, um das junge Liebespaar nicht zu stören.

Sie drängen immer wieder zum Aufbruch. Das Gewitter hat sich verzogen, es ist kühl geworden, die Wolken hängen immer noch tief im Karwendel-Gebirge. Aber jetzt, meint der Bergführer, könnte man den Abstieg angehen. Für die junge Kaiserin wartet der Maulesel vor der Hütte.

„Verzeihung, Majestät", sagt Oberst Böckl, der immer wieder versucht ist, einen tiefen Bückling zu machen, und sich dann wieder erinnert, daß die Majestäten ja an diesem Tag gar keine Majestäten sind, „der Bergführer meint, wir müßten den Rückweg bald antreten, damit wir noch vor Dunkelheit zu Tal kommen."

Sissi schaut aus dem Fenster. Sie hat einen Regenbogen entdeckt. Die Sonne lugt also schon wieder durch die Wolken.

„Schau, Franz!" ruft sie, „Der Regenbogen! Ach, ist das herrlich hier."

Das gibt das Stichwort. Franz Joseph beschließt spontan, daß er mit Sissi ein paar Tage auf der Berghütte bleiben will.

Sissi jauchzt.

Aber der Oberst Böckl fragt fassungslos: „In dieser primitiven Hütte?"

„Das macht doch nichts", sagt Sissi fröhlich.

Der Kaiser gibt Anweisungen, daß man ihnen sofort einen Koffer mit Kleidern und den nötigsten Dingen heraufbringt. „Und", er nimmt Böckl zur Seite und schaut ihn streng an. „Sorgen Sie dafür, daß wir nicht gestört werden!"

Oberst Böckl will es immer noch nicht glauben, daß Seine Majestät es ernst meint. „Aber hier gibt es nicht einmal Wasser!"

Sissi hebt ihr Schnapsglas: „Aber einen Brannten. Prost, Herr Oberst."

Oberst Böckl sieht, daß die beiden es ernst meinen. Er bespricht mit dem Bergwirt, daß man Zimmer über dem Stall für sie herrichtet. Ihm wird ganz schwindelig bei dem Gedanken, daß die Majestäten da über dem Stall hausen und noch selber aufräumen müssen! Wenn er das in Ischl erzählt! Wenn man das in Wien erfährt!

Schließlich brechen der Bergführer und der Oberst auf. Sie verabschieden sich zünftig, wie es Sitte ist in den Bergen. „Pfüat di", sagt der Wirt.

„Ja, pfüat di", sagt Sissi. Sie muß so lachen. Es ist einfach wunderbar, wenn man wie die Kinder ein Spiel spielen kann. Kinder spielen vielleicht Prinzessin und Prinz, sie aber, Kaiser und Kaiserin, spielen einfache Leute. Und das ist das herrlichste Spiel von allen. Und Franz Joseph macht mit.

Er lächelt dem Oberst zu und sagt: „Ja, also: Pfüat di."

Und der Oberst hat Glück, daß er nicht ohnmächtig wird.


Am anderen Morgen ist alles verschneit. Mitten im Sommer gibt es in den Bergen oft genug Kälteeinbrüche, besonders nach einem heftigen Gewitter, dem Zusammenprall einer schwülfeuchten Südostströmung und kalter Polarluft aus dem Norden. Wenn beides über den Bergen aufeinanderprallt, kommt es oft zu Wetterstürzen.

Alles ist weiß, aber der Himmel strahlt in tiefem Blau. Und die Sonne, die gerade hinter dem Karwendel-Gebirge aufgeht, läßt den Schnee in Minutenschnelle schmelzen.

Sissi steht da, die Arme ausgebreitet und lacht.

„Franz, komm schnell! Es hat geschneit!"

„Was? Geschneit? Mitten im Sommer?"

Franz tritt hinter Sissi aus der Tür.

Eine schmale Holzstiege führt hinunter. Sie müssen ganz vorsichtig gehen.

„So was habe ich in Possenhofen noch nicht erlebt!" ruft Sissi strahlend. „Komm, machen wir eine Schneeballschlacht!"

Sie ist Kaiserin und Mutter, aber eigentlich erst siebzehn. Und ihre glückliche Kindheit war so abrupt von einem Tag auf den anderen beendet, daß ein paar kindliche Regungen gar keine Zeit hatten zu verschwinden.

Eine Schneeballschlacht auf dem Berg! Mitten im Sommer! Mit ihrem geliebten Franz!

Sissi tollt übermütig herum. Lacht und jauchzt, und Franz Joseph hat so eine Freude, seine kleine, junge Frau zu beobachten. So glücklich war er vielleicht bisher in seinem ganzen Leben nicht.

Auch er ist ja erst Mitte zwanzig und schon früh mit einer großen Bürde beladen. Ist man mit 25 schon reif für Staatsgeschäfte? Darf man eigentlich einem fünfundzwanzigjährigen schon die Entscheidung über Krieg und Frieden von Völkern übertragen?

Nur nicht daran denken. Hier oben ist die Luft wie Seide und der Himmel so durchsichtig, als könnte man bis ans Ende des Universums sehen. Und nichts als Schönheit und Frieden ringsum.

Franz Joseph zieht Sissi an sich. Er schaut ihr in die Augen. „Es ist so wunderschön hier!" murmelt er.

„Ja, einmalig!" Sissi küßt ihn übermütig. Dann wird sie ernst. „Schau Franz, so wie jetzt, wie Du jetzt bist, möchte ich Dich immer haben. Weit weg von deinen Regierungsgeschäften und von der Politik."

„Wenn das nur ginge, Sissi."

„Ja, wenn Du kein Kaiser wärst, und ich keine Kaiserin..."

Wie Sissi die Bergstiefel geputzt hat. Wie sie geschickt mit der Bürste herumgewienert hat und immer wieder auf das Leder gespuckt hat, damit es schön glänzt (das hat ihr der Thomas in Possenhofen gezeigt). Franz Joseph hat nur dagestanden und Sissi zugeschaut.

Und viele Fragen sind durch seinen Kopf gegeistert.

Was ist Glück?

Wenn man der oberste Herrscher eines Reiches ist?

Wenn man vierzig große Festkleider im Schrank hat? Wenn man seine Schuhe nur einmal trägt und sie dann der Kammerzofe schenkt?

Wenn man eine goldene Kutsche hat und vierspännig durch die Stadt fährt?

Oder wenn man in einer kleinen, stillen Kammer lebt, die nach Holz riecht, in einem dicken Federbett einen traumlosen Schlaf schläft und am Morgen vom ersten Hahnenschrei aufgeweckt wird, um seine kleine, tägliche Hausarbeit zu verrichten.

Wenn man nicht viel hat, aber genug, um zu leben.

Wenn man so reich ist, daß man sich Schlösser bauen kann.

Was ist Glück?

Was würde wohl die Erzherzogin sagen, wenn sie die beiden hier sehen könnte?

Wie sie ein Spiel spielen, das „kleine, heile Welt" heißt.

Was würde sie sagen?


Rückkehr nach Wien.

Als die kaiserliche Kutsche durch die Gassen der Wiener Altstadt fährt, läuft das Volk zusammen und jubelt Sissi zu.

Sissi winkt strahlend zurück.

„Siehst Du", sagt Franz, „wie sehr Dich hier alle lieben."

„Hier ja", erwidert Sissi, „hier auf den Straßen, „aber in der Hofburg?"

„Du wirst sehen", sagt Franz Joseph, „alles wird gut."


Franz Joseph fühlt sich gestärkt und voller neuer Energie, als er das erste Treffen mit dem Ministerrat anberaumt.

Die Minister sind zurückhaltend, zurückhaltender als sonst, scheint ihm.

Deshalb will Franz Joseph ihnen die Gelegenheit

geben, ihre Sorgen einmal auszusprechen.

Er wendet sich an den Innenminister, „Nun, lieber Graf, was hat sich sonst während meiner Abwesenheit Wichtiges ereignet?"

Der Minister verbeugt sich. Er muß sich mehrfach räuspern. Eine heikle Geschichte, über die er reden will. Vielleicht sollte man gar nichts sagen. Aber das könnte fatale Folgen haben. Also gibt der Minister sich einen Ruck: „Die Nachricht von der Abreise Eurer Majestät hat sich bei der Wiener Bevölkerung wie ein Lauffeuer verbreitet."

Franz Joseph nickt. Damit mußte man rechnen. Nichts, was in der Hofburg geschieht, bleibt unbeobachtet. Dafür gibt es doch immer zu viele Mitwisser, zu viele Ohren. Zu viel Neugier und Neid.

Der Ministerpräsident ergreift das Wort. „Man spricht von einem nicht wiedergutzumachenden Zerwürfnis Ihrer Majestät mit Ihrer Kaiserlichen Hoheit, Erzherzogin Sophie."

Wieder nickt der Kaiser. Er geht herum im Audienzsaal, die Hände auf dem Rücken, die Schultern gerade, aufrecht der Kopf. Wie immer läßt er sich kaum etwas von einer Gemütsregung anmerken. Er wendet sich an den Ministerpräsidenten: „Und, was haben Sie unternommen, um dieses Gerücht zu widerlegen?"

Die Minister tauschen einen Blick. Der Ministerpräsident spricht schließlich: „Nach meiner Meinung läßt sich dieses Gerücht nur aus der Welt schaffen, wenn Eure Majestät sich möglichst bald mit den beiden allerhöchsten Damen in der Öffentlichkeit zeigen!"

Franz Joseph atmet tief durch. Das hat er befürchtet.

Aber natürlich hat der Ministerpräsident recht.

Sie sind erst ein paar Stunden wieder in Wien. Sissi hat ihr Kind noch nicht gesehen, zu viele Dinge mußten geregelt werden. Die Aufgaben einer Kaiserin. Bittsteller, Gesandte, die seit Tagen auf eine Audienz mit der Kaiserin warten... Außerdem möchte Sissi den Augenblick, an dem sie ihrer Schwiegermutter wieder unter die Augen tritt, so lange wie möglich hinausschieben.

Sie wartet darauf, daß Franz Joseph ein klärendes Wort mit seiner Mutter spricht.

Er hat es ihr versprochen. Er hat ihr noch in der Kutsche, auf der Rückreise von der Steiermark, hoch und heilig versprochen, daß er alles tun wird, damit Sissi die kleine Sophie wieder bei sich haben kann.

Sie wartet also.

Sie will ihm Zeit geben.

Natürlich gehen erst einmal die politischen Geschäfte vor. Sie will nicht unvernünftig sein, nicht kindisch. Sie muß Geduld haben.

Am Abend ist die Premiere einer neuen Ballett-oper angekündigt. Ein großes, festliches Ereignis, zu dem „Ganz Wien" erscheinen wird.

Graf Grünne empfiehlt, daß der Kaiser sich mit den beiden Damen bei dieser Gelegenheit in der kaiserlichen Loge sehen läßt. Möglichst soll auch Erzherzog Franz Karl dabei sein. Um die völlige Harmonie der Familie zu dokumentieren.

Franz Joseph nickt. Er hat immer noch nicht mit seiner Mutter gesprochen. Er wird das tun müssen, bevor man sich abends in der Kaiserloge trifft. Er wird seiner Mutter Sissis Standpunkt klarmachen müssen und sie bitten, das Kinderzimmer wieder in die Nähe von Sissis Privatgemächer zu verlegen.

Außerdem wird er seiner Mutter erklären müssen, warum er nicht mit der Kaiserin sofort wieder nach Wien zurückgekehrt ist, sondern erst durch seine tagelange Abwesenheit den Gerüchten noch mehr Nährboden gegeben hat.

Die Erzherzogin ist in Wien geblieben und mußte das alles aushalten. Die Blicke, das Getuschel, das Rascheln der Röcke im Flur, wenn sie eine Tür aufmachte, die vielen überraschenden Besuche der entfernten Verwandten. Die nichts als Neugier nach Wien trieb. Also die Gier nach einer Sensation. Franz Joseph wird ihr sagen müssen, daß ihm seine Liebe zu Sissi wichtiger gewesen ist, als sein Dienst am Volk, seine Achtung vor der Mutter, als das Image, das er in der Öffentlichkeit hat.

Aber es muß sein. Um 19 Uhr beginnt die Ballett-premiere.

Vorher muß er mit seiner Mutter reden.

Und Sissi wird er nur durch die Hofdame aus-richten lassen, daß für diesen Abend ein Besuch der Oper geplant ist. Nicht mehr. Und sich entschul-digen, daß er sie nicht selbst abholen kann. Wegen zu vieler Pflichten.

Sie weiß ja selbst am besten, daß während der herrlichen Tage in Kärnten und Tirol gar nicht gear-beitet wurde. Nicht eine Depesche hat sie erreicht. Oberst Böckl hat gute Arbeit geleistet: Niemand hat das junge Glück gestört.

Aber das rächt sich jetzt.

Franz Joseph läßt bei seiner Mutter um eine Audienz nachfragen.

Am Nachmittag wird er sie im Salon aufsuchen. Und ihr alles erklären.

Wenn das Schicksal ihm gnädig ist, wird alles gut.


In der Wiener Oper wird das Ballett „Giselle" gegeben. Eine Komposition von Adam, eine roman-tische Choreographie im damals beliebten Schäfe-rinnen-Idyll.

Das Ballett war mit großem Erfolg 1841 in Paris uraufgeführt worden.

In der Kaiserloge sitzen Franz Joseph und Sissi, beide festlich gekleidet. Neben Franz Joseph seine Mutter, neben Sissi der Erzherzog Franz Karl, dem alles gleich ist. Er hat sich in die Gerüchte um das Verschwinden Sissis nicht eingemischt. Er ist sowieso auf Sissis Seite. Er liebt seine junge schöne Schwiegertochter. Aber das wird er Sophie nicht sagen. Weil sie ihm dann gleich an die Kehle geht.

Sissi sitzt sehr aufrecht, sehr angespannt. Sie hat ihr Baby noch nicht wieder in den Arm nehmen können.

Die Begrüßung zwischen ihr und der Erzherzogin Sophie ist äußerst frostig gewesen.

Vor der Kaiserloge haben sie sich nur zugenickt. Das war alles.

Sissi ahnt, daß das Gespräch zwischen Franz Joseph und seiner Mutter nicht gut ausgegangen ist.

Aber sie hat immer noch ein kleines Fünkchen Hoffnung.

Bevor die Ouvertüre erklingt, wird die Kaiserhymne gespielt. Dazu steht das Publikum auf und wendet sich mit dem Gesicht zur Kaiserloge um. Eine willkommene Gelegenheit für alle Zuschauer, einen ganz genauen Blick auf die kaiserliche Familie zu werfen.

Überall auf den Rängen, im Parkett, in den Logen, wird getuschelt. Manche zeigen sich überrascht, daß die Erzherzogin dabei ist. Andere haben überhaupt nicht mehr damit gerechnet, daß Sissi ihren Mann begleitet.

Wie immer sind es die Frauen, die nicht genug bekommen können vom Tratsch, sie reden noch, wenn die Männer längst beschlossen haben, daß alles nur „viel Lärm um nichts" gewesen ist.

Der Dirigent hebt nach einer tiefen Verbeugung vor der Kaiserloge den Taktstock, der Samtvorhang schwingt auf und die Zuschauer erblicken ein wunderschönes romantisches Tableau. Tänzerinnen in weißem Tüll vor einer lieblichen Landschaft.

Sissi kann sich nicht auf die Musik und nicht auf die Tänzer konzentrieren. Sie muß immer nur an ihr Kind denken.

Franz Joseph hat ihr noch kein Wort gesagt. Wieso spricht er nicht mit ihr?

Wieso sagt er nicht, was er bei seiner Mutter erreicht hat?

Als die Musik anschwillt, und niemand ihr Gespräch belauschen kann, sagt Sissi, ohne den Kopf von der Bühne zu wenden: „Hast Du mit Deiner Mutter gesprochen?"

„Ja", sagt Franz Joseph, „aber leider ohne Erfolg."

Sissi schließt die Augen. Als habe sie es geahnt! Seit sie in der Hofburg angekommen ist, war wieder dieser Druck in ihrem Magen, dieses Sirren in ihrem Kopf. Also ist alles wie immer. Nichts hat sich gebessert...

„Ich habe es geahnt", murmelt Sissi. „Wenn wir nach Hause kommen, wird alles so wie es war."

Franz Joseph versucht, sich zu verteidigen. Obgleich er weiß, daß es keine Verteidigung gibt.

Er hat eine Niederlage eingesteckt, das ist es. Draußen in der Welt will er immer siegen, aber zu Hause schafft er es nicht. Seine Mutter ist stärker.

„Mama hat gedroht, daß Schloß zu verlassen, ehe sie die Erziehung des Kindes jemand anderem überläßt."

Jemand anderem! Sie, Sissi ist doch die Mutter! Nicht jemand anderes!

„Und was hast Du geantwortet?" fragt Sissi.

„Ich habe nicht gewußt, was ich machen soll." Wie erbärmlich, denkt Sissi.

Wie erbärmlich, denkt Franz Joseph.

Auf der Bühne erscheint ein Tänzer, und zwei Tänzerinnen gruppieren sich um ihn.

Es ist wie ein Spiegelbild dessen, was er erlebt. Ein Mann zwischen zwei Frauen.

Sissi gibt sich nur einen kleinen Augenblick Zeit zum Nachdenken. Dann sagt sie: „Gut. Dann muß ich es dir sagen: Deine Mutter soll bleiben. Aber ich... ich gehe... für immer."

Sie dürfen sich nicht anschauen. Sie dürfen die Lippen nur ganz sacht bewegen. Niemand soll merken, daß sie sich nicht auf das Ballett konzentrieren, sondern hier ihren Ehestreit ausführen, unter den Augen des Volkes. Des ganzen Wiener Adels. Sie sitzen sehr aufrecht, immer noch, mit starren, unbeweglichen Mienen.

„Sissi", flüstert Franz Joseph. Er ist jetzt sehr blaß. „Hast Du denn vergessen, wie unendlich glücklich wir noch vor ein paar Tagen waren?"

„Ich habe nichts vergessen, Franz." Sissis Augen füllen sich mit Tränen. Ihre Schwiegermutter sitzt keine drei Meter von ihr entfernt. Kalt wie ein Eisblock.

Sie allein kann hören, daß die beiden miteinander reden. Sie allein weiß, worum es geht.

Aber sie sitzt da, fächelt sich Luft zu und tut, als sei alles in schönster Ordnung.

„Wir zwei", sagt Sissi traurig, „dürfen anscheinend nicht lange glücklich sein. Das ist unser Schicksal."

Die Aufführung ist kaum beendet, da fährt auch schon die Kutsche vor und bringt Sissi nach Schönbrunn.

Die Gräfin Bellegarde, die so erleichtert ist, daß Sissi und der Kaiser sich wieder vertragen, muß erfahren, daß Sissi nun schon wieder abreisen will.

Um Himmels Willen. Welches Chaos!

Die Gräfin Lamberg, die zweite Hofdame, muß das Packen der Koffer beaufsichtigen. Die Kammerfrauen laufen wie erschreckte Hühner hin und her. Von Sissi sieht und hört man nichts.

Und der Kaiser ist wie vom Erdboden verschluckt.

Am nächsten Morgen will Sissi abreisen.

An diesem Abend erscheint der Kaiser nicht in ihren Zimmern.

Sissi hat Befehl gegeben, daß sie niemanden sehen will.

Niemanden.

Die Hofdamen schauen sich an. Ihre Mienen sind voller böser Vorahnungen.

Einen letzten Versuch, das Eheglück und das Glück des Kaiserreiches zu retten, unternimmt Sissis Mutter. Sie beschwört ihre Schwester in einer eiligen Audienz, doch nachgiebig zu sein.

„Ich weiß doch, daß Du im Grunde ein seelenguter Mensch bist", sagt sie beschwörend, „nur das Leben und die ganzen politischen Verhältnisse haben Dich so hart gemacht. Du hast immer nur gekämpft, Sophie, dein ganzes Leben. Um ein Ziel, und das Ziel war, dein Kind zum Kaiser von Österreich zu machen. Du hast selbst auf den Thron verzichtet, weil Du dein Kind so geliebt hast. Und gerade deshalb darfst Du ihm sein größtes Glück, die Liebe zu seiner Frau nicht trüben! Ich bitte Dich, Sophie!

Verstehst Du das nicht?

Sissi liebt deinen Franz. Unendlich. Und dafür mußt Du ihr doch dankbar sein. Habe ich nicht recht?"

Sophie hat sich die lange, sorgsam, vorbereitete Rede ihrer Schwester ruhig angehört. Ein kühles, überlegenes Lächeln spielt auf ihrem Gesicht. Sie versteht, was Ludovika sagen will.

Aber Ludovika ist leider nur eine kleine, bayerische Herzogin, die nichts von Politik versteht, nichts von den äußeren Zwängen, denen ein Kaiser unterliegt.

Sie beginnt ruhig, fast verständnisvoll: „Liebe Ludovika, Du brauchst nicht zu glauben, daß ich Sissi nicht mag und daß ich alle ihre Vorzüge nicht kenne und schätze. Ich habe die Erziehung der kleinen Sophie nicht übernommen, um Sissi weh zu tun. Sondern", und jetzt hebt sie die Stimme, jetzt spricht sie wie eine Frau, die keinen Widerspruch kennt, „weil ich der Ansicht bin, daß Sissi selbst noch ein Kind ist und daß Frauen in unserem Alter Kinder besser erziehen können."

„Aber ein Kind gehört doch zur Mutter!" ruft Ludovika verzweifelt. „Ich hätte meine Kinder auch niemals in andere Hände gegeben!"

Sophie schüttelt unwirsch den Kopf. „Aber eine Kaiserin gehört zum Kaiser. Franz Joseph wird in der nächsten Zeit viel Reisen unternehmen müssen. Und da muß Sissi an seiner Seite sein. Und darf sich nicht in einem Kinderzimmer verkriechen!"

Als Ludovika entlassen wird, hat sie nichts erreicht.

Die Erzherzogin wird die kleine Sophie nicht wieder hergeben.

Was die Erzherzogin ihrer Schwester verschwiegen hat: Inzwischen ist sie so vernarrt in das winzige Wesen, daß sie es gar nicht mehr hergeben kann.

Zum ersten Mal seit Jahrzehnten zeigt Erzherzogin Sophie Gefühle. Sie denkt Tag und Nacht an das Wohl des kleinen Kindes.

Sie erfreut sich an seinem Lächeln, an dem kleinen, glucksenden Lachen des Babys. Wenn sie in die Wiege sieht, geht ihr Herz auf.

Aber darüber spricht Erzherzogin Sophie nicht.

Sonst wird man ihr noch vorwerfen, sie habe aus eigensüchtigen Motiven gehandelt. Und nicht aus Staatsraison.


Ein zweites Mal will Sissi nicht kopflos die Flucht ergreifen. Dieses Mal sind ihre Koffer sorgfältig gepackt und sie hat sich jeden Schritt gut überlegt.

Sie wird weggehen, und zwar für immer. Auf einen Kampf zwischen der Erzherzogin Sophie will sie es nicht ankommen lassen.

Sie weiß, daß sie nicht gewinnen kann. Franz Joseph braucht seine Mutter als Beraterin für Staatsgeschäfte.

Natürlich braucht er auch Sissi. Aber vielleicht nicht so dringend?

Sissi setzt alles auf eine Karte.

Sie trägt schon ihr Reisekleid, schlicht und hochgeschlossen aus rosa Wollmousseline.

Sie geht zum Kaiser, um sich von ihm zu verabschieden. Ihre Abreise hat sie ja schon abends in der Oper angekündigt.

Der Kaiser hat viel zu tun. Die ungarische Abordnung ist da und er weiß, was man ihm antragen wird: die ungarische Krone.

Dies ist ein wichtiger Augenblick in seinem Leben. Ein großer Erfolg seiner Staatskunst. Er weiß, daß er fast alles, was sich in der österreichisch-ungarischen Beziehung verbessert hat, seiner Frau verdankt.

Gerade deshalb trifft es ihn wie ein Schock, als Sissi vor ihm steht und sagt: „Ich komme nur, um adieu zu sagen."

Franz Joseph schüttelt den Kopf. „Nein, nein!" flüstert er, „Nein Sissi. Bitte. Du kannst mich doch jetzt nicht im Stich lassen! Zar Nikolaus will mich in einen Krieg zwingen, Frankreich setzt mir ebenfalls das Messer auf die Brust und will mich in einen Krieg verwickeln, den ich nicht führen kann und nicht führen darf! Ich brauche Dich, Sissi! Ich brauche Deine Hilfe! Ich brauche deinen Rat!"

Sissi schweigt. Sie könnte jetzt sagen: „Du hast doch Deine Mutter. Du suchst doch bei Deiner Mutter Rat und Hilfe." Aber sie sagt es nicht. Sie schweigt. Und das ist Antwort genug.

„Sissi, bitte", fleht der Kaiser, „wir haben doch gesehen, wie wichtig Du bist! Ohne Dich wäre die Versöhnung mit Ungarn nie zustande gekommen und ohne Dich würde man mich nie zum König von Ungarn krönen."

Sissi geht ans Fenster. Sie ist traurig. Sie kann kaum sprechen vor Traurigkeit. Aber sie hat sich entschieden. Sie wird gehen. Weil hier kein Platz für sie ist.

„Du sprichst immer von Krönung und Völkerversöhnung", sagt sie bitter, „aber nie von unserem Kind! Du siehst immer die Kaiserin in mir, aber nie die Mutter deines Kindes!"

„Nein, Sissi. Du tust mir unrecht. Aber ich muß Dich an Dinge erinnern, die für unser Land wichtig sind."

Sissi reagiert nicht, stumm steht sie da und schaut aus dem Fenster.

Die Hofdame Gräfin Bellegarde meldet, daß die ungarische Abordnung bereits im Schloß eingetroffen ist und der Empfang in einer halben Stunde stattfinden wird.

Es macht den Kaiser ganz wirr, daß ausgerechnet in dieser Situation schon wieder ein Ehestreit entbrannt ist. Wie kann er Sissi nur zurückhalten. Wie kann er sie überzeugen, daß ohne sie gar nichts geht? Daß er ohne sie nicht leben kann?

Er tritt hinter sie, will sie streicheln, sie versöhnen, besänftigen.

Er will so tun, als sei alles nicht geschehen, all diese Worte nicht gesagt. Vielleicht ist das das Einfachste, denkt er, wenn wir so tun, als wäre gar nichts. „Du mußt Dich auch fertig machen", sagt er sanft. Und lächelt.

Aber Sissi wird sich nicht für den Empfang fertig machen, sie hat sich gerade umgezogen, für diese

Reise. Die Gräfin Bellegarde ist auch schon auf die Abreise vorbereitet, die Koffer sind in der Kutsche.

Sissi sagt ihrem Mann, daß er ohne Sie auf den Empfang gehen muß.

„Aber das ist doch völlig ausgeschlossen!" ruft der Kaiser verzweifelt. „Du weißt doch, was dieser Empfang für uns bedeutet!"

Sissi schaut ihn an. Lange. Er begreift nichts, denkt sie. Er weiß immer noch nicht, was ich fühle. Er kennt mich nicht. „Für mich bedeutet er nichts", sagt sie leise.

Franz Joseph nimmt ihre Hand, führt sie an die Lippen. „Auf Wiedersehen, Sissi."

Er glaubt vielleicht immer noch, möchte glauben, daß dies nur ein Abschied für eine halbe Stunde ist, daß man sich ja gleich wiedersieht, beim Empfang für die ungarische Abordnung.

Sissi aber schaut ihn an und sagt ruhig: „Leb wohl, Franz."

Da verbeugt er sich in wortlosem Kummer, ganz tief und verläßt den Raum.

Sissis Mutter, Herzogin Ludovika, ist inzwischen nicht untätig gewesen. Sie hat nochmals und wieder mit Sophie zu sprechen versucht. Hat Sophie die Dringlichkeit erklärt und den festen Willen von Sissi, wirklich das Land und ihren Mann zu verlassen, wenn sie ihr Kind nicht selbst erziehen darf.

Die Erzherzogin blieb erst hart und hat kategorisch abgelehnt, mit Ludovika noch einmal über die Sache zu verhandeln. „Ich habe meine Gründe dargelegt", hat sie kalt erwidert, „wie kannst Du annehmen, daß sich diese in wenigen Stunden ändern?"

Auch Franz Joseph ist mehrfach bei seiner Mutter gewesen. Und die Hofdamen haben der Erzherzogin von Sissis festem Entschluß erzählt, das Land zu verlassen.

„Die Koffer sind schon gepackt und verladen", hat die Gräfin Bellegarde vernehmen lassen.

Mit scheinbar unerschütterlicher Ruhe hat Sophie all die Nachrichten aufgenommen.

Franz Joseph hat sich schließlich zurückgezogen, um sich für den Empfang umzukleiden. Es war abgesprochen, daß er und Sissi zum ersten Mal in ungarischer Nationaltracht vor der ungarischen Delegation erscheinen sollen, als demütige Gebärde vor dem ungarischen Volk. Und als Zeichen, daß sie bereit sind, die Königskrone Ungarns anzunehmen.

Die Delegation wartet bereits, festlich gekleidet, im Kaisersaal. Eine Unruhe hat sich ausgebreitet, von der zuerst keiner weiß, welche Ursache sie hat.

Man wartet schon eine Weile, aber das will nichts heißen, der Einzug des Kaiserpaares ist bereits für die nächsten zehn Minuten vorgesehen. Was also ist passiert?

\*

Dr. Falk, Sissis Ungarisch-Lehrer, der schon so oft den Retter in letzter Sekunde gespielt hat, tritt vorsichtig an Graf Andrassy heran. „Ich habe soeben erfahren, daß die Kaiserin an diesem Empfang nicht teilnehmen wird! Sie verreist noch in dieser Stunde!" Seine geflüsterten Worte verfehlen ihre Wirkung nicht.

Graf Andrassy, eben noch vergnügt und voller Freude auf das Wiedersehen mit der Kaiserin, runzelt die Stirn.

„Aber das ist unmöglich!" ruft er, „das kann doch nur ein Gerücht sein!"

Dr. Falk schüttelt den Kopf. „Leider nein. Die Gräfin Bellegarde, eine enge Vertraute der Kaiserin, hat es mir eben selbst gesagt. Es ist zu einem neuerlichen Zerwürfnis gekommen zwischen ihr und der Erzherzogin Sophie, wegen des Kindes.

Graf Andrassy beschließt, sofort um eine Audienz bei der Kaiserin zu ersuchen. Er hat sie schon einmal in ihrem Salon aufgesucht und sie ist nett und charmant gewesen. Er hat einmal mit ihr getanzt, Damenwahl! Wie könnte er das je vergessen! Seit diesem Abend verehrt er Sissi. Vielleicht liebt er sie sogar. Später werden Leute am Hof behaupten, Graf Andrassy habe eine Affäre mit der jungen Kaiserin. Die Leute behaupten ohnehin sehr viel.

Im Augenblick empfindet der ungarische Graf, der rebellische, schöne Mann für die junge Kaiserin nichts als eine tiefe Verehrung und Zuneigung.

Außerdem kommt er mit einer Botschaft für die Kaiserin. Es ist die wichtigste Botschaft, die das ungarische Volk ihm je anvertraut hat.

Dr. Falk führt ihn. Sie dürfen keine einzige Minute verlieren.

Sissi steht noch immer in ihrem Salon. Sie ist so zerrissen von Gefühlen, die sich alle widersprechen. Sie liebt ihren Franz, sie kann ihr Kind nicht verlassen, aber sie kann auch nicht bleiben. Wenn sie bliebe, würde es ihr das Herz zerreißen. Sie taugt nicht zu einer glücklichen Frau. Taugt nicht zu einem Vogel, dem man die Flügel gestutzt hat, und der in einem Käfig vegetiert. Sie wird sich nicht vorschreiben lassen, wie sie zu leben hat.

Niemals.

Auch nicht von der Mutter des Kaisers.

Gräfin Bellegarde kündigt Graf Andrassy an.

Sissi mag nicht mit ihm reden. Sie kann nicht. Ihr ist so elend. Sie fühlt sich schwach und unglücklich. Aber die Gräfin sagt, Graf Andrassy lasse ganz dringlich bitten. Es gehe um alles.

Schließlich gibt Sissi nach. Die Ungarn sind ihr von allen Völkern das liebste. Und wenn es ihre letzte Handlung bei Hofe ist, so ist es gut, einen Ungarn zu empfangen, einem Ungarn noch einmal in die Augen gesehen zu haben.

Auch Sissi bewundert Graf Andrassy. Für seine Tapferkeit, seinen Mut.

Sein rebellisches, freiheitsliebendes Wesen. Sie sind sich sehr ähnlich, die beiden.

Graf Andrassy darf eintreten.

Er tritt ein paar Schritte vor, verbeugt sich tief. Er ist höflich, aber entschlossen. Er hat die Aufgabe, die Kaiserin in letzter Minute davon abzuhalten, einfach das Land zu verlassen. Das ist fast unmöglich. Wenn Franz Joseph das nicht geschafft hat!

Wenn ihr eigenes Kind das nicht schafft! Aber er wird es trotzdem versuchen.

„Majestät", sagt er, „es wurde mir soeben mitgeteilt, daß Majestät am Empfang der ungarischen Abordnung nicht teilnehmen."

Sissi nickt. „Ich habe Gründe", sagt sie, „die mich dazu zwingen."

„Majestät, ich bin überzeugt, daß diese Gründe schwerwiegend sind, aber ich muß sie bitten, diesen Entschluß abzuändern."

Er weiß, es kann nicht gelingen. Er sieht Sissis traurige Augen, ihren entschlossenen Mund. Sie lächelt nicht. Sonst hat sie immer gelächelt.

Er kennt sie nur lächelnd, voller Liebreiz und Charme. Hier steht eine andere Frau vor ihm. Eine reife, erwachsene Frau, die eben dabei ist, einen einsamen Entschluß zu fassen.

„Majestät", beginnt Graf Andrassy von neuem, „Seit Maria Theresia hat das ungarische Volk von Generation zu Generation auf einen Menschen in diesem Kaiserhaus gewartet, zu dem es Vertrauen haben kann! Für den es sich lohnt, zu leben und zu sterben! Wir sind heute nicht zum Kaiser von Österreich gekommen, sondern zu unserer künftigen Königin. Und deshalb müssen Eure Majestät an dem Empfang teilnehmen. Auch wenn es für Majestät das größte Opfer bedeutet!"

Es fällt Sissi so schwer, nein zu sagen. Einem Mann wie Graf Andrassy, der das Unmögliche möglich gemacht hat: Ungarn mit Österreich vereint. Der es geschafft hat, von einem Rebellen, einem Widersacher des Kaisers zu einem Freund zu werden.

Ihn schickt sie weg! Ihm sagt sie: Alles umsonst. Ihr seid umsonst gekommen. Ihr interessiert mich nicht. Ich habe meine eigenen Probleme.

Wie schrecklich Sissi sich fühlt. Aber dennoch sagt sie: „Graf Andrassy, bitte, drängen Sie nicht weiter in mich. Ich kann nicht. Ich kann nicht."

Graf Andrassy wartet noch einen Augenblick, aber Sissi schweigt jetzt.

Also verbeugt er sich tief, wortlos. Sein Gesicht sagt nicht, was er denkt.

Aber Sissi weiß es ohnehin. Sie fühlt sich schlecht, weil sie die Ungarn verrät. Sie fühlt sich aber ohnehin so elend, daß sie kaum noch denken kann.

Als der Graf gegangen ist, flüchtet Sissi zu ihrer Mutter, die in einem anderen Salon sitzt und auf Sissi wartet.

Ludovika hat beschlossen, Sissi zu begleiten, wohin immer sie flüchten will.

„Mama", flüstert Sissi, „was soll ich nur tun. Graf Andrassy war gerade bei mir. Was soll ich nur tun?"

Ludovika streichelt ihre Tochter. Tröstet sie. Sagt, daß sie alles versteht.

Aber sie sagt auch, daß Sissi jetzt ihren Mann nicht im Stich lassen darf. Man darf nicht einfach alles hinwerfen, wenn es mal schwierig ist. Eine Ehe ist auch immer eine Bewährungsprobe. Eine gute Ehe wird gerade daran gemessen, wieviel Schwierigkeiten man gemeinsam gemeistert hat.

„Du bist Kaiserin von Österreich", sagt sie beschwörend, „Du hast eine Aufgabe. Und deshalb mußt Du jetzt stark sein und Dich selbst überwinden."

Graf Andrassy stürmt in den Kaisersaal zurück. Er ist verstört und wütend.

„Er weiß nicht, wie er seinen Landsleuten die neuerliche Niederlage beibringen soll.

Jedes Mal, wenn er sich darauf eingelassen hat, den Österreichern die Hand zur Versöhnung zu reichen, wenn er seinen Stolz überwunden hat und den Stolz seines ganzen ungarischen Volkes, dann wird ihm diese Hand verweigert. Dann drehen diese arroganten Wiener sich um. Wenden sich einfach ab.

Was soll er tun?

Er kommt mit der Einladung, Kaiserin Sissi zur Königin von Ungarn zu machen. Das ist mehr, als sein Volk je einem Österreicher angeboten hat. Seit Maria Theresia. Er hat es Sissi doch gesagt! Weiß sie denn nicht, was auf dem Spiel steht? Schlägt ihr Herz denn nur für ihr Kind - und gar nicht für das Land, dessen Kaiserin sie ist?

Dr. Falk nähert sich vorsichtig. Er kann in Andrassys Miene lesen, in dieser finster verschlossenen Miene. Aber er fragt trotzdem: „Nun? Kommt sie?"

Der Graf fährt herum. Schleudert seinem Landsmann nur ein „Nein!" entgegen.

Und augenblicklich wird es still um die beiden herum.

Eine lähmende, hoffnungslose Stille breitet sich im Raum aus.


Nebenan zieht der Kaiser sich die Handschuhe an, die Graf Grünne ihm reicht.

Er hat die ungarische Galauniform angelegt, er sieht aus wie ein ungarischer Gesandter, nur noch prächtiger. Leuchtend rot ist seine Uniform und mit Zobel verbrämt das Cape, das er über der linken Schulter trägt. Seine Stiefel, aus weichem Kalbsleder, ebenso rot mit goldenen Schnüren. Er nimmt den Hut entgegen und schaut den Grafen an.

„Nun? Ist die Abordnung versammelt?"

Der Graf nickt.

„Aber Ihre Majestät ist noch nicht da."

Franz Joseph atmet tief durch. Dieses Einatmen ist wieder ein Schmerz in seiner Lunge.

Er schließt die Augen. „Ihre Majestät", sagt er mit äußerster Kraftanstrengung, „wird wahrscheinlich an dem Empfang nicht teilnehmen."

Graf Grünne verbeugt sich und gibt sich dadurch die Gelegenheit, dem Blick des Kaisers auszuweichen. Er wird dazu nichts sagen.

Er hat seine eigene Meinung. Seine Meinung ist die, daß der Kaiser seiner Frau zu viel durchgehen läßt.

Auch er findet die Erzherzogin zu streng, auch er spürt, wie Sissi unter dem finsteren Haus, den Intrigen leidet.

Seiner Ansicht nach hat sie nicht das Recht, sich wie ein verwöhntes Kind zu benehmen. Die Beleidigte zu spielen. Einer Kaiserin kommt so etwas nicht zu.

Er sagt nichts.

„Also dann", murmelt der Kaiser, wie um sich selber Mut zu machen.

Er weiß noch nicht, wie er den ungarischen Gesandten entgegentreten soll. Wie er es erklären soll, daß seine Frau andere wichtigere Dinge zu tun hat.

Daß die Kaiserin es vorzieht, sich um ihre eigenen Angelegenheiten zu kümmern statt um die Angelegenheiten des Staates.

Er weiß es nicht.

Aber da kommt ihm aus der entgegengesetzten Richtung Sissi entgegen.

Die Türen werden vor ihr aufgestoßen, seine Sissi, ein hinreißend schönes, junges Mädchen in ungarischer Tracht geht auf ihn zu.

Sissi sieht in diesem Augenblick wirklich aus wie eine Märchenkaiserin.

Sie trägt eine festliche und kostbar veränderte Version der ungarischen Nationaltracht: Das weiße Kleid ist aus Seide, das Mieder aus edelstem schwarzen Samt, die Verschnürungen sind mit Perlen und Diamanten verziert, die Schürze ist aus feinster Brüsseler Spitze:

So sieht eine Königin von Ungarn aus.

Sie ist blaß. Sie geht mit kleinen mühsamen Schritten, sie kann sich kaum aufrecht halten. Alles an ihr ist jetzt Disziplin.

Nur mit der Kraft ihres Willens hält sie sich aufrecht.

Zum ersten Mal tut sie das, was der Kaiser, was ganz Österreich von ihr erwartet: Sie opfert das Private für das Gesamtwohl. Sie opfert sich selbst.

Franz lächelt. Erst ungläubig, dann erleichtert, dann voller Glück: „Sissi!"

Sie bleibt vor ihm stehen. Hebt den Kopf, schaut ihn an. Große, riesengroße Augen eines verstörten Kindes.

Und dennoch ist etwas mit ihrem Gesicht geschehen. Sie sieht reifer aus. Der Kummer und die seelische Anspannung der letzten Wochen haben erste Spuren hinterlassen.

Franz Joseph sieht das mit Anteilnahme, fast mit Schrecken.

Was geschieht mit seiner Sissi? Wo bleibt das Leichte, Heitere, das Strahlen ihrer Augen?

Sie sieht so müde aus. Er möchte sie am liebsten in den Arm nehmen, sie an sich drücken. Er weiß, daß er eine Flut von Tränen auslösen würde, wenn er sie jetzt einfach an sich ziehen und küssen würde.

Deshalb sagt er nur: „Ich bin so glücklich, daß Du gekommen bist. Und auch ich habe eine gute Nachricht: Mama hat eingesehen, daß das Kind zur Mutter gehört!"

Sissi hebt den Blick. Ist das wieder nur eine Lüge? Wieder nur ein Trick, um sie sanft zu stimmen? „Wirklich, Franz? Ist das wahr?"flüstert sie.

Franz Joseph nickt. „Ja. Sie hat bereits veranlaßt, daß das Zimmer dorthin zurück verlegt wird, wo es war."

„Eure Majestät! Das ungarische Volk, für welches ich die Ehre habe zu sprechen, hat den Wunsch geäußert, daß Ihre Majestät an der Krönung teilnehmen und am gleichen Tag zur Königin von Ungarn gekrönt werden sollen."

Dies ist ein historischer Augenblick.

Franz Joseph und Sissi stehen etwas erhöht über den atemlos wartenden, ungarischen Gesandten. Sie alle gehören zu den höchsten ungarischen

Adelskreisen. Sie alle haben im Widerstand gegen die österreichische Herrschaft gekämpft. Und auch jetzt wollen sie nicht demütig einem Herrscher dienen.

Auf dem festlichen Empfang tritt Graf Andrassy vor und sagt: „Mit der Krönung zum ungarischen König ist eine Bedingung unweigerlich verknüpft: Daß die ungarische Verfassung wieder in Kraft tritt. Und Ungarn auf diese Weise eine viel größere Autonomie besitzt."

Franz Joseph weiß sehr wohl, was dieser Schritt bedeutet: Er wird Einfluß verlieren in Ungarn. Er wird weder so viel Geld wie bisher aus dem Land nehmen, noch bedingungslos auf ungarische Hilfe bei kriegerischen Auseinandersetzungen rechnen können.

Andererseits ist ein beliebter König auch ein Pfand, mit dem man handeln kann. Ganz besonders, wenn man an seiner Seite eine Kaiserin weiß, die fließend Ungarisch spricht und dieses Volk mehr liebt als jedes andere.

Die Erzherzogin war immer eine Freundin von Böhmen. Der böhmische Adel, von dem die Wiener Aristokratie durchsetzt ist, war immer loyal und dem Kaiserhaus Habsburg ergeben.

Deshalb war auch Sophies Ratschlag, daß Sissi als erste die „Böhmische" Sprache, also Tschechisch lernen sollte. Aber damit tat sie sich sehr schwer,

wohingegen das Ungarische, das eine viel kompli-
ziertere Grammatik hat, für sie gar kein Problem war.

Das alles weiß der Kaiser und hat Vor- und Nach-
teile dieses Angebotes, den ungarischen Thron zu
besteigen, sorgsam gegeneinander abgewogen.

Natürlich hat er sich mit seinem Ministerrat, und
ganz besonders intensiv mit seinem General-
adjutanten Graf Grünne in diesem Fall besprochen.

Er hat auch Sissi gefragt. Für Sissi war es selbstverständlich, daß er dieses Angebot, das sie als
Ehre bezeichnet, annimmt.

Um so schlimmer, wenn sie ihrem Mann an diesem
Tag, bei diesem Empfang einen Korb gegeben hätte!

„Ich entspreche diesem Wunsche um so lieber,
Graf Andrassy", sagt der Kaiser, „als er auch mit
meinen Wünschen übereinstimmt. Ich bin der Vorsehung dankbar, daß sie mir eine Frau gegeben hat,
die die göttliche Gabe besitzt, die Herzen ganzer
Völker zu gewinnen. Ich bitte jetzt die Kaiserin, auf
ihre Frage zu antworten."

Sissi, immer noch bleich, immer noch mit den
widerstreitenden Gefühlen in ihrem Herzen
kämpfend, richtet sich auf. Sie schaut Graf Andrassy
in die Augen.

Der ungarische Graf, ein Lebemann, der
während des Exils in Frankreich und England die
Herzen der Frauen im Sturm erobert hat, der von
seiner Mutter mit Geld ausgestattet wurde, so daß
er während seiner Exiljahre nicht darben mußte,

läßt seine Augen nicht von der Kaiserin.

„Mit großer Freude", sagt Sissi in ihrer ohnehin fast kindlichen Stimme, „erfülle ich Ihren Wunsch. Überbringen Sie dem ungarischen Volk meinen aufrichtigen Dank und meinen herzlichsten Gruß. Ich freue mich schon heute auf die Reise nach dem schönen Ungarn."

Da bricht unter den Abgesandten ein Jubel aus, Fahnen werden geschwenkt.

Und die Türen öffnen sich, die Lakaien treten ein und reichen auf silbernen Tabletts Gläser herum.

Man trinkt auf das Wohl Ungarns. Und Österreichs. Auf das Wohl des Kaiserpaares.

Und im gleichen Augenblick wird ein Kurier mit dieser wichtigen Botschaft von Wien nach Budapest geschickt: Ungarn wird wieder einen König auf dem Thron haben! Und an seiner Seite eine Königin, die die ungarische Sprache spricht!

Ungarn wird wieder seine Verfassung zurückerhalten und in alle alten Rechte eintreten können.

*Es lebe Ungarn!*
*Es lebe die Freiheit!*

**ENDE**

## Kaiserin der Herzen

# Der BILDBAND
# zu den ORIGINALFILMEN

**Jetzt im Handel**

Der Bildband zu den
Originalfilmen mit
vielen Szenenfotos
Sissi - Das Leben einer
Kaiserin
Hardcover, 144 Seiten
ISBN 3-932234-26-X
DM 29,80
öS 218,-
sFr 28,40

## Lassen Sie sich v e r z a u b e r n vom Charme der jungen ROMY SCHNEIDER!

Viele großformatige Szenenfotos aus der Film-Trilogie
dokumentieren anschaulich das Schicksal der österreichischen
Kaiserin vom unbeschwerten Mädchen zur reifen,
lebenserfahrenen Frau.

BURGSCHMIET VERLAG GMBH
Burgschmietstraße 2-4 · 90419 Nürnberg
Tel.: 0911/399060 · Fax: 0911/3990628

h t t p : / / w w w . b u r g s c h m i e t . c o m

**Die Sissi-Filme begeistern
seit Jahrzehnten ein Millionenpublikum.
Der offizielle Kalender des te Neues Verlages
zeigt noch einmal die schönsten Szenen
mit Romy Schneider und Karl-Heinz Böhm
für Ihr ganz persönliches Sissi-Jahr.**

Erhältlich ist der Kalender ab August 1998 überall dort, wo es Kalender gibt.

Änderungen vorbehalten.

ISBN: 3-8238-**0213**-5, 19,95 DM

te Neues Verlag, Am Selder 37-47, 47906 Kempen, Tel: 02152-916-0